Part 1
出海序章

▲ 1996 年，联想成为中国台式 PC 市场占有率最高的 PC 品牌。图为 1996 年微机部、分公司电脑市场工作会议现场（左四为时任微机事业部总经理杨元庆）

▲ 2000 年，联想管理团队在美国考察，树立了"10 年成就世界知名品牌"的理想，就此拉开了联想国际化的序幕

▲ 2004 年 12 月 8 日,年营业额近 30 亿美元的联想集团以 12.5 亿美元收购 IBM PC 业务,当时的 IBM PC 部门年营业额达 130 亿美元

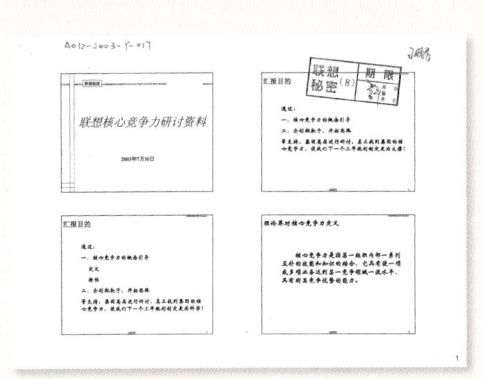

◀ 2003 年 7 月联想集团启动国际化战略的内部商讨文件

▶ 2003 年,联想集团内部认证并发布《关于海外品牌新标识切换中的几点原则》,此后正式对外宣布启用新标识"lenovo 联想",以代替原有的英文标志"Legend"

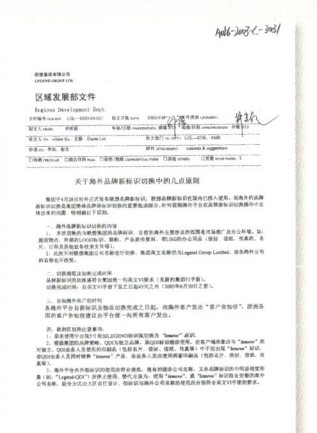

Part 2
战略、定力与征途

▲ 2009年2月，柳传志重新出山担任联想集团董事长，杨元庆接任CEO。图为柳传志（左三）参加内部管理层会议现场

▲ 从2005年启动，耗时近8年的国际化IT战略平台基本完成，支撑起标准化的全球运营管理

▲ 2014 年，联想集团 CEO 杨元庆与时任谷歌 CEO 拉里·佩奇签署并购文件，以 29 亿美元的价格收购摩托罗拉移动

▲ 2014 年，摩托罗拉移动加入联想集团第一天，联想集团高管及其他员工在全球多地举行庆祝活动

▶ 2017 年，联想集团执行副总裁兼中国区总裁刘军正式对外发布了"日出东方"战略，定下了联想中国区持续至今的业务转型方向

Part 3
见证精彩时刻

▲ 2013年，《财富》杂志发表封面报道 Can Lenovo Do It？，文章主要关注了联想集团的全球战略制定。同年，联想集团登上全球PC市占率第一的宝座

▲每年 4 月即新财年开始，联想集团会在全球主要区域启动誓师大会。图为 2014 年誓师大会期间核心高管合影

▲ 2017 年，联想集团收购富士通客户端计算设备有限公司 (FCCL)，此前已与 NEC 在 2011 年组建合资公司。联想集团成功攻入日本这一相对封闭的市场，如今在整个日本 PC 市场已占据绝对优势

▲ 2018 年，在北京国家网球中心举办的联想集团誓师大会现场，联想集团高管团队和现场 6000 多名联想人一起高唱《联想之歌》

▶ 2020 年联想 35 周年春晚现场，刚宣布正式退休的创始人柳传志亮相，成为最大惊喜

▶ 2023 年第九届联想创新科技大会期间，联想集团董事长兼 CEO 杨元庆（右二）与参会嘉宾英伟达创始人、总裁兼 CEO 黄仁勋（右一），AMD 董事长兼 CEO 苏姿丰（左二），F1 主席兼 CEO 斯蒂法诺·多梅尼卡利（左一）合影

Part 4
产品至上

在完成收购 IBM PC 业务之后，联想集团全资收购了大和实验室，其主要研发产品就是经典的 ThinkPad 产品。如今，在日本横滨海边一处可以一览富士山风光的精致写字楼里，这家传奇实验室已成为 ThinkPad 面向全球市场最核心的研发基地之一

▶ 2016 年 1 月的国际消费类电子产品展览会（CES）上，联想集团首次在全球市场推出带有"X1"标识的家族系列产品 Think X1Family

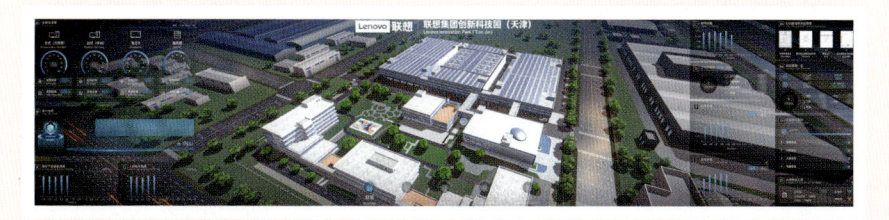

▲联想集团全球供应链部门利用 AI 和机器学习等技术搭建了一套供应链智能控制塔（SCI）系统

▲2024 年 1 月，在 CES 上，联想集团携 40 多款基于人工智能的全新设备与解决方案亮相，其中十余款 AI PC 成为 CES 2024 的焦点

▲2024 年 4 月 18 日，在以"AI for All，让世界充满 AI"为主题的第十届联想创新科技大会上，联想集团重磅发布了 AI 新物种——内置个人智能体"联想小天"的 AI PC 系列产品，这也是当前中国市场真正意义上的人工智能个性化电脑

Part5
联想在世界

▲ 2022年6月,联想集团在欧洲的首个自有生产基地在匈牙利落成投产,这也是联想集团在"一带一路"沿线的最新布局

▲联想集团在丹麦的街头广告。为了提升在丹麦的知名度,丹麦团队曾用过一个"土办法"——让哥本哈根的每一个出租车司机都知道去联想的路线

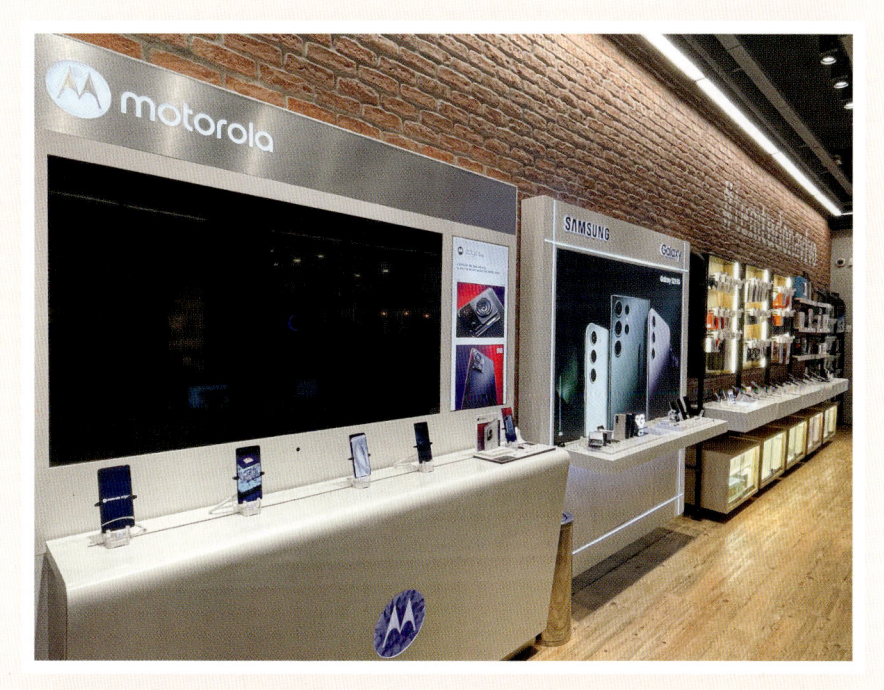

▲复杂的巴西市场令不少中国企业水土不服。联想集团以本地化创新模式攻入巴西市场，且实现了摩托罗拉手机产品 100% 本土制造

▶联想集团在距离南极洲较近，被称为"世界尽头"的火地岛建设的工厂

▲ 2024 年，F1 中国大奖赛时隔 5 年再度回归。同年 9 月，联想集团宣布自 2025 年起将成为 F1 全球合作伙伴及全球技术合作伙伴，这是最高级别的合作伙伴关系

Part 6
使命与责任共行

▲ 2008 年起，联想集团开始引入可降解竹及甘蔗纤维包装技术，成为国内最早以科技创新践行"以竹代塑"的消费电子企业

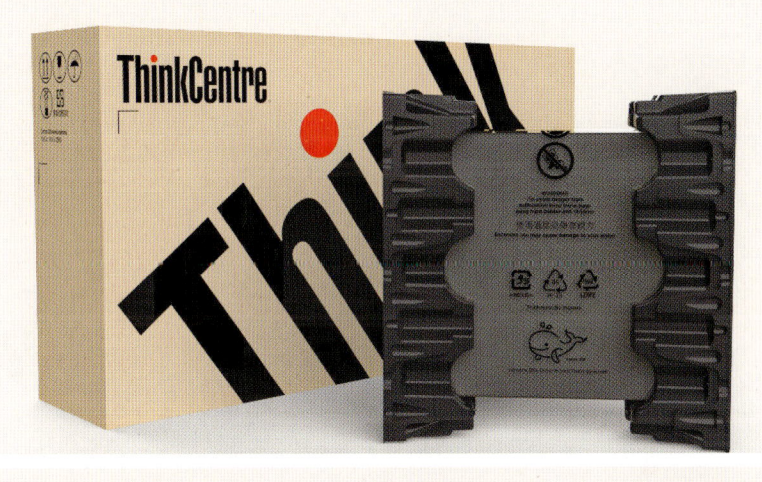

▲ 2019 年，联想集团启动了趋海塑料回收再利用方面的研究，并于 2021 年推出了首批含趋海塑料的笔记本电脑及包装

▼ 2023 年全国科普日，联想集团打造的全国首家乡村小学 AI 科技馆——"未来科技馆"，落地江西省九江市修水县何市镇中心小学

▲ 2024年联想集团全球志愿者服务月中,一场志愿者活动合影,也是其多元化文化建设的体现

Part 7
One Lenovo

业务遍布世界 180 多个国家和地区的联想集团，在 2019 年提出"One Lenovo"（同一个联想），这不仅是体现公司组织战略方向的口号，也是一种围绕战略方向协同一致、凝聚合力的行动模式和工作机制

▲ 2024 年联想集团在芝加哥举办农历新年庆祝活动

2024年，海外员工过中国节

出海

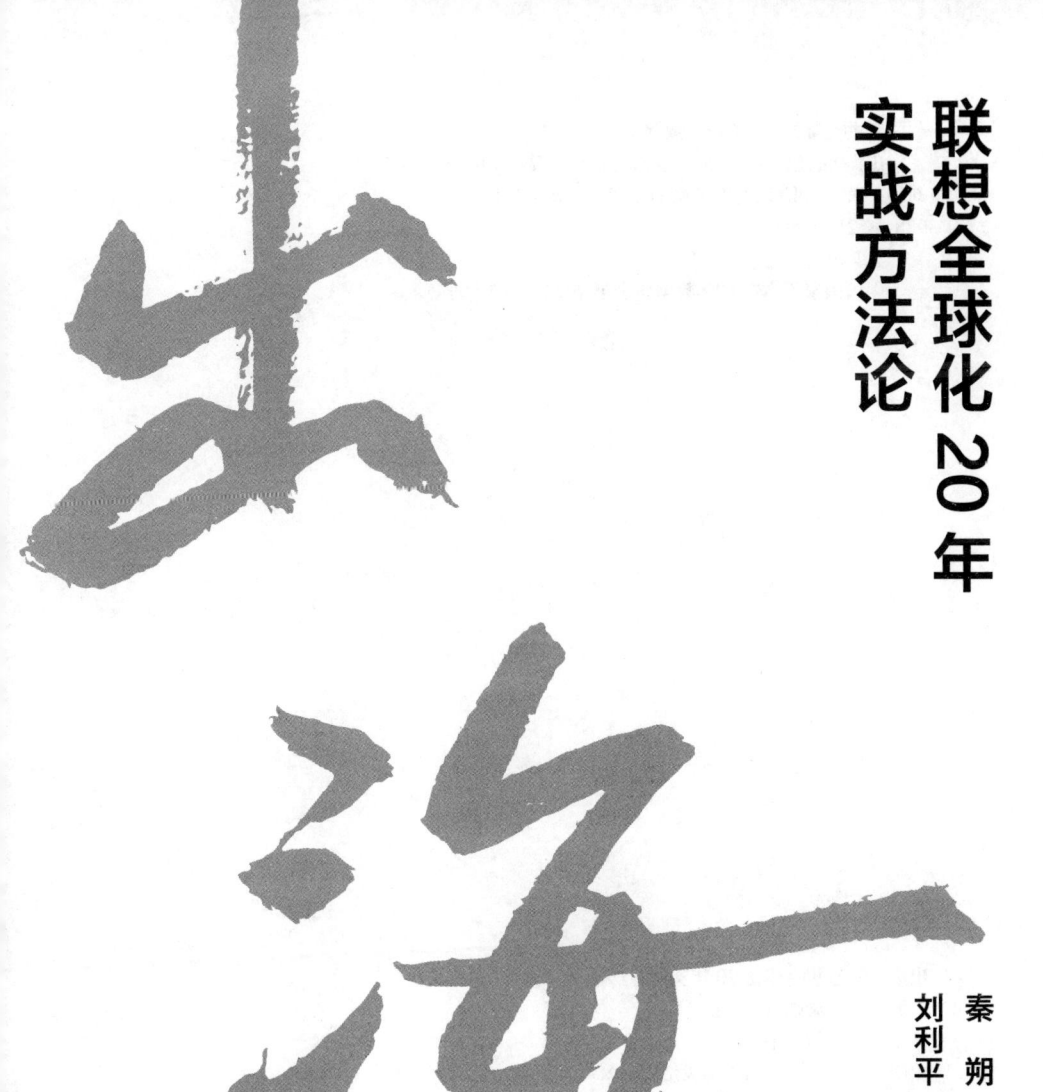

联想全球化20年实战方法论

秦朔 主编
刘利平 著

中信出版集团｜北京

图书在版编目（CIP）数据

出海：联想全球化20年实战方法论 / 秦朔主编；刘利平著 . -- 北京：中信出版社, 2024. 10. -- ISBN 978-7-5217-6947-0

I. F492

中国国家版本馆CIP数据核字第2024AT6791号

出海——联想全球化20年实战方法论

主　编：秦朔
著　者：刘利平
出版发行：中信出版集团股份有限公司
　　　　　（北京市朝阳区东三环北路27号嘉铭中心　邮编　100020）
承印者：嘉业印刷（天津）有限公司

开本：787mm×1092mm　1/16	印张：27.25
插页：8	字数：390千字
版次：2024年10月第1版	印次：2024年10月第1次印刷

书　号：ISBN 978-7-5217-6947-0
定　价：88.00元

版权所有·侵权必究
如有印刷、装订问题，本公司负责调换。
服务热线：400-600-8099
投稿邮箱：author@citicpub.com

我们探索不息,
这探索的尽头,
即是我们重抵出发之地,
照见初心之时。
——

T. S. 艾略特

目录

推荐序一	Embracing the World: Lenovo's Blueprint for Global Success 拥抱世界：制胜全球的联想之道 / 约翰·桑顿	V
推荐序二	变与不变 / 白重恩	IX
引 子	海与航海的故事	001
第一章	**战略：偶然与必然**	**007**
	一切都不简单	011
	定力与冒险	027
	成为第一之后	045
第二章	**交易：所求与所得**	**057**
	收购 IBM PC 业务：搏命	060
	收购摩托罗拉移动：败退与重生	072
	收购 x86，变"废"为宝	085
	最不可能的胜利：日本故事	094
第三章	**治理：不只是接轨**	**105**
	香港上市，打开窗口	108

	国际化公司治理能力	112
	不可避免的冲突	116
	融合中西	120
	让独立董事真正独立	124
	一位中国企业家的全球领导力	130

第四章	文化与人："合金"的炼成	**141**
	三种文化	144
	融合与统一	152
	全球网状组织	159
	领导力培养与价值观进化	164

第五章	产品：竞争的王道	**173**
	YOGA 奇袭	176
	ThinkPad，一道证明题	188
	产品研发"铁三角"和"三级火箭"	198
	将品控左移	207

第六章	IT 整合：事关成败	**215**
	一场必须打的硬仗	219
	复杂的标准化工程	223
	昂贵的挫败	229
	缝缝补补，重整旗鼓	234
	倒计时	239
	最难的不是技术	244
	IT 组织与转型引擎	248

第七章	供应链：敏捷与韧性	**253**
	整合全球供应链 1.0	256
	自有工厂	265

	数字化与生态		276
第八章	**市场：无限贴近本地**		**285**
	深入肌理的本地化		290
	"试验田"中国区		304
	"同一个联想"下的品牌实践		309
第九章	**合规：生死攸关**		**323**
	合规生态		326
	专利，一个战略武器库		334
	安全监察		339
	财务的"世界战场"		343
第十章	**ESG：责任的光芒**		**349**
	走向世界的通行证		353
	共同的责任		361
	从供应链生态到社会		365
	尊重多元，包容不同群体		371
结 语	**企业全球化的联想法则**		**377**
	大海不是平的		379
	不被大海吞没，就被大海造就		381
	值得参考的出海法则		383
	越是世界的，越是中国的		386
	"渴望下一场战役！"		388
附 录	**迈向全球化：理论、实践与出路—许定波、秦朔对谈录**		**391**

推荐序一

Embracing the World:
Lenovo's Blueprint for Global Success
拥抱世界：制胜全球的联想之道

Lenovo was the first company in China to become truly global. Twenty years ago, its purchase of IBM's personal computer business was a landmark event. Here was a Chinese firm acquiring one of the most important divisions from one of the oldest and most storied computing companies in the United States. The acquisition made Lenovo the third-largest computer maker worldwide by volume. It was one of the signal moments that announced China and Chinese enterprise as a global leader in twenty-first century economic development.

联想集团是中国第一家真正实现全球化的企业。20年前，联想收购IBM个人电脑业务，这是何其具有里程碑意义的事件：一家来自中国的企业竟然收购了美国历史最悠久、最具传奇色彩的计算机公司中最重要的一个部门。这也让它一跃成为全球第三大电脑制造商。可以说，这是中国和中国企业在21世纪经济发展中勇做全球领导者的标志性事件之一。

The move took vision and courage. Its success was not assured, requiring the integration of two enormous operations from very different cultures. Lenovo was betting not only on Chinese ingenuity and discipline, but also on a global cultural mindset. Where too many others viewed national and cultural difference as an obstacle, Lenovo embraced it as an advantage. It did the hard and sustained work of bridging divides, fostering collaboration, and cultivating the energy and creativity that arise from sincere cultural exchange. The efforts paid off. Lenovo came to command one of the world's leading personal computing brands, integrated IBM's most advanced PC manufacturing technology, and leveraged IBM's global infrastructure in sales and operations. Ultimately Lenovo became the world's largest manufacturer of personal computers, while its acquisition of Motorola Mobility in 2014 helped it quickly become the third-largest smartphone manufacturer.

这一收购举措深具远见和勇气。成功并非顺理成章，因为它需要整合两个庞大而文化迥异的业务体系。联想的底气不仅来自中国人的智慧和自律，更来自其自身的全球化思维。当许多企业将国家和文化差异视为掣肘时，联想却视之为助力。为弥合分歧，促进合作，联想付出了艰难、持久的巨大努力，并以真诚的文化交流激发企业的生命力和创造力。一分耕耘一分收获，联想不但将世界领先的个人电脑品牌发扬光大，还整合了IBM最先进的个人电脑制造技术，在销售和运营方面充分利用了IBM的全球体系，最终成为全球最大的个人电脑制造商。此后的2014年，联想又通过收购摩托罗拉移动迅速成为全球第三大智能手机制造商。

Lenovo offers a model for the most important work of our century: ensuring the peaceful co-operation and collaboration of the world's two leading countries. The company shows that the result of such efforts is abundance for all, and that businesses can and must play a leading role. As vital as it is for governments and their leaders to communicate and work together, it is not enough. Global security and prosperity also require people-to-people exchanges, so that individuals come to understand and appreciate the rich cultures of the other side. Counterparts become colleagues, and colleagues become friends.

联想出海的意义不止于此，它的成功为当今世界所面临的重要课题提供了一个范本，展示了世界最大的两个经济体应如何和平共处、相互协作。联想的发展历程表明，这一努力的结果惠及各方，裨益深远，而企业在其中能够且应当发挥重要的领导作用。国与国相处，政府及领导人之间的沟通与合作固然重要，但这远远不够。全球的安全与繁荣离不开民间的人文交流，从而实现相互理解，欣赏彼此丰富的文化。只有这样，同行才能变成伙伴，同事才能成为朋友。

I am grateful that Lenovo has compiled its unique insights and hard-won lessons from its twenty-year global journey. While this book sheds particular light on how a Chinese company can successfully engage with the world, it should resonate with all those who aspire to lead in this globalized century.

我很高兴看到联想将其20年全球化征程中的独特见解和宝贵经验编写成书。虽然这本书主要展示了联想这一家中国企业如何与世界接轨，但我相信，它的成功实践，必能对每一位致力于全球化发展的有识之士有所启发，形成引领时代发展的共鸣。

John Thornton

约翰·桑顿

红鸟资本合作伙伴董事长，

布鲁金斯学会名誉主席，

亚洲协会联席理事长，

于2008年被授予中国政府友谊奖

推荐序二

变与不变

过去40多年，中国在多数年份里实现GDP的高速增长，这主要归功于坚定地推行改革开放政策，发展社会主义市场经济，尤其是在2001年加入世界贸易组织之后，中国通过对经济全球化全面和深入的参与，极大地提升了发展水平，也获得了更大的市场空间。

1979年，中国的进出口贸易总额只有293.3亿美元，对外直接投资额只有16.59亿美元，吸引的外商直接投资微乎其微；2023年，中国的进出口贸易总额达到5.94万亿美元，对外直接投资为1478.5亿美元，实际利用外资达到1633亿美元。可以说，中国是经济全球化的最大受益方之一，也是经济全球化的坚定拥抱者与参与者。

我本人也是全球化交流的受益者，属于改革开放后"人才出海"的第一批。20世纪80年代中期，我先是在美国加州大学圣迭哥分校数学系获得了数学博士学位，1993年又在哈佛大学经济系获得了经济学博士学位。通过这些学习，我本人也走上了现代经济学的研究和教育道路。

在过去几十年的多数时间里，整个国际环境对中国非常有利。世界经济从传统的产业间贸易转变为互联网等新兴技术推动的产业内贸易，这为中国提供了更多加入全球生产网络的机会。中国也成为全球对外投资的领头羊之一，其中发生了一系列中国企业到海外并购国外企业的案例，国有企业和民营企业都参与其中，当然有整合成功的也有失败的。

2008年全球金融危机以后，国际环境发生了不少变化。特别是过去的十年，这种变化发生的速度在加快。有人用"乌卡"（VUCA），即易变、不确定、复杂、模糊（volatile、uncertain、complex、ambiguous）来描述这种环境的特征。这对在全球从事商业活动的企业来说无疑构成了更大的压力与挑战。

当下，中国经济与全球经济都正在经历一场复杂的大转型，多边贸易体制遇到诸多困难和挑战，贸易摩擦和关税问题层出不穷。保守主义回潮、逆全球化，尤其是地缘政治冲突、地缘政治考虑所带来的逆全球化给全球经济带来很大的不确定性。企业做投资决策，确定性是特别重要的因素。诸多不确定性会对全球经济产生负面影响，也会对中国宏观经济产生不利影响。

同时，我们也能看到，经济全球化本身也正在经历重大的结构性变革，全球供应链正在缓慢重构，不少经济体对于供应链"在岸化、近岸化"的要求在提升。此外，全球价值链的知识密集度也在增强，低技能劳动作为生产要素的重要性在逐步降低。

中国依然是一个制造业大国，中国企业要出海，参与全球市场竞争，依靠廉价劳动力和人口红利竞争的时代已经或快要结束，未来必须靠产品质量、生产效率、创新设计和品牌才能赢得国际市场。

同时，我们的很多产业体量极大，这种产能走出去，对外部的冲击也会很大。过去我们已经有这样的情况，现在和未来仍然会有这样的情况。比如近年来"新三样"（新能源汽车、锂电池、光伏产品）出口增长很快，但已经引起出口目的地国家的反弹。这是我们需要考虑的新问题，我们要未雨绸缪，争取从"卷赢"走向实现共赢。

以上这些都是变化，当然，还有很多其他变化也在发生，比如外面很多国家的政治、社会、经济、文化环境都在变化，在此无法全部列举。

但是，我们也要坚信一些"不变"的东西。我认为，最重要的也是最坚定的是要相信经济全球化的长期趋势不会变。因为全球化符合经济规律和生产力发展方向，是不可逆转的历史大势。国与国之间的经济联系不可能再回到闭关自守的时代，逆全球化也没有出路。

在《出海》这本书中，我也看到了全球化企业层面的一些不变。

这本书主要讲的是联想集团，这是一家从北京中关村走到全国，走到世界的企业，也是中国第一批出海企业之一。2024年是联想创立40周年，其前20年主要在中国市场发展，最近20年成为一家全球化企业，联想是植根于中国，但国际化程度最高的中国公司，或者说是之一。

中国企业出海，构建全球化企业的竞争力，不变的就是要有持续应对变化的能力。不同的市场，变化千差万别；不变的是要打造获取、建立新能力的能力，这种新能力不是单方面的能力，不是说降低生产成本就够了，而是要增强全面综合的能力，比如，在公司治理、文化融合、合规、ESG上都要补足短板；不变的是要融入全球价值链，在产业链上不仅要把中国的产能释放出去，还要充分利用全球其他区域的产能，整合全球价值链。

各个行业和各家企业在出海、开展业务全球化运营的道路上，一定都会遇到自己的问题，有些是文化鸿沟，有些是公司治理，有些是合规，等等。这些问题都需要找到恰当的、建设性的、有创造性的解决方案。这本书通过十个章节，覆盖了主要的问题模块，通过全局性的方法、最佳实践，用故事化的案例提供了借鉴。

从这本书中，我也看到了企业出海不是从胜利走向胜利的。相反，不论是战略、文化，还是一些重大收购都经历过迷失与彷徨、失败与痛苦，企业在踩过很大的坑后才练就一些核心能力。中国的成功企业在走出去的过程中，离开的是本土市场，是舒适区，到了国际市场，是要到陌生市场去抢份额，很多时候要贴身肉搏，再加上足够的运气和智慧才有机会取得成功。

中国的出海企业整体是一个贴上"中国"标签的矩阵。他们踏出去的每一步，或深或浅或踉跄，对于整个中国企业群体都是有意义的；他们蹚出来的路，或起或伏，对于整个国家经济都是有意义的。成功者的路径可供借鉴，跌倒者的教训以供规避，而任何一家来自中国的企业获得的成功，都是"中国"这个标签的成功。

出海企业间的借鉴、彼此呼应和互相成就将慢慢产生溢价效应，会让中国品牌成为一个招牌，争取让这个招牌帮助后来者，成为他们的加分项。如此往复，中国的企业才有可能在世界市场把路走得更宽，更顺，才能让中国经济整体踏上一个更高的台阶。

最后，我想要再表达一点，企业出海，不是要征服世界，而是要融入世界，服务世界，要有开放心态。过去我们谈到中国企业出海时，习惯于以中国为坐标。然而，一家真正做到全球化运营的企业也必须建立全球观，把企业放到全球化视野下去打量，并对所到国的利益相关者负责，做好企业公民。这样才能在全球发展得更顺利、更成功。如果中国有更多这样的全球化企业，对中国自身的助益以及中国在全球的软实力的贡献也会更大。

白重恩

清华大学文科资深教授、

经济管理学院院长

引子

海与航海的故事

在这个世界上，没有统一的陆地，只有统一的海洋。

陆地与陆地之间是分离的，海洋与海洋之间是连通的。

海洋永远在运动，并且和太阳、月亮、地球的自转，岩石圈的变化，一直保持着互动。

这一天然的结构，似乎决定了，连接比分离更有利，开放比封闭更持久，互动比孤立更可靠。

走向大海并不容易。也不是每一个时代的孩子都有机会成为大海的孩子。

大海并不总是波平如镜。相反，它充满了风浪、惊涛乃至残酷的覆灭。

然而，总有一些人，你可以叫他们先行者、追梦人、航海家，也可能，他们只是被某个意外的机缘牵引，然后走向了茫茫无边的大海。

可以说他们勇往直前，也可以说他们不自量力。他们没有退路，只能前行。

对未知和未来的探索，不只出海这一条路。但无论哪一条路，都值得尊重。

因为，当人类失去探索，世界将会怎样？！

要评价这场从陆地到海洋的空间扩展到底有什么意义，关键的尺度是时间，以及在时空交汇的每一处、每一刻，他们究竟创造了什么。

如果他们的创造，是给所到之地、所遇之人，带来了建设性的价值，让人与人更好地连接，让人的创造力更多地迸发，他们便可以安抚自己的心：不虚此行，无悔今生。至于过程中无尽的付出、艰辛、矛盾，好像已成习惯，甚至有些麻木。

对这样的群体来说，生命的意义不是通过规避探索，以获得像黑白一样简单的确定性。生命的意义，首先是要打开很多的不确定，再努力把它们变成确定。他们之所以愿意主动拥抱不确定，是因为他们相信，生命的意义就在于去挑战一串接一串的可能性。成与败，都是体验的一部分。

他们享受乐趣，他们接受苦趣，他们拒绝无趣。

海明威在《老人与海》中，刻画了古巴的一个老渔夫，他连续84天没有捕到鱼，于是驾着一叶小船走向更深的地方，最后钓到了一条大马林鱼。他与大鱼搏斗了三天，终于将其杀死，但归途中遭遇鲨鱼的连续袭击，抵岸时，鱼只剩下头、尾和一条脊骨。

只要航海，都有可能是如此的命运。但人类从未停止过出发。即使有逆流，也不是放弃的理由。

本书的主角，是在全球180多个国家和地区开展业务的联想集团。在中国企业的全球化大航海中，迄今为止，它是航行得最早、最远、最深、最广的企业之一。

海明威说："没有什么象征主义的东西。大海就是大海，老人就是老人。男孩就是男孩，鱼就是鱼。鲨鱼就是鲨鱼。"不过，他也意识到，"如果我能写得足够逼真的话，他们也能代表许多其他的事物"。

我们希望，这本书写得足够逼真，记录下联想集团航行过程中的坎坷、不易，包括失败。当然，更多是历经波折所获取的经验。你可以当它是出海图鉴、航海图志，或者，就当它是一个展现人的探索精神的故事，只是碰巧发生在商业领域。

这些故事中的人，有中国人，也有很多其他国家和地区的人，他们共同相信：世界应该更紧密、更智能地连接起来，让每个地方的人和机构都能享受到普惠、智慧的产品与服务，让生活变得更美好。而科技与商业，是帮助实现这一目标的积极力量。

越来越多的中国企业正在出海。它们和联想集团一样，不仅是中国的服务生，也是世界的服务生。不仅为中国，也为全世界的利益相关方创造价值。它们是人类命运共同体这一宏大叙事下，弥合的、进取创新的、建设性的力量。

而联想集团这个已有 20 年出海历史的样本，不仅能反映风吹浪打的真实苦涩，也能体现出，总有一种力量，总有一些方法，能穿越大自然与内心的迷茫，如同破雾而升的朝阳。在新一轮更加汹涌澎湃的大航海浪潮下，这样的样本深具参考意义。

海就在那里。它把大地和大地连接在一起。它也在检验人类团结、融合与创造的可能。

第一章

战略：偶然与必然

2024年1月10日中午，美国拉斯维加斯，国际消费类电子产品展览会（CES）间歇，在威尼斯人酒店一家自助餐厅的包间里，杨元庆朴素而谦卑地告诉我们：联想集团是因为很多的偶然才走到今天的，一步步走来都不是必然，有很多路标并不是事先设计好的。

他责怪自己不该在2014年执着地坚持在同一时间收购了摩托罗拉手机业务和IBM x86服务器业务。"我现在都后悔同时去做两件事情，因为一下子没那么大的精力去整合。"但很快，他两眼放光，自豪于联想一步步咬着牙成功地走了过来。

"PC（个人计算机）业务的成功，国际化的成功，这两件事我们做成了。还有几件事，我们还在努力。"杨元庆说。

那天，在我们访谈的包间外，各种肤色的参观者正凭着邀请码一批批涌进这家并不宽敞的餐厅。一旦有人起身，他的座位会立刻被抢下。联想集团包下这里，招待来自全球的主要合作伙伴和客户。闻讯而来的投资者则希望能从高管口中打听到一些有关AI（人工智能）投资机会的蛛丝马迹。

个人电脑行业已经太久没有好消息了。2022年底，ChatGPT的巨大成功掀起了新一轮人工智能的澎湃浪潮，如蒸汽机革命般让人兴奋。距离餐厅不远，是联想集团的展厅。在"AI for All，让世界充满AI"的主题下，它展示了 40 多款基于 AI 的设备和解决方案，包括十多款备受瞩目的 AI PC（人工智能个人电脑）。

60 年前，杨元庆出生于安徽合肥。40 年前，联想公司在北京成立。30 年前，他开始掌管联想的微机事业部。20 年前，联想集团和 IBM 签署协议，收购其个人电脑业务。杨元庆 1989 年入职联想，至今已 35 年，他的命运和这家从中国出发的全球化公司一起跌宕，一起升腾。

2024 年的 CES，有 4000 多家参展商，中国企业占到四分之一。在主场馆中与三星、索尼、LG 等品牌竞技的来自中国的全球化企业包括海尔、TCL 和海信等。一些极具创新能力的中国中小企业在较小的场馆中也展示了自己的特色产品，如骨传导耳机、挂脖风扇、激光雕刻机、割草机器人、泳池机器人等。

"不出海，就出局。"这是过去三五年在中国企业界被广泛讨论并达成共识的最火热议题之一。但是，出海是不是就意味着能实现全球化？经验丰富的全球化公司显然有着不同看法。思爱普（SAP）是最具话语权的企业之一，《财富》世界 500 强企业中的 90% 都是其客户，全球 87% 的贸易都运行在其系统上。思爱普全球执行副总裁、大中华区总裁黄陈宏认为，真正的全球化企业需要具备五种能力：

- 能做到全球化的管控，符合每个国家的法律法规、财务、税务、数据、碳排放等要求；
- 管得住全球化的业务，有一个全球化的人才管理体系；
- 有全球化的营销管理体系；
- 供应链是全球化整合的；
- 能管理全球化的可持续发展。

他认为，国际化的最高阶段是全球化。"比如联想，它 70% 以上的业务是在海外，在全球有多个研发中心，在几十个国家和地区有工厂，有全球供应链配置中心……"

2004 年，联想仅仅是一家主要在中国市场销售 PC 的公司，年营业额为 29 亿美元。到了 2023/2024 财年，联想的营业额已达到 569 亿美元，在 2023 年的《财富》世界 500 强企业中排名第 217，在全球 180 多个国家和地区开展业务。联想在全球 PC 市场占有率第一的位置至今已经保持了 11 年。如今，它营收的接近 80% 来自海外，40% 以上来自非 PC 业务。

比起在某个细分市场赢得世界第一，这当然是一种骄傲，联想集团更具独特性的价值在于，它的成就是由不同国家和区域的员工、合作伙伴共创的。它的董事会和核心管理团队的国籍与履历背景之多元，使它就像一个"小型联合国"。

杨元庆说："联想的全球化，一开始融入全球市场的程度就比较深，因此碰到的问题也很复杂。IBM PC、摩托罗拉手机、IBM x86 服务器，三次收购规模都很大，花了很大精力去整合，真的很难。""不过，你会发现，联想每过十年都会变成一家完全不同的公司。"他用一种更高的声调说。

一切都不简单

索尼与三星的故事

杨元庆将联想集团过去 20 年做成的事，归结为"PC 业务的成功，国际化的成功"，听起来轻描淡写，实则须历经多年，跨越重重山川。联想集团最具实力的竞争对手是惠普公司和戴尔公司，了解计算机行业历史的人都知道这两家公司在全球市场地位非凡。在 PC 业务中能够超越它们，并且连续多年鲜少被反超，这本身就是一场有关战略与执行的持久战。

即便在整个世界电子产业，能够从新兴市场启航，最终成就全球性品牌的例子也不多。

第二次世界大战后，日本企业的"出海鼻祖"是索尼。这家1946年由两名工程师在废墟上创办的公司，最初名为"东京通信工业株式会社"。这个名字准确地描述了公司所经营的主要业务，但存在一个问题，即外国人很难准确地读出来。为了"让无论哪个国家的人读起来都是一种发音"，他们在1955年创立了"SONY"这一品牌，由表示声音的拉丁文词根"sonus"和含义为"聪明可爱"的"sonny"组合而成。

1958年，他们更是将公司名称也改为"索尼株式会社"，与品牌统一。此举当时遭遇了诸多反对声音，包括主办银行三井。但是，为了在全球市场发展，他们还是坚决地执行了改名策略。1960年索尼成立了美国公司，1962年在纽约第五大道开设了展厅，1963年在纽交所上市，成为首家在美国上市的日本公司。

曾以索尼为师，但后来居上的是韩国三星电子。三星集团的前身"三星商会"创立于1938年，比索尼还早。1969年，三星电子成立，在70年代上半期主要生产冰箱、洗衣机和黑白电视机。起初多年，三星并不掌握核心技术，而是从日本索尼进口黑白电视机的成套散件和基本组装技术，再贴上日本三洋的品牌，销往海外低端市场。

1993年，三星电子已成为一家多元化的电子和家电企业，并在半导体行业赢得了一席之地。这年2月，当掌门人李健熙率管理层到美国洛杉矶多家商场考察时，他们尴尬地发现，三星电子的产品总是被摆在最偏僻的角落，落满灰尘，虽价格低廉，但无人问津。而索尼等日本电子产品则被摆放在商场最易被看到的位置，虽价格不菲，但大受欢迎。他们买了样品，拿回去拆机，仔细研究后发现三星产品体积大、零部件多，索尼产品体积小、零部件少，索尼的材料成本其实并不比三星高。

李健熙很快下达命令，在美国召开一场世界主要电子产品和三星产品的对照会，会上展示了摄像机、电视机、冰箱、洗衣机、磁带录像机、微波炉等数十种产品。但是，这场对照会得出的结论是：无论从设计款式、材质，还是从产品质量上看，三星电子的产品给人的第一印象就是"便宜货"。

为了找到去除"便宜货"标签的方案，在长达半年的时间内，李健熙带领三星电子管理层在洛杉矶、东京、法兰克福、伦敦、大阪等地召开了一系列马拉松式的会议，有的会议持续时间甚至长达16小时。有一次在飞往德国法兰克福的飞机上，李健熙看到了一份报告。这是三星电子内部一个名叫福田的电子设计顾问"斗胆"提交的，他冒着被辞退的风险反映了很多尖锐问题，如：三星陷入"国内第一"的自负，不进行创新；不提前做好准备，而是出现问题后花钱消灾；管理人员太过着急，只会评价业绩和结果。同日，李健熙还收到了一盘由三星电子内部广播组制作的录像带，内容是在三星洗衣机生产车间偷拍到的场景：洗衣机上盖开关部分的一个塑料部件尺寸大了一点，无法安装，员工们就用刀将其削掉了2毫米左右，然后继续组装。

震惊，震怒，李健熙打电话给在首尔的秘书室室长："让各位社长和高管全部到法兰克福集合！"这次会议持续了16天。会上，李健熙宣布："现在是产品信用和形象的时代，每个次品都是侵蚀公司的癌细胞！从现在开始，三星会放弃以数量为主的经营模式，走质量路线。"为了表达自我解剖的危机意识和进行变革的紧迫感，他说出了那句名言——"除了老婆孩子，一切都要变！"

从"量"到"质"，抛弃二流产品形象，创建世界一流企业，三星电子以一场"新经营运动"，掀开了全新的一页。

从索尼到三星，当这些兴起于新兴市场的品牌，决定要在美国市场成为一流品牌的时候，它们从战略上，其实选择了一条"犯其至难而图其至远"的道路。只有在全世界规模最大、水平最高的竞技场上赢得胜利,才能实现全球一流、世界级品牌的目标。

如我们所知,索尼的成功带来的是世界市场对整个日本高品质消费电子产品的认可,"日本制造"也成为高品质制造的代名词;而三星的成功,庇佑了韩国的消费电子和半导体产业链在世界的话语权。

在21世纪的最初几年,中国有了包括联想集团在内的第一批迈向全球化的企业,这是在日韩企业启动国际化扩张近30年之后。

到2005年时,海尔集团已经开始总结"国际化15年"的经验和教训。在此前的十几年里,海尔运用了三个"走出去"的战术:最先是产品走出去,此后是品牌走出去,最后是人才走出去。这家企业的创始人张瑞敏感慨,所有要走国际化道路的企业,都要下决心过"拖累"这一关,"比如市场开发售前宣传的费用很大,国际上的展览会,海尔一年要参加26个,有的一次就要几百万美元。而且这些都不可能马上有回报,很可能血本无归。产品开发更是这样,花巨资开发的产品,很可能因为不对路成为库存。实际上只有过了'拖累'关,才能'凤凰涅槃'"。

而此时TCL的国际化探险正在经历"至暗时刻"。TCL在世纪之交已经在新兴市场完成了探索,但在欧美市场依然是空白。1999年,TCL在越南创办了第一家工厂,生产并推出自己的彩电品牌,此后逐步把业务扩展到东南亚、俄罗斯和印度。2004年,TCL接连完成两项涉资规模庞大的跨国并购,1月份并购了汤姆逊全球彩电业务,8月份并购了阿尔卡特手机业务。但并购后,很快都遇到了整合上的困难。尤其是在彩电业务上,汤姆逊持有的专利集中在显像管技术领域,而当时液晶彩电已崭露头角。TCL完成收购后,才发现汤姆逊彩电业务宛如"昨日的巨人",却无法面对明天。

几乎在同一时期,青岛啤酒的国际化也走出了关键一步。2002年,青岛啤酒与全球最大的美国啤酒制造商安海斯-布希公司签订了《战略性投资协议》。但到2004年结束时,其海外销售量只占其市场总销量的2%。困难在于,"资源被人锁定、渠道被人管控,海外扩张的成本极大，国内的利润不足以支撑青岛啤酒走出去"。这家百年企业苦苦找寻着在海外市场风云际会的核心竞争力。

战略、执行和韧性

成功的企业和企业家都应具备必不可少的战略预见性。但是，完美的成功故事大多是立传者的事后编排，让胜利看起来如"天命所归"。杨元庆并非天生就是一个高瞻远瞩、自命不凡的商业天才，他虽然很早就有国际化的梦想，但直到收购完 IBM PC 业务时，也并没有想过"成为世界第一"。

从联想的故事里，我们看到，从国际化战略到后来入局手机、服务器业务，再到如今的"3S"战略（智能物联网、智能基础设施和行业智能与服务），这些事关企业命运的重大战略，在制定过程中都带有一定偶然性。事实上，在整个科技行业，企业战略随时都可能因为市场以及革命性的技术迭代而改变，决定企业命运的战略性决策，有时更像是向死而生的韧性响应。

只不过，透过偶然，我们依然可以看到一些必然。

如果说索尼的全球化始于以自有品牌而不是代工模式进军美国市场，三星电子的全球化升级于要在美国打造一流品牌的坚毅决心，那么联想集团的全球化，则是从收购 IBM PC 业务开始的。在电子行业，这三个案例都是亚洲品牌跻身世界品牌的典型案例，它们发生于不同的年代，也走上了不同的道路。

就联想集团而言，其战略选择的第一步，就实现了全面的全球化，深度的全球化；而其挑战在于，如果不能真正驾驭、消化，全球化也会很容易变成一张破碎的拼图。执行不了或执行不到位的战略，再光鲜也无法落地。

从战略角度看，杨元庆并不是那种天赋异禀的"战略规划大师"，但其具备直指本质的能力。2019年4月，联想召开2019/2020新财年誓师大会，宣布3S战略时，杨元庆在与媒体的交流中说："不要觉得战略只是在台上讲讲的，战略就是执行。战略执行需要许多要素匹配，是个系统工程。与企业的竞争力挖掘、组织力、领导力都有关系。"

在杨元庆看来，联想在战略制定之后的一个优势是"做事情有认真的态度，能够脚踏实地地推进战略实施"。战略实施依靠六个要素，即组织、业务模式、人才、目标、考核标准、激励，"这些不到位，战略就无法落地"。

即便满足六要素，也不是每项事关全局的战略在执行过程中都能一帆风顺。杨元庆对记者坦言，在遭遇诸多不顺和外界质疑，经历种种艰难困苦时，自己的确有过疑问："会不会像西西弗斯那样在做无用功？"他的答案是："比起西西弗斯之惑，我更愿相信我们是登山者，是为了攀登珠峰失去两条小腿的夏伯渝①。经历的是普罗米修斯之痛，为人类的火种，去承受各种折磨和考验。成为智能化时代的引领者和赋能者，这就是联想存在的意义。"

如果把上述内容拼成一个结构，则大致可以说，杨元庆的战略、执行和韧性是三位一体的。联想就是靠着这种力量跨越了各种伤与痛，走到了今天。

挫败后的选择

从战略的时间维度来看，联想大致每十年会完成一个阶段性目标。第一个十年是从1984年到1994年，主要业务是代理分销国外电脑品牌的产品；第二个十年，联想在1994年正式开启自有品牌的PC业务，从无到有，做到在中国市占率第一。这两个十年，虽然有过"人类失去联

---

① 中国第一个依靠双腿假肢登上珠峰的人。

想，世界将会怎样"的广告语，但总体上，联想还是一家相对本土化的公司。

到了第三个十年，2004年，年营收约为30亿美元的联想集团收购了年营收约96亿美元的IBM PC业务，从撮合、混合到有效整合，联想集团最终在2013年成为全球PC行业领头羊；第四个十年，联想集团则从以PC作为单一主业走向业务多元化，力求在手机移动业务和服务器、解决方案等企业级服务业务上取得全球范围的成功。在第三个十年、第四个十年，联想集团成长为一家全球化公司，竭尽全力，试图在进入的产业里，做到市场份额第一，成为领导者。

联想集团在已经到来的第五个十年定下的企业使命是：让人工智能造福每一个人和每一家企业，实现人工智能普惠，引领人工智能变革。这有点像联想在1984年创立后的前20年完成的使命：让PC走入千家百业。只不过在当下AI代替了PC，"千家百业"的空间坐标不是中国，而是全球。

现在，让我们回到收购IBM PC业务这一联想集团全球化的起始战役。它并不是少数聪明人事先谋划的周密安排，而是在一场多元化扩张遭遇挫败后的战略选择。

制定正确的战略，对一家企业有多重要？联想集团的创始人柳传志曾有过很生动的比喻："好比拨热线电话，电话号码没搞清楚，再怎么拨都是徒劳；电话号码对了，就看执行力了，你玩儿命拨，一定能接通。"

2000年4月中旬的一天，按照约定时间，时任联想集团高级副总裁兼联想电脑公司总裁杨元庆和一众年轻人走进柳传志的办公室。他们为此准备了很长时间，这是一年一度的联想电脑公司领导班子向LEC（联想集团执行委员会）做财年规划汇报的日子。在这场汇报会的最后，柳传志给杨元庆下达了一项命令："过去联想的中长期战略都是我们做，现在该你们做了。"

关于柳传志对联想的贡献和意义，最为权威的认定当数 2018 年中共中央、国务院授予改革开放以来在各行各业有杰出贡献的 100 名同志改革先锋称号时，他作为"科技产业化的先行者"光荣入选。《人民日报》表彰名单公示时对他有这样的评价：

> 作为改革开放第一代科技创业者和企业家的优秀代表，他立足我国本土市场，大力发展民族品牌，不断改革创新，1984 年创立联想公司，在与国际个人电脑巨头竞争中赢得胜利，带动了民族信息技术企业的创新发展。制定实施企业国际化发展战略，带领联想并购国际商业机器公司（IBM）个人电脑业务，为我国企业"走出去"积累了宝贵经验。组织实施公司股份制改造，支持企业创新发展，促进一系列科技成果转化和众多科技企业管理人才的培养。[①]

柳传志知人善用。这段评价中提到的"科技企业管理人才的培养"，是其对联想的重要贡献。他不仅是杨元庆事业征途中的导师和引路人，还培养了一大批至今仍在联想集团担任核心管理者的"年轻人"，如刘军（现任联想集团执行副总裁兼中国区总裁）、贺志强（现任联想集团高级副总裁，联想创投集团总裁、管理合伙人）、乔健（现任联想集团高级副总裁、首席战略官和首席市场官）等。

柳传志在 2000 年即选择让杨元庆去做联想集团的中长期战略，并在后来支持杨元庆的国际化选择，在国际化遭遇挫折时更是挺身复出，和杨元庆一起扭转危局，这些无不展现出了他的眼界、胸怀和对联想这家企业的责任感。

在 2000 年之前，联想已经在国内成功地创建了自有品牌。1994 年，30 岁的杨元庆接手联想电脑公司微机事业部，任总经理，并重组了联想

[①] 《人民日报》，2018 年 11 月 26 日 13 版。

PC 业务。此前，联想每年销售两万多台电脑，几乎无法盈利。杨元庆发现了联想微机把直销和分销混在一起做的弊端。他转而建立起一张分销网络，加上基于对中国市场深刻理解所做的一系列产品创新，使联想成功突围，短短几年间就赢得了在中国市场的领先地位。

2001 年 4 月，杨元庆开始担任联想集团总裁兼 CEO（首席执行官）。作为董事长的柳传志说："20 年后，杨元庆正是我今天的年龄，联想那时会更强大。"这一年，柳传志 57 岁，杨元庆 37 岁。

柳传志所说的中长期战略，时间跨度是从 2001 年至 2010 年。2001 年，联想在中国 PC 市场的份额最高已达 30%，一骑绝尘。在一个极其残酷又充分竞争且毛利率极低的行业里，市场份额要再向上突破，非任何垄断性或对外资有限制性行业可以想象。

杨元庆当时的战略决策就是要突破这个天花板，而摆在面前的不外乎两种选择：多元化或者国际化。前者是横着走，在中国市场进行多元化发展；后者是竖着走，即继续以 PC 为核心业务进入国际市场发展。而长期的目标则是：成为一家国际大型规模企业，在 IT 领域多元化发展，建立企业的技术驱动能力、服务增值能力和跨国经营能力。

已经把 PC 业务做到中国市场连续 7 年市占率第一的联想集团有理由雄心万丈。在听取了国际顶尖咨询机构的热心建议后，柳传志和杨元庆携一众高管向外界展示了一个雄心勃勃的庞大计划：

- 要成为最好的"网络设备制造商"，就像 IBM；
- 要成为最好的"网络服务运营商"，就像美国在线；
- 要成为最好的"网络内容提供商"，就像美国的雅虎，中国的新浪、搜狐、网易等门户网站；
- 对了，联想还要成为中国最大的手机制造商。

我们如今打望后视镜时，会发现，在迈进新世纪的前后几年里，任何一位企业家都不想错过互联网爆发这条处处是传奇的大河。腾讯、阿里巴巴、百度在1998年11月到2000年1月的14个月内陆续成立，新浪网的王志东、中华网的香港人叶勇、网易的丁磊、搜狐的张朝阳都在创造着激动人心的成功故事。美国华尔街的国际资本巨头们坐着私人飞机赶到中国，落地首都机场，他们直奔中关村，把大把美元塞进那些挤在破旧写字楼里的中国互联网新贵们的口袋里，再带着他们奔涌到纳斯达克敲钟，赚得盆满钵满。

此时，增长驱动下的联想集团急切地寻求在PC业务之外找到蓝海，看到同龄人在互联网行业仅仅依靠复制海外商业模式就可以取得巨大成功，有哪个满怀野心的年轻人能经得住诱惑呢？

在杨元庆的力主下，联想集团的业务布局一下子从PC业务扩展到六大业务：消费PC、商用PC、手机、互联网服务、IT服务、主板代工制造业务。他还为这些业务制定了极高的营收目标。其中，投资最大的是互联网与IT服务，这在当时是距离PC最近的业务，看起来也顺理成章。从2000年开始，联想集团短时间内接连创办、收购或投资了FM365、赢时通、新东方教育在线等等。

严格来说，这是一场还没开始多久就快速结束的多元化战略。三年时间，一系列梦想被市场残酷地揉搓。进军手机制造业务，陷入了众多厂商的重重包围；在互联网泡沫高涨期和美国时代华纳组建门户网站，由于双方在经营设想方面存在分歧，项目从始至终都未见起色。后来，杨元庆为这场战略挫败做了如此总结：

"自2001年以来，我们求索了四年。我们曾经试图以全方位的多元化来达成增长目标。但事实证明，这是一份对客观环境缺乏充分分析和准确判断的规划，是一份对自身能力和资源缺乏正确认识、合理配置的规划，致使我们在求解这道难题时走了一段弯路。我们为自己的年轻、为成长付出了学费，好在这样的学费还不太贵，我们还承受得起，主体业务没有垮、队伍没有乱，反倒更显示了联想大厦难能可贵的扎实基础。"

三年时间，杨元庆经历了从血气方刚、雄心万丈到无比沮丧的巨大落差。当时有人说这只是他运气不好，2002年，他回答说："我由衷地感谢这个冬天，因为冬天使我的心态更加健康，更加成熟，使我找到了创业的感觉，使我能把一些包袱、一些荣誉和花环都彻底地抛开。14年前，我赤条条、没有牵挂地来联想，也没有想成功了怎么样、失败了怎么样。现在我的心态跟当年一样，还是赤条条，不为过去的荣誉所累。"

后来，柳传志也对联想集团这次多元化挫败的经验做了三点总结：对IT行业在2000年后发生的急剧变化欠考虑；对正式加入WTO（世界贸易组织），中国企业完全没有了环境屏障以后，国外企业的竞争能力考虑不足；对开展多元化业务后企业所需的全方位资源考虑不足。

他认为做企业战略，一是要"把脉"外部的大气候，提早做出应急方案。"好比生产胶卷的碰上了数码时代，没想好下一步该怎么办，结果就是'猝死'。"二是要对自身有精准的定位，知道自己适合干什么。

当杨元庆把光环和包袱一起放下的时候，有一笔资产是他可以真正依靠，那就是联想已经建立起来的能力。无论要做什么样的新决策，这都是基础。

盘点核心能力

在多元化扩张失利之后，联想集团营收增长的问题还是要解决。

从今天看过去，如何增长？如何快速增长？如何持续快速增长？"增长"这个KPI（关键绩效指标）就像犁杖一样架在联想身上40年，也像鞭子一样抽打在柳传志和杨元庆两代企业家身上40年。

2003年，联想集团和杨元庆都需要重新出发。那一年杨元庆39岁，身材高大，面容俊朗，几乎从未发福。他当时的下属们评价他：雄心勃勃，志向远大；执拗、自我驱动，永远不知疲惫。这个安徽男人出身高知家庭，父母都是资优知识分子，做的是外科医生的工作。从合肥一中、上海交通大学计算机系本科,到中国科学技术大学,他一路顺风,1989年研究生毕业后进入联想工作,五年时间就做到了联想电脑公司总经理。

2003年7月30日,北京盛夏。杨元庆召集麾下的高管们召开了一场研讨会,他们希望为一个问题找到答案:联想的核心竞争力是什么?

根据当时留存、标注为"联想秘密"的汇报材料,那场会议先列出了外界所认为的联想核心竞争力,有四项:市场运作能力和渠道管理能力,强大的执行力,品牌,售后服务。内部副总裁及以上的高管们则认为有七项:基础管理,强大的执行力,市场运作能力和渠道管理能力,说到做到的文化,学习能力,品牌,售后服务。

联想企划部战略研究室内部也做了研究,他们认为有三项:执行力,在硬件业务上能把PDCA循环[①]执行到位的能力;模仿式的学习与创新能力;使人变得具有上进心、事业心,能让员工爱"打仗"的文化。

何为核心竞争力?联想集团认为:如果企业的基础管理与自身产品有机结合,形成最佳匹配,成为独具特性、难以被模仿和替代的业务模式,并能保障一类业务达到某一竞争领域一流水平、具有明显竞争优势,那么它可以被称为企业的核心竞争力。

以此来总结,这场研讨会得出的结论是联想集团的核心竞争力只有两项:

第一,能体现企业家卓越思想的基础管理;
第二,以服务客户为导向的有效流程。

第一项要容易理解得多。中国不乏满怀远大抱负和思想智慧的企业家,但很多都失败了,失败的原因大多出在两点:第一,企业家的思想

[①] 企业界普遍运用的一套"目标管理"流程,通过规划(plan)、执行(do)、检查(check)、行动(act)四阶段,确保每次的目标都能达成。

和抱负缺乏基础保障，无法变成具体可操作的机制，因此变为空谈；第二，过多地依靠企业家个人，企业家哪怕一个失误的决策或发生危机事件，就会导致企业崩塌。当时的一个企业家协会做了一个统计，第一个因素占到80%，第二个因素占15%以上。

而从联想当时已近20年的发展历程分析，杨元庆和高管们认为联想获得成功主要是倚仗于卓越的企业家，即柳传志等联想第一代创业者，而且把卓越企业家的思想固化为企业宗旨，形成了独特的价值观，制定了企业的远景战略。之后联想又把这些宗旨、核心价值观、企业远景抱负进一步固化到流程、制度、规范、激励等基础管理中，利用基础管理约束每一个员工的日常行为。这是联想、海尔等成功企业区别于那些失败公司的地方，是联想成功的主要因素之一。

而第二项"以服务客户为导向的有效流程"为何被认为是联想的核心竞争力？

杨元庆和一群高管足够坦诚，他们认为联想集团以前没有原创技术，却屡次击败竞争对手，特别是保持了高于业界同类产品的平均利润，原因是持续推出了能够体现客户需求的个性化创新产品，以及在满足客户需求、高效和低成本之间形成了最佳匹配。

这场研讨会还留下了两个需要回答的问题：联想是一家志向高远的企业，要实现这样的抱负，目前我们具备的这些核心竞争力够吗？我们还需要哪些核心竞争力？

从一开始，研发、制造和销售个人计算机就是一个竞争无比残酷的行业，全球市场皆如此；过去如此，当下如此，未来也料将如此。从联想创立到21世纪新千年开始，尤其是在2000年前后，中国的PC市场短短几年就经历了从百家争鸣到赢家通吃的大清洗，绝大多数国产PC制造商在外资品牌的竞争面前几乎毫无还手之力。

年复一年的竞争与拼杀，推陈出新，使PC这种最基本的信息生产工具在标准化的时代里，一切都按照标准程序来执行和展开，包括技术、产品、价格、理念和市场格局。

当竞争变得残酷到无味时，有人希望维持现状，有人希望冲破现实，发起对现行秩序的冲击。于是我们看到，对基本商业模式的探索、对增量市场的躁动和技术应用的升级等一系列努力，此后都在发生。

2001年，杨元庆担任CEO后，给联想集团制定的企业愿景是"高科技的联想、服务的联想、国际化的联想"。2002年，他南下深圳，拜访了华为公司当时略带神秘色彩的创业者任正非。杨元庆希望在提升企业技术能力上得到这位前辈的建议。

任正非当时给他的回复是：难。

他说，华为这样的产业，一年投入几十个亿的研发经费，还能赚几十个亿，高投入高产出的业务模式已经形成。联想如果多投研发费用，但产品卖不了高价，股市和投资人不会答应。

杨元庆不是那种轻易就会退缩的企业家，对于越艰难、越复杂的事情，他甚至越兴奋，越是不可能完成的任务他就越要挑战。用乔健的话说，杨元庆是那种对疼痛无感的人，即便被打断腿也不会吭一声。乔健是杨元庆最长期的"战友"之一，1990年从复旦大学毕业后就加入联想，曾长期负责联想人力资源部门，现任集团高级副总裁、首席战略官和首席市场官。

在此后的20年里，我们一再看到杨元庆应对极限挑战时的顽强意志。当时，他回来和同事们内部交流时，对于任正非的话做出了回应：

"难！难不难？是真难！点得准不准？是真准！然而正是这'难'、这'准'，让我们既坚定了信念又找着了策略！'难'是挑战，没挑战的活，干的又有什么劲？！'难'既然对我们都是挑战，那对其他竞争对手又何尝不是？我们只有登上这座山峰才能给自己筑起更坚实的屏障。联想从来就是怕不知道自己的不足，不知道自己的'软肋'，知道了我们就一定有办法去克服、去补强，我们坚信事在人为！"

"寝食难安"

当我们回头去看 2003 年的联想集团时，常会捏一把汗，因为这一年虽是这家企业的荣光之时，却也正是它命运的十字路口。

Gartner（高德纳咨询公司）的数据显示，台式电脑 2003 年的增长率只有 3%，但那一年台式电脑的价格下降幅度却远远不止 3%，一涨一落，跌掉的是厂商弥足珍贵的净利润。台式 PC 市场的不景气和残酷的竞争，对国内大部分以 PC 为核心业务的厂商来说，带来的打击是致命的。

2003 年，联想全年 PC 出货量为 280 万台，在中国市场的市占率为 27%，排在第一位。美国戴尔则攻势猛烈，凭借极致的成本控制、低成本配件供应与装配运作体系、成熟的直销体系等能力攻城略地，其在中国的市占率攀升至 6.8%，一举从方正手中夺取了第二的位置，其 63% 的销量增长高踞各厂商之首。另一外资巨头 IBM 在中国市场以 4.6% 的市占率排在第四位，惠普排名第五。而在全球市场，那一年联想的市占率只有 2%，排名第 9，惠普、戴尔的份额则都在 15% 左右，是联想的 7 倍多。

商业逻辑很朴素：这些经验丰富的外资 PC 厂商大多已经完成了全球化发展布局，中国市场只是其布局中的一环。它们完全可以将从其他区域市场获得的利润和产业链资源砸向中国市场，它们也有足够的资金实力和底气"熬死"只是基于单一市场的中国品牌。市占率最高的联想集团是被死盯的最大目标。

2003 年也是 SARS（"非典"）之年。联想集团上半年的业绩报表出来后，营收数据低于 IDC（国际数据公司）预测的市场平均增速。作为 CEO 的杨元庆在高管交流会上表露了生死一线的危机感，他告诫同僚："不知道看了这几组数据后，大家有何感受，我是真的寝食难安了，倍感震动、倍感危机。"他要求系统地设计与最强劲竞争对手美国戴尔作战的每一个环节,并要求把与戴尔作战放在"生死位置""第一位置"。

这年底,联想集团董事长柳传志召集企业的管理层开了整整一个月的战略研讨会,决定必须走向国际化。但是,他们也认识到联想当时走向国际"最缺的是一个响亮的国际品牌",缺少国际市场的承认,也缺少国际化管理人才。

如何解决这些问题?一种方法是通过自身建立起所缺乏的上述要素,但这将会是一个漫长的过程;另一种方法就是通过兼并整合,但这意味着必然要面临极高的失败风险。

选哪条路?联想集团内部一时很难给出答案。联想聘请的咨询机构麦肯锡也无法给出答案,他们指着PPT(演示文稿)向一大屋子的联想高管提出了一系列问题,其中考虑全球化前要解答的关键问题就有16个,对内部能力进行评估要回答的问题又有10个,比如:

> 我们的全球价值定位是什么?我们如何进入一个新市场?我们应怎样安排国际业务的组织和所有权结构?我们怎样吸引、保留和培养开展海外业务所需的人才?我们必须投资多少钱?我们什么时候能够得到正现金流?我们国际化业务亏多少钱而不会对核心业务造成财务影响?我们是否有具有国际经验、善于在海外市场运作和管理并且充分了解联想文化的管理人员?我们是否拥有在海外创过业,有创业精神的人员?

每一个关键问题都需要确定的答案,每一个事关能力的问题都需要补足。而问题多到让人头皮发麻,差距和挑战是全方位的,艰难与风险肉眼可见。

"国际化真的是'华山一条路',当时的联想没有选择权。如果有更好的选择,我们就不走这条路了,这条路太难了,风险太大,我们选择了一条不得不走的、艰难的路。因为不能等死,等着戴尔、惠普把我们蚕食掉。"王晓岩说。王晓岩1994年加入联想，在联想早期阶段，负责过财务、人力、行政、IT等一系列业务部门，后来担任联想集团高级副总裁、首席信息官，是联想建成支持国际化运营IT系统工程的主要负责人，在2016年从联想退休。

杨元庆也有过类似的感慨，他说："再窄的缝，只要有一条路就要钻，哪怕是华山一条道，也要努力地往上爬，这应该就是企业家精神。"

定力与冒险

必须走的路

以收购作为路径完成国际化，且收购的是比自己体量大三倍的国际化业务，一夜之间跨进全球市场，在中国公司中，这样的冒险游戏可谓"前无古人"。绝大部分中国公司的国际化，都是先进行产品出口，再渐进式地对外投资、办厂。联想则是在收购IBM PC业务后，一夜之间就拥有了全球化的业务组合。

严格来说，联想的国际化几乎等同于联想的全球化。因为它有相当部分的收入、资产、人员来自全球。当然，要成为一家真正意义上的全球化公司，还要走很长的路。

行文至此，我们想说，对于一家拥有雄心壮志的企业，战略应该是什么。它不是"战略大师"们高深莫测的含糊定义。它应该是明确的目标、有力的抓手、坚韧的步伐的结合。执行一项成功的战略要走两步：一是认准方向，二是不顾一切地实现它。前者需要对如何进行竞争做出清晰的选择；后者则需要足够顽强、坚定，并准备好头破血流。

在历史的长河中，没有任何一家立足于科技行业的巨头企业甘于被国界困住，被疆域锁住。这既不符合规律，对于企业本身也是极其危险的，尤其是在一个几乎不受限制的充分竞争市场。

如果我们拉到更长的周期，回顾联想集团在过去20年国际化之路上的进化，诧异之处来自两点，而这两点又存在某种微妙的冲突。

一方面，你能清晰地感知到这家企业对于多元文化的包容以及非凡的取长补短的学习能力，其中充满了妥协和迂回，就像汪洋大海可以容纳百川。另一方面，其对夺取战略胜利之决心又顽固到可怕，它保持审慎但时而冒险搏命，认准目标则心无旁骛，不眠不休。如果你是它追赶的目标，你应该感到恐惧，因为这个追赶者的脚步可能有时会慢一些，但你永远别期待它会躺下。

若化繁为简地总结联想集团国际化前十年的战略演变，那就是：PC为王。当然，请不要狭隘地理解"PC为王"，这个战略之所以有如此持久的韧性，并不是全倚仗不断攀升的出货量与全球最高的市占率，而在于两种牢不可破的基础。

一是维持高水平的全球化，几乎不犯任何偏离主线的战略错误，在极端激烈的竞争中赢得胜利；二是在PC为王的基础上展开战略性的升级行动，以寻求高附加值业务的技术创新，建立新的营收与利润曲线。前者是战略的定力，后者是赋予战略以新的动力。

联想集团的性格里不包括保守与狭隘。波澜壮阔的国际化战略，是联想两代人的理想，他们坚信联想一定要走这条道路，但怎么走是经历了不少曲折才确定的。

对于联想国际化的述说往往是从2000年开始。那年8月底，联想总裁室部分成员包括杨元庆一行赶赴美国拜访了十余家国际著名IT（互联网技术）企业，包括微软、思科、太阳微系统、英特尔、甲骨文、IBM、惠普等。

在总计十天的考察即将结束时，9月2日，在美国加州圆石滩的一家酒店里，穿着深色polo衫的杨元庆在白板上写下了一句话：LEGEND 10年国际品牌。随后，他转身对十几位同事说："联想要在10年之内进入国际知名品牌的行列！同意这个目标的举手！"虽说圆石滩会议是在讨论电脑产业的未来以及联想未来几年的规划，但当时联想并没有一个明确的国际化总目标。

因为，国际化真的不简单。比如，当时 Legend 是联想的英文名，中文的意思是"传奇"，但没过多久他们就发现"Legend"一词作为品牌标志在很多国家已被注册过，这意味着"Legend"作为品牌标志在海外使用可能会存在法律风险。2003 年 4 月，联想集团正式对外宣布启用集团新标志"Lenovo 联想"，以"Lenovo"代替原有的英文标志"Legend"。2004 年，联想集团全球品牌标志也正式从"Legend"更名为"Lenovo"，并在全球范围内注册。

杨元庆在圆石滩抒发的雄心壮志并不难理解。当时联想集团风头正劲，市占率甚至做到了亚太区第一，即便是与汹涌而来的外资品牌厂商竞争也没落于下风。他说："我们就是要做国际化，就像我们访问的那些公司一样，能运行一个国际化的公司。"

王晓岩也是那次美国考察之旅的参与高管之一。她说："当年没有想过做第一，那只是一个美梦，距离我们太遥远，看了美国的同行们，联想当时的规模、技术和国际化都无法比拟。"

2000 年，杨元庆和后来英特尔的 CEO 欧德宁在中央电视台对话，当主持人恭维两家企业都很成功时，杨元庆匆忙打断："英特尔应该毫无疑问是一家成功的企业了，而联想只能算是到目前为止还比较成功的企业，因为我们还没有经历过太大的挫折和风浪的洗礼，成功的企业应该是九死一生后的成就。"

在最初，也就是 2001 年，对于如何开展国际化业务，联想集团曾进行了一些尝试。其策略是派遣小股部队前往少数国家打先锋。当时，联想先后与英特尔、微软等跨国公司通过项目合作培养了一批了解国际业务的人才，并开始将部分产品销往国外。但是，到 2003 年时，联想国际化收入占其总收入的比例不到 5%，每年在海外市场的营收只有几千万元人民币。

联想集团以自有品牌从 0 到 1 推进国际化的尝试持续了至少三年，结论是，以自建品牌模式去海外打市场，将很难成事，但时间并不等人。由于中国的品牌在国外几乎没有影响力，甚至是低质、廉价的代名词，联想集团这些先遣部队的单枪匹马，自然也无法将品牌打响。没有品牌影响力，在当地就无法吸引人才，无法形成有战斗力的团队。

当时，日本与韩国已经形成了一批成熟的国际化企业与品牌，如索尼、松下、丰田、三星、LG 和现代。这些品牌最初也曾是低质、廉价的代名词，是依靠日积月累地提高产品创新力、本土化融合，以及从成本领先战略走向差异化战略，才撕掉既有的标签。其形成国际卓越品牌的时间短则 20 年，长则 40 年以上，且路径迂回，耗资巨大。

中国台湾是全球 IT 行业产业链中代工厂商的最大来源地，生产的零部件 70% 以上销往全球市场，IBM、惠普、戴尔的产品均选择在台湾工厂组装。然而，即便有如此强大的生产能力，台湾地区也并没有形成成功的国际化品牌。

如何让联想从中国走向世界，被国际市场承认？对于这个问题，硬着头皮在海外市场闯荡了一番后，联想集团管理层在内部做过一次复盘：最近三年，联想的国际业务无论如何都只属于一个探索期，尤其是"打品牌"，联想还将遇到相当大的困难。一方面，"中国制造"还未作为一个整体在海外市场树立好的形象和地位，仅靠联想的实力孤掌难鸣；另一方面，国际市场多是发达国家已开发的市场，若产品缺乏独创的技术，要从竞争对手手中抢夺市场份额也并不容易，更何况近年国际市场发展已日趋饱和、增速普遍放缓。

当时联想集团总部支持海外业务的部门为"区域发展部海外业务支持处"，是一个只有六个人的团队。其力量之单薄让海外团队经常抱怨，在遇到困难时不知道该找哪个部门寻求支持。直到 2003 年 11 月 19 日，联想集团企划部才向所有部门发出了一份"关于协助开展国际化业务的通知",称国际化是"整个公司的一件大事"。

这份通知对于国际化战略的总策略是：稳步尝试，做国际化没有切身的体会和感受不行。走一段时间看一看，在发达国家做还是在发展中国家做比较合适。一旦找准方向，集中资源去打，成功后，迅速向相关国家拓展。

毫无疑问，直到此时，在海外市场开拓上，联想集团几乎都毫无建树，也没有章法，更遑论打开局面。但如前文所述，时间并不等人，联想集团在中国国内的市占率已经稳定接近30%，每增加一个百分点的资金投入，其回报率已经不如之前。而戴尔、惠普等外资品牌竞争对手已经站在国际化的有利位置，开始对联想进行降维打击。

此外，在产品上，联想当时擅长做的是台式电脑以及相对低端的笔记本电脑产品，而2003年之后，市场的主流产品已经从台式电脑过渡到轻便可随身携带的笔记本电脑。在与戴尔、惠普等企业竞争时，联想如果在产品上不能快速转换、取得优势，连在中国市场能否一直守住市占率第一的位置也未可说。

走国际化之路势所必然。恰在此时，优雅体面的IBM绅士们再次找上门了。这是他们第二次主动就出售IBM PC业务与联想接触。第一次是在2000年，当时联想集团管理层认为不现实，双方并未有实质商谈。但是，当IBM在2003年11月再次找上门，毫无保留地表示希望为PC业务找到一个合适的买家时，柳传志和杨元庆等管理层的冒险精神被真正激发了。

联想集团国际化命运的齿轮自此开始真正转动。

做难而正确的事

2001年，即联想高管完成美国考察、立下国际化誓言的第二年，联想的营收增速开始下滑，2002年下滑速度加快，到了2003年则已到了危难时期。

收购是联想集团国际化征程中迈出的实质性一步，但也只是第一步。要成为一家成功的国际化企业，不只是把产品向全球市场销售，把营销网络铺到全球各地，更重要的是，它应该拥有国际化的形象、国际化的公司治理、国际化的人才和文化。简言之，它应该是一家具有国际化管理内核的公司。

应该说，以"搭班子，定战略，带队伍"的管理三要素见长的联想，对管理是足够重视的，甚至在筹划收购之时，就开始考虑管理问题。只是当时对国际化之路还未知深浅。

这是大胆的一步。在联想集团内部，反对之声很多，特别是最早创业的老同志们觉得风险太大，很担心这会不会把联想的家底输掉。而在外部，2004年冬天，当联想对IBM PC业务的收购宣布后，一个叫罗伯·恩德利的美国IT咨询公司首席分析师发布的报告代表了不少业界人士的看法，他没有掩饰自己的幸灾乐祸，说"这宗交易是给惠普和戴尔两家公司的圣诞礼物，我从来没见过这两家公司如此兴奋"。

IBM在美国是一家底蕴深厚、充满骄傲的公司，要对其进行文化整合非常困难。2001年，惠普和康柏合并时调动了上千人的队伍参与整合事宜，联想当时显然并不具备同一水平的资源。戴尔公司时任董事长迈克尔·戴尔直言不讳地评论："你们上一次在计算机产业看到成功的并购案例是什么时候呢？那恐怕要追溯到好多年以前了。我并不认为联想收购IBM的PC部门和以前那些并购有什么不同。"

站在现在，我们自然可以嘲笑这些评论的傲慢。但看看联想集团2004年的光景，只有3%的营收来自中国以外的地区，其中主要还是东南亚地区，谁都能预想收购IBM PC业务后，联想在保留IBM的客户和雇员方面将面临的困难，更不要说它要在美国和欧洲开展业务需要建立新的后勤保障和供应链的挑战了。

在并购IBM PC业务至今的20年，联想在海外完成的大大小小交易难以细数。尤其是在 2014 年接连宣布对摩托罗拉移动、IBM x86 服务器的两笔耗资巨大的关键收购。关于交易从何而来、如何设计、如何整合管理与文化等等，我们将在本书的第二章详述。

在此之前，我们需要研究的是联想集团的国际化开荒之路究竟是如何走通的，如何打好"有准备的仗"。从联想的经验来看，至少要具备四个条件：

1. 一家中国企业要想并购成熟市场的海外企业，要具备自己的核心能力；
2. 要有坚定的、全方位的国际化战略；
3. 国际化要慎重选择合适的方式和对象；
4. 最后，也必不可少的是，国内外比较宽松的政策环境。

杨元庆做过总结：第一，有中国大的市场、大的后方，在本土市场建立起了核心业务，联想赚取的利润可以弥补做国际市场时的短期失血；第二，可以充分利用中国高效率、低成本的优势，这种优势不仅表现在生产制造和研发上，还表现为 IT 系统的建设和长期维护费用比其他地方都要低。

与核心业务能力和成本优势同样重要的是，联想在管理、业务模式、流程等方面的支撑。有管理能力，就有希望顺利整合并购来的队伍，这是比技术和产品等要素更为重要的一层。联想集团在展开海外并购前的十多年里在中国建立起的业务模式竞争力和文化管理基础成了其两大法宝。

"有了这两件法宝，我们与国际团队不但能在同一个层次上进行沟通，而且很快有了很多共同语言，相互的尊重和认同也很快建立起来了。这也抵消了不少语言、文化差异造成的沟通和融合困难。比如说，中国团队在个人客户、中小型客户（联想内部所称'交易型客户'）的业务模式上有很多经验和心得，国际团队纷纷来取经，琢磨如何将其运用到自己的市场上去；而国际团队对大客户（联想内部所称'关系型客户'）的经营方式和全球化运营流程，中国团队也在取长补短。这种相互的尊重和信任使得我们的团队实现了很好的优势互补。所以，打铁还需自身硬，没有核心能力，单靠资本力量，靠我们是大股东，也很难做好这样的并购。"杨元庆在2006年做经验分享时说。

他还提醒，中国企业对自身核心竞争力的评估，应该放在全球市场，在中国市场的核心竞争力到了国际市场未必是核心竞争力。一个进入全球市场的企业，全球化运营能力是至关重要的。

在联想集团收购IBM PC业务的交易公布后，外界注意到，IBM原高级副总裁兼IBM个人系统事业部总经理斯蒂芬·沃德（Stephen M. Ward, Jr.）将担任联想集团CEO。

这种安排并不是柳传志与杨元庆在谈判中的妥协，而是在启动收购IBM PC业务谈判一开始就做出的抉择。为的是在这场"小吃大""蛇吞象"的交易中，不让大象出现意外跌倒，确保它有能力继续跳舞。与此同时，联想开始探索从外在形象到内在运营管理的国际化，为真正驭象做好准备。聘用被收购方的CEO来担任新公司的CEO，这种人事设置模式后来被不少国际化公司在重大兼并购交易中效仿。

在收购中，另一件事几乎也是在启动谈判时已做出决定，即引入国际化的战略投资者作为股东。杨元庆后来解释，这样做的目的绝不仅仅是解决收购资金的问题，"要钱可以向银行借，我们希望通过这种方式实现公司治理的国际化"。这些投资人包括美国泛大西洋投资集团、美国得克萨斯州太平洋投资集团和美国新桥投资集团三家私募股权机构。

联想集团的工作语言也在收购IBM PC业务后改为英语，这是对集团从高管层到基层员工的艰巨考验。为了让员工更快速地练习英语，公司内部发起了全员学习活动，聘请培训机构的英文老师到联想办公室驻场教学，每天工作 8 小时，以方便员工随时随地向英语老师请教，进行练习和交流。

那时候，联想集团整个管理层能用英语与外方顺畅交流的只有财务总监马雪征。杨元庆几乎不会说英语，为了迫使自己学习英语，他聘请了一位英语教师，甚至还让家人和自己一起迁居到完全陌生的北卡罗来纳州的罗利市，一待就是五年，以方便自己与新加入的高管们保持更密切的沟通。罗利是美国南部一座位于橡树森林中的城市，也是 IBM PC 业务的总部所在地，人口数量甚至不及北京一个大规模社区。很快，杨元庆的英语水平突飞猛进，可以完全用英语召开分析师电话会议以及接受外国媒体的采访。

通过并购来开启国际化，对象最重要。在个人电脑行业，谁能拒绝 IBM 呢？IBM 旗下主要面向商用市场的"Think"品牌，是个人电脑行业的皇冠。美国《时代》周刊在 1983 年 1 月 3 日的封面文章中这样写道：1981 年 8 月 12 日，这是一个值得我们永远纪念的日子，IBM 正式发布了历史上第一台 PC，从此人类就进入了 PC 时代。

联想在决心踏上国际化道路之初，并没有想过收购 IBM PC 业务，而是 IBM PC 主动找到联想。在 IBM 的体系里，这是一个连续亏损多年的业务。收购过程的博弈历经曲折，联想集团高管们要在启动谈判之前，对收购标的有缜密的分析和摸底，对扭亏为盈做到心中有底。

联想方面分析发现，IBM PC 业务有相当好的基础，在产品和技术，尤其是笔记本电脑的研发、生产方面，在整个业界都无可匹敌。业界一流的管理团队、庞大的客户群和遍布全球的销售网络，这些都是非常好的优质资产，且业务本身毛利率很高。亏损原因主要是运营费用太高，需要摊销的总部运营支持费用也很大。联想有信心利用高效的运营模式，基于中国的运营平台，来降低 IBM PC 业务的运营成本。

对 IBM PC 业务的整合当然不是一路顺遂，但整体逻辑是正确的。到了 2013 年，也就是收购九年后，当联想登上全球 PC 市占率第一高位,且能保持企业的营收和盈利都在持续增长时,我们才可以说,这家企业完成了其有史以来最大的一次冒险。

2019年,有媒体问杨元庆:"构建国际化企业的过程中最难的地方在哪儿?"杨元庆说:"最难的地方,我觉得是跨出去的第一步。你所需要的视野,你所需要的文化,你所需要的管理方式都是完全不一样的,文化和管理体系的建设是最重要也是最难的事情。"

数年后,中国商界开始用一种时髦的说法来描述这种信仰长期主义的经营哲学:做难而正确的事。

手机:犯错与迂回

2019年,在香港召开的一场访谈会上,记者问杨元庆:"你现在主要用哪几款手机,除了摩托罗拉还用什么品牌?"杨元庆刚要开口,坐在他旁边陪同的高管意识到这是一个陷阱,便告诉提问者:"元庆只用摩托罗拉的手机,且只有一部手机。"

直到2011年,当联想集团跨进全球市场六年后,杨元庆才说:"我们已经顺利地度过了最初的婴幼儿期、危险期,已经扎实地奠定了全球化运营的基础,走上了健康、快速的发展道路。"那一年,联想在收购IBM PC业务后第一次实现了全球盈利,即在所有区域市场都盈利。

这家企业擅于跨出大胆的一步,也擅长历经波折而安稳度过。我们认为这基于一个前提条件,即联想集团在PC业务上几乎从始至终都没有犯过战略错误。其最大的折戟出现在手机业务上。这也是联想过去20年中最具戏剧冲突的一块业务。然而,虽然多数时候置身糟糕处境,听到的都是坏消息,但手机业务从未被放弃,且正在走出谷底,展现出重现荣光的迹象。

坚定地保留手机业务展现了这家企业性格中最复杂的一面。

1999年,时任联想研究院院长的贺志强(现任联想集团高级副总裁、联想创投集团总裁、管理合伙人）写了一份计划书，他提出了一个产品构想，叫 Internet Phone（网络电话）。放在今天，这种构想很容易理解，即智能手机。但在当时，所有移动电话的功能还只有通话，后来才有短信，网络电话的构想具有很准确的超前意识。

贺志强相信，从技术路线上看，从台式电脑、笔记本电脑，到手持计算设备，这是一个必然的过程，手持计算设备自然就是手机了。和他持一致看法的是杨元庆。所以，2000年当联想采取多元化战略时，手机成为重要的业务群组。即使后来终止了多元化战略，手机业务群组也被保留。对于这一决策，杨元庆后来在《联想涅槃》一书中被作者问及是商业直觉还是理性分析，他说："决定性因素是信念。"

2002年，联想开始大张旗鼓地推进手机业务，第一年推出的所有产品都是由韩国厂商代工（OEM）生产的。截至2003年3月31日的整个财年，手机业务为联想赚了2900万港元左右的净利润，但第二年又亏掉了几千万。2003年夏天，当杨元庆对上半年业务进行复盘时，他的定位是"一定要做"：手机业务是我们一定要做，且一定要做好的一个业务，除了因为它是我们面向未来信息终端的一个重要卡位业务，更重要的是我们认为这是我们竞争力最容易复制的业务。

之后的几年是联想手机风华正茂的黄金时代。2004年，联想先后重资押注彩屏手机和MP3音乐手机；2005年10月，联想手机在国产手机中的市场份额一度能排到头名位置，在中国市场所有手机品牌里也能排到第四。

当时联想手机创下了很多第一，包括第一款国产自主研发的GSM手机（俗称"全球通手机"），首款支持TD-SCDMA的3G OPhone手机等等。到2006财年结束时，联想手机实现的销售量已经达到了770万台，年比增长28%，同时保持良好的盈利状态；市场份额则稳居整体第四、国产第一的位置。

但是，也就是在这一年，好日子出现了拐点。在2006/2007财年，联想手机虽然以 6.5% 的市场份额保住了中国市场排名第四的位置，但营业额同比减少了 21%，从此再也没有回到以前的位置。市占率在中国市场第四不足以让一家上市公司的投资者保持耐心。从营收比例来看，在 2007 年最后一个季度结束时，联想手机的营收占集团总体销售额的比例只有大约 2.5%，显得无足轻重。

失去耐心的不仅仅是投资者，还有 2005 年起接替沃德出任联想集团 CEO 的威廉·比尔·阿梅里奥（William Bill Amelio）。在此之前的五年，这位意大利裔美国人是戴尔公司高级副总裁兼亚太区及日本业务总裁。他是一个操盘和运营高手，经验丰富，且具有全球化视野。同样，他的性格强势而刚烈，雷厉风行，管理风格处处都烙着戴尔式的自信，推崇高度集权、命令式管理，在削减成本时毫不留情。

在担任 CEO 后，阿梅里奥的主要任务就是加速联想集团的国际化进程，以及积极应对来自主要竞争对手惠普和戴尔的挑战。在加盟联想集团的第一个年头，他就通过业务重组成功地让原 IBM PC 业务实现了盈利。

阿梅里奥决意将手机业务剥离出去。他先派出了受他信任的核心团队对联想手机进行诊断，这是一群在 PC 行业工作多年的行家里手，但对手机业务并不算熟悉。他们高高在上的态度激怒了联想手机业务团队，双方在中国厦门的一场会议上剑拔弩张。

那对杨元庆来说是一段幽暗的日子，他对联想移动业务抱有极高期望，但无论是公司治理架构赋予阿梅里奥作为 CEO 的权限，还是外部形势，都让杨元庆无力就保留手机业务获得支持。毕竟，联想集团在 2008 年需要全力应对全球金融危机的影响，将公司的力量与资源集中在 PC 业务上理由充分。

2008 年 4 月，联想移动的全部股权、品牌及知识产权被以 1 亿美元出售给同是"联想系"的弘毅投资以及其他三家私募基金，这意味着联想正式退出了手机市场。那一年，联想移动在中国市场的市占率超越摩托罗拉，进入国内市场前三名。按照杨元庆的说法，这是"寄养在别人家里"，这也是他当时竭力争取到的最好的结果。对于这桩交易，他的态度很明确：过去、现在与未来，我都不愿意它被出售。

在联想卖出手机业务的前一年，太平洋彼岸的苹果公司推出了iPhone，这是移动互联网革命的前夜，一个智能手机的黄金时代已排山倒海地到来。2009年2月，阿梅里奥三年合同到期，联想集团决定让其卸任CEO，之后开始调整手机战略。这年的11月，已从董事长转任CEO的杨元庆从弘毅投资手里买回了手机业务，代价为总额约2亿美元。是的，这是一年半前价格的两倍。联想集团决定设法收复失地，但日子已经艰难得多了。iPhone带动了整个智能手机行业的迅速发展，安卓阵营也迅速壮大。重回手机赛道的联想希望通过一款取名为"乐phone"的手机一鸣惊人，而结果却不尽如人意。这是一款当时定价接近3000元的高端手机，但与联想集团主要倚仗电信运营商销售手机的渠道格格不入，该渠道主要销售千元左右的低端机型。

对销售渠道的路径依赖也让联想吃到了苦头。因为联想在个人电脑业务上的所向披靡，与中国主要零售商、手机运营商建立起来的密切关系让联想手机业务上上下下都难以有动力去打破窗户重新建立新渠道。在产品上，为了快速抢夺市场份额，联想选择采取机海战术，而不是投入重金研发高端精品手机。杨元庆麾下大将刘军在2011年成立了MIDH集团（移动互联和数字家庭业务集团），机海战术被发挥到了极致，他还大力拓展运营商渠道，形成A、S、K、P四大系列，从一年推1款产品增加到一年推40多款产品。

这样的策略带来的好处是肉眼可见的，那就是让营收与出货量都快速增长。2012年，联想手机一年的出货量同比提高了536.4%。那一年，中国手机市场出货量和市占率排名前五的是三星、联想、苹果、中兴、华为。到2013年时，联想手机的全年销量超过了4500万台，位列全球第五，在中国市场排名第二，仅次于华为。掌舵手机业务的刘军在其中立下汗马功劳。

当联想手机正在享受运营商渠道带来的出货量大增的巨大繁荣时，小米和华为选择在公开渠道、产品研发上同时发起革命。擅长互联网营销的小米推出了一系列极具性价比的机型以笼络年轻人。而华为则放弃了ODM（原厂委托设计代工）白牌运营商定制的生产模式，转向了研发华为自有品牌手机，并进军高端自研芯片，改进UI（界面设计），立志在全球市场获得手机出货量第一。

手机行业是比PC行业竞争更为惨烈的赛道，中国市场又是红海中的红海。联想手机的繁荣未能延续太久，短短一两年，世界就大不一样了。对行业趋势整体判断的迟钝，让联想在产品、品牌、渠道上都失去战略先机。依靠机海策略，虽营收膨胀，但拖累联想迟迟未能在中高端市场取得突破；过度倚仗运营商作为销售渠道导致的是自身品牌的弱化。

关键的是，联想手机业务整体利润微薄，甚至一度亏损。一次次调兵遣将也无法稳住局面。联想智能手机90%以上在中国销售，对于如何稳住份额，压制对手，联想显得束手无策。而华为、小米以及新涌现出来的OPPO、vivo等本土后起之秀早已在线下疯狂开店。互联网营销将生硬的传统营销打得七零八落。它们在教训联想：老大哥，你的玩法已经过时了。

好在在PC业务上，联想继续一路凯歌，接连跨越了宏碁、戴尔、惠普等一座座昔日高峰。在2013年冬天，其已经稳住了全球市场出货量第一的位置，登顶PC之王。整合IBM PC的巨大成功，给联想集团带来了在信誉和威望上的高光时刻。

经过10年的国际化旅程，联想集团也成为中国最成功、国际化程度最高的跨国企业之一。伴随登顶PC之王，Lenovo品牌在海外市场也受到广泛认可。对于手机业务，联想集团能轻而易举想到的战略路径，就是再来一次里程碑式的收购。

如果说杨元庆性格中有什么特点是可以脱口而出的，那就是他绝不害怕困境，且越挫越勇。这很像他玩扑克牌的风格：习惯在出牌前思考良久，即使拿到的牌面很糟糕，也要想方设法去赢。2014年1月30日，联想决定出手，以29.1亿美元巨资从谷歌收购摩托罗拉移动，摩托罗拉移动的3500名员工、2000项专利、品牌和商标，以及全球50多家运营商的合作关系都被纳入联想移动业务集团。

收购的结果对市场格局的改变是立竿见影的。2014年联想手机的出货量在全球排名中进入前三，在中国市场有一个季度甚至排到了第一。市场需求的蓬勃旺盛也给了联想手机团队极大的信心，如同当时多数的竞争对手一样，他们也制定了激进的销售目标，在产品策略上没有选择将更多资金持续投入研发和产品端，以继续推出精品。

当一个人以极快的速度奔跑时，很容易失去重心。做大手机业务销售规模，整合摩托罗拉手机，这两者是同时进行的，但整合进行得并不顺利。2015年，联想在中国市场全年手机出货量快速下降到了1500万部，不到2014年的30%，在中国手机销量排行榜中，已经跌出前五。

在收购摩托罗拉业务之初，联想手机的策略是让摩托罗拉和联想这两个品牌独立存在，仅是共享后端的供应链和采购等服务，前者主攻高端市场，后者主打性价比，形成市场互补。然而，两者在产品研发设计、品牌和营销上都未能如预想的那样形成合力。尤其是2014年6月，中国电信业被纳入国家将营业税改为增值税的"营改增"试点范围，这使得运营商对手机终端的补贴大幅下降。平地起惊雷，高度依靠运营商渠道销售的联想手机瞬间遭遇重创，靠运营商作为主渠道的时代一去不复返。

2015财年是联想历史上极其艰难的一年。外部，全球经济疲软，个人电脑和平板电脑市场持续下滑，手机市场增长放缓；内部，面对的是整合、消化刚刚收购的IBM x86服务器和摩托罗拉移动两大业务的挑战。

第一章 战略：偶然与必然　　041

"尽管我们每个人都依然付出了极大的努力，但年初所设定的很多指标还是没有达成。我们的手机业务要在中国打翻身仗，却总见不到起色。"杨元庆说，"就像重拳打到棉花包里，我们付出了艰苦的努力，却没有看到预期的结果，难免沮丧。"2016年5月，联想股价跌至四年低点，占联想营收近20%的联想移动业务表现越来越糟糕，在全球市场的销量同比下跌超过20%。

在战略低谷中，杨元庆试图说服士气低落的同事们："收购摩托罗拉移动和IBM x86服务器的业务，是资源投入，是补短板。前者补了我们专利、品牌、高端产品，以及北美和拉美市场的短板，IBM x86服务器业务补了我们产品线和海外市场的短板，让我们拓展移动和数据中心业务具备了必要的基础。但是，今天这两个业务依然处于整合阶段，我们不能操之过急，不能期待过高。要让PC、手机、服务器三驾马车真正做到并驾齐驱，现在还只是起点。"

"当时有一种感觉，好像手机成了，联想就成了，手机不成联想就不成。公司的品牌信誉都和手机合在了一起。手机有太大的光环，跟消费者联系特别紧。如果是服务器业务，做得好与不好，外界就没那么多人关心。"在2016年至2017年任手机事业部联席总裁的乔健说。

从生存到胜利

联想集团相信，移动业务是联想绕不过、非得做、必须赢的战略性业务。

用杨元庆的话说，智能手机是过渡到未来万物智能的必由之路，它会是最重要的遥控器，也是连接其他设备和云的入口，它的技术还会是开发其他各类智能设备的重要基础。

在收购摩托罗拉移动业务后，联想期望自己打造PC的策略，能给智能手机业务带来类似的积极效果，但成功整合IBM PC业务的经验，在手机业务上并不适用。整个集团都低估了做好手机业务的难度，也不愿意承认 PC 和手机在商业模式上存在巨大区别。

这种路径依赖持续了接近两年，一直到 2016 年，联想终于意识到：简单套用 PC 原来的成功模式、管理体制和机制，尤其是 PC 的供应链和渠道，在手机业务以及服务器业务中都并不适用，反而成了它们发展的紧箍咒。面对眼光挑剔、品牌意识更强的手机消费者，联想迫切需要重新设计经营体系。

联想以壮士断腕般的勇气彻底结束了倚仗运营商渠道的销售模式。在产品上，对于新兴市场，联想的策略是通过规模和效率制胜；在成熟市场，则凭借创新的产品和强有力的品牌赢得竞争。

错失中国这个全球最大手机市场是联想手机业务最大的痛楚。即便在策略调整后，在中国，摩托罗拉品牌也很难在与诸多本土品牌以及 iPhone 的竞争中更胜一筹，市场份额始终未能进入前五名，这种局面持续到今天。

2016 年至 2018 年，对联想集团来说也是充满煎熬的时光。高管层人心浮动，团队凝聚力下降。主营业务 PC 在好几个季度甚至无法保住市占率第一的位置。手机和服务器业务迟迟无法盈利，也无法找到突破口，拖累整个公司持续亏损。

乔健深有感触。她认为落入谷底的那三年，对集团高管们来说是一个使他们长期受益的教训，去掉了包括她在内的很多人的"傲气"。"我们高管团队中的很多人，都见证了 PC 业务做到中国第一，收购 IBM PC 业务后，全球业务交给'老外'，却没有做好，我们接回来做成了世界第一这一过程。然后又买了两个大公司的业务，那时候真有点'没有什么干不成'的豪气。"

乔健自己也一度接手了联想手机业务，但最终无济于事。残酷的事实成了最好的老师。当傲气消失，而骨气犹在时，正向的变化就会开始。

2018年，联想对摩托罗拉手机业务进行了大刀阔斧的改革。在2018/2019财年业绩发布时，联想移动业务于该财年下半年实现了自收购摩托罗拉移动以来的首次除税前溢利。截至2022/2023财年第四财季结束，摩托罗拉手机已连续11个季度实现盈利。

2023年，摩托罗拉甚至重新燃起了对中国市场的雄心。效力摩托罗拉已27年的塞尔吉奥·布尼亚克（Sergio Buniac）现任联想集团高级副总裁、移动业务集团兼摩托罗拉总裁，他告诉一名中国记者："通过这些年的努力，我们的战略从'为生存而战'转变为'为胜利而战'。"

让手机品牌中的一个落寞贵族重现荣光，鲜少有成功案例。微软2013年收购诺基亚旗下大部分手机业务，谷歌2012年收购摩托罗拉移动业务，2017年收购HTC部分手机业务，都以失败告终。在收购一个手机品牌后，让其重回巅峰，这几乎是"不可能完成的任务"。

而联想集团在整合摩托罗拉移动业务近10年之时，终于看到了曙光。过去几年，摩托罗拉在中国之外的其他市场欣欣向荣。摩托罗拉品牌在北美及拉美市场长期保持在市占率前三的位置。根据市场研究机构TechInsights的数据，其2024年第一季度更是以4%的全球市场份额排到了第八位，出货量同比增长22%。

很有意思的一个比较是，曾经的PC王者戴尔、惠普、宏碁、华硕都曾在手机业务上出击，但均以失败收场。反而是手机厂商在开拓PC业务时高歌猛进，一度威胁到PC厂商的市场份额。PC与手机业务并非两不相犯，多屏协同的需求已被验证。如今，PC领域出身的企业，唯一能在手机领域具备全球多市场战斗力的，只有联想。

2013年9月，微软以约72亿美元的价格收购了诺基亚旗下大部分手机业务，2016年5月就以3.5亿美元的价格将其转售给芬兰HMD公司和富士康子公司富智康。当时，投资者对于微软甩掉这个包袱欢欣鼓舞，称微软的收购是"一个昂贵的错误"。而微软现任CEO，把微软从没落之境重新拉回科技之巅的萨蒂亚·纳德拉，则在出售后表示了后悔。2023 年 10 月，纳德拉获得了年度阿克塞尔·施普林格奖。主持人向拿着板球棒上台领奖的他问了一个问题："回想起来，有没有什么真正的战略失误或错误的决定让你感到后悔？"

纳德拉很快给出了答案："我想很多人都在谈论的，也是我成为首席执行官后所做的最困难、最后悔的决定之一，就是退出当时我称之为移动电话的领域。回想起来，我认为我们本可以通过重塑个人电脑、平板电脑和手机之间的计算类别来实现目标。"

对一家上市公司来说，当认定必须执行的长期战略与每个季度都必须披露的报表发生冲突时，顶住董事会的压力并进行战略的权衡取舍，往往是很艰难的。联想手机业务直至目前都不能说成功，但战略上的韧性让它离成功似乎越来越近，而且在集团业务的战略协同和进军消费市场方面，其意义已经充分展现。

故事的相同版本还发生在服务器业务上。2023 年春天，当 ChatGPT 突然掀起人工智能的技术狂潮时，全球科技界喜悦异常。全球人工智能竞赛正在席卷各个行业，此时我们会发现，联想集团对于服务器业务的战略韧性，使之在这场 AI 革命中拥有了宝贵的一席之地。

成为第一之后

登顶

"What do you feel？ Exciting？ Passionate？"（感觉怎么样？兴奋还是斗志昂扬？）杨元庆正在台上用英文演讲。这是 2012 年 4 月 18 日，联想集团正在美国罗利举办新财年誓师大会（在联想集团内部，这被称为"Kickoff"）。

"在美国，我们创纪录地取得了将近 7% 的市场份额。你们很多人原来在 IBM，还记得 IBM 上一次取得这么好的成绩是什么时候吗？1999 年，那已经是 13 年前的事了！"杨元庆身后的大屏幕上，显示着联想 2011/2012 年的财报。这一财年，联想已经超过戴尔，成为全球第二大电脑生产商。

2009 年 2 月，在担任了近四年董事长重新回归到 CEO 职位时，对于如何领导一家国际化公司，杨元庆已经羽翼丰满。他很快给联想集团董事会提交了一份目标激进的四年规划，对营业额、销量、利润以及市场份额都设定了明确目标，承诺到 2013 年时，让联想个人电脑在全球的市占率达到 10% 以上。

杨元庆做的第一个重大战略决策就是铁了心要把联想消费电脑业务在海外市场做起来，这是联想个人电脑业务在全球市占率能否继续提升，甚至做到第一的关键。"不管投入多少资金，不管投入多少年，都要把消费业务做出来。"

组织、流程、人、目标、考核、激励，关于战略执行的一切都理顺到位。联想集团采取了一种被称为"保卫与进攻"的"双拳"战略来推进业务。这个战略框架要求这家企业像一个骁勇善战的拳击运动员一样，能守能攻。

联想要保卫的是中国业务和全球企业客户业务，这两大核心业务必须保持良好的盈利能力；而重拳出击的是消费业务和中小企业业务，这两大业务要声势迅猛地在新兴市场和全球交易型市场攻城略地，快速拿下新的增长空间。

前端被合并为两大业务单元，即新兴市场和成熟市场，而后端则被整合成两大产品集团，即 Idea 产品集团和 Think 产品集团，分别主要面向消费市场和商用市场。两者在产品设计、定价、分销、推广和人员配置等方方面面都有所区别。

整体而言，这是当初联想对中国市场经验的全球化输出，但效果出奇地好。整个企业战略清晰，每个团队各司其职，各业务单元目标明确。杨元庆在制定四年规划之初并未想过个人电脑业务能在全球拿下第一，但是，"双拳"战略执行两年后，他发现山顶已经触手可及，因为业绩每年都超额完成。

从1984年创立到2013年，联想很快就要迈进而立之年。如果联想在1994年没有扛住外资品牌进入中国市场的压力，在2003年、2004年未能顶住戴尔对中国市场的猛攻，收购IBM PC业务后在2005年至2008年没能实现成功整合，在2008年、2009年的国际金融危机中没有挺过来……任何一次险境都足以让它和同一时代起步的很多企业一样，消失在时代的洪流之中。

企业的命运无法假设，但联想希望把命运掌握在自己手里。PC业务登顶后，联想的"战力"布局与投射能力已扩展到全球，各地遍布士气高涨的"国际军团"，联想在文化与价值观上的成功整合，让他们对这家来自中国的跨国企业满怀信心。

新的高峰

联想集团一众高管急切地寻觅下一座"珠峰"。此时，他们重新审视了联想的战略。在2014年的一次内部会议上，杨元庆向集团内一支100人左右规模的GLT（全球领导团队）分享了自己制定战略的方法和工具，也就是应考虑的三个问题。他将其总结为"战略三角"：第一，有没有市场潜力；第二，有没有竞争力；第三，有没有资源保障。

对于此时的联想，深耕PC业务就如在风平浪静的稳定海域行船，拓展新疆土就要面对大风大浪。联想决定将移动业务和企业级业务作为在PC之外新的业务领域和业务方向。于是，摆在联想面前的新"珠峰"从惠普、戴尔变成了韩国三星电子和美国的苹果公司。三星和苹果在全球手机与平板市场长期把持头几名的位置，是全球最受认可的消费电子品牌。

联想的新目标是在智能手机市场对它们发起挑战，展开正面交锋。

这既有时势驱动的一面，也有优势驱动的一面。所谓时势驱动，是联想集团判断 PC 终将进入存量竞争时代，甚至市场萎缩阶段。PC 以及当时还占据霸主位置的 Windows 系统归根结底是商用时代的产物，是围绕商业用户的使用需求而优化和演进的产品，其本质是生产工具。其中，消费者对产品的操作，需要进行必不可少的、非常复杂的学习，他们实际上是被迫接受和适应这个工具。

正是 PC 作为商用工具的本质，给了安卓、iOS 以机会，后者以更自然的交互方式吸引了大量客户。用户只需要通过触摸、语音就能进行操作，几乎不需要学习，消费者一旦尝到了甜头，便爱不释手。这也是很多消费者在手机上消耗的时间远高于电脑，新兴市场的大多数低层消费者甚至跳过了 PC，直接进入完全移动产品阶段的本质原因。

PC 所倚仗的商用市场也不能幸免。企业员工出差从必带笔记本电脑过渡到只依靠手机或平板就可以收发邮件、处理文件、完成工作的阶段。当移动终端完全占据了消费者的碎片时间，无论是工作、学习，还是娱乐、社交，这个趋势很有可能会模糊商用与消费领域的界限，反向蚕食商用领域的市场需求。

联想必须为这种终将到来的趋势性变化做好准备。2014 年末，杨元庆几乎是呐喊着让同僚们意识到战略转型的紧迫性：仅仅聚焦消费 PC 和 Windows，不足以让我们赢回更多的消费客户，要赢消费，就要赢移动，要赢移动，就要赢安卓，我们别无选择！否则我们会和微软一样输掉消费客户群！

相比在 PC 领域的老对手们，联想此时的优势驱动，是在消费领域并非从零起步。联想磕磕绊绊的手机业务一直没有被放弃，且在 2014 年凭借对摩托罗拉移动的收购，在全球智能手机市场上的排名从第五提升至第三。在这一年的第三季度，其出货量甚至排到了中国市场第一。

就在买下摩托罗拉移动的同一个星期，联想还收购了 IBM x86 服务器业务，这些收并购案都是在非 PC 业务上展开的。联想认为，在商用领域，PC 虽然作为生产力工具仍然是必要的，但由于企业未来的 IT 系统更多向云端转移，如果不能深入服务器等后台设备，不能为客户提供整合的解决方案，那么在与长期对手如惠普和戴尔竞争时，联想将力不从心。因为这些竞争对手在后台设备和服务上已有深厚积累，联想如果仅仅依靠 PC 业务的单一产品去竞争，情形将很被动。

对联想来说，拓展企业级业务，同样别无选择。此时，联想对三大业务的战略定位是：保卫 PC 业务的领导地位，同时进攻移动和企业级业务。

从个人电脑业务到手机以及服务器业务，联想遵从的是一种外延式战略拓展思路。就像资深的围棋手布阵一样，联想是在建立个人电脑这块根据地之后，再扩展更大的势力范围。比如，手机业务是个人电脑业务的延伸，而服务器业务是商用客户的延伸。

在很长一段时间里，外界对于联想通过并购拓展全球市场有颇多争议。但是，我们应该看到，联想并不寻求为扩大规模而并购，而是为发展能力而并购。这家企业是在发展能力的基础上拓展市场，尤其是把并购的企业的能力消化吸收为真正属于自己的能力，而不是分离自己的能力。

通过对多项业务的收购，联想乐观地认为，自己还具备优势驱动的另一面，即联想发展移动业务和企业级业务所需要的竞争力，和联想在 PC 领域所积累的核心竞争力之间具有密切的关联性。联想的管理团队认识到，联想通过 PC 业务获得的企业客户也有希望成为企业级业务的客户，而 PC 渠道对于交叉销售移动和企业产品也有极强的兴趣。此外，PC 业务批量采购带来的成本优势，也可以帮助提高手机和服务器产品的成本竞争力。

在当时，这一切看起来都顺理成章，站在 PC 之王座席上的一众高管豪气干云，他们即刻出发，计划在全球市场攻城拔寨。然而，当他们拿着做PC业务的"成功宝典"去做手机和服务器业务时，才发现，一切要艰难得多。他们很快意识到，更糟糕的是，原本以为属于自己的优势最后大多成了劣势。

首先是品牌上的，联想在PC领域的成功为其品牌打上了非常深的PC烙印，而当进入智能手机和服务器领域时，这一优势却无法立即转化成新业务的优势。在这两个领域，联想的品牌建设几乎要从零开始。其次，产品开发端，基于安卓系统的开发完全不同于基于Windows系统的PC开发。PC时代，客户体验与联想大体无关，由微软的Windows系统占据主导，但在移动时代，客户体验的要求是对硬件、软件、云服务一体化的要求。

最让联想自信的销售渠道和销售方式此时也无法发挥作用。当联想的销售人员用卖PC积攒下来的丰富经验销售手机和服务器时，才发现这些产品根本不是一回事儿，因为PC的业务周期和数据中心的业务周期完全不一样，前者一个星期就可以完成整笔交易，而后者可能需要半年甚至一年。

"收购之后发现，手机和服务器业务和我们原来的业务模式不一样，需要的能力也不一样。本来以为手机像一个小的PC，服务器像一个大的PC，实际上它们完全不一样。所以我们进入了一段纠结、亏损期，2016年、2017年有点彷徨。"乔健说。甚至有一段时间，联想内部认真权衡过"手机业务到底还要不要接着做"。

不过，2015年的联想已经不是2005年的联想。如果将联想的国际化分为1.0和2.0两个阶段，1.0阶段就是联想收购IBM PC业务到2013年稳占全球第一，2.0阶段是之后直到今日，从业务、治理、团队、管理和运营中调动资源能力，实现了更高层面、更成熟的国际化。

并购IBM PC业务后，联想用了六年时间来全盘学习全球化竞技的能力，而在并购IBM x86服务器和摩托罗拉移动后，他们只用了两年时间，就快速地缩短了认知的差距。在发现问题后，此时的联想已经能快速修正和补足能力短板，在最短的时间里少走弯路。

"后来我们的战略就清晰了，以智能化转型为主，不管是做PC、做手机还是做服务器，都是为了提升用户的数字化、智能化能力——数据不断产生，算法不断优化，业务不断优化。"乔健说。

杨元庆在2016年的内部高管交流会上复盘了这段弯路，将挫败归结于整个团队的急功近利，忽视或者轻视了真正的问题。"刚开始时，我们有比较大的野心，希望通过增长来促进盈利的改善，但很快发现，增长和盈利二者都得不到；我们决定调整策略，必须先重一头，所以把改善盈利、让业务健康放在首要位置。业务健康了以后，我们才促进有盈利的增长。"

战略变革在联想的业绩低谷期启动，联想的战略转向"三波战略"。所谓"三波"，第一波是PC业务，联想此时已经做到全球市占率第一，在这个业务中，联想的长期愿景是设备与云业务结合；第二波是智能手机移动业务和数据中心业务，这一业务帮助联想构建新的营收和利润增长引擎；第三波则是当万物智能、万物互联时，联想应该在不同种类的智能终端、智能设备等业务中有所布局。

"三波战略"是联想历史上最艰难的战略变革，艰难来自要实现两个方面的大变革、大转型。第一，公司从单一业务向多元业务转型；第二，从经营产品的公司转向经营客户的公司，"以客户为中心"，满足客户的需要，与此同时，实现从设备到"设备+云"的转型。

从PC作为主业甚至唯一业务，到扩张至手机、服务器，再到解决方案。这种战略转型不仅仅是业务上的1+1或1+N，还事关每一个业务负责人工作重心的根本性转变。"以客户为中心"不是一句广告口号，它直接影响一个业务负责人的奖金多寡。

因为，当仅做PC业务时，业务负责人的奖金完全基于销售数据，而转型之后其至少10%的奖金基于客户的满意度，工作考核中有更大比例的KPI是客户是否满意。而决定客户是否满意的，就是看联想与客户在重要接触点的表现，包括售后服务等。比如：应该只进行一次售后服务就把问题解决好，你却用了两到三次才解决，客户就不满意；你向客户配送机器，提早或推迟都不是正确答案，准时才是。

联想决心彻底纠正战略转型中遇到的问题。当时要解决的问题被总结为七大类，覆盖了从业务运营到文化和创新各个方面，联想全球管理团队成员以及董事会成员用了三天时间一起讨论，把看到的问题以及反映出问题的现象都梳理出来，再一起找到解决方案。

通过对问题的梳理，摩托罗拉品牌被联想手机启用为唯一品牌，不再使用 Lenovo 和 ZUK 手机品牌。手机业务也不再把竞争成本高昂的中国市场作为主要市场，而是深耕品牌认可度更高的北美、拉美以及欧洲市场。2018 年，布尼亚克被任命为摩托罗拉移动新任总裁兼董事长。

最棘手的问题还是如何让以服务器为主的企业级业务摆脱亏损。

在联想并购 IBM x86 服务器时，其原来的销售分为客户销售与专家销售两个团队，由于客户销售团队还要负责 IBM 其他一些产品的协同销售，所以联想并购时只得到了专家销售团队，而没有得到客户销售团队。同时，也没有将擅长技术的售后解决方案部门并购进来。虽然 IBM 承诺为 IBM 品牌服务器提供至少五年的售后支持，但联想必须继续与 IBM 签订价格昂贵的维保服务合同，以确保服务器产品能获得原厂售后服务。这造成了高昂的成本，同时，影响了及时解决客户售后问题的效率。

行业客户的变化给这块业务带来更大挑战。IBM x86 服务器之前的客户主要来自传统行业，当时亚马逊、微软与 BAT（即百度、阿里巴巴、腾讯）等互联网企业的云计算业务尚未兴起，但随着这些大型互联网公司云计算业务风起云涌，全球服务器市场的客户很快从传统行业转向疯狂发展云计算的互联网公司。而此时，联想收购的 x86 服务器业务还没有及时建立起针对互联网公司大规模数据中心的产品结构与核心竞争力。

联想解决这个问题的关键一步是在全球视野内搜罗人才并补足业务短板。2016年，在英特尔工作过24年的柯克·斯考根（Kirk Skaugen）被聘请担任联想集团数据中心业务集团（现为基础设施方案业务集团，即ISG）总裁。他利用自己的丰富经验和人脉，很快就帮助企业级业务建立起了100%独立的直接销售团队能力，且针对不同的细分市场设立副总裁级别的销售服务队伍，在《财富》世界500强客户中打开局面。

新的转型和新的十年

经历了最为痛苦的2015年、2016年及2017年，到了2017/2018财年，联想终于走出了业绩低谷期，在2018/2019财年重新回到营收和利润增长轨道：全年营收3422亿元，增长了12.5%；税前净利润57.4亿元，增长了约4.6倍；净利润40亿元，成功实现扭亏为盈。手机和服务器业务开始稳住局面，并寻求增长。此时，联想集团的业务构成虽然依然以PC为主导，但PC已经不再是绝对主导。以手机为主的移动业务，以及以服务器为主的企业级业务都开始在营收中占据相当的比例。

如今，把联想集团描述为一家PC公司已完全不合时宜。在全球市场研发并销售电脑曾让这家企业的业务精英们深感自豪，但现在如果再将他们描述为"只会卖电脑"则足以激怒他们。到2018年夏天时，联想终于决定不再以PC作为独立品类来划分业务部门，而是将其划入IDG（智能设备业务集团），这是一个包括了PC、智能手机、物联网设备等各类智能设备研发和销售的庞大业务集团。这个业务集团的使命是创造最大化的营收，并尽可能地创造更多利润。

除了IDG，另外两大集团是ISG（Infrastructure Solutions Group，基础设施方案业务集团）和SSG（Solutions & Services Group，方案服务业务集团）。三大业务集团的掌舵者分别是驻扎在意大利米兰的卢卡·罗西（Luca Rossi，2021年4月到2022年4月驻扎在巴西）、驻扎在美国的柯克（于 2024 年 6 月离任）以及驻扎在中国香港的黄建恒（Ken Wong）。

此时，杨元庆终于可以底气十足地不再将全部心思押注于 PC 业务，他更大的梦想是让这三大业务集团分别承接联想"3S 战略"中智能物联网、智能基础设施和行业智能与服务的战略落地。"3S"是联想最为关键的战略方向变革。这家企业希望能彻底摆脱由 PC 来决定命运周期的宿命，彻底摆脱节俭朴素、把供应链效率发挥到极致才能"从毛巾中拧出水来"的低毛利率业态。

除摩托罗拉移动和 IBM x86 服务器的并购案，联想在后来几年还发起了多起收并购案，都是在非 PC 业务上展开的。2018 年，联想与云数据服务商 NetApp 公司成立了合资公司联想凌拓，补足数据存储业务短板；2022 年，联想又花费 6.136 亿美元收购了 PCCW Solutions（电讯盈科企业方案有限公司）的 80% 股份及 PCCW（电讯盈科公司）网络服务 20% 股份，提高在企业解决方案方面的能力。

过去数年，SSG 已经在万亿级的 IT 服务市场中建功立业，业务构成包括支持服务、运维服务和项目解决方案服务。其营收与利润保持了快速增长，并有较高的毛利率。

ISG 的主要构成是服务器和存储业务。联想的愿景是希望这块业务能成为全球最大的端到端基础设施解决方案提供商。

到了 2023/2024 财年时，作为联想集团转型引擎的 SSG 创造的营收已达 75 亿美元，同比增长 12%，运营利润率接近 21%；ISG 创造的营收达到 89 亿美元，存储、软件和服务业务营业额总和同比提升 50%。两者的营运利润之和已经占到公司整体营运利润的近三成。全财年整体营收中，非 PC 业务的营收占比提升到了近 45%。商界评论者热情地将庞大企业自我革命的雄心描述为"大象跳舞"。

对企业本身有基于实事求是的认知，对于战略选择至关重要。最近的十年，在战略取舍上，联想集团展现的成熟一面，是对主营业务的专注与韧性，不论是"三波"战略，还是3S战略，都围绕着PC、手机和服务器业务展开，并总能从这些业务中找到基于自身能力的增长机会。

杨元庆也不再像年轻时候那般固执己见，他越来越多地愿意听取意见，并能够从更高的视野掌舵企业。过去几年，他的这种战略定力更多地展现在能够抵住诱惑，对于趋之若鹜的"风口"也不再风吹幡动。"对自己能力的认知、对行业的敬畏，我觉得这些很重要。你不能认为你能把一个行业做好，别的行业你都能做好。"杨元庆说。

乔健告诉我们，当新能源汽车异军突起时，联想的不少高管都曾抓住机会催促杨元庆，请他认真考虑让联想进军新能源汽车业务。外部众多企业也曾找到他，希望能与联想展开合作，共同进入造车领域。但杨元庆义无反顾地坚决不造车。早几年云业务站上风口时，联想也坚定地表示不做公有云业务。对竞争对手争先恐后开发的"物联网周边产品"，他也反对涉足。

不知道自己不知道，这是最危险的。一家企业的战略韧性并不是一定要去坚持做什么，在一定阶段内，坚持不做什么更重要，要对自己所擅长的和不擅长的有清晰的认知。

2024年4月1日，是联想新财年的开始，也是联想历史上的第五个十年的开始。杨元庆在这一天的誓师大会中说："未来十年，很可能将是我们每个人职业生涯中最具创新性和颠覆性的十年，也可能是我们能够获得最多成长、取得最多成绩的十年。"

"让人工智能造福每一个人和每一家企业，实现人工智能普惠，引领人工智能变革"，这是他给联想集团在第五个十年定下的企业使命。实际上，AI对这家企业来说并不是新事物，联想的"三级火箭"研发体系已经有深厚的技术布局。这"三级火箭"分别是：联想业务部门的研发，关注今后一至两年的技术创新；联想研究院，更关注三至五年的研发内容；联想创投，关注的可能是五年甚至十年之后，它从2017年就开始大举投资AI。

第一章　战略：偶然与必然　055

过去至少两年，联想集团就像对AI着了迷一样，从杨元庆本人，到每一名业务人员、研发人员，再到每一场会议，"AI"这个词散布在这家公司的每一个角落、每一个场景。他的同事说，杨元庆可以把任何一场与AI主题无关的内部会议都牵引到AI上。

AI是联想的机遇，也是联想的能力所在。用杨元庆的话说，"人工智能变革不是一场集成商的角逐，而是一场创新者的赛跑"，他誓言联想集团一定要打造自研技术和创新产品，成为跨生态的智能终端厂商，并用人工智能重塑联想所有业务，包括技术的革新与业务的增长。

2024年4月18日，以"AI for All，让世界充满AI"为主题的联想创新科技大会在上海举办。联想集团发布了AI新物种——内置个人智能体"联想小天"的AI PC系列产品。这家企业认为，真正的AI PC需要具备五大特征：内置个人大模型与用户自然交互的智能体、本地异构算力［CPU/GPU/NPU，即中央处理器/图形处理器/神经处理单元（又称人工智能加速器）］、个人知识库、开放人工智能应用生态、个人数据和隐私安全保护。

通过大模型压缩技术，"联想小天"可以在个人智能终端或边缘设备，比如电脑、手机、平板、头显乃至汽车上运行，通过自然交互接收指令，并执行推理。在这些设备上，大模型能够通过个人的旅行记录、购物偏好等信息，更好地推理和行动；它甚至可以根据用户的思维模式和行为频率去预测下一个任务，并主动提出建议，自主寻找解决方案。

如果说2004年底宣布收购IBM PC业务时，联想对于即将踏入的世界充满了担忧、兴奋和仰望，那么今天，它已经可以自信坦然地向世界发言，并为行业立言。

一次激动人心的发布，显示联想的第五个十年，已经向新而生，向未来而行。

第二章

交易：所求与所得

在上一章，我们讲述了联想集团最近20年的国际化战略是如何形成和发展的。我们也注意到，联想实施国际化战略的关键路径是并购。以2014年为分界点，前10年可以说是并购IBM PC业务后的整合、演进与创新的10年；而后10年，则是在收购摩托罗拉手机和IBM x86服务器业务后，整合发展新业务，并向数据及解决方案服务商转型的10年。此外，联想在日本以及欧洲、拉美等地区也有一系列收并购行动。

这些收并购交易，有一个大致的共性：

联想收购的几乎所有重要标的，均是国际知名品牌企业旗下出现长期亏损的业务部门，且即便是在联想收购以后，一些也继续亏损，甚至扩大亏损。

显然，联想对于这些"强品牌的弱业务"的重大收购，很多时候是一场巨大冒险，有的收购案例今时今日也不能说已经成功，有的则是失败的，比如在德国与巴西的几项收购。但总体而言，联想一再展现了对那些陷入困境的资产能进行大刀阔斧的变革，使其摆脱困境、重新取得良好盈利能力的能力。

联想的这种战略与执行，实质是把外源增长的并购方式，与消化吸收、做强做优的内涵发展相结合。将国际品牌的相对低效率的业务，通过导入"成本+效率+创新"的新力量，变弱为强。在外资品牌很难打入的日本市场，则是通过多次交易，对多个品牌并购与整合，最终形成市场优势。

在全世界，收购交易的失败率都很高，联想能在收购后屹立不倒，越来越强，显示出较强的耐心、战略韧性与变革创新能力。不要忘了，作为一家上市公司，联想也要承担短期报表的压力，而且对每一项收购标的整合，都曾走过弯路，一再受到质疑。但是，即便在陷入业绩低谷之时，联想也从未气馁，而是坚定地相信诸多业务的长期战略意义和协同价值。

联想似乎有一种特殊的本领，就是使失意者重燃斗志。收购 IBM PC 如此，将 ThinkPad 从 IBM 时代一项陷于长期亏损的业务最终发展为一条高盈利产品线；收购摩托罗拉手机业务与 IBM x86 服务器业务亦是如此，两者让联想分别得以保持在移动消费市场与企业级市场的战略存在。

在这一章，我们要向你讲述事关联想国际化最关键的三场收购案与整合故事，以及在日本这个极为特殊的市场，联想是如何取得成功的。在交易中，联想所求者为何，最后所得者又为何，能给人很多启发和思考。

收购 IBM PC 业务：搏命

来自中国的"Lenovo"

联想集团位于美国北卡罗来纳州罗利市的运营中心由数栋五到六层的低矮建筑组成，它们处在森林中，被一大片橡树环绕，暗灰色的连廊将这些邻近的灰白外墙建筑串联起来，像极了中国惯常的科研院校。在很多年里，IBM 将 PC 业务研发中心安置于此。

2004年12月末，斯蒂芬·沃德在这里匆忙召开了一场全员会，他要向惶恐不安的员工们揭开谜底。此时，他的职务还是IBM高级副总裁兼IBM个人系统事业部总经理。但是，在数天之后，他被任命为新的联想集团的第一任CEO。

沃德性格温和、待人和善，他安抚员工们积极面对这场收购，表明准备和一家来自中国、名为"Lenovo"的公司共同经营IBM PC业务。在会议中，他向同事们抛出了一个没有答案的问题："这次收购将很快成为许多书的主题，而关键的疑问是，这些书将会呈现正面还是负面的视角。实际上，答案掌握在我们手中。"他乐观地预测，20年后可能会有一本书来回顾这次收购，但他相信它将是一部积极的作品。

当时，坐在台下倾听的员工包括达里尔·克罗默（Daryl Cromer）先生，到2004年时，他本人已经为IBM工作了七年，职务是技术工程师。2024年1月份，我们在联想集团罗利运营中心的一间办公室里见到了他，他如今担任联想个人电脑和智能设备业务副总裁兼CTO（首席技术官）。他告诉我们，20年前当他第一次听到这个消息时，第一个行动是打开电脑快速搜索关于Lenovo公司的所有信息，并尽可能了解管理层的信息。

"那个时期，我们心中充满了担忧和不确定性，因为被另一家公司收购通常意味着可能会裁员。这种担忧不仅我们有，即使是联想的中国员工也有。尽管我们中的许多人之前在中国工作或访问过，并且与中国台湾地区的公司、日本的公司有过合作，对于亚洲公司的工作方式相对熟悉，但被一家中国公司收购，仍旧让我们对前景感到未知和不确定。"

进入21世纪，创办了近一个世纪的IBM已经对个人电脑业务失去兴趣。确切地说，包揽董事长、首席执行官及总裁职位的彭明盛对一切拖累公司盈利能力的业务都意兴阑珊。他派出人马满世界物色可以接下这块庞大资产的潜在买家。

联想集团只是其中之一，但IBM对这个来自中国的竞争者青睐有加。这让年轻的杨元庆和围绕在他身边的一众高管兴致勃勃。唯一有所顾虑的是企业的创办人柳传志，但是，他很快被说服，决定让后辈们冒险一试。

交易前后筹划了超过两年。对联想来说，它一开始并不是计划内的，更像是一场由好胜心驱动的大冒险。杨元庆告诉我们，"（收购）IBM PC 这一把赌得比较大，不成功便成仁"。

IBM 的战略

你能想象的跨国交易是怎样的？金发碧眼的国际友人与黑头发、黄皮肤的中国人在聚光灯下签订协议、热情拥抱，之后打开香槟庆祝。被并购方准备迎接新东家，而收购方开始收获战利品。

起点大抵如此，而结局大不相同。

1+1>2 的梦想诱惑着雄心勃勃的企业前赴后继，而实际上，多数跨国收购交易都以失败告终。三星电子 20 世纪 90 年代收购美国 PC 厂商 AST，后者始终无法实现盈利，最终关门大吉；明基 2005 年并购德国西门子公司手机部门，因过于激进地处理劳资关系，18 个月后即告全员解散；TCL 2004 年闪电并购法国阿尔卡特旗下移动电话业务，因战略判断失误，13 个月后即宣告合资企业解体；上汽集团 2004 年以 31 亿元人民币控股韩国双龙汽车公司，五年后以减值损失约 30.76 亿元人民币分手结束。也有一些中国企业发起的跨国并购案例，中途就戛然而止，中铝收购力拓、中海油并购优尼科皆是如此。

失败的复杂缘由各有不同，但上述企业跨国收并购失败的案例几乎与联想收购 IBM PC 业务同期发生。联想的并购结局会如何？很多人并不看好，称之为"在悬崖边跳舞"。这不难理解，联想确实是在缺乏经验的情况下进行了一次"蛇吞象"式的跨国并购，且被收购方巨额亏损，还伴有大量的财务负债。

起初，联想对找上门来兜售 PC 业务的 IBM 是拒绝的。直到 2003 年，当联想决定放弃互联网等多元化布局，重新聚焦 PC 业务时，才与再次登门的 IBM 展开真正的谈判。这显然是一场巨大的冒险，但时任 CEO 杨元庆与少数几位管理层认为值得为此一搏。

"当时我还是年轻，柳总说他踏上了一片黄土地，要踩上二十步才敢向前跑，而我的性格是踩五步就要跑了。"杨元庆回忆起这场大冒险时说。

如上一章节所述，联想彼时的国际化战略已经清晰，如果与战略方向吻合，发起并购就只是选择问题。所以，当时耗费联想更多精力的是去弄清楚 IBM 为什么要卖。在交易发生前的 2003 年，全球 PC 市场份额排在前三名的是戴尔、惠普、IBM，三者市占率分别是 16.7%、16.2%、5.8%，而联想排在第八，市占率只有 2.3%。这一年，IBM PC 业务的营收约为 96 亿美元，而联想只有约 30 亿美元。

IBM 要卖的理由，同样是基于自己的战略。IBM 发展到 20 世纪 80 年代时，成了一家包揽大、中、小型计算机和 PC 机、软硬件各个部分全部设计及制造的企业。到了 90 年代，在传奇 CEO 郭士纳掌舵后，IBM 开始调整战略，决心把业务重心从竞争激烈、附加值日益降低的硬件设备制造，逐步转移到高毛利、高附加值的咨询服务业务上。他毫不隐晦地说："我在硬件上赚到的每一美元（耗费的时间或资源），可以在咨询服务上赚到 8 美元。"

此后，IBM 连续出售了生产制造、大容量硬盘、打印机等与战略路径匹配度不高的硬件业务，其毛利率大幅提高，净利润也大幅度增加。

互补与风险

IBM 选择卖掉的 PC 业务，并不是一个烂摊子。

当联想和其聘请的交易顾问团队进场尽调后，发现 IBM PC 业务虽然亏损，但基本面非常好。联想当时的毛利率只有14%，而IBM PC业务的毛利率竟然可以达到24%，然而，联想在所有成本上的节俭创造了5%左右的净利润。而IBM PC业务之所以亏损，主要是因为费用成本过高，雇用的员工主要集中在美国、日本这样的高成本国家。此外，联想认为IBM PC业务从研发、生产、服务到信息管理等环节都有降低成本的空间。

最为关键的是，联想通过对财务的预先分析，发现至少有三点会帮助其在收购后降低财务压力：第一，IBM PC业务的溢价能力很强，现金周期在负30天左右，也就是说，这块业务的运转不需要太多的资金支持，能够自己产生现金流；第二，IBM PC业务前一年之所以亏损较大，是因为2003年出现了一次批量质量事故，因此预提了相当大一笔一次性费用；第三，IBM PC在IBM体系内要承担高额的总部摊销费用，而联想完成收购交易后，这笔费用可以省下来。

联想还详尽地评估了收购后两者的协同效应，发现存在更多"油水"。

首先是采购。双方在共用的零部件上采购价格不同，合并后随着整体采购规模增加，和供应商谈判的筹码也会加大。比如，微软是按采购量来给Windows系统定价，每多100万套，单价就会降0.5美元。其他零部件也大多如此。在并购之前，按照法律规定，双方不能向对方提供各自确切的采购价格，但联想为了能计算出确切的协同效应，聘请了一家专门做比价的第三方顾问公司。联想把自己的采购数据提供给这家顾问公司，他们得出的结论是IBM总体的采购成本比联想高。这让联想欣喜若狂，因为IBM PC的销售额是联想的四倍，但采购价格却更高，这意味着如果纳入联想的采购体系，采购价格会下降，带来成本大幅下降。

事实上，在交易完成后的第一年，联想在采购成本上节省的费用就达到了上亿美元。

其次是生产制造能力。联想生产、配送一台电脑的成本是 11 美元，而 IBM 是 60 美元，因为 IBM PC 是委托给其他公司代工生产。整合之后，联想可以有计划地将这部分代工产能用联想的产能来替代，这也可以省下来一大笔成本。

最后是双方产品线以及 IT 系统的合并。联想当时每年在 IT 方面产生的费用不到总支出的 1%，而 IBM 则平均高于 2%。如果充分利用中国低成本的优势，可以省下大笔研发和 IT 费用。

在产品上，联想与 IBM PC 之间还有较强的业务互补性。如 IBM PC 品牌主要定位在高端，产品主要面向高端商业客户，在这个领域，其在全球范围内拥有不可取代的地位，客户基础非常稳固；而联想产品定位在中低端，主要面向中小型企业客户和家庭消费客户；IBM 的笔记本电脑是强项，而联想则是台式电脑更有优势。这意味着两者合并之后客户和产品线的重叠很少，从而减少冲突和客户流失。

最重要的互补是在企业基因上。IBM 经过上百年的发展，在组织、体系、流程方面都已非常成熟，与此同时也存在业务运营僵化、不够高效的一面，尤其是在研发体系上。而联想的运营能力极强。

风险则主要有三方面。首先是市场风险，新公司成立后，如果市场不认可，客户将流失。其次是员工流失风险，毕竟，IBM PC 业务的员工主要来自美国及日本，对联想这个来自神秘东方大国的新老板，他们知之甚少。事实上，这笔交易一开始在美国媒体中就备受批评，主要原因就是收购方是一家中国企业，当时"中国威胁论"已甚嚣尘上。最后则是业务整合和文化磨合风险，不可量化，却是绝大多数收并购项目失败的主要原因。

推进交易

经验老到而专业的第三方，是跨国并购中必不可少的依赖对象。对

IBM PC业务的并购启动谈判前，联想聘请了麦肯锡为战略顾问，高盛为并购顾问，安永和普华永道担任财务顾问，奥美公司担任公关顾问。联想内部所有价值链上的负责人也都参与了各自部分的谈判。

令人哗然的交易大多会有插曲。在美国国内，试图阻挠交易的力量发起了政治游说。三名美国共和党议员突然致信时任财政部长，要求延长美国外国投资委员会（CFIUS）对联想收购IBM PC业务的审查。

此时，与联想一同参与并购的三家知名私募机构发挥了作用。交易在审查结束后获得批准。

在经历了长达13个月的艰苦谈判并消除了最后的分歧之后，交易条件圆满达成。在完成交易后，联想没有受到任何侵权诉讼的困扰。而知识产权方面的谈判，是跨国并购中最复杂也容易出问题的地方。这笔交易谈判的结果是，IBM向联想转移超过1000件专利，其中包括大量PC核心专利，这些专利在第一年就能给联想带来几千万美元的收益。而在此之前，联想每卖出一台电脑就得向IBM支付占售价4%~5%的专利费。

当时的联想并不算富有，手头只有4亿美元现金，不得不通过发行新股并借贷为这笔交易融资。IBM PC业务得到的对价是12.5亿美元，其中6.5亿美元为现金，6亿美元为股票价值，占收购后联想18.5%的股权。

2005年5月1日，交易宣布正式完成。但是，这并不是开香槟的时候，战斗才刚刚打响。"Buy is fun, integration is hell."（并购很爽，整合很难。）

意志坚定、如企业定海神针的柳传志，雄心勃勃、永不满足的杨元庆，成熟干练、处事果断的马雪征，以及拥有值得骄傲的履历但没有管理海外业务经验的联想团队，将如何整合一家同样具有鲜明个性的美国旗舰企业？

分步整合与人事安排

杨元庆将收购 IBM PC 业务的交易描述为一场"双方平等的婚姻"，联想在收购后展开的一系列整合行动也是基于这一承诺。

首先要解决的是市场风险问题。联想控制风险的方式是多个承诺：承诺产品品牌不变；承诺与客户打交道的业务人员不变；企业官方语言改为英语，要求每一个副总裁每天都要留出一个小时来学习英语。新的联想集团向全球市场派出超过 2000 名销售人员做稳定市场的工作。

被纳入联想后，IBM PC 部门第一个动作是在全球发行的《纽约时报》和《华尔街日报》上刊登巨幅广告，向消费者承诺：IBM PC 业务并入联想后，大部分经理级主管人员仍会是新公司里的主角，IBM PC 的系统架构也不会改变。

其次是控制员工流失风险。联想提出了"稳定压倒一切"的整合方针。在最初的一段时间，联想采用双运营中心，原 IBM PC 业务被划分为联想国际，并购前联想的业务则为联想中国。两个体系相对独立运营，强调一切如常。

为避免原 IBM PC 业务员工的离职，联想管理层通过与他们沟通愿景，使他们清楚未来公司的发展方向，并承诺暂时不会解雇任何员工，原 IBM 员工可以保持现有的工资水平不变，他们在 IBM 的股权、期权改为联想的期权。同时，联想在与 IBM 签订的并购协议中约定，IBM PC 业务的员工并入新联想后的两年之内不得受雇于 IBM 的其他业务部门。

杨元庆称，联想采取这一做法的出发点在于"最大限度减少因变化振荡给员工、客户带来的影响"。

根据联想集团 2005 年 8 月 10 日发布的并购后首季财报，员工离职率不到 2%。

随后，联想开始对一些总部职能部门，如财务、人力资源、法务、沟通传播等，进行整合和建设，并开始整合容易形成协同效应的部门，如采购、IT系统、财务和薪酬、税务系统等。从不了解到了解，一个个"磕"了下来。

文化和管理的磨合风险是不可量化的。联想与IBM的文化冲突，既有美国文化（西方文化）与中国文化（东方文化）的冲突，又有联想文化与IBM文化的冲突。与德国、日本企业对并购对象的"高傲的自信"相比，杨元庆等人作为收购方的核心管理层，展现出来的是包容、妥协，以及足够的谦逊。

"从2005年5月完成交易，一直到2009年1月，不到四年的时间，我们基本上是在学习。一个全球性的业务究竟怎样运转，规则是什么？对于这些问题我们一开始时并不清楚，所以要把心态放好，先看，先学。"杨元庆告诉我们，联想对于整合的态度，首先是观察、研究、学习；其次是采用双品牌、双市场战术以保持过渡期的稳定，而不是急于改造。联想还确定了整合的原则：坦诚、尊重和妥协。出现矛盾时，要有一定的妥协，不把矛盾激化，先搞清楚什么是最重要的事情，小问题可以先放一下，慢慢腾出时间去解决。

对整合成功起到关键作用的人事安排在谈判中就已完成。柳传志退居幕后，杨元庆担任新联想董事长，IBM原高级副总裁沃德担任CEO。这一人事安排是柳杨二人的共同认知，也是将联想打造为一家运营、管理真正国际化的公司的必要之举。

杨元庆说："从一开始我们就直接跟IBM那边沟通，请他们派个CEO。我们摆正了态度，过去是在小江小溪游过泳的，现在一下子甩到大海里去了。像以前那样只喝淡水不行，还要学习喝咸水，在更大的风浪中锻炼。"

在相当长的时间内，联想集团几乎所有中方高管全部让位于海外高管，转而退居二线，作为副手向海外高管学习如何管理一家国际化企业，有一部分还被调到其他岗位。联想集团关键业务的一号位全部由

IBM 原个人电脑业务的高管或者沃德聘请的其他海外职业经理人担任。

八个月后，在初步完成整合工作后，沃德离任，联想聘请的第二任 CEO 是阿梅里奥。阿梅里奥的前一份工作是戴尔高级副总裁，更早则是在 IBM 工作了 18 年。他熟悉 IBM 的文化与沟通方式，也深谙戴尔所擅长的压缩成本、提高效率之道。当联想需要在削减运营成本方面扭转 IBM 时代的积习时，阿梅里奥正好是个不折不扣的优化成本与提高效率的顶级高手。

在阿梅里奥担任 CEO 期间，联想进行了全球资源配置，大刀阔斧地进行了供应链和 IT 系统的优化：先是将运营中心由纽约迁至低成本的罗利，又将台式机业务合并到成本最低的中国，将服务于欧洲、中东和非洲客户的支持中心由苏格兰迁移到人力成本较低的斯洛伐克。

IBM 个人电脑业务能扭亏为盈，阿梅里奥可计首功。杨元庆至今对其在运营管理上的能力赞不绝口。"真是一把好手，'毛巾里拧水'做得真是不错，在运营管理流程方面也非常有一套。"在对联想的全球各大销售区域的管理上，阿梅里奥保持高压态势，他要求各个大区的负责人必须每个季度向他汇报四次。

除了人事，对成功整合起到关键作用的另一项安排，是邀请国际化的战略投资人作为参与并购的共同投资人。前文讲过，联想邀请了三家私募股权机构以战略投资者身份共同收购 IBM PC 业务，三大私募股权机构向联想集团提供了总计 3.5 亿美元战略投资，其中约 1.5 亿美元用作收购资金，其余约 2 亿美元作为联想日常运营资金及其他一般企业用途。

在战略意图中，引入国际私募机构，联想的首要目的并不是获得资金，而是希望通过这种方式实现公司治理的国际化，并借助国际私募机构掌握的丰富经验推动并购完成后的业务整合。

在注资后，美国得克萨斯州太平洋投资集团所做的第一件事情就是派驻经验丰富的员工全职在联想工作了将近一年，帮助后者改善供应链等方面的效率。这家机构为联想总计 6 项整合的关键领域提出了 50 多项改进措施。按照其后来的估算，这些改进为联想节约的成本超过了 10 亿美元。

第一考量：盈利

取得持续的盈利性增长是评估一项收购是否成功的可量化指标。

联想集团将完全消化 IBM 全球 PC 业务分为三大阶段。第一阶段的目标就是整合双方的组织架构、职能平台以及供应链等；第二阶段的重点是整合新公司的产品、销售队伍以及渠道、研发；第三阶段是整合品牌，进入一些新的业务和新的市场。

尽管采取了有条不紊的步骤，但是在并购之后的四到五年里，联想的全球市场份额从来没有上过 8%，利润则起伏不定。

在很长一段时间和相当程度上，IBM PC 业务部门的团队依然保持独立运营，他们主要专注于商用市场，不愿冒险，基本采取保守策略。而杨元庆决意做出改变，他告诉这些来自 IBM 的高管："让我们征服世界！"（Let's conquer the world！）他尝试让他们转变心态。

联想决意将 IBM 的技术和能力扩大到消费业务，将客户从大客户扩展到中小企业和消费者市场。这是一个冒险的决定，因为涉足新领域并不容易。而在阿梅里奥主导下，这样的想法因为需要投入和试错，也很难被接纳。

在业绩出现巨额亏损的 2008/2009 财年，联想收购 IBM PC 业务进入了整合后最艰难的时期。柳传志不得不再度回到台前担任董事长，杨元庆回到 CEO 的位置，此后联想得以将业绩拖回正轨。

在业绩陷入亏损的那一年，联想做出的痛苦决策之一，就是合并 IBM PC 的台式电脑业务，裁撤并解散美国台式机业务的整个团队。

联想决定将台式电脑的研发和生产全部集中给中国团队来做，这对

IBM PC业务扭亏起到重要作用。虽然这一决定几乎意味着联想美国台式机业务团队人才的全部流失,但这是一件非做不可的事,因为美国的台式机业务团队特别庞大,运营费用高昂,是IBM PC当时亏损最严重的一块业务。相比之下,联想在中国的台式机业务则有持续可观的利润。

联想当时从中国派出了近百人的团队入驻美国,以确保接管工作稳妥推进。而IBM台式机团队以非常职业的态度配合了联想的整合行动。明知整合后就要失业的员工们非常负责任地把自己手里的工作交接给联想的员工,联想也得以顺利地将研发、产品、技术转移到中国。"这是特别关键、特别重要的,员工明知道他们这个团队是要解散的,但还是非常认真地把手里的工作交接出去。这是业务顺利融合的关键。"一个参与过整合的联想负责人说。

经此一役,联想在中国的台式机团队转变为一个国际化的、为全球市场服务的团队,台式机业务成本大幅降低,很快实现了整体盈利。

2011年,IBM PC盈利了1.8亿美元,成为联想业务的现金牛。此时,联想才认为收购IBM PC的交易整合可以称为成功。

当时间走到今天,已经成为联想PC业务核心产品线的ThinkPad品牌,角色已从IBM时代的每年亏损两到三亿美元的产品线,转变为联想众多业务中一条高盈利的产品线。如今,ThinkPad系列已经是联想个人电脑业务部门盈利能力最强的产品线之一。

达里尔先生如今已经为联想工作了20年,在技术研发领域经验丰富且成果丰硕,他是联想集团获得专利发明最多的员工之一。他曾说过这样一段话:

"人们经常问我,是否后悔当初选择加入联想,是否应该留在IBM。我可以诚实地说,联想给我的远远超出了我的预期。我在这里获得了宝贵的友谊,拥有了令人羡慕的职业生涯和机会,这些都远远超出了我最初的期待。从加入的第一天起,我的经历就远远超出了我的所有预期,我感觉非常幸运能成为联想的一部分。"

收购摩托罗拉移动：败退与重生

一个还是两个？

2014年1月上旬，在联想集团位于北京的总部大楼里，LEC紧急召集了一场决策会议，征询十余名核心管理人员对一些重大事项的意见。摆在他们面前的是两项重大收购案：IBM x86服务器和摩托罗拉移动。两笔交易都耗资巨大，且都是联想在国际市场上未曾大举涉足的多元行业：服务器和手机。

LEC是联想内部管理最高决策机构，由十余名联想核心高管组成。

杨元庆急切地希望得到亲密战友们的附和，但结果并不如他所愿。

不止一名LEC成员认为只收购其中的一项会是更稳妥的方案，这让杨元庆心中憋着一股无名之火。他雄心万丈，誓言要把两笔交易都拿下。

最先表态的是时任联想首席运营官蒋凡可·兰奇（Gianfranco Lanci），他加入联想之前曾在宏碁公司担任CEO。在联想内部，兰奇位高权重且备受包括杨元庆在内的高管们敬重。这个意大利人用浓重的"意式英语"表示自己精力有限，无法同时兼顾PC、手机和服务器三大业务，且摩托罗拉和联想是基因不同的企业，他担心整合起来会遇到很大困难。他只赞成收购IBM x86。

杨元庆心中不悦，但没有吭声。接下来发言的是另一名LEC成员王晓岩，她和兰奇的想法不同，认为应该选择收购摩托罗拉移动，补足联想手机业务在海外市场的能力。第三个发言的是乔健，她并没有做出选择，只是表态同时收购两项不妥，如果实在要收购，也只应该收购其中的一项。

对于乔健的模糊表态，杨元庆直接表示了不满。他认为已经到了决策时刻，高管应该支持并执行公司的战略，而不是到最后关头表达不同意见、不同声音，这些不同意见对收购后的整合不利。

后来，杨元庆又召开了好几次会议，寻求 LEC 成员之间同心协力，达成共识。最终，坚持己见的只剩兰奇，他反对收购摩托罗拉移动，甚至在后来的好几次公开发言中毫不客气地表达这笔业务对联想并无价值，且手机市场竞争太过激烈，难以取得成功。

此时，杨元庆信心十足。从 2013 年开始，联想 PC 业务就在全球所有市场都取得了市占率第一的胜利。到 2014 年 10 月，当正式发起对摩托罗拉手机业务的收购时，联想已经连续好几个季度稳坐 PC 出货量全球第一的位置。

更重要的是，这家企业在全球化的道路上已经走了十年，从公司治理、管理团队到市场疆域，一切都已经脱胎换骨。以联想的全球战略部门为例，与收购 IBM PC 时几乎全部依靠外部咨询机构的帮助不同，此时联想已经聘用了一批具有国际顶级咨询机构从业履历的精英，他们能够给联想高管提供强有力的决策支持。

事实上，此时联想给自己确定的新的挑战对象已经从惠普、戴尔转向三星电子和苹果公司。杨元庆希望在智能手机市场发起挑战，就像做 PC 业务一样，成为一名全球性的参与者。

只有两个月时间

对于手机业务，联想的雄心丝毫不弱于 PC，即便路途一直坎坷曲折。

2011 年，在谷歌宣布收购摩托罗拉移动后，杨元庆曾邀请谷歌执行董事长埃里克·施密特到家中做客。两人共进晚餐时，杨元庆告诉施密特，如果谷歌确实想经营硬件业务，可以留着摩托罗拉手机业务，但如果谷歌对这块业务没有兴趣了，请出售给联想。

两年不到，机会来了。2013 年 11 月 28 日，感恩节当天，杨元庆接到了施密特的电话，施密特很直接地问："你是否依然对摩托罗拉有兴趣？"杨元庆给了他肯定的回答。谷歌给联想留下一个星期的时间，以确定是否签订正式的收购意向书。

一个星期后，联想内部代号为"Mercury"（水星）的项目组成立。12月1日，一组年轻人从北京出发飞往加州，带队的是香港人卢嘉铭（Tony Lo），时任联想企业发展部高级经理，已在联想位于北京的办公室工作多年。

谷歌和联想都希望尽快完成这笔交易，他们把签订协议的时间定在了2014年1月30日。那一天，谷歌将召开董事会，施密特希望在董事会上宣布已敲定这笔交易。第二天正好是中国的春节，是一个喜庆的日子。留给双方交易推进团队的时间只有不到两个月，还要去除圣诞节假期。不要忘了，在这繁忙的两个月中，联想的另一个团队还在同期推进IBM x86的收购。

相比于收购IBM PC时仅仅用在谈判上的时间就有十三个月，此时的联想对于收并购交易已有丰富经验。联想2011年6月与NEC（日本电气股份有限公司）组建合资公司，同月收购德国电子厂商Medion 36.66%的股份，2012年9月收购了巴西最大电子消费产品制造商Digibras，同月又收购美国软件技术服务商Stoneware。

然而，要在不到两个月内和谷歌谈妥一切并让联想获得最大化权益，任务十分艰巨。联想集团执行副总裁兼首席财务官黄伟明（WaiMing Wong）、时任首席战略官周庆彤与谷歌公司管理层先进行了一轮小范围的谈判，就交易推进拟定框架并制定时间表。之后，以收集信息为主要方式的商业尽调开始了。

联想团队先将摩托罗拉移动业务分解成不同板块，涉及财务、供应链、生产、研发、采购、销售、人力资源、信息技术等，全部进行分层、分组、分解。接着由联想手机业务的相应负责人列出他们最关切的问题，由联想交易团队以及聘请的律所、财务专业团队摸清楚对方的资产、财务、市场、客户等情况。

在一个多月内，团队不分昼夜地进行了两轮尽职调查。尽调团队需要在较短时间内挖掘数字背后的意义。联想派出了一支超过20个人的团队待在美国北加州湾区一个不引人注意的陈旧酒店里。卢嘉铭说，他甚至忙碌到把一双从中国穿来的皮鞋都踩破了。

其中，最为关键的资产评估在于确定摩托罗拉移动开放出售的专利状态、专利所有权或专利交叉许可价值几何。联想为评估这些价值，聘请了专注于专利评估的法律顾问，以界定其价格区间。

获得大量专利是谷歌2012年以125亿美元收购摩托罗拉手机业务时最关键的战略动机，当他们决定把这块资产售出时，一个不容商议的条件是，谷歌对于大多数专利组合将保留所有权，而不会放到待售清单之列。所以，联想谈判团队的最重要工作是买下尽可能多、更有价值的专利，并获得更多核心专利的专利交叉许可。

谈判中的另一项核心工作是要确保摩托罗拉手机业务团队在收购完成后，保持最大程度的稳定。稳定团队的工作在谈判进行时就已展开，联想人力部门列出了名单，与要保留的管理成员及核心骨干提前沟通。

当时间仅剩下半个月左右时，CFO黄伟明等高管与谷歌摩托罗拉手机高管团队开始进行更高层面的谈判。此时，摆在他们案头的尽调资料已经包括了摩托罗拉手机业务详尽的资产评估报告。除品牌商标、专利、客户情况这些核心资产，每一个年长员工的退休计划，甚至摩托罗拉租赁每一栋办公楼的租约，都会成为双方就收购价格博弈的影响因子。

当然，黄伟明更核心的关注点是收购总对价，以及对价支付的方案设计。让双方都满意的方案是总价29.1亿美元，谷歌先期获得6.6亿美元现金和7.5亿美元的联想集团股票，余下的15亿美元联想将在三年内支付，相当于联想获得了三年的免息贷款。

价值与难题

2014年1月30日,当搭载杨元庆、黄伟明、周庆彤的车辆出发前往谷歌总部以签订正式收购协议时,情形依然有不确定性。在最后仅剩两个小时车程时,驻守在东海岸纽约的联想谈判团队仍然在就一项专利条款向谷歌团队进行最后的权益争取。

当车程只剩最后30分钟时,双方的电话开始以每10分钟一次的频率,同步报告进展。这关系到一项关键权益,联想要求在协议中约定,如果在收购后因为某一项涉及摩托罗拉移动业务的专利交叉许可引发诉讼,谷歌必须为此买单。

车子到达谷歌总部的停车场时,纽约前方的双方谈判团队依然争执不下,最后甚至不得不打开电话免提,以方便双方直接讨论。

好在,双方在最后终于找到了彼此都可以接受的解决方案。此时,杨元庆及高管团队才下车,走进谷歌的办公楼。一份联想集团历史上涉及资金规模最大的收购合同这才被打印出来,并在谷歌总部一间不起眼的办公室里签订。联想自此获得了移动电话历史上最具知名度的品牌之一摩托罗拉手机的品牌、商标,及其当时的3500名员工、2000项专利以及1.5万项专利的非排他性使用权等。

杨元庆将手机业务在全球做大的决心坚如磐石,他对摩托罗拉品牌也有极高的认可度。在20世纪90年代,他购买的第一款手机就是摩托罗拉。

在签订正式收购协议后,联想的高管团队赶回北京,他们决定在那年的联想内部春晚宴会上宣布这一结果。此时联想集团的国际化高管团队已有十足的信心,押注自己能在智能手机领域复制在PC业务上的成功经历。

对联想手机业务而言,收购摩托罗拉手机业务的战略价值在于五方面:

- 相比于联想当时的自有手机品牌，摩托罗拉是一个在全球市场都具有广泛号召力的中高端品牌，尤其是在欧美等成熟市场；
- 摩托罗拉手机拥有完整、成体系的专利，这是联想手机业务进入北美、拉美等成熟市场销售的前提；
- 摩托罗拉手机业务整体毛利率比联想自身手机业务高得多，而联想的产业链控制能力是强项，双方在此可以互补；
- 摩托罗拉的产品研发，保持着很强的工程能力；
- 摩托罗拉手机具有联想不具备的进入成熟市场的渠道，补足了联想在这方面的短板。

直至今日，中国手机厂商大多无法在北美、欧洲等发达国家市场销售智能手机，重要原因之一就是避免遭遇专利诉讼。一部智能手机涉及的专利达到数万项，凡使用专利就必须支付专利费。谷歌花费125亿美元收购摩托罗拉移动的核心考量即为获得专利。在此之前，苹果等六家公司组团花费45亿美元购买北电公司（Nortel）的6000件专利，专利专家评估认为每件专利平均价格为75万美元，这充分说明了专利的意义。

当时，摩托罗拉手机在北美的市占率为3.5%左右，在拉美的市占率为8%左右，在全球智能手机市场的份额从2012年的2.3%下降到2013的大约1%；联想手机在中国的市占率为11.8%，在亚太的市占率为1%，但在北美的市占率接近于0，最核心的障碍是合规、渠道、品牌接受度等问题。

收购的风险依然非同小可。其一，收购耗费的资金量巨大。其二，摩托罗拉手机在功能机时代风光无两，技术能力领先，但当全球手机行业都迈入智能机时代时，其反应迟钝，在北美市场被苹果、三星等甩在身后。此外，在中国市场，摩托罗拉手机无法安装谷歌套件，且在操作系统上又坚持使用原生安卓系统，导致用户使用体验不佳，不及本土生产的品牌手机。其三，也是最要紧的，摩托罗拉手机长期亏损，2013年的净亏损额已扩大到9.28亿美元，上一年还只有6.16亿美元。

混乱与对抗

在外界看来，联想收购摩托罗拉移动业务是一次井然有序、精心安排的权力移交过程。而事实并非如此。

2014年末，时任联想集团人力资源副总裁李岚与时任人力资源部资深经理李煌展（Hwang Jann Lee）等几个来自中国总部的同事进入摩托罗拉手机公司的总部——芝加哥市一个地标性建筑时，尖锐的文化碰撞开始暴露。摩托罗拉手机公司团队当时就像受惊的刺猬，抗拒哪怕是善意的安抚。

布尼亚克是在摩托罗拉工作时间最长的员工之一，这个巴西人声音洪亮，浓眉大眼，把喜欢与厌恶都写在脸上。到2024年，他在摩托罗拉已经工作了28年，2018年时被任命为摩托罗拉总裁。

2014年秋天，在联想宣布将收购摩托罗拉移动业务几周后，布尼亚克在巴西见到了杨元庆。这位"新老板"问他员工们对这笔交易持怎样的看法。这个巴西人直言不讳："大家普遍持怀疑态度。"杨元庆问，是不是因为对联想的担忧。他说，更多的原因在于摩托罗拉。

他解释说，并不是因为谁来收购的问题，而是摩托罗拉移动作为一家公司，已经经历过几次类似的变革。就在三年内，他们先是被摩托罗拉分拆出来独立上市，后又被出售给谷歌，如今又被谷歌出售给联想。"人们对公司本身感到怀疑，这是摩托罗拉移动自身的问题，并非收购方的问题。"布尼亚克回应说。

杨元庆给了他一个承诺：这将是最后一次变革。这让布尼亚克很受鼓舞，后来他在管理拉丁美洲业务时，经常向同事们重申这个观点，认为这是一个"强而有力的承诺"。

但是，这样的承诺对数千名惶恐的摩托罗拉员工并不奏效。

对于收购而来的公司，联想的整合往往开始于堆积成山的行政工作。联想人力资源部门通常是"先遣部队"，他们的工作任务除了与这些员工签订新合同，还有宣讲联想的文化与价值观，对收购的公司进行文化重塑。

在摩托罗拉手机公司总部，李岚和李煌展要面对的是一群精神紧张的员工，在被谷歌收购后的三年多时间里，这家公司曾遭遇快速且大比例的裁员。

现在，与上至管理层、下至工厂工人重新签订合同，本身就是一项极为复杂，涉及诸多知识产权、法律合规的棘手工程。

联想对于摩托罗拉移动的并购，最为复杂之处就在于为满足专利使用合规，必须进行一系列法人架构的重新调整。即便联想已经收购了摩托罗拉移动少数专利的所有权以及上万项专利的使用权，但是，按照摩托罗拉移动与众多专利持有人签订的复杂的专利交叉授权协议，绝大部分专利使用的前提，是手机的设计、制造、品牌都归属于摩托罗拉移动公司，这样产品在全球市场销售时才不会有合规风险。

这意味着后续双方业务整合时，从研发到生产制造环节的工人都必须与摩托罗拉移动公司重新签订用工合同。

现任联想集团企业战略部资深总监刘实实是当时整合摩托罗拉业务方案设计的重要参与者。他所在的团队设计并推动了一个运营模式工程（Operating Model Project），以成功消除收购得来的摩托罗拉专利和专利授权协议在全球使用中的潜在合规隐患。这是一个复杂且耗时费力，需要对诸多法人进行巧妙调整的巨大项目。

摩托罗拉手机当时在全球66个国家和地区雇用员工，而这些员工从薪酬、福利、车补到产假在各个国家和地区均有不同。这些都需要联想的整合团队一个一个啃下来，甚至每个人都需要单独商谈。

虽然摩托罗拉手机亏损严重，它却已经适应了"谷歌范"的硅谷式互联网文化，公司有时尚、开放且豪华的办公室，炫酷的旋转滑梯，还有诱人且无限供给的零食等。这些并不是联想的文化特征。摩托罗拉手机公司的员工毫不掩饰地表达了对联想文化的抗拒。联想希望将一些展现友谊与价值观的横幅粘贴到墙面，也被拒绝。

联想希望邀请摩托罗拉手机的一些业务负责人，向其团队的员工们分享关于创新和价值观方面的故事，让双方团队进行破冰式的交流，这样的要求同样被拒绝。按照计划，文化重塑本应由摩托罗拉公司的管理层来主导，但并未得到配合。在一场全员会上，李岚不得不打破惯例，自己上台，向摩托罗拉手机公司的员工宣讲联想文化，但效果并不好。

这种对抗让当时已经担任高管的布尼亚克感到沮丧。他在一次会议中告诉团队成员："你可以选择用一天的时间消化情绪，不管是高兴、沮丧或兴奋，但我不希望在办公室走廊上听到无关紧要的议论。如果我们做得好，这次收购对我们有利；如果做得不好，就不会有好结果，我们的表现将反映我们的实力。"

两家公司在管理及文化上的区别确实很大。

摩托罗拉手机公司的业务团队和体系流程，既有从摩托罗拉时代保留下来的，也有谷歌时代所革新的。比如，其绩效考核维度采用的是谷歌所使用的OKR（目标与关键结果法），而联想所使用的是KPI。联想文化的核心是对业绩承诺要"说到做到"，对管理层的KPI要求是必须达成，但OKR并不要求如此。而考核体系的区别会直接影响薪酬的结构和管理层奖金的多寡。

文化的巨大差异导致很长一段时间里，在联想每年一次的员工敬业度调查报告中，并购进来的摩托罗拉手机公司员工的分数都远低于其他业务团队，这表明员工对其公司的认可度较低。

麻烦同样出现在业务整合上。联想大力推动将各自的产品销售到对方的腹地市场，这要求摩托罗拉手机业务与联想手机业务进行资源整合，并将手机业务与PC业务进行协同、资源互补。但在开始的几年，摩托罗拉手机的业务团队拒绝与其他业务进行协同，他们希望独立运营自己的业务。设计和工程团队要求封闭地按照自己的审美和逻辑设计新品，拒绝联想团队的干预。

双方最初顺利完成的整合只是在采购和生产环节。摩托罗拉的手机被集中到联想位于中国武汉的工厂生产，对供应链的整合很快就实现了为摩托罗拉手机每年节省数亿美元的成本。

同样，摩托罗拉手机公司希望联想原有手机品牌在中国的销售渠道、运营模式，能够参照摩托罗拉的渠道与运营模式进行改造，这样的整合同样遭遇联想手机团队的抵制，理由是中国国内销售体系比海外市场的销售体系复杂得多。

摩托罗拉手机位于芝加哥总部的高层和研发团队，与来自联想移动业务北京总部的管理层一度关系紧张。芝加哥研发出来的产品一开始就不是以中国市场的用户习惯为重点，北京总部的管理层则希望将摩托罗拉的某些产品先在中国发售，这导致双方就某些产品的交付与功能发生激烈争吵，剑拔弩张。这种紧张关系曾让摩托罗拉手机的一众高层陆续离职。

联想曾全力推动摩托罗拉手机在中国市场销售，并借助线上渠道销售。但是，年轻的网络用户对摩托罗拉的兴趣并不大，他们也被高昂的售价拒之门外。联想自有手机在市场上占据过有利地位，那是在"中华酷联"（中兴、华为、酷派、联想）的时代。在小米、vivo、OPPO 等品牌迅猛崛起后，联想便日渐黯淡。

很快，摩托罗拉手机在中国的销售陷入困境，最终几乎退出了中国市场。

沉重的包袱

2016 年开春，联想 GLT 大会在德国慕尼黑开了三天。GLT 大会每年召开，由联想全球前 100 名左右的重要管理者参加。杨元庆在这场大会发言中认定"对摩托罗拉的收购在第一阶段失败了"。

联想乐观地计划在六个季度内将摩托罗拉手机扭亏为盈，但他们低估了两家公司在企业文化、商业模式等各个方面的巨大差异。

杨元庆总结的原因是：没有及时地花时间充分而彻底了解收购的业务、团队、文化、产品组合和商业模式，然后制订有效的整合计划。

"我们确实错过了对其产品组合和竞争力的早期检查，我们确实错过了对其文化和决策过程差异的早期检查。因此，我们没有及时形成统一的团队、产品组合、品牌和文化。两个团队分开作战，有时甚至彼此争斗，没有协调，没有真正的整合，没有明确的战略。"

2016 年 5 月，联想发出了自 2009 年以来的首份年度亏损业绩报告。收购摩托罗拉后的重组成本支出，是亏损的重要原因。

摩托罗拉手机业务开始大裁员。美国裁撤了至少 2000 名员工，某个季度曾短暂盈利，但很快，亏损又继续。同时，摩托罗拉手机的广告支出也开始大幅削减。外界一度担心这个拥有 80 年历史的手机品牌会一蹶不振，消失于历史长河中。

这是联想管理团队和整个公司极为艰难的一段时间。但他们选择扛住压力，寻求突破。

"有人说我们收购的摩托罗拉手机业务毫无价值，说我们犯了错误，但我从未怀疑过它在品牌、知识产权、技术和互补市场覆盖方面的价值。很多人认为 MBG（即当时的移动业务集团）是没有希望的，我曾经多次被记者逼问，联想是否应该退出智能手机业务，或者收购 moto 是否被证明是一个错误，但我们没有放弃，我们决定付出所有，辛勤工作。"杨元庆在这次 GLT 大会上说。

对于摩托罗拉手机和 IBM x86 服务器两笔资产，杨元庆认为它们是符合联想长期战略方向的正确的并购，之所以没有取得收购 IBM PC 那样的效果，原因在于——

"无论是移动业务还是企业级业务,在并购之前,我们都没能像当年的 PC 业务那样,已经建立起中国市场这个坚实的大本营,也没有像 PC 业务那样,已经拥有成功的业务模式、业界领先的盈利能力,以及丰富的人才储备……在并购前,联想服务器业务在中国规模很小,排名第七;智能手机业务尽管拿过中国第一,但我们的规模主要是在运营商市场建立的,在开放市场的规模非常小,这是虚胖,不但不能加分,甚至会拖后腿。"

起死回生

从 2016 年春天开始,整个联想集团的移动业务开始大调整,到 2016 年末,联想选择将摩托罗拉作为联想唯一手机品牌,结束"Lenovo"以及 ZUK、乐檬等几个品牌同时存在的混乱局面。但摩托罗拉手机业务依然陷在亏损泥潭中。

2018 年,布尼亚克被任命为联想移动业务总裁。他大刀阔斧地发起改革,很快对研发团队的布局进行了调整,不再寻求以美国为唯一的研发中心,转而依靠巴西、印度和中国的研发团队,将研发能力分散并整合每个地方的最佳实践。位于北京的产品开发团队开始承担摩托罗拉手机研发的最主要工作;美国芝加哥的研发团队被缩减,承担的是一些创新产品的开发;部分软件开发工作则由印度团队来承担。

其中,被媒体称为"杨元庆项目"的 moto Z 模块化手机取得不小的成功,这个与众不同的新产品在发布后前三个月的势头甚至可以与 iPhone 当年上市时相媲美。

摩托罗拉手机长期以来在产品上市的速度上落后于竞争对手。布尼亚克要求必须缩短产品的开发周期,很快开发周期就缩短了 30%。当开发周期缩短时,最大的隐忧是产品质量如何保持稳定。此时,联想在中国工厂的出色表现发挥了互补作用,位于武汉的庞大产业园承担起了摩托罗拉手机的全球生产、运营、研发、进出口工作，甚至还提供客服支持。

变革当然不是像变魔术一样可以扭转局面还皆大欢喜。在那一轮艰难的转型中，摩托罗拉手机削减了一些产品线，裁减了20%的员工，退出了五六个国家市场，但终于转危为安。过去几年间，它陆续重新进入这些市场。

布尼亚克如今对联想的文化赞美有加。他说："我从未遇到过（总部）不支持我的情况，也从未被剥夺过做决策的自主权，我不必等待六个月才能做出决策。因为有自主权，我们可以对一些最初执行得不那么好的方面及时修正，从而与整体方向保持一致。"

在联想2018/2019年度业绩发布时，手机业务所在的联想移动业务于2018/2019财年下半年实现了自收购摩托罗拉移动以来的首次除税前溢利。摩托罗拉手机则在2023/2024年Q1财季结束时连续12个季度实现盈利。

对摩托罗拉手机的整合至今都未停止。2020年，摩托罗拉手机业务的研发团队被全部整合到中国，分布在北京、厦门、上海，位于美国芝加哥的总部仅保留了一个小规模的实验室，负责研发穿戴类产品，但这些产品并没有急于商品化。而在生产上，位于武汉的移动终端大本营成了摩托罗拉手机的核心生产基地。

过去几年，重新聚焦北美和拉美市场的摩托罗拉品牌销售进入了快速增长时期，市占率都保持前三；在欧洲市场也高歌猛进，市占率挤进了前五。到了2023年，他们甚至重新燃起了对中国市场的雄心。

十年前，杨元庆有志于将手机业务的出货量做到像PC一样在全球排到第一，在收购摩托罗拉手机后，联想手机业务一度排进全球前三。今日的业绩当然与预想出入很大，但摩托罗拉手机的命运，在几乎所有被收购的手机品牌中，大概是最好的一个。

收购 x86，变"废"为宝

不能只卖 PC

在企业级服务上，联想同样雄心勃勃。2013 年 12 月，当收购摩托罗拉移动的尽调团队从北京出发前往美国西海岸时，一个从香港出发的团队已经在美国东海岸工作了一阵子，他们的尽调对象是 IBM x86 架构服务器业务。

相比于收购摩托罗拉移动涉及专利合规等复杂法律问题，在 IBM x86 的收购上，复杂程度要低得多，且联想占据极大的主动权。IBM 早在 2012 年就在为旗下这一低端服务器业务寻找买家，如出售 PC 业务时的动机一样，IBM 无法接受利润率较低的业务模式。而在产品、技术、市场互补上，当时的联想是最合适也最有意愿接手的对象。但是，当 IBM 第一次找到联想寻求出售 x86 架构服务器业务时，两者在交易价格上分歧较大，并未有实质进展。

2013 年，雄心勃勃的联想全球化管理团队计划在企业业务上打造可以向庞大客户群销售的更有竞争力的产品组合。此时，企业客户市场也在发生变化，随着互联网使用的扩展，云服务变得更加普及，不仅连接设备的种类更加多样，对后端基础设施的需求也在增长。

联想在全球范围内已经拥有非常强大的商业业务和为企业客户提供服务的能力，并拥有强大的渠道关系。当他们向国际市场的企业客户销售 PC 产品时，这些客户和渠道希望联想能够提供更多种类的产品，当时他们在服务器业务上只有非常有限的选择：惠普和戴尔。对 PC 渠道商来说，在服务器产品上可以选择的厂商甚至只有惠普，他们希望有更多选择。

在 2012 年之前的中国服务器市场，IBM、惠普、戴尔等作为第一梯队的国际品牌在很多年里牢牢占据了 60% 以上的市场份额，而国产的联想、华为、浪潮、曙光等中国服务器品牌都属于第二梯队，所占市场份额较少。

但是，到了2012年左右，国产品牌服务器在市占率的抢占上突飞猛进，销售额大幅增长，市场格局也发生了较大变化，联想在第二梯队市占率第一。当时的一个宏观背景是中国很多企业客户开始"去IOE[①]"化，不再愿意花高昂的费用购买外资服务器产品。

当然，在国际市场，中国服务器品牌整体依然无足轻重。

不论是在中国市场还是在海外市场，联想集团内部的业务部门都看到了庞大的市场机会，但在彼时的联想产品库里，还缺乏抓住这个机会的产品。因为当时联想的企业服务业务主要还是面向中国市场，规模依然很小，且无法向客户提供完整的产品组合。没有完整的产品组合，也就无法参与海外更大市场的竞争。

找上门的买卖

当联想决定收购IBM x86时，童夫尧正担任联想集团副总裁、中国区大客户事业部总经理。在2005年加入联想之前，他在戴尔工作，一路高升。当联想PC业务决定推行交易型与关系型业务的双模式时，童夫尧被邀请加盟，成为关系型业务模式的组建者与落地者。经过八年时间，他所负责的企业级业务在中国的市占率已居于第一，取得了超过40%的市场份额。2014年，童夫尧被任命为联想数据中心业务集团中国区总经理。

2013年，当IBM再一次找到联想就出售x86架构服务器业务展开谈判时，童夫尧是尽调工作的参与者。此时，联想占据着主动权。因为从IBM 2012年开始寻求出售这一块业务，团队稳定性已受到极大影响，

[①] IOE分别指服务器提供商IBM，数据库软件提供商甲骨文公司，存储设备提供商EMC（易安信公司），三者构成了从软件到硬件的企业数据库系统。

市场份额在一两年间出现了断崖式下滑。

联想和 IBM 的谈判前前后后进行了一年之久，双方最终在价格上达成一致。2014 年 1 月 23 日春节前夕，联想宣布将以 23 亿美元收购这笔业务。但在其后，中美两国政府对这笔交易的审查进行了九个月，到 2014 年 9 月 30 日，交易的实际金额被定为约 21.2 亿美元，其中 18.47 亿美元以现金支付，剩余 2.71 亿美元则以配发 1.82 亿股联想股票为对价。10 月 1 日，联想集团正式宣布完成对 IBM x86 服务器硬件及相关维护服务业务的收购。

这笔交易给联想带来的具体资产是 6500 名经验丰富、专长突出的员工，34 家研发实验室和办公室，7 家制造工厂，1100 多项专利和应用，以及完善的企业级产品组合。在业绩上，则是预计每年 50 亿美元左右的新增营收，当然，也很可能是亏损的延续。在被出售之前的 2013 年，这块业务的净亏损是 2640 万美元。

在产品上，相比于国产服务器品牌，IBM x86 拥有非常强大的研发能力，以及完整的 x86 产品组合：塔式、1U、2U、4U，一直到高密度和刀片服务器。在产品组合上，联想自身的低端产品与 IBM 的高端产品结合形成了完整的产品组合。

按照联想当时的业务整合计划，IBM x86 服务器有出色的技术、产品和品牌，联想具有内部制造能力，以及作风朴素的运营，这将使得它们在全球范围内与惠普和戴尔的竞争具备成本优势。和 IBM x86 一样，后两者几乎所有的产品都来自 ODM。

联想的管理团队希望这块业务能提高盈利能力。毕竟，联想一向以成本自律为荣，而成本控制非 IBM 的绅士们所长。

在战略上，联想更长远的计划是将 x86 服务器作为撬动企业级市场的杠杆，主要有两个原因。

第一，2014 年，中国服务器厂商在中国市场已经崛起。按照 IDC 的数据，2014 年第二季度，原来的第二梯队已经彻底扭转市场格局，包括联想、浪潮、曙光在内的国内 x86 服务厂商占有的市场份额超过了 60%，超过了国际厂商，其中联想份额超过 22%，排在第一。而联想收购 IBM x86 服务器业务后，进一步大幅提高了其在中国 x86 服务器市场的份额。在全球服务器市场，收购 IBM x86 的作用立竿见影，联想的排名从第十一一下子上升到了第三，排在前面的还是老对手戴尔与惠普。

第二，x86 服务器在整个服务市场的快速增长远高于其他品类。

但是，从后来发生的事情来看，整合比预想的更艰难，实现盈利则难上加难。

最初，联想将整合的重点放在了中国市场，因为当时中国 x86 架构服务器市场的销售额增速远远高于国际市场。高德纳的数据显示，2014 年第四季度中国 x86 服务器市场销售额增长了 24.4%，而全球销售额仅增长 2.2%。然而，由于联想从宣布收购到完成收购花了九个月时间，IBM x86 的中国区总经理在此期间离职，在全球范围内，竞争对手抢走了原本属于 IBM 的不少客户和渠道。交易获审批前，一度传出交易中止的各种声音，而联想作为上市公司在静默期还不可对外发声。收购过程中的这些波折，让 IBM x86 颇伤元气。

交易尘埃落定后，杨元庆誓言将会让抢走他们客户的竞争对手"加倍返还"。

交易完成后，童夫尧任联想集团高级副总裁，也是数据中心业务集团中国区的负责人。2022 年，他转而负责领导项目服务和解决方案以及云服务团队，服务于联想方案服务业务集团，并在 2024 年从联想集团退休。

"高估了我们的能力"

让竞争对手"加倍返还"之前，联想的任务是稳住现有业务。

从 IBM 寻求出售到联想真正接手，已经有长达一年半到两年时间。

除了客户流失，当时 IBM 的销售团队也存在赶在出售之前拼命向经销商压货的情况，这直接透支了联想接手后的销售业绩，造成的破坏非常大。

童夫尧很快与当时的 IBM x86 中国区总经理叶明达成共识，两人要一起做三件事情：第一，留住人才，不能走掉一个好员工；第二，保护好客户，原来 IBM 给客户的承诺一旦确认，全部由联想接管，不能丢掉一个客户；第三，安抚渠道。

联想收购 IBM x86 业务后遇到的最大麻烦，也是其后来走了近两年弯路的原因，就是销售模式的整合失败。IBM 对服务器业务的销售是由客户销售团队与专家销售团队共同完成的，前者关注客户关系，后者则为客户提供定制方案。在收购交易中，联想只买到了专家团队，而没有买到客户销售团队。这意味着联想在全球市场的销售失去了一些关键能力，特别是直接销售的能力。服务器业务的采购，决策权在 CIO（首席信息官）这个层面。由于缺乏原有的客户销售团队，联想的服务器业务在很长时间内不得不过度依赖外部渠道销售。

"过去我们总说卖 PC 的能力也能用来卖服务器，但实际上，在最终用户那儿，对服务器采购起决定作用的是 CIO、CTO 们，他们更关注整体解决方案，更愿意和甲骨文、思爱普、VMware（威睿公司）这样的圈子保持联络，这与 PC 采购的决策人所关注的方面是截然不同的，完全照搬 PC 的推销方式显然行不通。"联想集团一名资深业务经理告诉我们。

IBM 的销售模式是"豪华结构"，这倚仗其产品丰富，产品能力出色。世界上第一台服务器是由 IBM 在 1964 年开发出来的，在很多年里，IBM 都是服务器市场的霸主，可以对大型机、RISC/Unix 和 x86 服务器组合销售。

IBM 服务器业务的销售系统对接单个客户的销售团队有时候甚至超过 20 人，由客户销售和专家销售合作，前后端分工。客户销售团队开拓到新客户后，专家销售团队则可以跟进向企业提供存储、软件等不同产品的解决方案。IBM的销售团队到任何一个地方出差都要下榻当地最豪华的酒店，体面地服务客户。而联想的系统针对一个客户的销售团队可能只有三到四人，销售模式中也并没有客户销售和专家销售的分工。

在中国市场，童夫尧的销售整合策略是让联想的企业级业务销售团队与并购来的IBM专家销售团队互相协助。"Lenovo的销售一定要与IBM的专家销售分享客户信息，IBM的专家销售也一定要帮着Lenovo的销售员做好产品的培训等各方面工作。"童夫尧感慨，在中国市场对x86服务器的整合是他多年职业生涯中最具挑战性的一次。在中国市场，联想花费了至少一年时间才把IBM x86服务器业务的客户与渠道稳住。

对于服务器业务的销售整合，联想在至少两年内都是让服务器与PC共享相同的销售系统，无论是渠道销售还是直接销售，都是让原来的PC销售团队来同时销售服务器产品。但是，这一策略最终被证明缺乏远见，结果相当糟糕：这些销售团队近90%的销售业绩依然来自PC，服务器反而被弱化了。相比之下，联想在PC和服务器业务上当时的主要竞争对手都是戴尔，但戴尔的销售团队在PC和服务器销售上可以做到各占一半。

销售模式的不同，本质是业务毛利率的不同。IBM的业务模式倚仗于更高的技术、更多样的产品和更昂贵的价格，以确保有更高的毛利率。与联想等中国服务器厂商只有十几个点的毛利率相比，IBM x86服务器业务当时的毛利率为20%~30%。

在服务器品牌的整合上，联想采取的策略和当时整合手机业务一样——双品牌。自身的服务器品牌被命名为Thinkserver，而收购来的IBM服务器被命名为Thinksystem。Thinkserver主要面向中小企业，而Thinksystem主要面向高端客户，二者覆盖不同的客户群体，以此把产品价格差和溢价拉开。

中国原本是服务器业务增长的引擎。但在这里，超大规模是增长的关键驱动因素。当外资品牌在 x86 架构的服务器市场失去主导地位，而中国厂商占据 60% 以上市场份额时，价格战开始上演，各大厂商贴身肉搏，一些厂商甚至宁愿亏损也要抢占更大的市场份额。

尤其是在过去几年，当互联网企业成为服务器业务市场的主要客户时，它们拥有高议价权，肆意把价格压到更低，而服务器厂商为了拿到项目甚至宁愿亏损也要力争。这样的竞争局面让中国整个服务器行业都陷入低毛利率状态。

收购 IBM x86 业务后，联想负责全球服务器业务的是当时的执行副总裁格里·史密斯（Gerry Smith），他 2006 年随阿梅里奥加盟联想。2016 年，在整合 x86 业务近一年半后，联想服务器业务在全球的市场份额提升依然举步维艰，在竞争惨烈的中国市场的份额越来越难以维持。

2016 年开春，在德国慕尼黑召开的联想 GLT 大会上，杨元庆对服务器业务做了复盘。他承认："显然，我们高估了我们的能力和资源的价值，我们以为我们很好地了解了彼此的文化，并可以共享或利用联想更多的资源。我们没有深入分析我们真正获得了什么，以及实际上错过了什么。现在，结果表明这种快速的整合尝试并没有产生预期的效果。我们必须承认我们并不真正了解这个业务，我们在这个业务中没有足够有经验的人才。"

恰逢其时，但盈利艰难

2016 年第三季度，联想服务器营收在中国仍然排名第一，占比 21.4%，但到了 2017 年第一季度，排名已跌到第四，占比仅 14.4%。

2016 年 11 月，曾在英特尔任职 24 年，时任高级副总裁的柯克被邀请加入联想，开始掌管联想数据中心业务集团。数据中心业务仅仅有服务器产品并不够，但当时的联想还不具备提供整体解决方案的存储和数据库软件的能力。这使得联想和主要竞争对手相比可销售的附加服务较少。

柯克接手后，采取的第一个行动面向的就是销售系统。2017年1月，服务器业务所在的数据中心建立了自己100%独立的销售团队，针对不同的细分市场设立副总裁级的销售服务队伍，并对销售人员的佣金体系进行改革。柯克还推动渠道转型，重新构建系统集成商之间的关系，实现端到端组织架构的调整。在此之后的八年，他几乎重组了整个业务团队，建立起一支国际化的专家型核心高管团队。他后来成为联想ISG的总裁，这个集团的28名核心管理人员，有26名先后被从外部招聘来的国际化管理人才取代。

过去几年，随着外部市场的变化，联想对服务器业务的定位也随之变化。企业客户需要的不只是服务器，还包括存储、网络、软件等，是完整的解决方案。联想的服务器业务重组了组织架构，服务器平台部（SPG）更名为数据中心业务集团，之后，不仅服务器本身的产品组合丰富了，联想还进入存储、软件和云服务领域。2024年4月，柯克在上海说："联想已经从只有服务器，发展到同时拥有storage server（存储服务器）、software（软件）、services（服务）。"

2019年，联想与NetApp公司成立了一家合资公司，以补足自身的存储业务能力。联想还提高了ODM能力，能够设计和制造自己的主板、系统和机架。这些能力的提升让联想能够给客户提供完整的解决方案。"这是一个重大的转变，联想从以前只关注本地市场的服务器，转变为同时关注本地和云的服务器。"柯克说。

在柯克的掌舵下，联想服务器业务在《财富》世界500强客户中打开了局面，成为微软云业务最大的服务器供应商。联想擅长为世界上的超大规模企业提供定制设计，这些设计不仅有服务器产品，还包括存储。对于最难被满足的客户，联想努力做得更好，并成功获得了更快增长。

目前，联想已经是全球市场销量排名第三的服务器供应商，也是世界第三大存储和数据管理厂商。显然，如果倒退回八年之前，让 IBM 重新决定 x86 服务器卖不卖，相信答案会是否定的。从服务器来看，x86 架构服务器如今占据最大的细分市场，占整个市场的 90% 以上，现在所有的云业务都建立在 x86 基础之上。

过去几年，在人工智能产业链上，联想在 AI 服务器的布局上努力追赶竞争对手。在柯克的领导下，ISG 虽展现了技术实力，但在市场份额上迟迟无法占据前列。AI 服务器是人工智能产业发展的核心基础设施，IDC 预计，到 2026 年，全球 AI 服务器市场规模将达到 347.1 亿美元，2021 年至 2026 年的年复合增速为 17.30%，将保持相对较快增长的态势。

2020 年，联想在组织架构调整中，将 ISG 和 SSG 独立出来。ISG 在营收上一直保持高速增长，并于 2021/2022 财年首次实现全年盈利。到了 2023/2024 财年，ISG 全年营收 89.22 亿美元。

当然，对于服务器业务，一个难题始终困扰着联想集团，即如何才能摆脱亏损，具备可持续的盈利能力，成为联想集团业绩报表中的盈利增长点。柯克在领导这一业务的八年里，始终无法实现这一目标。

在柯克于 2024 年 6 月离任后，联想集团在全球范围内招徕适合这一关键岗位的领导者。而在过渡期间，暂时接替柯克部分工作的是格雷格·赫夫（Greg Huff），他目前担任 ISG 开发与质量高级副总裁兼首席技术官。

格雷格告诉我们，ISG 与行业内其他企业一样，遭遇了新冠疫情和人工智能崛起带来的重大挑战。这两大突如其来的力量不仅打乱了正常的业务流程，也对传统思维模式提出了挑战。"面对这些挑战，ISG 选择以灵活性作为应对策略。为了提升灵活性，我们投资发展了自己的设计和制造能力，这使我们能够迅速应对像新冠疫情这样的不可预见事件，以及人工智能优化基础设施等新兴的非传统趋势。"

对于如何帮助 ISG 实现持续盈利，格雷格称将继续专注于客户的需求并在执行上保持卓越。

最不可能的胜利：日本故事

"最封闭的市场"

跨国公司间曾盛传过一条法则：能征服日本市场者，可征服天下。这是勉励，也是警告。非日本本土企业敢于在日本市场押下重注者，向来不多。

传奇 CEO 穆拉利执掌福特汽车时，曾毫不客气地把日本称作"世界上最封闭的市场"。2016 年，福特汽车宣布正式退出日本市场。福特总部的一名发言人批评日本汽车市场过于"封闭"，他在一封电子邮件中写道："日本是世界所有发达国家中，汽车市场最封闭的国家。进口汽车品牌只占该国新车市场份额的不到 6%。"

中国手机品牌行销天下。按照 IDC 的数据，2022 年全球智能手机市占率排名前五的厂商中，来自中国的品牌占据了三席；以市占率计，全球每卖出十部手机至少有三部为中国品牌。但在日本，中国品牌始终无法打开局面。在 2022 年日本常规手机的市占率排名中，前五名的厂商分别是苹果（48.4%）、夏普（11.1%）、FCNT（富士通手机，10.3%）、三星（9.0%）以及索尼（7.5%）。其他所有品牌的市占率总和不足 15%。

日本在工业、电子消费品等众多领域相对封闭且自成体系，非本土品牌在日本打开销量的困难比在其他任何市场都大得多。诺基亚在最辉煌之时进军日本市场，也始终无法匹敌日本本土的索尼和夏普。

外国公司在收购日本公司时遇到的阻碍也比在多数其他市场多得多。美国《外交事务》杂志 2021 年 10 月的一篇文章称，在发达经济体中，有 80% 的外商直接投资以并购形式存在，而在日本，这项比例仅为 14%。2019 年，联合国贸易和发展会议在统计外来直接投资对 GDP 贡献时，发布了 196 个国家和地区的排名，日本排在最后，甚至落后于朝鲜。

在日本经营企业，对员工终身雇佣是一种常态，大规模裁员是一种社会禁忌，起码在一些最大的公司里至今如此。终身雇佣、以工作年限为基础的收入，还有员工高度的忠诚，曾造就了日本很长一段时间的经济奇迹。在这种制度下，企业员工自然对并购怀有强烈的抵触情绪，因为并购往往伴随着企业结构调整、削减过剩人员特别是老员工。

拯救者

对于日本市场这块硬骨头，联想创造的却是一个让人惊叹、保持常胜的"拯救者"故事。概括来说，它就如日本小说《秃鹰》所讲述的：来自海外的超级收购专家并购日本没落的本土老牌企业，想方设法让这些老牌企业获得新生，重现荣光。

如同让日本国民备感自豪的汽车产业一样，在PC行业，以东芝、VAIO（曾为索尼公司所有，现独立运营）、富士通、夏普、松下和NEC等为代表的日系厂商曾是全球PC市场的重要一极。世界第一台面向消费者的笔记本电脑是T1100，在1985年由东芝推出，东芝曾一度成为全球第一大笔记本电脑制造商；NEC生产的电脑所占据的市场份额曾一度达到日本国内市场一半以上，其研发的PC-98系列是日本国产PC的代名词。

但是，到了21世纪，个人电脑进入普及期，价格竞争正式打响后，戴尔在日本市场攻城略地，其通过网络销售按需定制产品的"直销模式"，降低了产品售价，其扩充客服中心、重视售后服务的姿态也得到顾客认可。而日本企业还像过去一样，依赖信息设备经销商等销售渠道。这极大地削弱了日本本土PC品牌的市场优势和盈利能力。

到2010年时，日本国内PC市占率排在前五名的是NEC PC（19.5%）、富士通（19.4%）、东芝（11.7%）、戴尔（10.2%）和惠普日本公司（9.7%）。在2005年完成收购IBM PC业务后，联想在日本PC

市场的市占率也只有6.1%。日本本土PC品牌纷纷陷入亏损或只能获取极少利润。

2010年之后，日本厂商之间有了推进重组的动向。2011年，NEC与联想组建合资公司，2016年，联想将在这家合资公司的股权占比提升到了95%。2017年，富士通也宣布与联想整合个人电脑业务，这次整合同样由联想持有更多股权，并掌握主导权。

中国在日本建立合资企业并不多见，在21世纪头十年几乎从未发生。而NEC与富士通还是日本国内最大的两家IT企业。此后，在日本其他本土品牌中，索尼于2014年剥离出个人电脑业务，成立VAIO公司，东芝在2018年则索性将个人电脑业务出售给了夏普，不再经营个人电脑业务。

自此，联想在日本总共有了三大独立运营的品牌（Lenovo和ThinkPad、NEC PC、富士通），两家合资公司（在与富士通的合资公司中持股51%、在与NEC的合资公司中持股95%），以及两家工厂（与富士通的合资工厂、NEC工厂），外加一个售后服务工厂。联想还在日本设有三大研发中心，以及在2005年收购IBM PC业务时并入的大和实验室。联想在日本市场主要运营三大业务，即PC、摩托罗拉手机以及服务器。

对NEC PC业务的整合让联想在日本的市占率快速提升到了24%左右，联想成为日本PC市场份额最高的厂商。当富士通PC业务被整合到联想旗下后，联想三大品牌在日本PC市场的份额之和已经稳定在40%以上，这种市场格局已持续到今日。

藏于身后

任何PC厂商都曾竭尽全力想在日本市场占据一席之地，毕竟，谁能错过这个世界第三大的PC市场呢？在这个人口超过一亿的国家，为弥补IT人才的短缺，政府希望给每一个中小学生配备电脑。同时，日本又是一个格外青睐高端PC产品的市场。按照IDC的报告，日本国内PC平均售价排在全世界第一，比世界第二高出了接近10%。

对ThinkPad的成功整合是联想在日本PC市场打下山头的基础和前提。

斋藤邦彰（Kuniaki Saito）此前曾常年担任联想与富士通组建的合资公司（即富士通客户端计算设备有限公司，FCCL）董事长兼社长，他直言不讳地说："联想和IBM的成功合作才最终促成了我们和联想的合作。"他说自己是技术工程师出身，在富士通PC业务部门工作了超过30年，富士通开始研发便携式个人电脑时，一直将ThinkPad尊为老师。他是典型的日本优雅男士形象：穿修身的笔挺西装，说话严谨含蓄，客气但疏离。

联想在日本整合的第一个本土品牌是NEC的PC业务。2011年，联想采取的策略是先与NEC组建一家合资公司，由联想持有51%的股权，NEC持股49%；五年后，联想按计划将持股比例提高到95%，拥有了对合资公司的全权决策权。使用这种先组建合资公司再扩大持股比例的策略在日本是极为明智的，可以减轻日本消费者对外企在他们国家发展的野心的敏感和戒备。

NEC是日本首家个人电脑制造商，NEC品牌备受日本国民推崇，是一笔优质的"有形资产"，在日本有其忠实的客户群。对NEC PC的收购，让联想在日本市场商用、政府和个人消费领域的客户数量大幅增加了。

试想，若联想采取的是一次性全资收购NEC的策略，很有可能会引发来自客户群的负面反应。直到现在，日本国民的认识依旧是，中国企业往往一味强调高产量、低成本生产，而在技术创新上花费微薄。他们认为本土企业在产品创新和工艺上技高一筹。

在成立合资公司后的很长一段时间，联想不但保持NEC PC品牌的绝对独立，甚至让两者的产品分开销售，对原有的包括产品研发、生产和制造团队在内的所有团队不予干预，只是将 NEC 的采购与联想的全球采购进行协同以降低成本。在过渡阶段结束后，联想才将 NEC PC 的研发能力整合进联想团队，并将生产工厂从东京迁移到了可大幅降低成本的日本米泽工厂，这是让 NEC 合资公司从亏损走向盈利的关键一步。

看到联想具备让 NEC PC 业务扭亏为盈的能力，是富士通在 2017 年决定将 PC 业务交由联想主导的关键原因。富士通 PC 业务主要分为三大块：最为擅长的法人业务（面向企业的商用产品业务）、面向消费者的业务，以及海外业务。

在与富士通建立合资公司后，联想延续了整合 NEC PC 的成功经验，让富士通 PC 品牌独立运营。在整合过程中，联想没有调整富士通任何管理层的职务，也没有裁撤任何员工。这种不裁员并非基于事前承诺。事实上，也有富士通的高层担忧在被联想整合后自己会被取代，从而希望得到联想的"安全保证"，这种要求被婉拒，他们得到的唯一承诺是"基于业绩表现来抉择去留"。

但是，联想在第一时间完成的整合是将合资公司的采购系统纳入自己庞大的全球采购网络，联想与全球所有供应商谈判，要求将富士通纳入联想的采购系统，享受联想的规模采购价格、供应链的弹性。

这种降低成本的协同效应是立竿见影的。联想在完成对富士通合资公司的投资后，仅用了两年即收回了所有成本。

富士通销售的 PC 产品，成本占了售价的 70%，而在这 70% 的成本中占掉一半的又有两部分，即购买英特尔公司的 CPU 和购买微软公司的 OS Office 系统。这两大采购的单价会随着采购量的增大而降低。斋藤邦彰告诉我们，纳入联想供应链全球采购系统后，合资公司一年节省的采购成本超过 50 亿日元。

富士通是日本所有本土电脑品牌中的最高端品牌，售价高昂。FCCL 代表董事社长兼首席执行官大隈健史（Takeshi Okuma）说，这家合资公司的净利润从 2017 组建之初的 70 亿日元提升到了 2023 年的

200多亿日元。提升的一半利润就是通过联想的全球供应链采购而降低的成本。大隈健史于 2012 年加入联想日本公司，长期担任联想日本公司 COO（首席运营官），从 2021 年开始在富士通合资公司担任总裁。

在联想与富士通组建的合资公司的董事会现任 7 名成员中，3 人来自富士通，4 人来自联想。对于业务的运营，管理团队每个月向联想汇报一次，每个季度向富士通汇报一次。在与富士通组建这家合资公司之初，联想就与富士通签订了排他性合同，将商用产品全部交由富士通来销售。

独立与包容

是否能让合资公司盈利并持续提高盈利能力，是评判收购业务整合是否成功的核心标准。仅仅依靠降低采购成本，并不足以让富士通 PC 业务重现荣光。

联想的更多行动是抛弃合资公司中毫无胜算的业务。在合资公司组建之初，富士通 PC 营收占比的 20% 来自海外市场，但这部分业务长期亏损。直到 2023 年，组建合资公司的 5 年后，海外业务仍然亏损。2023 年 8 月，联想决定让富士通合资公司退出海外市场。

从 2018 年到 2023 年，联想与富士通组建的合资公司在日本个人消费者市场的市占率从 12% 上升到了 14%，这部分业务从企划、设计、开发、制造一直到销售，都由合资公司独立掌控。合资公司五年累计创造的净利润已超过 1000 亿日元。

联想在日本还有一个鼓舞人心的故事，那就是保留了大和实验室，并让这个 ThinkPad 的创造者重现荣光。当 IBM 决定退出 PC 业务时，这处 ThinkPad 的研发圣殿一度陷入被关闭的危险。2005 年，在完成收购 IBM PC 之后，联想全资收购了大和实验室，它的主要研发产品就是经典的 ThinkPad 产品。此后多年，即便是在业绩承压、出现巨额亏损的周期里，联想依然继续支持这一实验室的运作。

如今，在日本横滨海边一处可以一览富士山风光的精致写字楼里，这家传奇实验室已成为联想ThinkPad面向全球市场的核心研发基地之一。

对于大和实验室研发的持续投入保证了联想ThinkPad产品在商用领域持续数十年广受欢迎。与IBM时代相比，联想对于大和实验室的支持展现了更强的战略远见。

加藤敬幸（Takayuki Katoh）已在大和实验室工作超过30年，经历了IBM时代和如今的联想时代，现任大和实验室首席工程师兼总监。

他告诉我们，相比于IBM，联想对研发人员的研发周期展现了更高的容忍度。他说，IBM对于很难实现产品化、商业化的想法通常不愿意继续投入，但联想愿意承担成本风险，愿意冒风险让研发人员做下去。为了给研发人员提供更好的办公环境以及研发环境，联想甚至在收购后将大和实验室从其原来所在的偏远地段搬到了现今横滨的核心地段。

加藤敬幸认为的IBM与联想的另一种区别是，当他们为IBM工作时，美国开发团队与日本开发团队在公司内部是竞争关系，团队之间很少合作研发产品。但他们为联想工作以后，中国、美国、日本等各个国家的团队被鼓励共同解决同一个课题，一起参与开发，这个过程能够产生很多新的技术和创意。

联想将大和实验室称为"联想王冠上的明珠"。在被联想收购之后，这个实验室的300名全职员工中只有15人因此离开。联想让员工相信，大和实验室在联想会比留在IBM更有意义，因为PC只是IBM甚至算不上核心的业务之一，却是联想当时的唯一业务，联想对他们的重视也会是大和实验室在IBM家族不曾有过的。

如今，包括大和实验室在内，联想在日本的专职研发工程师团队有超过1100人。他们与中国、美国研发团队构成了"创新铁三角"，多次创造出ThinkPad的经典作品。

独特经验

联想在日本 PC 市场的成功整合，如果说有什么经验可供借鉴，那应是以下三点。

首先是联想对三大品牌的独立运营。在日本的 PC 卖场，人们可以看到 Lenovo ThinkPad，也可以看到 NEC PC 和富士通 PC，它们来自不同厂商，在这里，很少有人知道它们都是由联想掌控。2023 年冬天，当我们造访 FCCL 位于日本川崎的总部办公楼时，没有在办公室里发现关于 Lenovo 的任何元素。

在日本综合卖场线下店中，联想对 Lenovo ThinkPad、NEC PC 和富士通 PC 分开展示，绝不会混在一起，其目的是明确告诉消费者这三个品牌是不同品牌，三大品牌的广告也是各自独立制作，确立了独立的品牌形象，竭力避免消费者认为这些都是联想旗下的品牌。甚至在富士通 PC 和 NEC PC 的总部大楼里，参观者也很难看到有关 Lenovo 的元素。"在这方面的运营上我们是非常慎重的，这一点对于我们的成功是一个非常关键的要素。"大隈健史说。

对品牌独立运营并非只是出于品牌形象方面的考虑。曾担任联想亚太区总裁的黄建恒认为，多品牌战略可以帮助联想更好地服务客户。比如在商用电脑方面，联想在日本有超过 45% 的市场份额，但是富士通的客户与 NEC、Lenovo 的客户是完全不同的。"我们与富士通合作时，他们会把他们的集成服务方案和富士通 PC 一起销售给客户，NEC 也是如此。通过三个品牌独立运营的战略，我们可以更好地为市场提供差异化服务，能够更好地照顾不同客户的需要。因为 45% 的市场份额不可能通过一个单一的产品去服务那么多客户，这是一个很重要的想法。"

其次，在对于人的管理上，联想最大的特点是信任收购标的原有管理层，对包括日本在内的全球业务均是如此。亚洲尤其是东亚，比如日本、韩国还有中国的大部分企业，在开展海外业务时，更愿意从自己的国家派驻员工到当地担任管理层，尤其是企业的 CEO 和 CFO。但是，不论是在 NEC、联想与富士通的合资公司，还是在联想日本公司，管理这些企业的"一号位"均是日本人，且大部分高管也是日本人。

联想全球化运营的核心能力是培养并信赖当地的经营管理层，放权让当地的经营管理层来经营当地业务。这一用人之道我们将在后续章节更翔实地讲述。

斋藤邦彰说："无论是 NEC 的品牌也好，富士通的品牌也好，联想与我们形成了强大的信赖关系。正是因为这种信赖关系，联想才能在日本市场稳定运营。这也是联想在经营管理上成功的一个秘诀。日本是联想全球化运营中具有代表性的例子。"

但是，联想对这些当地管理层的管理遵循一条铁律，那就是对业绩负责。大隈健史告诉我们，联想对于业绩结果的考核非常严格，总部管理层通常会与日本业务负责人确定业绩指标，并说明责任和规则。"如果我不履行我的职责，或者是我的业绩不好，我有可能就被开掉了。承担结果在联想是一种严格执行的文化。但这是建立在信赖关系的基础上的。"

最后是联想对日本管理模式的包容。斋藤邦彰告诉我们，日本很多公司的管理模式在全球来看也是一种特殊的存在。"我们会花比较长的时间做一个决策，决策速度比较慢。而联想集团是一家国际化的企业，我们从联想集团的经营管理中学到了很多，经营决策的速度也变得更快。这样的变化不仅仅体现在经营管理方面，对我们的员工和客户来讲，可能也有很多的变化。"

斋藤邦彰说，日本公司管理与决策的特殊性，源于日本的客户和其他国家的客户相比有一些独特之处。"我认为联想能够打入日本市场并且取得成功，一个很重要的原因就是完全放手让我们来做。因为我们知道当地客户的需求。联想放手让我们做，让我们之间建立了很强大的信赖关系。"

他介绍说，日本客户对于是否购买东西的决策时间会非常漫长，而企业要做的是找到客户决策慢的原因。"我们要找原因，寻找我们和客户的共同点。当我们发现了共同点，就能够很好地解决问题。这样即便我们的产品价格稍微高一点，客户也愿意购买我们的产品。"

对于日本以工作年限为基础的收入结构、人事制度，联想则进行了修正。在被纳入联想集团之前，这些公司给员工发放的奖金多寡与其个人业绩关系并不大，业绩最好的员工和最差的之间只差20%~30%。

但是，在纳入联想集团后，这些公司对奖金的评定采用了联想制度，最好与最差的收入差距扩大到了一倍。此外，这些日本公司还引进了联想对优秀员工进行额外奖励的机制，而此前在日本这是没有的，比如说奖励一些优秀员工到海外旅游。

如今，联想集团在整个日本PC市场已占据绝对优势。大隈健史给我们预估了一组日本PC市占率的对比数据：在个人消费领域，苹果公司在日本的市占率是15%，而联想是50%；在面向企业的商用产品方面，联想的市占率为40%，而苹果公司为5%~10%。

第三章

治理：不只是接轨

如何让国际市场和国际投资者信服一家根植于中国的国际化企业？这是决心走国际化之路的中国企业必须解答的第一个问题。毕竟，《中华人民共和国公司法》1993年12月才公布，1994年7月1日起才施行；中国企业在海外发行股票的历史也才30年左右。

不论在国际资本市场，还是在全球供应链上，联想都建立了良好的口碑。联想建立了真正规范有效的国际化的董事会。卓越的公司治理、管理，是联想取信于市场和合作伙伴的重要基础，也是其可持续发展的必要条件。

在我们的采访中，一位外籍联想高管这样描述联想的国际化：

"联想是我见过的最国际化的公司之一，也许就是最国际化的公司。有的公司的董事会会议每个季度都在同一个房间召开，已经持续了十年，他们的高管团队来自一个国家。而在联想，我们的董事会、高管会议在班加罗尔、哥本哈根、巴塞罗那、米兰、圣保罗、北京、香港、上海、帕洛阿托、纽约、罗利都举行过。这太令人感到惊奇了！如果你想讨论世界上正在发生的任何事情，你都会得到非常全球化的观点，而不是基于任何一个国家的。我们的高管，有的来自米兰，有的来自瑞士，有的在圣保罗，有的在罗利，有的在纽约，有的在香港，有的在北京。"

联想的高层核心管理团队，分布在全球若干个城市办公和生活。他们之间保持着密切的沟通，一旦董事会和 CEO 做出决策，他们的执行力也异常强大。像这样的治理和管理，放眼全球也非常罕见。

在公司管理上，联想并不满足于"拿来主义"。联想稳健地开展全球化运营，立足全球市场，整合全球资源，在全球范围内招揽高水平的管理人才，倚仗的是在一路碰撞与摸索中所形成的融合中西方文化的管理模式。

我们可以毫不吝啬地称赞，即便是与动辄百年的全球化企业相比，联想的公司治理水平亦可称作典范。

香港上市，打开窗口

董事会不是"花瓶"

1992 年，时任香港联合交易所主席李业广向中国国务院和中国人民银行递交了一份推动内地国企赴港上市的可行性报告。此事后来被称作"李业广上书"。李先生希望能推动一批在内地经营的优质国企到联合交易所上市。

彼时的中国内地，尚处一个对"资本"一词稍许敏感的年代，公司法、证券法尚未出台。中国的公司治理，在不少方面还处于无章可循的草莽时期。1993 年 6 月，中国证监会与香港证监会及内地、香港的三个证券交易所签署了《监管合作备忘录》，为内地公司在香港上市打开了大门，中国企业的资本"大航海时代"自此开始。

首批试点企业是青岛啤酒与上海石化。此后，境外上市的试点范围逐步扩大。一批有业绩、有技术含量的科技类、资源类和金融类企业，如中国移动、中银香港、中海油、中国联通、联想集团等都进入了香港蓝筹股，这些业绩优良的公司一举改变了港股炒作题材、概念的历史，成为当时红筹股兴起的基石。

所谓的"红筹"公司，一个最重要的特点就是主要业务在中国内地运营，但在境外注册，受境外法律约束，这也推动了中国公司的治理改革，以适应国际通行规范。

联想是最早在港交所上市的红筹企业之一。为了在港交所成功上市，联想按照其规定不断完善法人治理结构，成立了董事会，规范了公司运作，完善了信息披露制度，等等。

联想在收购 IBM PC 的交易设计中，一部分以股权作为支付对价。"当时，这是在香港上市公司平台的基础上才有可能做的。如果不是一家上市公司，你不可能形成与 IBM 的换股，完成公司之间的资产交易。"李岚说。她 1993 年被联想外派到香港。1994 年 2 月，联想集团在港交所上市，李岚作为助理总裁在香港一直工作到 2001 年，在此期间负责上市公司的投资者关系工作。

在联想筹划赴港上市的过程中，1993 年 11 月，中共十四届三中全会举行。全会提出了建立现代企业制度的要求，并将现代企业制度的基本特征概括为"产权清晰、权责明确、政企分开、管理科学"十六个字。这一要求和国际资本市场的要求是完全一致的。联想也因此成为现代企业制度、国际化公司治理在中国最早的践行者之一。

"香港股市与国际接轨，对上市公司的监管要求比内地的交易所更高。联想上市时，香港的交易所已经用一套前瞻性的、国际化的体制来要求上市公司，比如公司的财务报告需要符合什么规则，公司的重大决策需要通过什么样的程序与公众进行沟通，它都对企业进行监管。"李岚说。

事关公司治理的焦点在于董事会结构。当时联想集团的大多数股权由中国科学院的国资持有，但香港交易所在提升董事会效能、加强董事会独立性等方面都有所要求，因此联想一开始就注意引进具有国际视野的专业人士作为公司非执行董事或独立董事。

比如，1999年的联想董事会成员，引进了黄伟明担任独立董事。按照公告介绍，他时任香港泛华集团执行董事及行政总裁，也是特许会计师，在投行有丰富知识及经验。在联想集团赴港上市，以及后来收购IBM PC等重大事件中，黄伟明作为外部财务专业人士都起到了重要作用。他在2007年加入联想集团担任首席财务官至今。

在2001年，联想引进的独立董事还有吴家玮教授，他当时任香港瑞安集团高级顾问，同时也是香港科技大学荣休校长及荣休科大讲座教授、香港特区策略发展委员会委员、创新科技顾问委员会委员及中国人民政治协商委员会委员。

在2003年，联想引进丁利生先生作为独立董事，他时任金融服务公司W. R. Hambrecht+Co.董事总经理及台扬科技股份有限公司董事，更早前则在惠普工作了30年，任职惠普副总裁。

引进具有国际化视野的资深人士进入董事会，是联想从上市起就形成的惯例。在并购IBM PC业务前，联想董事会成员中的独立董事主要来自四个圈子：IT行业，能够给联想带来一些外部企业的视角和经验，帮助联想开阔行业视野；国际投资证券行业，黄伟明即是典型，在赴联想担任CFO之前，他是联想的财务顾问，联想几乎所有融资、并购交易他都参与过；香港科大等学界，能为联想提供学术与经管方面的帮助；此外，还有麦肯锡等第三方咨询机构，能为联想制定长期战略提供意见。

联想的董事会从一开始就不是作为"花瓶"而存在。柳传志、杨元庆在PC行业有足够的自信，但在国际化的游戏规则面前，都足够谦逊。

李岚说，在当时联想企业内部，核心管理层中的柳传志、杨元庆、马雪征都以非常积极的态度去响应国际监管机制，多数时候对自己的要求是比监管要求做得更好。他们以这样的心态，与海外投资人对话，改善海外投资人对中国企业的印象。

"联想很透亮"

1993年开始，联想、中信泰富、光大等第一批优质公司成功到港交所完成上市，很多中国企业开始理解资本杠杆是实现低成本融资和超常规发展的快捷路径。随后几年，以红筹身份赴港上市成为潮流。香港资本市场也不断以"中国概念""重组概念""染红概念"等推高股价，一些公司的市盈率被炒至数百倍甚至上千倍，而背后却没有基本业绩支撑。

如此境况的持续，最终让红筹股变成了一个"负面"概念，来自中国内地的上市企业在港股市场一度被贴上"不可信任"的标签。当时相当一批内地企业不注重与国际投资者的交流，即便在业绩报表发布之后，也不设置与投资者沟通的环节。多数公司拒绝在监管要求之上回答任何问题，而对于公司其他信息则采取能不公开就绝不公开或最小限度公开的原则。

为了撕掉贴在中资企业身上"暗箱操作""不透明"的标签，联想集团创始人柳传志展现了一位民族企业家所具备的高瞻远瞩。他以坚定的决心要求下属在投资市场上将联想打造成一个治理规范的标杆企业，向全球投资者证明联想是一家信息披露透明、治理严明、能与国际接轨的上市公司。因为这不仅仅事关联想集团本身，也事关整个中资在港上市企业的形象。

"那时候我们和国际投资者沟通了一遍又一遍，而且每个季度说的事情下个季度都会兑现，投资人还是不相信我们，我们每半年沟通一次，投资人依然不相信我们，而且给我们打上标签，给所有中国概念股打上标签，没人看也不愿意投入。柳总说这可不行，我们要彻底改变。"李岚说。

柳传志决定派出时任CFO马雪征和时任助理总裁李岚到香港组建团队，并长期驻扎在香港来完成这一任务。在柳传志看来，"联想很透亮，我们没有什么见不得光的，我们愿意沟通，就是要让大家看清楚"。

联想组建了投资者关系团队，由专业人士来回答投资者的问询。而当时在港上市的中资企业，普遍不在香港设置任何专职岗位，甚至CFO也不参与投资者沟通，唯一的信息披露是委托中介机构发布业绩报表。

在信息披露方面，联想采取的策略是在港交所要求之外做得更多。当时港交所对上市公司的要求是每半年披露一次业绩。而柳传志要求联想集团每个季度都主动披露业绩，因为当时美国的纽交所是要求上市公司每季度披露业绩的。联想选择用最严格的制度来约束自己。此外，联想在官网设置了专门的投资者关系频道，把完整的季度业绩数据实时公布。

如果你想打破一种公众长期以来的固有印象，就必须做一些与众不同、让人印象深刻的事情。增加信息披露频次就是这样的事情，看似简单，却成倍地增加了工作量。比如，以季度为周期来披露业绩，意味着上市公司每个季度都需要召开一次董事会，每个季度都必须由核数师来审计报告。

"但是，这招真的特别有效，很多投资人最后把联想集团单独分了一个类别，把贴在联想集团身上的标签给摘了。他们认为中国现在有一类像联想集团这样的公司，它们有点像外国公司，很合规，很愿意披露自己的信息，"李岚说，"在与海外股东、投资者对话沟通时，他们的每一个问题也都是在检验联想集团的管理水平、经营思路。"

国际化公司治理能力

从0到1

联想集团在决心走向国际化这一"跨龙门"式的重大时刻之前，要解决一系列的根本性问题，包括规范公司内部治理、建立现代企业制度，以及建立起一套团队激励机制，以吸引人力资本、鼓励技术创新等。仅仅倚仗雄心壮志的"大饼"并不足以凝聚一个愿意拼了命去打胜仗的团队。

可以说，柳传志等联想第一代创业者推动的联想股权改制是一个成功的范例。它不仅仅需要魄力与勇气，还需要高超的处世智慧，以及时代所赋予的运气。改制的完成很大程度上让杨元庆等联想第二代管理者可以在较好的内外部环境下，心无旁骛地带领这家企业走向下一程。

在香港上市之后和并购 IBM PC 业务之前，联想集团董事会的权限主要是企业战略规划、年度财政预算决算的批准，副总裁以上人选任命，重大投资项目审批以及监督经营活动。

在完成对 IBM PC 收购前的 2001 年至 2005 年，联想集团董事长为柳传志，CEO 为杨元庆，董事会成员有 7 人，其中拥有国际化经验的董事 1 人，外籍董事 1 人。集团核心高管团队 17 人，包括拥有国外教育背景的高管 1 人，没有外籍高管，也没有运营过国际化公司的高管。

完成 IBM PC 业务并购之后，联想内部与外部环境都发生了重大变化。内部需要维持原 ThinkPad 全球客户、供应商和合作伙伴的信任；外部则必须在中国之外的国际市场与惠普、戴尔等展开激烈的正面竞争。

短时间内，联想从一家几乎所有业务、市场和团队都在中国的公司转变为一家在全球不少于 66 个国家和地区拥有分支机构，并在 166 个国家和地区开展业务的国际化公司，因此必须快速建立起与之相匹配的、行之有效的公司治理结构和管理架构，以适应公司体量的变化，形成运营国际化公司的能力。

2004 年，联想已经在港交所上市十年，在一定程度上确保了企业在公司治理、管理与运营方面的透明度，并获得了国际认可。但是，这些远远不够。当联想派出团队和 IBM 谈判收购 PC 业务时，整个高管团队只有首席财务官马雪征一人擅长英语，整个管理层都没有非中文环境的海外工作经验。

当时的联想中方管理团队,即将接手的市场中有相当一部分国家他们甚至从未踏足过,有些连国家名字也是第一次知晓。为了和当时的外方高管顺畅沟通,联想集团在初期给主要管理者都各自招聘了一个精通英语的年轻人作为助理。

正是通过国际化收购,联想的公司治理与管理被倒逼着完成了一次脱胎换骨的重构,联想也快速建立了国际化的董事会和国际化的高管团队。与业务层面买到了品牌、市场与技术等资源相比,国际化的治理结构与管理框架的建立,更具长期价值。这种结构不仅是股东、董事会与高管层之间的责任委托和监督机制,也让企业的整个运作始终建立在公开透明的基础之上。

在国际化启动后的新的联想董事会成员中,2005/2006 财年报告显示,董事长为杨元庆,原董事长柳传志转任非执行董事;CEO 为 IBM 原高级副总裁兼 PC 业务部总经理斯蒂芬·沃德。董事会成员从 7 人增加到 13 人,其中,拥有国际化经验的董事会成员有 8 人。

全盘快速融合

如何治理一家国际化公司?在至关重要的最初阶段,联想引进的"关键力量"——三家国际私募基金委派的董事代表发挥了重要作用。

当发现新联想的第一任 CEO 在缩减成本方面无所作为,导致公司提升盈利的努力迟迟没有收获时,他们果断提议要求换掉 CEO,甚至主动在全球范围内帮助联想物色接替人选。第二任 CEO 阿梅里奥就是由得克萨斯州太平洋投资集团推荐给联想董事会的。

他们在董事会中还起到了"润滑剂"的作用,有助于消除联想与 IBM、中方与美方因各种分歧可能产生的不良后果。按照柳传志描述,当时新联想董事会在公司决策中时常会产生分歧,"当遇到问题时,他们会站出来，这样就不会变成中国人和美国人的矛盾，而是把企业利益放在第一位"。

IBM没有委派董事进入新联想的董事会，仅是提名了两人作为没有投票权的观察员。两位观察员可以出席董事会和董事会专门委员会召开的任何会议，以确保IBM和联想的战略性伙伴关系得到协调。但他们有一个要求，就是联想在完成并购后必须聘用IBM推荐的人来担任CEO，甚至威胁如不能满足这一条件就取消交易。

在并购完成后的第一阶段，在公司管理上，联想新的核心高管团队由来自老联想和来自IBM PC业务的管理层共同组成。2005/2006财年报告显示，在18名核心管理者中，拥有国际化经验的高管占据大部分，这些人多数来自IBM。其中，外籍高管有11人，外籍高管与中国国内高管之比为11∶7。随后，联想还空降引进了来自麦肯锡、得克萨斯州太平洋投资集团、敦豪国际和仁科公司等全球化公司的数名高管。一支拥有丰富国际化经验的管理团队形成。

为了让来自中国的高管们快速学习国际化公司的管理经验，联想还推出了一项"Two in one box"（两人共担同一岗位）的工作模式，要求数位来自中国的核心高管搬到海外，进行一年甚至更长时间的贴身学习。这些高管以"副手"的角色与海外高管一起办公，但实际上这让他们能够快速学习相应职位的管理经验。

杨元庆回顾说："当时若光靠我们自己来组建管理团队，会很难。在一个国际化公司的管理层架构里，能干的CEO带一部分人进来，原来IBM有一部分管理层，加上一部分中国管理层，大家合在一起形成新的管理层架构。这个架构假如只由我们自己做，业务不会有这么快的发展态势。"

李岚说："联想是在语言沟通都很困难，而且没有国际化眼界的情况下，摸着黑去驾驭全球业务。虽然管理基础与国际化要求的能力有很大差距，对每个人来说都是极大的挑战，但大家都保持了很好的学习态度和精神。当然，这个过程当中也有很多人被淘汰了。"

不可避免的冲突

外部 CEO 与"主人企业"

2005 年 12 月，原 IBM 客户和员工都已稳定下来，公司整体上实现了平稳过渡。月末，担任联想 CEO 不足一年的沃德离职，接任他的是戴尔公司原高级副总裁阿梅里奥。这个在美国佛罗里达州长大、父母都来自意大利的移民后代，学历和工作履历都是闪亮的。他更早前在 IBM 工作过 18 年，熟悉 IBM 的文化与沟通方式，也擅长戴尔的经营模式。

联想董事会对阿梅里奥的最主要诉求是带领联想提升盈利，而他在过往的职业履历中所展现出的削减成本能力正是联想当时需要的。

阿梅里奥确实不负众望，在接手 CEO 后，他连续两个财年强势推动裁员计划，每次裁掉全球员工的 5%。他还利用联想在中国的低成本优势，调整资源配置，对供应链进行大刀阔斧的整合，将供应链环节持续从美国等高成本国家向低成本国家迁移。

2006 年，全球移动互联网的发展已露出苗头，计算机产品出现了个人用户消费激增的趋势，甚至超过了商务企业用户的需求。联想决定提前结束对 IBM 品牌的依附，把 Lenovo 品牌的产品推向全球市场。

在 2005/2006 财年，联想业绩惨淡，全球市场份额下跌了 1.4%，费用率攀升至 13.1%，净利润从前一年的 1.4 亿美元下降到仅有 0.23 亿美元。2006/2007 财年第一季度，联想在全球市场占据了不到两年的第三位排名被宏碁超越，下滑至第四名。

在阿梅里奥担任 CEO 期间，出于对业绩和战略不能得到有效执行的担忧，作为董事长的杨元庆开始越来越多地介入公司的日常运营，他经常亲力亲为，实际上与阿梅里奥在企业管理中慢慢形成了"联席CEO"机制。

阿梅里奥代表的是欧美职业经理人的治理机制，杨元庆代表的则是对企业的主人翁精神，两者难以一直和平共处。阿梅里奥时常会抱怨杨元庆作为董事长过多左右了他的策略制定和执行，而杨元庆则认为作为CEO，阿梅里奥太过看重短期业绩，缺少立足于长远可持续发展的竞争力建设，也没有关注技术创新和品牌建设。

在担任CEO后，阿梅里奥很快先后引入了六名来自老东家戴尔的高管进入联想核心管理层，担任全球供应链管理负责人、联想亚太区总裁、"卓越中心"负责人、人力资源负责人等核心管理者。在他眼里，当时在联想管理着核心部门的中方高管，大多数应该"退位"。他要用从戴尔带来的管理团队取代一部分IBM和联想的管理者。

不到一年，在联想集团17位高级副总裁中，原联想"子弟兵"占8席，而拥有IBM或戴尔背景的高管占了9席，超过一半。因与阿梅里奥矛盾激烈，负责联想全球供应链的高级副总裁刘军连同他麾下的数名管理者均被更换，刘军以"学习"的名义退出业务管理。负责IT部门的王晓岩也很快以"停职留薪"的形式到海外进修。加上2007年5月CFO马雪征退休，联想原来的核心高管顿时有一种"真空感"。

"戴尔系"高管的大举加盟，意味着在原本就不容易整合的联想与IBM两种文化中，又汇入了戴尔文化。大批职业经理人的涌入和联想老人的离开，使得联想过往坚不可摧的"以公司为家"的文化出现裂痕，主人翁文化也被挫伤。

作为时任CEO，阿梅里奥被赋予的使命之一是推动联想国际化业务整合走向深水区。他大刀阔斧地推动改革、降本增效，也是必要之举，以此才能摆脱IBM PC业务经营效率不高的问题，并实现盈利。

然而，他耿直、急躁的性格与命令式的管理风格也给这家尚处于中外团队与管理文化磨合期的企业带来了治理上的风险。当然，这背后也存在阿梅里奥本人对中国文化以及联想这家以中国为大本营的企业的文化了解不够的问题。

2024年3月份，杨元庆回顾了这段经历，并表明了如今的看法："这大概就是人家的文化和风格，现在我能够有充分的理解。今天回过头来看，我是可以接受的，也应该接受。回到那个时候，还有比较大的不同认识，我要两边做工作，这边（对阿梅里奥）讲，你对（中方管理层）这边要信任；（对中方管理层）这边讲，你们要耐得住寂寞。"

但他认为这一段经历也是必要的。"是不是可以没有，或者可以缩短？我觉得这段时间还是要花的，这个经历还是要有的，这个学费还是要交的。从今天来讲，在那个时候，忍耐度还是要有的。"

与阿梅里奥的这段冲突经历也很大程度上改变了杨元庆的管理风格，他变得更愿意倾听不同意见，能更周全地平衡不同诉求，也更懂得如何管理拥有不同履历和文化背景的全球职业经理人。一个同事评价他"变得更谦卑、更包容，也更懂得如何适时妥协"。

文化冲突引发治理矛盾

按照美国公司治理规则，董事长和CEO权责分明，具体的经营管理以CEO为中心，CEO对董事会负责，而不是对董事长个人负责。但在中国本土公司的治理中，董事长是企业的一把手。这种深层次的治理文化的不同，导致杨元庆和阿梅里奥之间不可能不起冲突。

与性格温和但客气疏远的第一任CEO沃德相比，阿梅里奥行事风格强硬，脾气急躁，追求极致的运营效率。而杨元庆的性格同样刚烈，对于阿梅里奥的强势性格，他足够隐忍，却无法容忍两人在战略方向上的分歧。

阿梅里奥倚仗在戴尔服务于商用客户的丰富经验，几乎将联想打造成了一个"小戴尔"，一切以商用客户为中心，而不愿在消费电脑业务上充分投入和布局，因为那意味着必须进行长期和大规模的终端市场投资。同时，他对新兴市场的增长潜力也不屑一顾，甚至弱化了中国市场。而杨元庆认为联想必须在消费电脑业务上加大投资，并应将部分资源投入新兴市场。

在阿梅里奥强烈要求下，联想出售了当时虽然亏损但被认为是联想未来发展方向的移动业务。他拒绝继续赞助奥运会，因为这是一笔不小的开支，会直接影响当期业绩。但是，联想国内高管团队认为这是联想向国际市场打响"Lenovo"品牌的绝佳机会，也是结束借用IBM品牌的必要之举。

诸如此类的分歧让双方的矛盾逐步激化，最终走到了逼迫联想集团董事会必须在杨元庆和阿梅里奥两人中选择其一的局面，董事会成员一致敦促柳传志必须就此定夺。

这时联想集团的股权结构已相对复杂，有代表国资的中国科学院持股，也有IBM持股、私募基金持股、公众持股，还有公司创始团队和员工持股，每个股东都有自己的利益倾向。2007/2008财年报告显示，在此时的董事会中，董事会成员为16人，其中外籍董事6人。因为冲突和磨合，此阶段联想的公司管理架构发生了多次大幅度的调整和优化，是东西方治理机制冲突最激烈的时期。

在负责IT之外，当时的王晓岩还负责联想财务等其他职能业务，角色为联想的"大管家"。在她看来，此阶段发生的治理与管理上的冲突、磨合，第一个也是最主要的原因是东西方文化的冲突，这使得内部不同履历的业务团队之间出现了信任问题；第二，职业经理人注重短期业绩压力，对战略层面的长线投入不重视；第三，职业经理人没有创立一家企业的经验，没有从0到1的能力，比如阿梅里奥在加入联想之前是戴尔亚太区的负责人，他们和联想的创业者团队对待公司的态度有很大区别，他们是阶段性的代理人，而后者的"主人企业"意识更强。

2008年全球金融危机爆发，联想2008/2009财年业绩出现2.26亿美元巨额亏损,是集团成立25年来最大的一次亏损。对于巨亏,柳传志总结说:"表面上是因为经济危机,但本质上是文化冲突的必然结果。"

2009年2月,柳传志决心重新出山,担任联想集团董事长,并成功说服董事会决定让阿梅里奥卸任CEO,让五年来已充分经受国际市场洗礼的杨元庆接任。阿梅里奥于当年9月从联想集团离职。

自此,联想集团关于公司治理与管理的冲突与磨合期得以结束。

融合中西

中国特色的国际化公司

重新出山的柳传志和重新担任CEO的杨元庆,需要重新思考这样一个问题:如何在全球化运营的过程中治理和管理一家具有鲜明中国特色的国际化公司?

从20世纪90年代初到2005年前后,中国公司治理改革的趋势是采用国际标准。然而,2007—2009年间的全球金融危机带来的冲击和失望,给中国商界对"西方"公司治理理念的热情泼了一大盆冷水。

同样地,中国企业在实践过程中也意识到,西方公司的治理规范值得学习借鉴,但单靠这种规范,并不能解决中国企业的治理问题。

由于美国在全球经济中的核心地位,美国机构投资者在国际资本市场也居于主导地位,在资本流动高度全球化的情况下,他们认可的公司治理规范自然成为被广泛认可的"国际标准"。但是,公司治理模式并非没有多元范例。比如,在德国公司中,按照惯例,工会在董事会中拥有席位;在日本公司中,众多忠诚的高管在董事会基本是终身任职,任期届满则大多意味着将正式退休;在印度,公司董事会由创始人家族控制和主导。

美式企业和德、日式企业代表着两种公司治理模式，前者强调公司治理的目标就是追求股东利益最大化；而以德国和日本为代表的公司治理模式则认为公司治理必须考虑利益相关者的利益。

联想在香港上市，决定了其公司治理制度必须符合港交所的规定。联想在并购 IBM PC 业务、推进国际化的过程中，也必须采用国际公认的美式治理模式以赢得股东、利益相关者与客户的信任。但是，联想遭遇的管理冲突，已经展现出其对于美式企业治理模式存在一定程度的水土不服。完全按照股东利益最大化，可能导致它在长期战略制定和实施中缺乏韧性，甚至错失重大机遇。

柳传志与杨元庆重新搭档的两年多时间里，最重要的目标之一是形成协调机制，以融合职业经理人机制与"主人企业"治理机制，发挥中西方治理模式的优势，力求实现两者并重、双方互补。柳传志回归后，首先直接插手的是企业文化建设，强调联想要继续推行"主人翁企业"文化，重新凝聚从上至下的主人翁意识。

搭建机制：LEC 与 GLT

为了让战略决策在充分科学和民主的制度下形成，联想集团在 2009 年初正式成立联想执行委员会（LEC），以此作为内部管理的最高决策机构。最初的 LEC 成员由核心管理层的八人组成，包括四个中国人和四个外国人，这也有平衡中外双方力量的考虑，避免出现"决策由一个人拍脑袋做出"的情况。

LEC 会议也是联想建立中外高管文化融合机制的重要手段。"这之前虽然完成公司并购了，但最高管理层之间并不是充分信任的，你有你的人，我有我的人，彼此也不是特别了解。有了 LEC 会议，大家必须每个月见一次，而且都是面对面的，这对互相了解和建立互信很有好处。"乔健说。

在联想内部，LEC会议由企业战略部负责制定会议议程、计划和执行。在最初的几年每月召开一次，每次会期一周，面对面线下进行，会议召开地点为公司近期战略中的重要区域城市，多数时候是在中国北京或美国罗利。会议议程为公司所有重要决策，并赋予LEC每一位成员对于公司战略制定的充足话语权。

最近几年，会议召开次数为每年八次，其中的四次坚持以面对面的形式，另外四次则是以线上视频会议的形式。

LEC会议并不实行多数压倒少数的表决模式，而是力求所有人达成一致。若有争议，就在会下多沟通，再将问题摆上桌面。杨元庆要求对重要议题都最大程度地进行公开透明的讨论，并保证议题相应的一线业务负责人在LEC会议上有充分的发言机会。让高管们聚在一起，所有成员充分讨论、群策群力，确保每个重大决策都经过了高管层的反复讨论。

他希望管理层在充分沟通后达成共识。比如，在业务部门的业绩目标制定之前，LEC会讨论各种可能性，就部门间如何协调配合、如何考核等达成共识，最终使公司整体目标得到有力保障。此外，LEC还会讨论关于副总裁的晋升人选。因各部门都有副总裁的人选推荐，人力资源部门在进入LEC讨论之前会对候选人做大量评估，如资格、员工反馈、绩效、专业贡献等等，相应高管则会介绍其推荐的候选人。在完成一系列讨论后，杨元庆才会一个人一个人地最后拍板。

2009年至今，联想集团的所有重大决策全部出自LEC，并经过LEC会议的充分讨论。LEC会议另一重作用是加强来自不同国家、区域的高层之间的沟通，加强文化整合，所以尽可能采取线下面对面的形式。

LEC决策机制的形成，很大程度上保障了每个成员都是重大战略执行中的一部分。这种方式和众多国际化公司中实际是以CEO为主，CEO说了算，其他管理层只是配合执行的管理方式有很大不同。

通过这种形式，LEC 成员之间变得相互信任，没有帮派，成员之间交流可以知无不言，言无不尽，在达成共识之前充分表达意见，在达成共识之后则不再有不同意见，等等。

这么多年，联想的 LEC 团队去过印度、巴西、土耳其、俄罗斯、英国、意大利、日本等 20 多个国家，他们一起去与一线员工交流，考察区域销售网点，也一起去游泳，一起去看节目，一起去坐火车。他们毫无保留地分享自己的见解，甚至是家庭琐事。

通过融合中西方文化，联想高管团队得以建立起共同的企业价值观和使命感。在杨元庆接任 CEO 之后，由阿梅里奥邀请到联想的六位高管并未离开联想，他们在之后的很多年里继续担任核心高管，负责供应链、人力资源、美国市场等关键工作。

到了 2024 年，联想 LEC 成员增加到了 16 人。联想的国际化程度已大幅提高，和成立之初的区别是，LEC 成员已经很难以中外来划分，这些核心高管共来自五个国家。即便是在日本、韩国、欧洲或美国的很多国际化公司中，也很难看到一家公司的最高决策机构由如此多来自不同国家或地方的高管组成。

联想内部管理机制的另一个重要形式是"全球领导团队"（GLT）会议，我们可以将其理解为 LEC 的扩大会议，每年举办一次。参会人员是由 LEC 会议每年筛选出来的 100 名左右副总裁及以上职级的管理者和董事会成员。

GLT 会议为期三天，时间定在联想新财年的年度规划确定之前，地点是在全球范围内选择一个与当年主要议题相关的城市。GLT 会议的主要议题是讨论公司现有战略及下一步战略；同时，还会就公司业务和文化等相关的话题进行讨论。该会议的另一重目的是让联想集团董事会的独立董事成员与参与 GLT 会议的高管们面对面地讨论公司战略。

杨元庆自 2011 年 11 月起重新担任董事长并兼任 CEO。至此，联想的东西方文化融合管理机制已经趋于成熟。2011/2012 财年报告显示，当时联想集团的核心高管团队有18人，其中外籍高管10人，外籍高管和国内高管的比例为10∶8。此时，在公司治理上，联想也已经拥有一个高度国际化的董事会。当杨元庆被委任为董事长兼CEO时，联想集团董事会成员有11人，包括外籍董事3人，外籍董事与中国国内董事比例为3∶8。

过去的十几年，联想不论是董事会结构还是核心管理团队都保持着大致稳定。

让独立董事真正独立

鼓励独董发现问题

公司治理，在某种意义上是一套监督系统和制衡程序，确保将股东的整体利益置于个人或少部分人的利益之上。这依赖于严格规范运作的董事会，尤其是确保独立董事可以真正发挥作用。管理团队、大股东或实控人按照自己认为最佳的方式行事，并不一定符合公司的长远利益，这需要董事会除了建立对以CEO为核心的管理团队的激励制度，也要建立约束和监督制度。

中国在境内外上市的很多公司，之所以备受诟病，问题之一就是董事会在决策中并没有真正维护中小股东的利益，公司普遍存在内部人控制的问题。

在治理机制上，要避免这个问题，就要最大程度保障董事会成为集体决策机构，而不是"一言堂"。在董事会中配置非执行董事和独立非执行董事，可以对企业的经营战略提供独立视角的观点，与董事会中的执行董事形成制衡。

联想在全球范围内聘请了一批来自不同领域、眼光挑剔甚至可以说苛刻的独立董事，他们以专业见地审视重大事项，审视整个公司管理团队，警惕他们犯错。

杨元庆说："我们对董事人选精挑细选，必须是业界的翘楚，是有影响力的人。他们在战略、管理、技术、治理等方面都有过充分的实战经验，每个人的专长都可能互补。我们相信集思广益对公司发展是有益的。"他乐于在世界范围内找到出色的独立董事来监督联想的治理以及合规管理。"只要你经得起挑战，独立董事再严格，都不是什么坏事。"

例如，在过去两年美国进入加息周期之前，联想董事会审计委员会中的一位独董，凭借丰富的财务经验，对联想报表中的多个现金流项目提出建议，并提醒管理层在资金策略上应该做好哪些准备。管理层根据这些建议，在资金安排、信贷结构上迅速做了优化。

"亲友团"似的董事会在联想并不存在。每次董事会会议召开前，杨元庆都会花大量时间来准备。他会准备会议上的业绩介绍，通常是多达数十页、数字翔实的文档。他也会对董事会可能提出的问题，提前准备数据和资料。

不止一个管理层成员说，杨元庆对任何一次董事会会议都会做极其充分的准备，因为联想集团的非执行董事和独立董事确实是在真正履行职责，这让他无法轻松应付任何一次董事会会议，他要对非执行董事和独立董事提出的疑问、建议，做出切实的回应。

联想现任 CFO 黄伟明说，联想对独立董事保持充分透明，"如果独立董事发现了问题，从 CEO 开始，联想的管理层首先在态度上不会寻求隐瞒或回避；其次是从公司整个管理机制上根据建议进行改进。"

高质量、国际化的独董团队

梳理联想过去 20 年的往届董事会成员，我们可以发现，联想聘请的独立董事几乎都是在全球商界卓有声望的人士，他们大多在所从事的领域经验丰富，并已获得成功。这些有杰出成就的董事丝毫无须"巴结"联想来获取利益。联想也杜绝独立董事与管理层之间有财务关系，即便存在个人友谊，也要有明确的界限，避免出现财务纠葛，也避免因为个人和财务的关系，干扰独立董事的独立判断。

我们可以轻松地列举出一长串名字：现任联想独立非执行董事约翰·桑顿，他是新中国成立之后第一位担任国内大学客座教授的西方资深投资银行家，曾任高盛集团总裁和董事；欧高敦（Gordon Robert Halyburton Orr），曾是麦肯锡全球股东董事会成员、管治和风险委员会主席，服务于麦肯锡近30年。联想董事会往届独立董事中还包括索尼公司前总裁、前董事长兼CEO出井伸之等在IT行业、电子行业具有丰富管理经验的企业精英。出井伸之是索尼品牌国际化的最大功臣之一。

桑顿是联想集团独立非执行董事，也是提名及企业管治委员会成员。在董事会里，他是杨元庆作为CEO的最关键监督者。联想董事会每年要对杨元庆的工作进行评估和打分，这与其能获得的绩效奖金直接挂钩。

联想董事会薪酬委员会现任主席是威廉·都德·布朗（William Tudor Brown），他是ARM芯片公司的联合创始人，在企业运营和芯片技术上是业界权威。他从2013年就开始担任联想独立非执行董事。这位英国绅士在联想的每一次董事会会议上都直言不讳、表情严肃。他也是联想独立董事中对企业管理发出挑战最多的成员，多数时候是不留情面的激烈挑战，管理层经常能收到他对于企业管理的建议邮件。不过，在会议之外，他表现得风趣幽默。

联想的独立董事每两年还会对所有董事进行一次问卷调查，对董事会的议题、工作方式进行整体评价。这是一份由50多道题组成的问卷，每一个董事都要认真作答。独立董事甚至会对他们关心的议题做实地调研。欧高敦为了了解联想智能化转型的相关情况，就曾专门前往联想位于中国天津的工厂了解相关的生产信息。

2024年2月，卡斯珀·博·罗思德（Kasper Bo Roersted）被委任为

联想集团独立非执行董事以及审核委员会和薪酬委员会成员，他同时是现任马士基集团的独立董事及提名委员会和环境、社会及管治委员会成员，西门子股份公司的监事会及创新及财务委员会成员，也是全球投资机构 KKR & Co. Inc. 私募股权团队的高级顾问。罗思德也曾是阿迪达斯公司的执行董事会成员和首席执行官，汉高公司的首席执行官，以及雀巢公司的董事会成员。

三个评估指标

对于独立董事是否具有真正的独立性，一般有三个评估指标：独立董事在董事会中是否拥有绝大多数席位；审核委员会、薪酬委员会和提名及企业管治委员会的委员是否全部由独立董事担任，或者独立董事在数量上占据优势；董事会是否独立于管理层。

以联想现届董事会为例，12 名董事会成员中，有 1 名执行董事、2 名非执行董事及 9 名独立非执行董事。独立董事占比 75%，女性董事占比 18%。联想的三个董事委员会中，审核委员会 4 名成员均是独立董事；薪酬委员会 5 名成员则包括 4 名独立董事、1 名非执行董事；提名及企业管治委员会 5 名成员则包括杨元庆及 4 名独立董事。

在联想的独立董事团队中，女性独立董事共有两名，分别为杨澜和王雪红。杨澜自 2020 年 5 月 15 日获委任为独立非执行董事，任联想集团提名及企业管治委员会成员，她曾是中国电视节目著名主持人，也是传媒企业家。而王雪红 2022 年 6 月获委任为独立非执行董事，她也是宏达国际电子股份有限公司共同创立人及现任董事长。

在联想董事会中，只有董事长杨元庆 1 人来自管理层。四分之三的成员均为独立董事，这保证了联想董事会具有强大的独立性，可以就公司决策做出独立判断，最大程度保障和维护股东价值。

联想董事会的企业管治委员会还赋予独立董事广泛权利和责任，独立董事会每个季度定期举行会议，以评估由杨元庆领导的集团运营情况。全体独立董事通过每次的季度会，分享观点和信息，还会邀请核心部门和特定业务部门的负责人参加，以了解核心业务部门的相关业绩。

联想董事会鼓励形成有力的观点对撞，为了让独立董事保持独立性与多元性，他们的更替周期也较短。我们以2019年1月到2023年3月这一周期来统计，联想董事会新成员的比例为36%，独立董事则有一半是新成员。在此期间，联想集团新引入的独立非执行董事包括清华大学教授薛澜，他任教及研究的领域包括公共政策及管理、科技政策、危机管理及全球治理，薛澜教授同时兼任国家新一代人工智能治理专业委员会主任等。薛澜在2023年8月18日获委任为联想集团有限公司提名及企业管治委员会委员，自2024年5月24日起获委任为公司提名及企业管治委员会主席，为联想集团在公司治理方面发挥作用，并在人工智能专业技术方面提供建议。

附：董事会治理体系对比

表 3-1 联想与国内公司对比

	联想	TCL[1]	海尔[2]	美的
上市地点	港交所	深交所	上交所/港交所/法兰克福	深交所/港交所[3]
董事会人数	12	11	9	9
硕士及以上学位占比	83%	90.91%	56%	89%
女性占比	17%	0%	22%	11%
委员会设置	薪酬委员会、审核委员会、提名及企业管治委员会	审计委员会、提名委员会、战略与可持续发展委员会、薪酬与考核委员会	薪酬与考核委员会、审计委员会、提名委员会、战略委员会、ESG（环境、社会与公司治理）委员会	薪酬与考核委员会、审计委员会、提名委员会、ESG委员会[4]
成员从业背景[5]	电信、IT、管理咨询、投资、传媒	微电子、半导体、投资、会计审计	家电制造、金融、研究、管理咨询、会计审计	家电制造、IT、研究、电商、金融

（续表）

	联想	TCL	海尔	美的
成员核心经验[6]	行业/专业技术：43%；经济管理：33%；金融投资：8%；财务/会计/审计：8%；其他：8%	行业/专业技术：55%；经济管理：18%；财务/会计/审计：9%；金融投资：9%；其他：9%	财务/会计/审计：44%；经济管理：44%；行业/专业技术：12%	经济管理：67%；财务/会计/审计：11%；金融投资：11%；行业/专业技术：11%
国际化企业/组织就职经验	联想集团、高德纳、高盛、马士基、麦肯锡、安永、凤凰卫视、清华大学	TCL、国泰君安	海尔、普华永道、IBM、德勤、埃森哲、罗兰贝格、安利、微软	美的、亚马逊、清华大学、中欧商学院
独立董事来源画像[7]	9人 高校、政府机构、企业，部分仍担任其他企业董事等职务	4人 高校、政府机构	4人 高校、专业机构，部分仍担任其他企业董事等职务	3人 高校

注：表格内相关信息均根据目前公开信息及相关企业最新年报资料整理归纳，为不完全统计。
① TCL董事会成员信息依据"TCL科技"年报整理，因TCL集团于2019年进行分拆，另一主体TCL实业未上市。
② 海尔董事会成员信息依据"海尔智家"年报整理。
③ 美的集团于2024年9月17日在港交所上市。
④ 其ESG委员会成员均为非董事会成员。
⑤ 成员从业背景：根据该董事过往就职的公司所属行业归纳。
⑥ 成员核心经验：根据该董事过往任职岗位的核心能力归纳，具体能力可参考各公司年报披露信息。
⑦ 独立董事来源画像：根据该董事在报告期担任何职务归纳。

表3-2 联想与国际公司对比

	联想	苹果	亚马逊	西门子
上市地点	港交所	纳斯达克	纳斯达克	法兰克福/纽交所
董事会人数	12	8	12	20
硕士及以上学位占比	83%	75%	未披露	50%
女性占比	17%	50%	33%	45%
委员会设置	薪酬委员会、审核委员会、提名及企业管治委员会	薪酬委员会、审计委员会、提名委员会	领导力发展与薪酬委员会、审计委员会、提名及企业治理委员会、安全委员会	德国公司法要求在监事会内设下属专业委员会①：主席委员会、薪酬委员会、审计委员会、提名委员会、协调委员会、创新与金融委员会
成员从业背景	电信、IT、管理咨询、投资、传媒	财务会计、金融投资、科技、医疗、计算机科学、航空	电商、科技、政府、金融投资、慈善、食品、教育	工业、基础设施、能源、交通和医疗保健

第三章 治理：不只是接轨

（续表）

	联想	苹果	亚马逊	西门子
成员核心经验	行业/专业技术：43%；经济管理：33%；金融投资：8%；财务/会计/审计：8%；其他：8%	经济管理：100%	经济管理：58%；行业/专业技术：33%；法律/风险/合规：9%	经济管理：35%；行业/专业技术：35%；财务/会计/审计：10%；法律/风险/合规：10%；其他：10%
国际化企业/组织就职经验	联想集团、高德纳、高盛、马士基、麦肯锡、安永、凤凰卫视、清华大学	苹果、IBM、美国航空航天公司、强生、雅芳、贝莱德	亚马逊、麻省理工学院、摩根大通、百事、微软、康宁、比尔及梅琳达·盖茨基金会、美国网络司令部、谷歌、财捷	西门子、Meta、马士基、思爱普、汉高、诺基亚、默克、劳斯莱斯、阿迪达斯、全球人类与地球能源联盟
独立董事来源画像	9人 高校、政府机构、企业，部分仍担任其他企业董事等职务	7人 企业，部分仍担任其他企业董事等职务	10人 高校、政府机构、企业，部分仍担任其他企业董事等职务	10人 高校、政府机构、企业，部分仍担任其他企业董事等职务

注：表格内相关信息均根据目前公开信息及相关企业最新年报资料整理归纳，为不完全统计。
①西门子公司治理结构遵循《德国股份公司法》，因此与其他公司有较大差异。

一位中国企业家的全球领导力

如我们之前所描述的，一家国际化公司的治理，需要符合国际规范和上市要求，并让独立董事真正在董事会中充分发挥作用，但这并不等于放弃自身的核心文化价值。联想在接轨国际化公司治理要求、顺利融入全球市场的同时，如何发挥"主人翁企业"的企业家创新精神，激发出整个管理团队的凝聚力和进取心，成为另一个与企业命运休戚相关的问题。这就涉及作为企业核心领导人的全球领导力。

对于杨元庆，柳传志在早年曾如此评价：为人可总结为一个"正"字，目标明确，心怀坦荡，丝毫不隐瞒自己的观点，疾恶如仇；几乎没有什么不良嗜好，一切都按规章制度办事；非常爱学习，每天坚持看专业技术、企业管理的各种信息资料，知识底蕴非常丰厚；善于总结经验教训，能根据实际情况及时调整自己的思维，可塑性比较强。

但他同时也会直言不讳地告诫杨元庆，"希望能站得更高一些，疾恶如仇固然好，但有时站在大局的利益上有些事还是要妥协"。

杨元庆只有30岁时，柳传志就大胆地将这家企业最重要的微机事业部交给他打理；杨元庆只有37岁时，就已经被任命为联想集团的总裁兼CEO；当杨元庆与阿梅里奥出现分歧，面临董事会的二选一时，柳传志坚定地相信杨元庆，并重新出山助其稳定局面。

当联想集团决心到国际市场去闯一闯时，杨元庆已经40岁。他保持着严谨作风，性格坚韧，雷厉风行，而且勤俭节约。这也是时代留给他的烙印，至今他对于下属们浪费食物或粗心大意依然会暴跳如雷。他火暴的脾气过去多年已有收敛，但在年轻时，这时常让同事们在与其相处时胆战心惊。

杨元庆的事业开始之时，中国经济已经开始从计划经济向市场经济转型。比他更早的中国企业家群体，也是改革开放后的第一代企业家，如任正非、柳传志、张瑞敏、鲁冠球等，是一群丰碑式的英雄，就像在强烈的饥饿感驱使下的冒险者，最先捕捉到时代缝隙中的光，然后就聚集起全部热情投入进去，在体制的变革与市场的激荡中或大胆或迂回地前进，风大了躲起来，风过了爬起来。而杨元庆则具有"92派"企业家群体的特征。1992年中国明确要建立社会主义市场经济体制，这以后很多有良好教育背景和专业能力历练的知识型人才走上创业之路，他们的视野更加国际化，同时充满对现实进行变革的热忱与勇气。

成长于不以"搞活"见长、人民吃苦耐劳的内陆省份安徽，在中国经济最发达的城市上海接受教育，在最广阔的舞台北京开始事业，当杨元庆带领联想集团踏上国际化旅途时，他完成了一次惊人的转变，从学习外语，到接受截然不同的欧美式企业文化，从在草莽中奋斗到遵从严格的国际合规、全球化企业治理体系行事。他因此成为中国第一代国际化企业家，也是中国企业家中成功整合西方著名品牌的先行者。

杨元庆不热衷于张扬，不会给自己摆弄富有魅力的人设，至今还带有一些年少时的书生气。他棱角分明，鲜少有不切实际的宏大叙事，但也绝不是小心谨慎的人。他既经历过最初的全盘学习西方治理的阶段，也经历过与西方职业经理人博弈，最终各取所长融合东西方管理智慧的阶段；他既驾驭过高歌猛进的联想，也执掌过出现巨额亏损的联想；他领导过联想的并购与分拆，也推动了联想的业务多元与智能转型。他管理国际化企业的原则和经验，是联想治理与管理中的一笔宝贵财富。

建立规则和流程、明确目标、奖罚分明

如何管理一家仅核心管理层人员就来自五个国家，员工来自全球数十个国家，文化背景极其多元，总人数达 7 万人的公司？而且它的组织并不是金字塔式的、等级森严的结构，而是网状的、矩阵式的分布式形式。

联想的众多高管经常引用杨元庆说过的一句话：有规则按规则办，没有规则先制定规则，然后按规则办。他不是那种潇洒随意、处事忽明忽暗的人。

在一家技术型公司，规则即流程。1994 年，入职联想刚刚五年、30 岁的杨元庆脱颖而出，被提拔为微机事业部的总经理。为什么是他？当时一位创始元老说"因为他流程做得好"。那个时候他就很重视部门里的流程和系统化建设。

第一章提到，杨元庆在决定推动国际化战略前，召集麾下的高管们召开了一场研讨会，希望总结联想所拥有的核心竞争力。得出的结论有两项，第一是能体现企业家卓越思想的基础管理，第二是以服务客户为导向的有效流程。

和杨元庆共事已超过 30 年的乔健说，杨元庆是一个特别推崇规则导向的人，"他做任何事情都得先确认这件事情有没有规则，也要求下属们做任何事情都要先有规则"。乔健猜测这与杨元庆大学阶段主修的

是计算机科学,要做最基本的编程有关,"他做任何一件事情都是 if-then[①]"。

在联想内部,所有业务的开展都必须有章可循,从一场产品推广活动到一项长期战略的执行,都必须有流程。杨元庆通常提前一年就会规划好第二年的主要日程;定期召开的 LEC 会议对于数据准备的要求,以及哪一天要提交哪些数据,会精确到流程中的每一天。杨元庆时常要张罗与管理团队的餐叙,但在这类活动中无论喝了多少酒,他都会像闹钟一样精准地按照计划的时间结束,一分钟都不会延迟。

这种流程和规则意识也渗透到联想的合规文化中。当一件关系重大的合规事件要由杨元庆来做出抉择时,他通常只会给联想的首席法务官打去电话,确认是否有相关法律,以及法律规则是如何要求的。一旦确认有明确的规则,那么毫无疑问,答案一定是按照法律规则处理,不容许留下灵活空间。

在用人选人中,杨元庆遵从的也是一整套精密严格的既有流程,即便他具有决策权与否决权。比如,在联想内部的人才晋升中,人力资源部门会提前做好考核并拟定晋升名单。在很多公司,此时 CEO 要做的只是最后确认,而杨元庆会严格按照程序召集 LEC 开会讨论,他本人也会先向人力资源部门了解候选人的详细情况,并进行一定程度的交叉印证,此后才进行投票。只有在赞成和反对票数一致时,他才会动用自己的拍板权。

在建立规则之外,作为 CEO,杨元庆的一项关键工作是与业务集团确定业绩目标。在联想,最糟糕的事情是完成不了业绩目标。每一个新财年开始前,从业务集团到产品线,从销售到研发、职能等组织,上级给下级必须设定好清晰明确的绩效目标,从目标、考核到激励都遵从"说到做到"的企业文化,并保持信息的充分透明。

---

① 一种编程常用语言。在这种语言下,程序能根据不同的输入或状态进行响应。——编者注

按照要求，每个部门每个季度都要实现预期的目标，每个部门也都会有最重要的目标和次要的目标，并会明确完成某个目标占考核的比重是多少，以及这些目标的考核标准是什么。从上至下的激励同样是清晰的，绩效的完成度意味着相应奖金的多寡。只是，有的部门偏重的是营收增长，有的部门偏重的是利润增长或节点性目标。

目标一旦明确，则仅在财年过半时有一次根据实际情况进行调整的窗口期，但不会有与目标偏差过大的调整空间。

于是，当财年过完时，赏罚分明的结果会被刚性执行。联想执行的是一种绩效导向的薪酬架构，基本工资之外的绩效奖金差距可以拉得很大，最低者为0，最高甚至是月薪的数十倍。杨元庆自己作为CEO也是照此执行，他也曾在一些年里只拿到一半的奖金，因为绩效只完成了50%。

管理层的调整也会及时展开，或提拔或降职，即便是核心的管理层，如果连续几年做不好，杨元庆对换人也从来不手软。他说："不是说对待中国人就宽松，对待外国人就苛刻。一视同仁，公平公正，这个文化在联想的体系里会得到非常充分的体现。在公平公正的前提下，该表扬的表扬，该批评的批评，该处置的处置。"

权力的收与放

在这家7万人左右的公司中，杨元庆最关注的是战略方向，以及战略执行是否落地。而在迈向国际化之前，他更关注微观的管理，要求团队有很好的纪律，整齐划一地响应指令。他注重细节，喜欢直接参与业务的推进。然而，当联想的业务在全球展开时，他已不可能事无巨细地直接管理。"有效放权"成为他管理的鲜明特征。不论是业务集团、产品集团，还是销售前端的不同区域组织，都拥有极强的自主性。

杨元庆说，当联想只是聚焦单一市场和单一业务时，一个领导者可以对"研产供销服"掌握得面面俱到；而对于一家全球化公司，如果CEO还沉迷在细枝末节的业务，其判断力并不会比单个业务负责人更强，这也不利于业务负责人承担责任，建立起"主人翁"意识。

在联想集团，从核心管理层到销售大区或某个国家区域的负责人，所有不同层级的负责人都被要求，不能认为自己只是一个"打工者"，而应该有主人翁精神与企业家精神。"这是联想文化的核心，要做一个主人，不管你有多高的地位，你都要对你的业务有拥有感，都要承担责任。"

在充分信任和充分授权下，管理层掌握充分的预算行使权，并牢牢掌控着业务推进策略。曾任联想基础设施方案业务集团总裁的柯克向杨元庆表达过惊讶，他之前在英特尔公司工作时，往往一个星期要向上司汇报十次，而到了联想，只需要在定期召开的 LEC 会议或者是季度会议上做汇报和总结。

在杨元庆主持的定期召开的 LEC 会议中，重大决策会被充分讨论，十余位执委会成员各抒己见，激烈的争论也时常发生。从战略方向到业务方向，从区域市场策略到人才晋升，会议鼓励各与会成员贡献基于自己视角的洞察。

杨元庆相信，只有获得充分授权，职业经理人才会有"主人翁"意识，才能在具体业务和区域市场上有创造性的表现。大的战略方向由公司确定，但在每个国家的日常执行和决策都由当地人负责完成。商业决策、产品供应、定价、招聘以及营销活动的实施都高度本地化。业务管理层只要能完成目标、交付结果，杨元庆不会干涉他们的日常工作节奏。

但是，杨元庆保持着对公司整体战略、财务趋势以及人力资源状态的密切掌握。同时，他习惯于和驻扎在全球各地的管理层保持一对一的沟通关系。杨元庆每年大多数时间在全球出差，每到一地，他都会与当地负责人进行一场一对一的会议，以直接了解当地业务。

第三章　治理：不只是接轨　　135

卢卡是联想集团执行副总裁、智能设备业务集团总裁。卢卡告诉我们，杨元庆不是那种会日常询问"明天会发生什么"的人，他更多地在问，"从技术和组织的角度来看，我们公司在未来两年会发生什么"，他不会知道所有发生的事情，但关切最终的结果，并对影响最终结果的关键要素始终保持关注。

更高要求，"逼人进步"

当新财年开始时，联想集团会在全球主要区域启动誓师大会。在誓师大会后，杨元庆会组织一场饭局，宴请高管以及当地业务负责人。按照联想集团高级副总裁、首席人力资源官高岚的话，"元庆吃饭从来都不是白吃的，一定是要有主题的"。

这时常会是高管们有些紧张的时刻。因为杨元庆善于营造一种令人热血沸腾的氛围，当大家热情高涨时，他总会借机要求业务高管们重新设定业绩目标。这个目标并不作为硬性的考核目标，不会影响绩效奖金，会是一个跳一跳、使把劲就能突破的目标。而业务高管们一旦对这样的"摸高"目标予以确认，杨元庆就会立刻对他们许下激动人心的奖励承诺。

2012年初，联想在美国罗利召开了一场誓师大会，时任联想北美大区总裁获得了杨元庆奖励给的一座泳池。因为头一年他与杨元庆喝酒聊天时，一时兴致高昂就设下了一个几乎不可能完成的业绩目标。而当杨元庆问他如果实现了这个目标希望得到什么奖励时，他当场给妻子打去电话，声称妻子希望得到一个奢华的游泳池。一年后，他当初承诺的业绩目标竟出人意料地完成了。

业务高管们可以鼓足勇气设定激进的业绩目标，也可以放心大胆地向杨元庆要求获得相应的奖励。奖励五花八门，有两名销售负责人在完成目标后，分别获得了他们所要求的一辆法拉利和一辆阿斯顿·马丁跑车。

杨元庆多年来保持着一个奖励传统。如果某个国际团队完成了激动人心的目标，他们会被奖励一次风光的中国行，其中一个环节是到杨元庆家里吃饭。当丹麦团队在本国市场的市占率达到40%时，一个浩浩荡荡的团队果真被邀请到了联想中国总部，杨元庆把他们请到自己在北京郊区的家中，并拿出了自己珍藏多年的好酒来招待。

鼓励设下比预期更高甚至有些激进的目标，让团队成员得到超额回报，是杨元庆的作风。他努力在联想的考核机制之外，建立一种愿望驱动的文化，希望团队不会停留在完成既定任务就满足的状态。

贺志强和杨元庆已共事超过30年，他最初是联想研究院的负责人，2016年联想创投集团成立，他担任总裁。他评价杨元庆是那种能把5%的希望变成100%的现实的人。对于杨元庆的领导力特征，他用了四个词：用人所长、容人所短、知人所需、逼人进步。

摩托罗拉手机曾陷入低谷，甚至很多管理层人员一度认为这块业务将再度被出售。但是，杨元庆满怀斗志，鼓励团队重新战斗。摩托罗拉移动总裁布尼亚克说，杨元庆以一种鼓励人们超越极限的方式思考，"他鼓励我们迎接那段旅程，确保充满活力，充满热情"。

在一场晚宴上，杨元庆给布尼亚克提出了一个目标，他希望摩托罗拉手机在三年内成为全球第三大品牌，回到原本就属于它的位置。这意味着销量也要回到全球第三，而这时，摩托罗拉手机在全球的销量甚至排不进前五。

"一开始，我们认为他的想法有些不切实际。但是，每个人都开始认真听取他的建议，我们制订了一个'角斗士计划'并开始执行。现在，这个计划进展得非常顺利。他的眼光非常独到，行业变化非常迅速，而他早早就看到了这些变化。"布尼亚克说。

我们曾询问杨元庆，他招募人才时最看重的是什么，他的答案是看三点：一是"要有志向，能设定比较高的目标"；二是"要有学习能力，不在于你今天有多大能力，最重要的是通过学习明天有多大能力"；三是"要有坚韧不拔的毅力，不能一撞南墙就回头"。

谦逊、包容和不可或缺的普世温情

2005年，当杨元庆领着14名中国高管与IBM PC业务团队的14名高管见面开会时，因语言障碍，会议效果不尽理想。在那场会议上，杨元庆出人意料地宣布将英语作为联想的官方语言。此后，他开始没日没夜地练习英语，还邀请了家教来监督自己的学习。一年后，杨元庆不用再通过助理就能与海外同事顺畅地用英语开会。

如今，杨元庆的英语演讲甚至已经可以展现出他幽默、激情而极富进攻性的一面。他的同事说，杨元庆用英语与海外同行的交流，挖掘出了他极具幽默感的潜质，这与他说中文时似乎不善言辞的形象多有不同。

杨元庆曾经被认为是一个"认死理"、毫无弹性可言的人。为了推行自己的战略，他在刚刚接管联想微机事业部时，几乎掀翻了由元老们确立的一切或明或暗的规矩。他强力推倒原有的销售体系，建立起新的分销体制，对所有销售代理一视同仁。他要求在办公场所不许抽烟，当员工忍不住跑到厕所抽时，他就堵在厕所门外。

国际化的旅程改变了作为一个企业领导者的杨元庆。在刚刚完成对IBM PC业务的并购时，他带着全家搬到纽约居住了一年。为什么是纽约？因为新联想的第一任CEO习惯居住在纽约，杨元庆不得不迁就他，以便向这个职业经理人更直接地学习如何运营一家国际化公司。

当第二任CEO阿梅里奥上任后开始毫不避讳地起用自己的"戴尔系"人马时，杨元庆作为董事长被置于一种有力无处使的境地。"那几年的感受是错综复杂的，有很多不好的感受，有时甚至感觉比较屈辱。但回头看，我是可以接受的，也应该接受。"2024年3月，在位于北京的联想全球总部的一间会议室里，杨元庆云淡风轻地说。如今他认为，这些感受是东西方企业治理体系和习惯不同所致，和个人的品格没有关系。

从领导一家中国企业，到领导一家国际化企业，谦逊与包容是绝对必要的，理解和接受不同文化与不同的权力架构，是必须有的学习过程。杨元庆认为，当初选择让西方职业经理人来担任 CEO 是必须经历的，学费也是必须交的，他自己必须有对多元文化的忍耐度，过程中要以公司大局为重。

"否则的话，（我们）就没有后来的一帆风顺，并获得真正的国际化管理能力。如果我们当初直接上手，也完全存在做砸的可能性。"

如今，拥有全球领导力和包容多元文化是联想集团区别于竞争对手的关键方面。

以前，杨元庆脾气火暴，如今，他变得更有耐心、更宽容。很多海外高管开会时喜欢跷着二郎腿，甚至把腿放到桌子上，这些以前不可想象的事情，如今对他来说并不怎么需要挂怀。以前，杨元庆做决策一意孤行，对发出去的指令要求下属马上执行，而现在他更愿意倾听更多人的意见。他的助理评价如今的杨元庆，"超级不怕分歧"。

他也更懂得将自己"也食人间烟火"与普世温情的一面展现出来。他的同事评价他是一个"人情味"很重的人，有很强的家庭观念，尤其热爱组织一大家子人或一个团队到一个地方深度旅游，纵情山水。此时，他就像一个心细如发的大管家，照顾着周边人的一切。

杨元庆也更外向了。他邀请高管和国际同行到家里做客，也花更多心思与同事们聊工作之外的琐碎事情。当微博兴起时，他还主动要求开通自己的账号，热情地和陌生的网友交流，哪怕时常收到无厘头的批评。

在全球新冠疫情尚未结束时，杨元庆带着 LEC 十余位核心高管进行了一次极具风险的全球之旅。他们到访全球多个城市，与那里的员工见面，希望向联想在全球的员工传达一种温情：在巨大的困难面前，这家公司的管理团队会和员工共渡难关。在罗利，当他听说一个老员工身患重疾时，他放下工作，赶赴这个员工家中，询问具体情况，以确保这个员工的家庭得到周全的照顾。

如果说国际化公司的治理和管理需要如机器般精密，甚至有冷冰冰的一面，那么杨元庆则希望赋予这台机器温暖、润滑的一面。因为这是由人组成的组织。平等包容、尊重关怀永远都无比重要。

第四章

文化与人：「合金」的炼成

"70%的并购未能增加股东价值，其中70%的败因在于并购后的文化整合。"这一由毕马威前全球并购整合业务合伙人杰克·普劳蒂提出的"七七定律"早已广为流传，但并不能阻挡一批又一批的并购者以雄心勃勃始，以黯然神伤终。

很少有并购者一开始就能真正考虑清楚文化整合的问题。与财务报表、市场份额以及产品结构等可量化的资产相比，文化是不可量化的、软性的，但往往能起到决定性的作用。

联想的国际化进程同样如此。联想在一开始并没有把文化问题放在首要位置，而是采取了一种"一个公司，两套体系"的过渡模式暂时搁置，并购完成数年之后才启动了实实在在的文化整合。因为不解决文化冲突的问题，预期的协同效应和运营改善都很难实现。

中西文化的分野是回避不了的。西方文化更讲究个人主义、相对扁平的层级、直截了当的交流、生活和工作的界限分明；中国企业更讲究集体主义、严格的层级区分、委婉周全的表达，以及愿意为了工作而牺牲个人生活。

文化整合不是简单地混在一起，混而不合；也不是用一种文化"征服"另一种文化摧毁旧世界，创造新世界。联想文化整合的策略是首先承认文化差异，比较双方文化的异同点，找出影响沟通的障碍究竟是什么。然后通过一系列的策略，在尊重各自文化、价值观等差异的基础上，提倡相互欣赏与尊重，建立起一种极其多元、广泛包容的企业文化。

整体而言，这是一种以中国的和合之道为底蕴，兼容中西的合金文化。这种合金文化让人感到松弛，但组织的战斗力依然非常强大。它让大多数员工认同公司的使命，能明确看到公司的前进方向，并对公司有足够的向心力。

联想同样重视当战略重点发生变化时对企业文化和使命及时迭代，让企业文化与战略目标更加匹配。比如在国际化的前十年，战略重点是抢夺市场份额，联想文化高度强调"说到做到"；而在第二个十年，战略重点放在创新与智能化转型上，此时联想文化的明显标记则是"敢为天下先"。联想集团 OTC（组织、人才、文化）战略的发展过程如图 4-1 所示。

三种文化

"特别特别沮丧"

2005 年 5 月，在正式完成收购交割之后，联想集团 14 位中方核心高管从北京出发前往美国旧金山，这是他们宣布收购 IBM PC 业务后与对方高管的第一次会面。在一间精心布置好的会议室里，坐在他们对面的是原来受聘于 IBM 的 14 位核心高管。

数月之前，他们还是竞争对手，如今，他们要成为同事。中外各占一半的 28 人将共同组成新联想的最高管理机构。

会议由同声传译来协助沟通，但负责英译中的美籍华人的台式普通话实在太过糟糕。当海外高管就新联想在全球如何开展业务侃侃而谈时，中方高管却不知道对方所言何物，还不想暴露自己因为语言和理解

HR战略推动业务转型

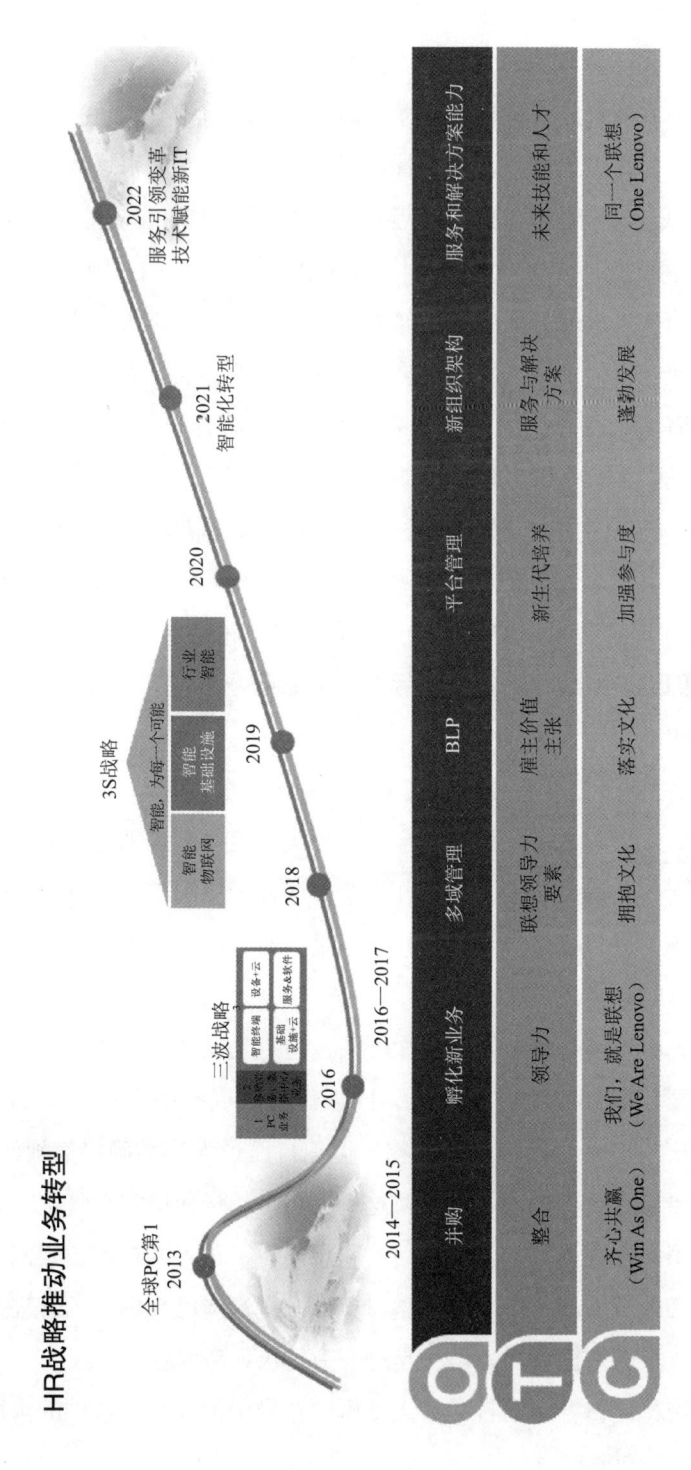

图4-1 联想集团的OTC战略

第四章 文化与人："合金"的炼成　145

问题而无法真正参与其中的窘迫。持续了整整两天的会议全程被海外高管掌控，中方高管几乎全程无法插上话。

当时作为联想集团中方核心管理层一员的刘军参加了这场会议，他回忆称："我记得特别清楚，一到会议室，中国人很谦虚地都往后排坐，老外都往中间坐，文化完全不一样。（外国人）认为，往中间坐代表自己对工作的高投入度，而中国人认为往中间坐属于出风头，所以就往后面坐。作为老板的中国人在后边坐着，一帮老外都在前面待着，中国人旁边还跟着一个翻译，因为得用英文工作，当时完全是这么一种情况，实际上（我们）没有做好任何准备。"

这是一场不同文化背景下成长起来的企业管理者的气质碰撞。

集体的沉默最终让时任新联想全球 CEO 沃德恼怒。他询问这群来自中国的同事："请问你们弄清楚这场会议的主题是什么了吗？"来自中国的高管们谦逊一致地坐在会场后排，沃德觉得，他们表现得不像是来接管资产的。

"特别特别沮丧，那时候简直觉得这公司根本就做不下去。"乔健是这场会议的参与者之一。像她一样，联想集团这些精挑细选出来的业务精英很少会如此手足无措。他们几乎全部毕业于中国顶尖高校，为联想各项业务赢下过一场又一场的硬仗。但是，对于如何管理一家国际化公司，他们当时心中还没底。

不久，中外高管举行了第二次会议，地点是拉斯维加斯。情况依然类似。主要问题还是出在翻译上，同声传译者说的中文和英文都很难懂。杨元庆本应是会议的灵魂人物，但他自己也无法准确自信地沟通。他下决心要彻底改变局面。就是在这场会议上，杨元庆宣布将把英语作为联想集团的官方语言。不久之后，联想出台了正式的规定，强制要求所有高管必须每天花一个小时来学习英语。对这些已至中年的管理层人员来说，要重新掌握一门外语，是对心力的极大考验。

实行跨文化整合，语言是最大障碍，在异国他乡，最基础的沟通甚至都几乎无法进行。联想的中方高管们已经很长时间没有练习英语，在最初，他们要向海外同事发送邮件，甚至必须依靠有留学经验的专职助理来完成。这种状况下，让他们带领团队在海外开拓业务几乎无从谈起。因为语言障碍，一些联想管理者选择了离职。

当英语被作为公司的官方语言后，联想中国区的员工掀起了全员学英语的热潮，从外部聘请的培训机构老师长期驻扎在联想的会议室，以方便员工随时向他们请教并练习英语。但是，比语言更难跨越的障碍是文化，学会了英语，并不代表就能够用英语思考。语言是表层的，更深层次的难题是接受一种全新的文化。

在并购 IBM PC 业务之初，联想集团共有超过 10000 名员工。他们绝大部分来自中国大陆。而 IBM 的 PC 部门拥有 9000 多名员工，他们来自数十个不同国家和地区，拥有不同的生活方式、文化风俗、管理特色，遵照着不同的法律规则。

此时，他们被合并在一个文化大熔炉中。来自中国的企业管理者，如何在一家跨文化的国际化企业中"提炼"出共同的企业价值观，无章可循。

无处不在的文化差异

完成并购后，联想内部很快成立了"联想全球文化整合小组"。组长由双方高层担任，成员则包括联想、IBM、麦肯锡三方的战略和文化等方面的专家。2007 年 1 月，联想又正式建立"全球融合及多元化办公室"，组织和推进企业文化的进一步融合。

相比于业务整合，文化的整合触及灵魂，且改变企业文化是一个缓慢、不平坦、不可量化的过程，多数情况下都是由小变化推动的。

随着业务融合的推进，文化冲突是普遍性的。双方从理念上就有很大不同。联想创立之初，军事院校毕业的柳传志按照一种叫作"斯巴达克方阵"的原则来管理团队，强调令行禁止，服从统一指挥，以保证高效达成目标。这与当时整个中国制造业以低成本劳动力赢得竞争的产业特征相匹配。

所有新加入联想的员工都被要求"入模子"，即通过制度，将新加入者按照联想的模式塑造成这家公司需要的人。整个公司充满着愿意为了公司的利益，"牺牲小我，成就大我"的文化气氛以及滴水不漏的管理细则。例如开会时员工无故迟到，除了自已罚站外，参会的人可能也会陪站。即便在今天，在联想早期即加入的员工依然保持着那个时代的烙印。1986年就入职联想、现担任创投集团总裁的贺志强在最近参加一场高管会议时迟到了数分钟，他很自觉地在会议室门口站了十分钟才入座，即便联想多年前就已经没有这样的要求。

IBM则是一家文化主张完全不同的公司。IBM第一任CEO、任职长达42年的托马斯·约翰·沃森对IBM的企业文化提出三条行为准则，第一条即"必须尊重个人"。这家公司创造一切条件确保每位员工的独特个性和潜力能够得到足够的尊重，崇尚职业经理人文化，鼓励员工们直接表达。这同样与时代背景及产业发展阶段相关，与中国大力发展制造业不同，IBM的主营业务是高投入高产出的服务业。

一场典型的文化冲突曾发生在北京联想总部。

在并购完成8个月后，担任联想第二任CEO的阿梅里奥决定造访中国。当他走进联想北京总部的电梯间时，发现几乎没有员工认识他，也没有人对他展露友善的微笑。这种面无表情的"界面"让这个脾气急躁却待人热情的美国人很难理解。他并没有意识到这并非中国下属们不友好或不敬，而是内敛、含蓄的中国人并不习惯于对陌生人微笑。

阿梅里奥随后决定在联想推行微笑文化，"今天你微笑了吗？"的询问式文化灌输海报被张贴到公司的各个角落，员工被要求在待人接物时更多地展露微笑。但相当多的员工对此嗤之以鼻。

阿梅里奥曾因为参加一次董事会会议迟到而主动要求罚站两分钟。

中国员工们在与阿梅里奥的第一次全员见面会上，也给了他不小的"下马威"。当阿梅里奥边被主持人介绍边走进会议室时，全场员工起立，高声唱起了《联想之歌》：

"啊，联想，联想，联想，我们走向辉煌。我们的大船在汹涌的大潮中起航，求实进取创新写在部落的风帆上。我们队伍在联想世界里成长，团结勇敢坚定把美好的未来开创。啊……"

而随IBM并购进来的员工在最初的一段时间里，也对联想文化毫不掩饰自己的抗拒，有人抱头痛哭。他们甚至要求联想的工牌也必须改成IBM标志性的蓝色。对这些需求，联想都予以满足，以至于一开始和IBM PC业务员工在一起工作的联想员工的工牌与原来联想的工牌颜色都不一致。

阿梅里奥担任联想CEO的三年，是联想文化冲突最为激烈的时期，以履历论派系的不信任现象广泛存在。此时，数万名员工在老联想文化、IBM文化和戴尔文化之间无所适从，它们像流经不同区域的三条河流汇集到了一片广阔的水域。老联想员工人数最多，并购来的IBM PC业务的人数占比也有40%多，但是，阿梅里奥从老东家戴尔聘请来的职业经理人几乎占据了所有重要业务的一号位。

习惯于戴尔管理文化的管理层信仰极致的效率和执行力，决心按照戴尔模式来重塑业务流程，并对此有铁一般的固执。他们对中国管理文化中的传统不屑一顾，对适应中国市场的业务方法、产品开发、销售能力等也毫无兴趣。

戴尔强调所有决策无论大小，都要有数据做支撑，用数字模型来判断业务好坏；而联想更多凭借的是业务负责人掌握的丰富经验以及对市场的洞察，管理层偏爱于凭直觉行事。

一个在联想工作多年的业务负责人给我们讲了这样一个故事。他当时决心开展一项新的业务，但是，当他将这个想法向来自戴尔的高管汇报时，很快就遭到了否决。这位高管告诉他这个业务做不成，并拿出了关于这项业务的成本、市场、利润率等精准数据加以论证。

在高速度的执行力上，联想与戴尔虽然一致追求结果导向，却也各有偏好。老联想鼓励个体充分发挥聪明才智，用灵活、恰当的方法把部署的任务、指标执行到位；而戴尔则强调建立流程化、工业化的作业方式，指引员工们按照标准化的流程把工作完成，过程中不需要太多的创造力和思考。

比如，来自中国的管理层向阿梅里奥汇报工作，当他们展示精心制作的PPT时，刚一开始就被阿梅里奥叫停。因为按照戴尔的工作汇报模式，PPT每一页的展示重点都是标准化与模块化的。其中，第一页应展示亮点与不足，第二页展示数据，要简明扼要，每页行文不能超过三行，每句话不能超过两行。整个PPT应按照统一的格式、字体，按照标准模板来制作。

相比之下，来自IBM的同事就如一群优雅绅士。他们的行事风格强调按照既有的规范制度与成熟流程；决策效率相对低，流程极度烦冗。他们的团队编制是小型化的，一个业务主管最多只能管理12名员工；在业务模式上不追求降低成本，信仰高投入高产出，典型之处就是其高成本、低效率的供应链。而联想则有"毛巾拧水"的传统，认为"钱要像从毛巾里拧出水一样，一点一滴拧出来"，员工将公司当作一个更大的家，一切以公司利益为重。

与这些来自IBM的优雅员工打交道时，老联想们与老戴尔团队常急火攻心。一个典型的场景是这样的：当一个急需开展的业务要组织多个团队共同推进时，常常会陷入漫长而毫无进展的马拉松式会议。因为，但凡有人提出反对意见，磋商就会一直推进下去。

浸染三方文化的团队被打上的标签各有不同。来自老戴尔的同事们"争强好胜、傲慢自大"，来自老联想的同事们"倔强且不愿交流"，来自老IBM的同事们则是"像过时的贵族"。由于对文化磨合的不适应，新联想出现了一大批员工的流失。

冲突的实质是国际化公司职业经理人的"打工文化"与联想主张的"主人翁文化"的冲突。

在相当长的时间内，联想所推崇的个人奉献精神、艰苦奋斗的主人翁精神、发挥主动性的创业精神被弱化，员工的归属感散失，而"职业化"的职业经理人主张占据了上风。

磨合在于细节

管理与业务上的多元，可以通过数据与指标进行统一、量化，跨文化的磨合更多是在细微之处，比如待人接物。当联想的中方高管前往美国罗利的运营中心出差时，即便是杨元庆也从不会受到任何迎来送往式的周全接待，那些不谙人情世故的美国人不会因为到访的是董事长或CEO而鞍前马后。这样的"冷遇"乔健也曾有体会，当她和同事们抵达联想在美国的运营中心时，甚至因为没有办理工卡而无法进入办公楼。

沟通方式上的巨大区别带来的是互相理解上的困扰。不理解对方，就很难建立信任。欧美人士所接受的教育与成长环境鼓励他们有话直说，重视直来直往，以避免误会；他们并不讳言自己的想法和感受，表扬直接，批评也直接；他们擅长并热衷于在公共场合演讲。

显然，以上都不是中国人与人沟通的典型方式。比如，出于谦逊与修养，如非必要中国人很少会当众驳斥对方观点，而是寻求在私下沟通；在公共场合即便要表达反对，也会以柔软的方式，或者不予表态。而在欧美人士看来，沉默即代表赞同。

在沟通工具上，两者也有很大区别。欧美员工热衷于用邮件交流，再重要、再紧急的信息，即便两人面对面，他们也会通过发邮件来知会。而中国员工习惯于面对面或者电话沟通，尤其是重要、紧急的事，即便是发了邮件，也会通过电话再确认。

在这种对彼此文化并不理解的情况下，一些糟糕的事情时常发生。

比如某位美国高管在参加完某个会议后就把自己的一个亚裔下属辞退了，理由是这个下属在一天的会议中没有任何发言，他认为这个下属对会议乃至公司没有任何贡献。

CEO 阿梅里奥对中方高管口头禅式地说"是、是、是"尤其恼怒，他希望下属们能互相拍着肩膀说"嘿，我有个更好的主意"，并对公司决策提出建议，甚至是反对意见。如果是面对面交流，尚能"察言观色"，但别忘了，联想集团是一家国际化公司，在视频会议工具尚未普及的年代里，高管们的交流很多时候必须以电话会议形式组织。这就像一场场"沟通灾难"，因为美国人完全占据会议时间，兴致勃勃，中国人几乎插不上话。由于看不到对方的表情，双方几乎无法准确理解彼此的真实意图。

在业务整合阶段，联想管理层与欧美管理层必须进行密切而频繁的沟通，这种文化上的差异造成了很多误解，进而带来业务效率的降低。

杨元庆开始为管理层会议制定规则，他定下两个要求：第一，所有会议拟定讨论的议题、需要准备的资料和文件必须提前 24 小时发出，以方便参会人士有足够时间消化会议主题，并准备好自己的发言；第二，所有主持会议的负责人必须尽量让所有参会人士都表达意见，以确保会议形成的结论得到所有人的执行，而不是在会后再有不同意见。

在联想集团，这种议事规则直到今日依然被严格遵守。

融合与统一

从"文化审计"开始

站在今天，我们可能无法理解，在 20 年前，让一家传统的中国公司的员工变得轻松随意一点也是一件很费劲的事，因为人们习惯了拘谨与对传统秩序的遵守。

在起初的几年里，联想集团的文化融合以润物细无声的形式展开。在北京的联想总部大楼里，一些洗手间开始安装坐式马桶，茶水间里增添了品牌咖啡选项，接待海外客户的办公室的空调温度会被调到更低，等等。这些细节都在展示，联想集团并不是一家固执地恪守东方文化的公司，而是努力引入国际文化。

联想集团在收购IBM PC业务之后的数年之内对文化整合都保持低调审慎，在最初的两年甚至对海外公司不做任何文化灌输。大张旗鼓地开始宣誓企业文化和价值观是在并购IBM PC业务之后的三到四年，而企业价值观的建立则通常是以一种"软启动"的方式先在小范围内小规模灌输，此后再铺开。

一开始，杨元庆对新联想的文化整合就提出了三条原则：坦诚、尊重、妥协。他倡导员工之间的交流要有话就说出来，而"尊重"即包容不同观点。最受争议的是"妥协"一词，有些同事认为这是一个"消极"的词语。

杨元庆向我们解释当初为何坚持认为"妥协"是必要的。"这事儿其实跟我的个性和我在联想（以前）受到的批判都有关系。"他声称自己在最初的管理工作中以处事强硬、绝不妥协闻名，说话也从不拐弯，而柳传志给他的建议是要学会妥协，有些事站在大局的利益上要妥协，硬碰硬什么问题也解决不了。"不能什么事都老在那里议而不决，不妥协就很难达成一致。"

联想并不寻求利用收购者的主体地位，用东方文化去征服西方文化。同样，双方的文化也不应该是一方去迎合另一方。在文化整合中，背景和价值观的差异是必然存在的，这无关哪一方正确，唯一合理的方案是双方都看到差异，并愿意最终统一在企业的价值观上。

联想需要找到一种属于联想的企业文化，这种文化应融贯东西，以凝聚人心。这场事关文化整合的重大战役是从一个被称为"文化审计"

的项目开始的。并购完成两年后，两家全球顶级的咨询公司作为第三方顾问机构被聘请到联想来诊断"病症"并提出建议。一群精通多种语言、经验丰富的调查员奔赴联想在25个国家和地区的区域公司，他们对联想各级员工进行访谈，收集员工们对联想作为一家跨国公司的真实看法。

四个星期之后，这些收集到的信息被制作成一份审计报告。形势之严峻，被清晰地摆在台面上。联想在全球的所有高级管理者被要求放下手头工作，全部赶到在北京的总部，他们要被清楚地告知当时遍布全球的联想员工的困扰和烦恼。

咨询公司将问题总结为六大方面：信任问题、责任问题、方向问题、执行问题、能力问题、创新问题。比如，在能力问题上，员工们抱怨公司整体缺乏全球化企业应具备的能力，在引进人才和发展内部员工的机制上投入不足。

信任缺失是审计报告中认为的最严重问题，也是联想在完成并购后内部气氛紧张的根源。如果不解决信任问题，全球化的其他任何问题都无法解决。报告认为，从中国总部、区域办事处到全球团队之间都缺乏信任。联想是一家国际化企业，但这里的员工并没有作为统一的整体进行协作，都是按照各自的方式工作，满怀怨气又颇为沮丧。

文化融合被列为亟待解决的关键议题。但是，即便如此，改变仍是以一种静水深流的方式进行。决策团队决定将文化融合列为所有管理层季度考评的重要指标之一；一份事无巨细的行动手册被制作出来，以供全球员工更系统深入地理解来自不同文化背景的同事。

联想在内部开展了一场"文化鸡尾酒行动"，通过组织案例讨论等形式，帮助全球员工发现和理解彼此在行为方式上的差异，并且通过网络平台，鼓励员工们出谋划策，找到合适的解决方案。线下则是以趣味文化活动的形式推进中外员工互动，如举行中外礼仪文化、饮食文化、社交文化的讲座与论坛等。

联想的管理层希望让分布在数十个国家的员工们相信，这家公司重视文化差异，包容不同意见，尊重每个员工的经历、思维方式、工作经验和专业技能，并竭尽全力让全员有效融合、高效协作，减少文化意识上的分歧。

以一种科普的形式，很多观念由上至下灌输到联想员工心中。这包括尊重、理解并包容多元文化的存在，形成兼容并蓄的企业氛围，尊重来自不同区域、拥有文化背景和履历的人才。

重建高管间的信任

最严重的不信任问题其实出现在高级管理者之间。为了建立信任，如我们在第三章所述，联想成立了 LEC，以寻求对公司重大战略群策群力，核心高管人员之间还展开了一系列拉近彼此私人关系的行动。

2007 年末，联想集团在全公司发起了一场声势浩大的"文化罗盘"活动，鼓励联想全球员工就"追求绩效""赢的态度""拥抱变革""坦诚沟通"这四个"联想全球新文化"所倡导的行为在网络平台上讨论和沟通。超过 2000 名员工参与了这次全球文化对话，近 20 万点击涌进了网站。

2008 年末，一场针对联想全球高级管理者、以"TRUST"（信任）为主题的文化沙龙展开。这场持续多日的交流达成了一种共识：无论你曾经属于哪个团队，在联想，今天只有一个团队，一个你中有我、我中有你的团队；让东西方的文化更好地融合，实现共赢。

在联想内部拥有好人缘的乔健是整合联想文化的具体"操盘手"，她在建立新联想文化方面做了很多奠基性的工作。她多年担任着联想人力资源部门负责人。该部门发起了一个被命名为"东方遇见西方"的文化整合项目，梳理东西方两种文化的区别，并开诚布公地罗列出来，最终找到融合两者的办法，形成属于联想的一致文化。各个部门的管理层会参加一个持续两个星期的跨文化培训课程。后来随着联想进一步扩张,这一课程汇集了数千名员工参加。

当东方遇见西方,实现文化融合的恰当方法,不是谁压倒谁,而是重视差异,相互理解和尊重。有一个细节可以对此进行说明。由于全球各地的节假日不同,联想推出了一本标注了各地节假日的日历,避免员工在外国同事和客户休假时发送邮件,打扰到对方。由此,文化多样性得到了尊重,员工工作起来也更加有效。

为了让中国高管贴身学习如何运营全球业务,并与海外高管建立信任,理解不同文化,也为了将在中国非常有效的交易型模式推广到全球,联想在并购完成之后启动了名为"Two in one box"(两人共担同一岗位)的工作模式,即让中方和外方各有一人在同一岗位。来自中国的众多高管们被派遣到海外与海外高管密切合作,他们大多来自财务、人力资源以及业务部门。这些高管外派到海外短则两年,多则五年。

实际上,这些中方高管的角色都是副手,即便业绩非常出色的高管也是如此。刚完成并购时,杨元庆也曾携家人到美国居住,作为董事长和CEO保持密切配合。更多高管被派驻到美国、新加坡及欧洲等地,一对一地贴身学习如何在全球开展运营。同时,相当一部分海外高管也被派驻到中国,以了解中国众多优势业务如何运作。

在此过程中,中外高管实现了互相了解,寻求共同点,包容不同,达成一致。当时,联想美国众多办公楼里都张贴着这样的口号:"Culture is not only a slogan, it's behavior."(文化不仅仅是一句口号,而是行动。)杨元庆要求文化主张不能只是上墙,而且要落地。经过长短不同的一段历练,少数高管得以重新回到一号位,也有相当多的管理层成员,因为无法跟上联想的急剧进化而离开。

"有话说在桌面上"

改变在日常磨合中缓慢发生。比如,在员工交流的最主要的场合——

业务会议中，全球员工形成了很多具体的行动公约。

比如以前会议上美国高管说话很快，中国高管有时候跟不上、听不懂，所以就索性不发言了。经过沟通，他们对会议如何展开制定了一个规矩：美国员工发言时，要把语速降低至少一半，并要经常与其他人确认是否跟上；同时给中国员工的发言时间增加一倍，从会议平常约定的10分钟增加到20分钟，让中国员工有机会慢慢地表达观点；中美双方员工提出一个解决问题的方案时，要先阐释这件事情的出发点。

一些会议纪律也被约法三章，比如开会时全员都承诺不接打电话，不打开电脑，专注地参会等。

通常来说，来自欧美国家的员工敢于做出承诺，愿意主动承担项目和任务，而中国团队对待工作更倾向于谦让内敛，但他们有高效的执行力，一旦承接任务就一定说到做到。将这两种偏好结合起来，就能提升一个团队的竞争力。

当包容成为一种文化后，不同文化的员工开始发现对方的美妙之处。比如，"有话说在桌面上"已经成为联想所有团队共同遵守的会议文化。关于业务、考核、决策的一切冲突、分歧都放在桌面上，大家开诚布公地讨论，而不是留到会后私下处理。

"不能说公司源自中国，就都是中国元素或是中国人占主导。一个人在一个环境里，如果同类人只占极少数，会很不舒服。但如果一家公司的员工组成是多元化的，员工就永远不会感觉自己是少数，是被忽略的，那他就不但会感到舒服，而且能做出贡献。这是包容和多元文化的吸引力。"杨元庆说。

当中外管理层之间的会议不再是一种折磨后，中西方文化中的优点就结合在一起，互相吸纳，成为联想文化的新特质。乔健将其总结为四点：第一，有话直说，对事不对人，即便是会议中有激烈争吵，会后也互不记仇；第二，敢于担责，愿意揽责；第三，永远有反馈，乐于沟通，勤于沟通；第四，有对人性保持深刻洞察的能力。

在联想如今的办公楼里，下属们跷着二郎腿与管理层开会并不是一件值得大惊小怪的事情。乔健说，即便是对着她本人，她也不会认为这是在冒犯她，她愿意看到不同层级的全球员工以一种松弛的方式相处。

在文化融合中，联想也努力从不同文化、不同管理模式中找到行之有效的方法，提炼总结出最佳实践经验。

最典型的案例是如何做管理决策。在收购IBM PC后的几年，联想按照西方的管理模式做决策，让每一个利益相关方都做出自己的选择，无论支持还是反对。在这种模式下，管理负责人的决策虽然不会受限于投票，但他会考虑投票的结果，并受到影响。而联想最终选择的决策模式偏向于东方管理智慧，也就是每个人都给出自己的建议，但交由负责人来做最后拍板。

在整合历练中越来越成熟的管理层，在适应全球文化方面展现了出色的学习能力，他们不再是会议中内敛的那一小部分，而愿意踊跃地在各类管理会议中展现自信。最早一批加入联想的高管，在语言方面已经完全没有障碍。

杨元庆在整合开始数年之后就可以在海外数千人的员工大会上用英语演讲。如今，这是联想每个新财年开始时在全球多地举行新财年誓师大会以及全球领导团队大会中最受期待的环节。

李岚曾长期担任联想集团人力资源副总裁，2022年从联想退休。对于今日之联想，她对文化融合有足够自信。"如果今天我们再去世界并购任何企业，我相信这些企业可以很快地与联想文化融合，因为联想已经是一家特别有人文精神、特别多元化的公司，各种体系的建立都已经是全球标准。"

现任联想集团高级副总裁、首席人力资源官高岚认为，联想毕竟是一家根植于中国的公司，其企业文化特征以东方企业文化为主，但融入了较多的西方企业文化，这两种文化融合在一起，就如一块坚固的"合金"。高岚在中国的南开大学与英国剑桥大学完成学业，曾在瑞士诺华公司、法国汤姆逊公司、英国石油公司担任管理层，2009年加入联想。

联想的国际化旅程给这家企业带来的成长与进化，是文化融合、互相学习带来的胜利。杨元庆将东西方文化在联想的真正融合，视为这家公司最终能够实现成功整合的"核心原因"。

全球网状组织

统一与多元

在完成并购 IBM PC 业务后的几年内，联想曾以"一个公司，两套体系"的模式运作，希望让外界与内部看起来都"一切如故"。于是，虽然同属于一家公司，但员工们被分入"联想中国"与"联想国际"两大组织。前者为并购前的联想集团，而后者是并购来的 IBM PC 部门。

一切都是按照原先的方式工作，采用各自熟悉的流程管理和运营模式。在此期间，来自中国区的员工不得不做出利益牺牲。因为，与原属于 IBM 的员工相比，属于联想中国的员工即便是在海外工作，也必须按照中国标准获得酬劳；到同样的城市出差，原属于 IBM 的员工被允许入住更高星级的酒店，而老联想的员工们则不得不保持艰苦朴素的作风，入住经济型快捷酒店；相当多被派驻到海外的管理层的工资甚至比自己下属的低得多。

随着整合的深入，数年之后，两套体系并存的局面才终于结束。

发展至今日，联想决策委员会的十余名核心管理人员以及数以百计的高管，来自全球近20个国家，而业务布局的范畴则超过180个国家和地区。

虽然业务范围如此之大，员工分布的国家如此之多，但是，通过多年的逐步整合，联想的人力资源团队完成了一项巨大的工程，即为包括中国在内的各个市场制定了统一的人力资源方案和标准化的薪酬体系，以确保分布在全球各区域的员工能获得差异并不太大的福利条件以及薪酬待遇。

在加入联想之前，高岚已在国际化企业人力资源部门积累了丰富的工作经验。当她在2009年入职联想时，这家公司的全球人力资源部门刚刚启动一个困难重重的项目，他们计划对联想全球各个区域员工的薪酬结构进行调整，目标是以中国区为蓝本，将海外员工总薪酬中的基础收入与奖金收入比例做到与中国区接近，将可变薪酬比例加大，以激励团队做出更好业绩。

要为联想这样一家在全球运营的国际化企业制订结构统一的薪酬方案几乎不可能，事实也确实如此，项目在推行了三年之后被认为本身就有方向性错误，不得不终止。

这并不难想象。因为中国区的员工大多有储蓄意识，所以在薪酬结构中即便固定薪酬占总收入的比重不高，他们的日常生活开支也不会受到影响。占比较高的是年度奖金，奖金与各自团队创造的业绩直接相关。所以，当公司整体业绩较好时，中国区的薪酬结构有利于员工获得更高收入。

但在美国，员工的日常支出较高，房租、医疗、维修等都耗资不菲。如果按照中国区的薪酬结构进行调整，意味着固定薪酬占比降低、可变薪酬占比增加。虽然员工总收入并不见得会减少，但没有储蓄意识的美国人在每个月末都捉襟见肘。欧洲区域又是完全不同的情境。在这里多数国家推崇高福利制度，他们抗拒奖金占比过高，因为这将鼓励一些团队为了获得更高奖金，在合规上铤而走险。

日本则有自己的独特体系，绝大多数日本公司并没有浮动薪酬的概念，员工们常年领取变化不大的月度收入，奖金系数也通常是固定的。

联想的人力资源部门最终选择了一种务实的方案。其对员工的基础薪酬做到符合行业市场水平，而奖金比例则结合各自区域的实际情况确定。比如，在中国区域，奖金收入占总收入的比重最高，让其与绩效挂钩；而海外员工的奖金占比相比中国区偏低，但是，为了激励员工做出更好的业绩，其奖金收入占全部收入的比重逐年提高。即便是在日本，也要体现奖金与业绩的正相关。

联想的薪酬结构既要平衡各地实际情况，也要推行奖金激励与业绩挂钩的理念，这与全球范围内的同行有明显区别。过去几年，联想的人力资源部门正在推行一场全方位的改革，即根据不同员工所服务的业务，以及业务在公司战略中的变化，对其采用不同的薪酬和奖励体系。

弹性与松弛

弹性工作制是联想集团给全球员工的承诺，这家公司并不寻求严格控制员工的工作时间与工作地点，而是以效率、工作成果等其他维度指标来对员工进行考核。下属不必与自己的上级朝夕相处，员工也不必按照等级形成金字塔式的上下级体系。联想推行的是一种网状的、矩阵式的全球管理体系。于是，在联想经常可以看到这样的场景：一个员工居住在自己喜欢的城市为联想工作，即便这个城市并没有联想的办公室。

比如，联想集团亚太区总裁阿马尔·巴布（Amar Babu）是一个印度人，他选择将家乡孟买作为自己的长期工作地，即便他的大部分下属在新加坡或中国香港办公；联想 CIO 胡贯中（Arthur Hu）选择在美国西海岸的西雅图工作，而他的下属大多在美国东海岸或中国北京；联想中央司库部门设置在新加坡，但它的负责人吴辉驻扎在中国香港。

即便是职能支持部门的员工也有很大空间来选择在适合自己的城市工作，不同团队员工间的联系通常是以视频会议的形式完成。

来自不同国家和区域的员工都被允许按照自己的时间计划投入工作，员工们有极大的自由度选择在什么时间到办公室上班，什么时间下班。比如，中国区员工通常更晚上班，但也更晚下班，而美国员工则更早上班、更早下班。在日本，联想所有员工至今仍保持每个星期只需要到办公室办公三天的节奏，其他两天可以选择居家办公。

一些员工还被允许根据自己的家庭需求决定上下班时间，比如一些员工需要接送孩子上下学，他们被允许按照自己的需求调整上下班时间。一名英国员工选择白天中的一半时间在办公室办公，一半时间在家里办公，但通常是在夜间，因为这名员工在傍晚时需要处理固定的家庭事务。

弹性工作制给全球员工以极大的自由度，联想不通过控制员工的工作地点、监督他们的工作时间来确保他们的勤勉度。但这基于一个前提条件，即必须将工作任务完成，严格以业绩结果为导向。

相比之下，在中国众多创业公司，尤其是互联网公司，一种被称为"996"（即从早上9点工作至晚上9点，每周工作6天）的工作机制至今仍然盛行。当这种高强度的工作模式被广泛讨论时，杨元庆曾在公开场合旗帜鲜明地表示反对。他鼓励全球联想员工保持工作与生活的平衡："员工辛勤工作的目的是什么？是满足我们每个人对美好生活的向往，这是最终目标。"

这并不是安抚员工的口号，在联想集团内部，包括中国区在内，"996"的工作机制也不被鼓励。联想希望能创造一种松弛而非压迫式的工作氛围。管理层有一种共识，即逼迫员工长期高强度地工作并非长久之计，终会挫伤员工对一家企业价值观的认可。当然，这也不符合合规要求。

网状和矩阵式结构

对于分布在全球数以百计的管理层人员，他们拥有各不相同的工作履历和文化背景，联想并不希望依靠强烈的制度约束以监督他们保持忠诚，而是将公司的远期战略目标与财年、季度的业绩目标相结合，并以一种网状和矩阵式，而非金字塔式的组织方式，将他们连结起来。

这种网状结构并未让员工失去凝聚力。联想以城市为单位建立了一种"区域管理"（site management）的模式。联想在不同的城市有各不相同的业务线，如个人电脑业务、服务器业务、解决方案业务等，也有不同的部门，如营销部门、IT部门等，有些员工虽在同一城市，但互相独立，不在同一个办公楼办公，甚至不知道对方团队的存在。

于是，联想以区域或城市为单位建立起一个名为"区域委员会"（site committee）的跨业务组织。这个虚拟组织的负责人通常由所在城市职务最高的管理层兼任。其工作职责是将区域内属于不同业务但属于一家公司的所有员工串联起来，通过在特殊时点的团建、共同培训、跨业务沟通等活动将他们凝聚在一起。

联想全球总部会划拨专门的预算来鼓励区域委员会举办团建活动。在新冠疫情期间，这一模式对凝聚人心发挥了至关重要的作用。联想在全球各个城市的管理团队让散落在不同业务部门的员工团结起来共渡难关，互相扶持、互相关爱。

过去数年，地缘政治风险升温让众多国际化公司感到不安，员工之间也时常因一些公众话题意见相左而产生隔阂。当我们就这种担忧询问一名为联想工作了20年的美国员工时，他是这样说的：

"自我加入联想以来，这20年的经历让我有机会到全世界出差，接触到来自各地的人。在这段时间，我或是向一个中国上司汇报工作，或是领导一个由中国人组成的团队。同时，我还管理过一个庞大的日本团队长达15年。通过这些年的经历，我发现不论遇到的人来自哪里，他们关心的核心都是相同的——家庭、工作以及在家庭和工作中的安全感。我们很少讨论政治，更多的是关注这些普遍的话题，比如家人和日常生活。

"我们讨论的是技术、客户解决方案、人工智能——这些都是能够让人们团结起来的共同目标。我们的核心是致力于人类的共同胜利而非分裂。"

领导力培养与价值观进化

"全球布局的思维能力"

曾在或正在联想工作的员工数量极为庞大,但是,若以服务年限来对其进行分类却并不复杂。他们比较多地处在两类:一类是一到两年甚至更短;另一类是五至十年,甚至二十年以上。后者的占比极高。这在中国众多科技公司中并不多见。

在进行国际化扩张之前,联想的管理团队基本来自企业内部培养;在国际化之后,管理团队几乎全部从外部聘请,来自其他国际化公司或全球性咨询公司。但在过去近十年,联想的管理层人才构成重新回到了以内部培养为主,外部引进为辅。

这些管理人员加入联想后,他们的职业命运也大致可分为两种,一种是短期内无法适应业务而离职;第二种是如果他们能挺过一到两年,则大多会在这家公司工作五年,甚至更长时间。

作为首席人力资源官,高岚的一项重要工作是对管理层进行领导力培训与评估。在她看来,经受联想历练的管理层,首先要提升的核心能力是战略能力,即在全球布局的思维能力。按联想的择才标准,管理层人才的脑海与视野中,打开的不是某一个国家的地图,而是世界地图;其次要提升的是对不同声音、不同意见等不同挑战的应对能力。

对于所有员工,联想人力资源部门有一整套分门别类、事无巨细的科学机制,具体包括选人、用人、育人与留人。为了确保新入职员工能够适应并认可联想文化,同样有一整套精细化的面向不同层级、不同来源员工的培训课程。

面向管理层的文化融入培训是重中之重。他们会接受长达一年的融入期培训,通常是以一对一的形式进行,以确保其可以更详细地了解这家公司,培训内容则包括联想独特的管理方法,如战略执行六要素（组织、业务模式、人才、目标、考核标准、激励）、复盘方法论等。在此之后，人力资源还有一整套长达半年的跟踪体系。高岚必须与这些高管定期进行一对一的交流，以使对方在诸多问题上都得到周全的帮助。

联想人力资源部门在国际化人才团队的建设和培养上积累了诸多工具及方法论。

比如前文讲过的，GLT大会参会者在为期三天的会议中先是与核心管理层共同研讨公司现有的战略和下一步的战略，然后研讨业务中遇到的实际问题，并一起探讨如何突破。最后一步是重头戏，联想会邀请全球范围内极为出色的企业家与这些副总裁及以上级别的管理层面对面交流，就当时最热门的业务、技术及战略话题进行毫无保留的讨论。众多棘手的业务问题往往就在这三天中能找到解决思路。

面向管理层领导力的培训课程还有更多。2023年冬天，在中国深圳联想大厦的一间大会议室里，笔者旁听了联想面向全球副总裁级管理层的为期两天的领导力提升课程。这一培训项目由联想集团人力资源部全球学习与发展高级总监李煌展策划，已持续多年。李煌展是一个年轻的马来西亚人，他以极高的热情和勤奋推动整个课程顺利开展。

典型的场景是这样的：全球数十位业务骨干负责人聚在不同的圆桌边，在一位经验丰富的人才咨询机构负责人的引导下，就众多议题展开激烈的辩论并分享自己的处理建议。每个人都踊跃发言，分享自己在战略理解、业务开展、文化融合以及当前热点议题中的困惑。这些困惑往往能用大家分享的不同方法去解决，但通常会以选出最佳解决方案收尾。

在两天的课程结束后，杨元庆会用数个小时与这些管理层进行面对面交流，他从未缺席过这一课程。随后，他会带着数十位管理人员参观深圳最出色的一些企业，并与这些企业的管理层交流。

组织与人才

对于整个公司人才队伍和组织的中长期评估,高岚和她的团队有一套自己的模式。她将其命名为"OTC",即组织(organization)、人才(talent)、文化(culture)。

在组织方面,评估的维度有很多,包括公司组织结构是不是适合业务发展,组织的有效性如何,组织的负责人带领团队的方向是不是正确,整个组织变革有没有使战略更好地落地;

在人才方面,评估的维度包括人才架构是不是合理,人才能力是不是匹配战略发展,人才贡献是不是发挥了其最大的能力和能量;

而对于文化的评估,则像是对一家公司的空气和水进行评估一样,充斥在组织所有的地方,是组织的风向标,代表着一个组织认可怎样的行为,认可怎样的价值。

在不同的业务发展阶段,三者又有不同的评估指标。在联想国际化的最初阶段,组织评估的侧重点是组织架构和组织的有效性,评估其是否能够很好地将东方和西方团队融合在一起。比如,LEC 甚至也要评估中国人和外国人,以及来自各国的员工在组织中的占比。

在业务增长非常快时,评估组织有效性的侧重点是关注组织的生产率。因为业务增长快,各组织会倾向于大规模扩充团队,最后很可能导致组织变得臃肿,进一步的结果就是业务增速下降时不得不以裁员收场。

人才构成评估在不同阶段亦有不同侧重点。在国际化的最早阶段,联想人力资源部门的重点是培养国际化人才,高岚将其总结为"请进来,送出去"。"请进来"即把国外的同事请到中国来,让他们去了解中国的客户、渠道,参加中国合作伙伴的会议,体验在中国如何管理渠道。"送出去"即将中国团队中有潜力进入全球化管理层的人才送出去,在不同的地方培养、锻炼,让他们感知国际化的市场和国际化的管理。

在 PC 业务登顶之后，当联想将战略朝智能化转型与服务化转型时，公司的组织也必须转型以适配业务。因为那些精于 PC 业务的管理人才无法管理好服务业务的人才，也不适于管理要孵化的新兴业务。

过去几年，联想将人才、薪酬、组织等一整套体系变革为多域管理（Zone to Win）模式。即把所有业务部门和职能部门划分到四个"域"（如图 4-2 所示）：转型域、绩效域、孵化域和平台域，四大域的特征分别是快速增长、财务贡献、创新突破和卓越运营。针对四个不同的域有不同的管理方式和业绩考核体系。

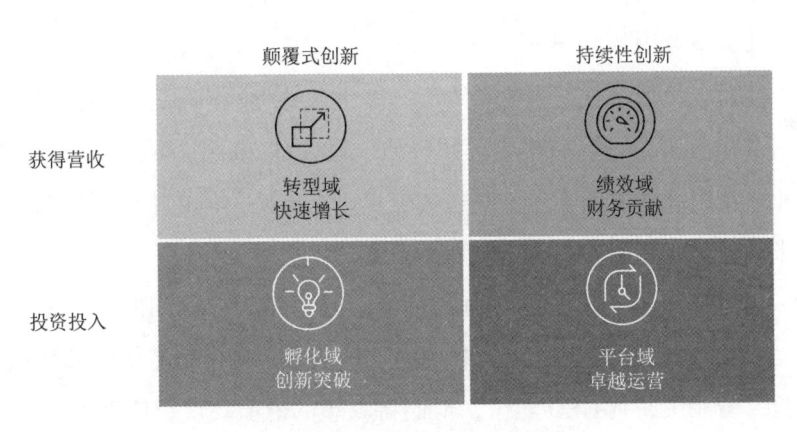

	颠覆式创新	持续性创新
获得营收	转型域 快速增长	绩效域 财务贡献
投资投入	孵化域 创新突破	平台域 卓越运营

图 4-2　多域管理模式：多业务操作系统

人才结构上也必须适配于战略转型。在战略要转向"服务的联想"之前，人力资源部门盘点了整个公司的人才能力与人才状况，结果并不意外，即大部分是 PC 人才。

人力资源部门对此做出的应对是通过招聘、培训，引导业务按照战略方向去优化、调整人才结构。比如，他们会缩小传统业务招聘的名额比例，而扩大服务型业务人才招聘的名额比例，以鼓励引进服务型人才。这种指引迅速对整个团队的人才构成产生了影响。在过去的两三年间，在联想所有员工中，服务型人才增加了 85%，软件人才占到了

48%，而研发型人才与三年前相比已经翻了一番还多。过去两年，联想招聘最多的是对 AI 技术精通的人才。

使命与价值观

对于一家全球化公司，企业战略和企业文化是一回事，让员工真正愿意去执行是复杂而艰巨的另一回事。它必须倚仗一种能被广泛认同的使命和价值观，这不仅仅是一句口号，而是要给所有员工一个清晰的方向，牵引他们为公司赢得商业利益，同时让他们充满雄心壮志，将自己作为伟大事业中的一部分。

使命与价值观往往是激动人心，能引起共鸣的口号，能最大程度上牵引公司员工的行事风格与理想气质。过去的 20 年，联想的价值观随着业务及组织的发展需求不断迭代变化，以支持公司在不同时期的业务扩张和变革（如图 4-3 所示）。

在国际化最初，联想之道的价值观被总结为"说到做到、尽心尽力"。2009 年，历经企业文化磨合的动荡期后，柳传志重新担任联想董事长，杨元庆回到 CEO 职位，他们将联想的价值观重新梳理为"4P 文化"：Plan，"想清楚，再承诺"；Perform，"承诺就要兑现"；Prioritize，"公司利益至上"；Practice，"每一年、每一天我们都在进步"。

2012 年，智能手机和平板电脑颠覆了整个 IT 行业的格局，联想意识到，要在这个产业里生存，基因就是创新。这一年，Pioneer，即"敢为天下先"的创新精神被刻不容缓地加入联想文化。

自此，"4P 文化"变成"5P 文化"，这一变化看似只是一种自我激励，对联想文化却是一个至关重要的改变。因为，联想是一个高度以结果为导向的公司，"说到做到"是其文化的灵魂；"4P 文化"也更多强调高效的执行力；而将"敢为天下先"的创新纳入，则意味着宽容失败。

联想在确定这些简单、直白、明了、有效的话术时，都通过了全球

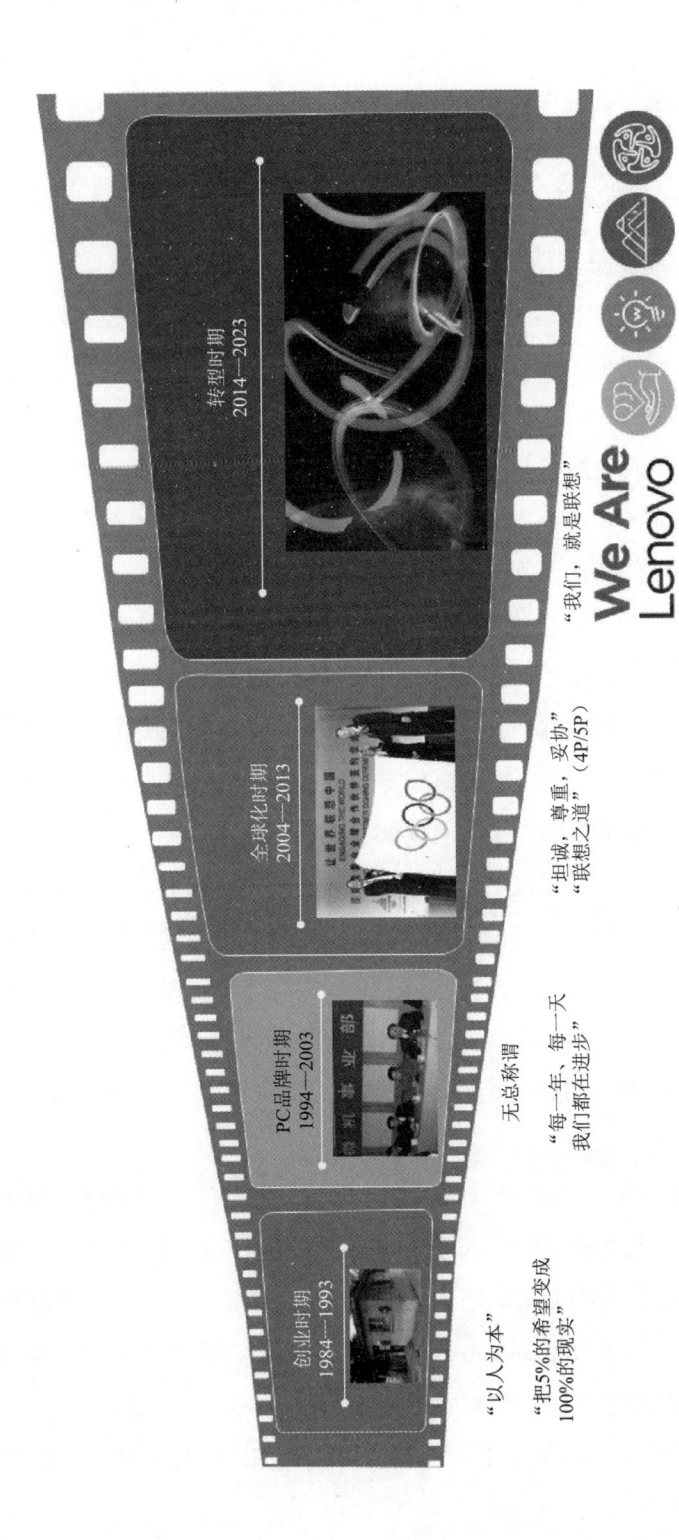

图 4-3　联想集团文化主张的演变

第四章　文化与人:"合金"的炼成　　169

范围内从管理层到普通员工的多方共同讨论，同时借鉴了国际上一些优秀公司的经验，最后形成属于联想的坚韧的价值观。

而到了2016年，为了让多元的国际化团队能够跨越地域边界，高效地合作，以便更好地支持公司智能化转型，联想文化被总结为"We Are Lenovo"（我们，就是联想），核心是"说到做到，尽心尽力，成就客户"，体现在四个文化价值观：服务客户、开拓创新、创业精神、诚信共赢。

这些价值观的演变与进化并不是通过修改口号、在办公楼里张贴海报就可以完成的。每一次变化往往都意味着迅疾的变革正在发生，需要唤醒一些人，使其认识到战略和竞争局面将要改变。

在老联想团队的价值观中，"说到做到"是红线，这意味着确定了业绩目标就必须想方设法去实现，所以他们设定的目标往往偏向于保守，几乎都能超额完成。而在来自IBM的价值观中，确定的业绩目标只是一个"宽松的目标"，即便只实现了80%也是可以接受的，所以，确定的激进的业绩目标，多数时候都不能真正完成。

杨元庆说，在国际化之初的那几年，联想之所以能挽留住收购而来的IBM PC业务的团队，是倚仗和IBM签订的两年内这些员工不得回流的契约。但是，两年之后，这些员工之所以还能稳定安心地留在联想集团，关键是因为"说到做到"的企业文化。联想做出的所有承诺都会兑现，公司的业绩目标、战略执行和所有业务团队的奖金，都能说到做到。

到了2014年，当联想集团再去并购其他业务时，形势已经发生了逆转，企业文化变成了吸引人才的加分项。此时，联想已经不需要花费太多心思去挽留收购而来的团队，反而是这些团队普遍希望加入联想集团。比如，一名在IBM x86团队工作的管理人员原本计划离职，但当听说收购者是联想集团时，他改变了主意。

2024年，一名原受雇于英特尔的副总裁加入联想集团，并被任命为联想集团商用电脑业务负责人。他毫不掩饰地告诉杨元庆，当他决定离开英特尔公司时，戴尔与惠普都是可以选择的新东家，他甚至对全球主要的科技公司都很熟悉。之所以最终选择联想，是因为他熟悉联想的企业文化，并认同联想多元、包容的文化主张。

第五章

产品：竞争的王道

在过去的很多年里，国际舆论场上流行着这样的观点：中国制造业的崛起归功于廉价劳动力和节俭式创造。

20多年前，一家日本家电企业的高管甚至毫不客气地对中国家电企业的高管说："中国人不可怕，中国企业就是一帮水果贩子，市场上需要什么水果，他们就包装什么水果。他们不是种水果的，更不是种优质品种水果的人。"这句话曾刺痛了不少中国家电企业的"自尊"。

时过经年。今天，很多世界著名的家电品牌，如通用电气家电、三洋白电、东芝白电、飞利浦家电等，背后的实控者都已是中国企业。

过去20多年中国制造业发生了脱胎换骨的变化，相当多产业已经从低端的加工组装型制造，变成了有技术、有设计、有创新的品质智造。基于创新产品，中国品牌也在全球建立起新的形象——高可靠性的质量、优越的性价比、在快速变化的市场上灵活应变和迭代创新的能力，这是中国品牌的新标签。

联想集团不仅是中国企业国际化的代表，也是中国质造和智造的代表，它研发的电脑产品是这个世界上使用人数最多的"生产力工具"。顶级的产品力与品牌沉淀是一家企业成功出海的两大内核能力。如果说联想有什么能力最被外界低估，产品力应排在前列。

联想集团的产品力体现在其过硬的工程能力、不断创新的技术、优雅且实用的设计、严格的质量控制、卓越的用户体验以及完善的售后服务等方面。这些"制胜之道"共同塑造了联想产品在全球市场的竞争力，使其在不同用户群体中享有良好的口碑。

比如：展现其工程设计能力的典型代表作 ThinkPad X1 Carbon 系列，既轻便又坚固，能够通过包括高温、低温、湿度、震动等在内的多项军用标准测试；拯救者游戏本系列以其强大的散热系统而著称；YOGA 系列则是市场上最早采用 360 度翻转设计的二合一笔记本；等等。

联想在产品技术创新上的最大特点是利用在中国、美国、日本的"创新铁三角"，以及在全球其他各处设有的多个研发中心，集聚众长，并不断投入大量资源进行新技术的开发和应用，如人工智能、大数据、云计算等，提升产品的智能化水平和整体性能。

在产品线方面，联想的特点是布局多样化：联想提供从入门级到高端专业级的多种产品线，满足不同用户的需求。例如：ThinkPad 系列以坚固耐用和卓越的键盘手感著称，立足于用户体验进行创新和大道至简的美学设计，经久不衰；而拯救者系列则专注于游戏性能，受到全世界游戏玩家的青睐。

凭借出色的产品力，联想研发制造的产品，经历了与世界级 PC 厂商长期竞技的考验，不论是在商用电脑领域还是在消费电脑市场都赢得了胜利。这是一个典型的依靠创新产品建立起竞争优势的故事。

YOGA 奇袭

不创新就是等死

前方销售团队反馈回来的销量预测数据比最悲观的数值还要糟糕，这让杨春格外沮丧。他当时是联想北京办公室里一名年轻但颇有主见的软件产品经理，主要职责是规划并开发联想消费电脑产品在操作系统中预装的软件应用，现任联想集团智能边缘中国事业部总经理及联想集团网络事业部总经理。

虽然硬件非其所长，也非其分内之事，但杨春认为时机已经成熟，必须冒险一试。2009年下半年，他作为"跨界"产品经理参与了一项雄心勃勃的庞大计划："复活"一款联想在2004年就已经发布的概念机，将这款仅限于创意的笔记本电脑变成可以量产的产品，并推向市场。

这款概念机有诸多天马行空的激进设想。外观上的最大特点是，通过一个可以翻转360度的铰链连接屏幕和键盘，从而实现屏幕360度自由翻转。最经典的摆放姿势是将屏幕和键盘外翻、呈三角形撑起来，像一顶小帐篷。时任联想创新设计中心总经理姚映佳用木质材料做出了这款概念机的模型。这种产品形态在联想后来被命名为"YOGA"。当时，市面上所有笔记本电脑屏幕面向键盘侧的最大翻转幅度是180度。

然而，几乎没过多少时间，这个"复活"计划即被联想来自全球四个大区的一线销售团队泼了一大盆冷水。从中国、欧洲和中东到北美、拉丁美洲，各个大区当地营销人员接口人反馈回来的销量预估数据总计也只有3万台左右。和联想当时主要产品动辄40万台甚至百万台的年销量相比，这简直是一个不值得做任何研发尝试的产品。

按照联想集团内部当时严苛的产品立项流程，一个产品从概念机到研发立项、量产，程序之一是向业务投资决策团队（PIDT）做出翔实的市场前景说明。核心评估指标即对未来销量规模的预估，这个门槛被设定在20万台。

在利润微薄的PC行业，企业必须倚仗规模效应才能赚取利润，仅仅3万台无论如何都不值得大举投资。何况，在经历2009/2010财年的巨额亏损后，整个联想集团的现金流并不宽裕，每一个主要业务的负责人都要求花出去的每一分钱都应该物有所值。

早在2008年1月，联想已重新梳理了旗下令人眼花缭乱的产品线，将个人电脑业务杂乱无章的子品牌统分为两大类，即面向消费者群体的"Idea"品牌和面向商务人群的"Think"品牌。联想的战略规划部门意识到，商务人群电脑与消费电脑两个市场存在一定的区别，消费电脑强调设计，突出个性化，用户更习惯于在门店体验后购买；商务电脑则强调功能，外观设计较为朴实，更多走批量订购的路线。

在收购 IBM PC 业务后，对于整个公司层面的市场策略，杨元庆要求消费电脑业务不仅仅是聚焦在中国市场，而是要在全球市场打开局面，他甚至亲自担任消费业务群组的第一任总经理。但是，联想在这一业务领域能够销售的几乎全部是性价比产品，售价不高，在北美市场甚至无法在主要渠道占据一席之地。用低端产品在低端红海市场拼杀，让联想整个消费电脑业务长期处于亏损状态。

杨春和他在消费电脑业务部门的同事们认为前端销售团队的销量评估太过保守，因为当时市面上还从未出现过具有触控体验的笔记本电脑产品，用户并未形成使用习惯，所以前端的销量预估不可避免地会出现短视。但是，要注意到市场的趋势性变化。2010 年 1 月苹果公司已经开始在全球销售第一代 iPad 产品，其在 2007 年推出的第一代 iPhone 也早已让触屏手机成为智能手机的主流。

基于此种趋势判断，具有触屏体验的笔记本电脑理应会被用户广泛接受，甚至成为主流产品。而联想这款产品的一个特点就是在屏幕被翻转 180 度以后，就能变成可以通过触屏来操作使用的设备，即变成一台平板电脑。它迎合了用户在多数场景下可以方便使用电脑的需求。

时任联想 Idea 产品集团副总裁魏骏和时任 IdeaPad 业务线副总裁柏鹏鼓励下属们再做一些调研。当时的联想消费电脑事业部实际上已经被逼到了墙脚，在高端市场迟迟无法打开局面，从而使得整个业务无法获得盈利。

现任联想集团高级副总裁、中国消费业务群总经理张华是当时 YOGA 立项决策的重要参与者之一。他回忆称，YOGA 第一款产品先是产品经理有一些新的创意想法，之后是研发工程部配合，将这些想法具体化。联想内部在当时也有非常好的机制，要求对概念产品从实验室到市场端进行联动。即在工程样品出来以后，前端市场团队会被召集在一起，大家对工程样品是否立项发表意见，并进行投票，还要在原有基础上再去提一些新的拓展性的想法。"我当年参与过这样的一个决策过程，也反馈了一些意见，当然也有提反对意见的。但是在那样的时机出这样一个产品，在市场上形成差异化的品牌印象和竞争力是非常有必要的。"

不创新就是等死，创新则有一线生机，为何不搏一把呢？

很快，杨春团队与联想研究院用户体验部门开展了一次用户接受度测试。两款屏幕分别为11英寸及13英寸的笔记本电脑原型机被制作出来，交给第三方用户测试公司。所谓原型机，就是仅展现外观创意、厚度、产品重量等核心要素，但尚没有完整使用功能的机器。

在北京东三环的一处写字楼里，几十组来自各类潜在消费群体的用户在签订了保密协议后，开始把玩这两款形态怪异的原型机。调研人员向这些测试用户介绍产品的功能和特点，并请他们回答一系列设计周密的问题。比如，他们是否愿意接受一款具有触屏功能的笔记本电脑，这款产品定价区间为多少时他们会愿意去购买，他们认为这款产品的卖点是什么，等等。

在调研场地隔壁的一个房间里，透过特殊玻璃，杨春和他的同事们可以观察到外面测试用户们的使用习惯、面部表情，以及他们对触屏操作及一些基本使用功能的接受度。只是，这些测试用户并不能发现在隔壁房间有一群人正密切注意着自己的一举一动。

此轮调研的整体结果让人惊喜。统计数据显示，大多数用户愿意接受这款产品，并有较强烈的购买意愿。最让项目团队受到鼓舞的是，这些测试用户愿意接受的价格区间为7000元至8000元。结果是如此出乎意料、振奋人心，因为当时联想消费电脑业务部门还从未推出过过于昂贵的产品，他们的长期战略是推出功能实用，但利润微薄的高性价比产品来抢占市场。

"大潮已经奔涌而来"

仅仅根据一次用户调研就立项上马一个耗资巨大的项目，似乎过于莽撞。但是，基于产品未来大趋势，尤其是移动互联网的大潮已经奔涌而来，平板电脑和智能手机已经陆续上市，联想必须有相应的产品来赢下市场。魏骏与联想消费电脑事业群的高管们合计一番后，认为值得为此冒险，他们甚至极具勇气地决定在研发费用上押下重筹，设计出联想消费事业部的第一款高端产品。

张华回忆称，联想在产品价值追求上的原则直到今日都坚定且明确。即在消费电脑市场，产品力是第一位的，如果离开相对强的产品力，其他方面再努力，都会事倍功半。

"产品力的核心就是以用户为中心，我们的产品要给用户提供真正有用的、实用的价值，它才能立得住脚。无论是笔记本还是平板，这些形态全是基于原来的产品形态，我们希望能够给用户提供更有实用价值的功能，当时就是这样一个初衷。"

现任联想集团高级副总裁、全球创新中心总经理贾朝晖亦是 YOGA 项目的重要决策者。他回忆称，对于企业用户，十几年以前 PC 不需要那么时尚的设计，只需要比较稳重的感觉，无论是颜色还是外形设计上比较活泼的产品都不是那么受欢迎。"但是我们看到了用户需求发展的趋势，当时市场上没有 YOGA 这样的产品形态，核心的考量是用户在使用电脑和基于触摸技术的时候，最好有相对比较稳定的支撑。我们希望把手机上的技术转移到电脑上来，再结合相关的应用，针对消费市场用户需求特点来设计这样的产品。"

在张华看来，当初 YOGA 能立项成功并不是一场"赌局"，因为当时管理团队有两点基本判断：其一，对应用、用户使用习惯的判断，要具备触屏功能，产品形态就要稳，用起来不能晃，YOGA反转过来以后相当于一个支架，可以在不改变笔记本形态的情况下使用，会强化触屏的应用体验；其二，YOGA产品是经过一些验证的，即产品团队在拿到产品的概念机后会与前端市场的销售团队以及客户做沟通，比如全球最大电子产品零售和分销渠道商百思买。"我们要拿产品去跟他们提前沟通，百思买的管理层看到以后很喜欢，甚至主动跟我们要订单，这样我们就上了双重保险。"

立项在2010年下半年完成，但研发早已迫不及待地展开，所有工作日程都必须安排得很紧凑。个人消费者对于笔记本电脑要比商业企业用户挑剔得多。一款面向消费市场的个人电脑产品，研发周期通常只有8~12个月，眼花缭乱的新款式甚至就像一筐筐保质期很短的新鲜水果。顶级厂商领先一个月推出相应的产品，可能就会让竞争对手损失惨重。而此时，联想在北京的团队并不知晓地球另一端的戴尔、惠普是否也已经在开发类似的产品。毕竟，行业的趋势并不难判断，抢下头筹至关重要。

一款笔记本电脑要做出概念机并不复杂，但要真正做到商用化，达到质量标准和客户使用标准而进行量产化与工程化，则是一场极其复杂且风险高的冒险。在研发之外，还要攻克生产工艺方面的技术难题，否则即使到量产阶段也并不能说已经成功。

2004年春天，当联想在CES上发布这款概念产品时，起到转轴作用的其实是一块软皮，设计师们将排线凌乱地穿过这块软皮。而其最终没能量产的原因，很大程度上在于这种转轴并不能经得起高频率的开合，耐损度无法达到量产要求。

相比于概念机，用于量产的产品在设计端要考虑的是转轴铰链工作的合理性，高频次翻转的可靠性，还包括用户体验、制造成本和专利等问题。在当时，联想的研发团队找不到任何可以借鉴的对象。转轴铰链的材料又是难题中的难题，因为这涉及材料工程和加工工艺。

棘手的难题显而易见，第一个要攻克的设计难关就是连接机身上下部分的转轴铰链，这是核心零部件，因为有了转轴，才能实现360度的翻转。电池位于机身下半部分，靠近主板电路，而屏幕和摄像头位于机身上半部分。连接屏幕、摄像头和电池的众多线路要精确穿过能360度翻转的转轴。

在设计难度上，要实现屏幕翻转360度，和当时已经成熟使用的翻转180度的转轴在复杂度上完全不同。只有翻转360度才能真正满足更多的应用场景，但要实现这一点，麻烦很多。比如，左右两侧的扭力如何同步，如果两个转轴的力不同步，屏幕就会扭曲损坏，如果翻转的次数达到一定的量，而用力不一样，转轴的某一处可能会开裂，如果转轴材质太软就无法支撑屏幕在任何角度的固定和停留，但是如果材质太硬，用户在使用中就很难翻转，也无法实现单手开合，因为扭力太大会在用户单手掀起屏幕时把整个笔记本电脑拉起来。

研发一开始是如此展开的：由数十人组成的核心设计和研发团队先在联想办公室的墙上写满了奇妙的想法，讨论未来的电脑形态应该是怎样的；之后对一个个想法进行论证和淘汰。这群年轻人从一开始就没有按照惯性思维去理解这个有着非凡意义的产品，而是就需求与潜在用户沟通，然后在小团队中进行脑力风暴。

当时，在联想集团担任首席研发官的是内藤在正，他在日本大和实验室工作了数十年，长期担任ThinkPad首席设计师，被称为"ThinkPad之父"。

这位在工程设计上兢兢业业的日本长者感叹办公室里的中国年轻人是"一群疯狂工作的家伙"，因为他时常能在半夜两三点收到来自中国研发团队的邮件。2011年，他派遣了ThinkPad开发团队中最优秀的一群工程师前往北京，这些人来自美国或日本，他们加入了YOGA开发团队，弥补了联想中国团队在全球开发经验上的不足。

在系统性的设计创新上，研发团队不断地试验和试错，在实验室阶段形成的比较成熟的方案就有十几个。他们在一次次试错中，修改方案，调整参数。比如，通过调整齿轮的材质、形状、力臂，以得到最合适的参数，如阻尼系数等。

关于转轴的工程设计，最终被采用的方案是将转轴设置为两个，这两个转轴并不是独立的，而是通过一个部件来相互协作运动。这一方案让连接处的外观并不简洁优雅，也不如滑动、双屏、分体系统一样炫酷，但却是最稳定和实用的，可以满足转轴的七种转动状态。

最要紧的是，这一方案解决了屏幕翻转360度后键盘可能被误触的麻烦。因为，当屏幕翻转180度时，笔记本电脑的键盘依然是朝上的，但是如果翻转360度，键盘就会处于朝下的状态，这意味着必须解决键盘误触等一系列难题。

设计方案定下来后，研发团队对于材料的选择依然拿不定主意。时间已经到了2011年年中，研发周期已经超过预计时间，距离既定的于2012年年初在CES上发布此款产品的时间也只剩四个月。联想在转轴的调试上依然未能达到预期，一些参数并没有达到最优目标。此外，联想向客户承诺转轴在开合无故障试验上要达到2.5万次，以保证转轴的耐久度，但在当时还只能达到1万次。

啃下硬骨头

整个团队，包括负责此事的管理层也承担了巨大的压力，他们开始时常为一些方案分歧剑拔弩张，高管层因一些调试参数未能达到预期而拍桌子也是常事。

转轴材料在生产工艺上要满足精准度、匹配度及精细度的要求。哪种材料最合适？只能不断地找，不断地试。在筛选材料的试验中，每更换一种就意味着成本、生产加工工艺、组装、匹配的零部件都可能发生变化。所以必须由设计团队、研发团队和材料团队联合创新。

最终，一种昂贵的全金属铰链满足了设计方案的各方面要求。当然，这种转轴材料的成本也比普通转轴的成本高出六至七倍。

整体来说，这款产品1.53千克的重量和不到17毫米的厚度，在同时代产品中已能遥遥领先。但是，为了确保一鸣惊人，研发和设计团队在零部件的使用上决定冒险，他们壮着胆子用了一些更昂贵的配置。比如当大多数竞争对手还在使用HD屏幕时，这款产品采用IPS广视角硬屏；其所使用的高触感键盘，最初源自高端产品ThinkPad的键盘技术。即便是机身后壳的螺丝，设计团队也决定用最好的，当其他产品使用成本低廉的镀锌铁螺丝时，他们决定在这款产品中使用不锈钢镀镍螺丝。

产品终于可以量产了，但还远没有到庆祝的时候。因为，成败尚不可预料。对于整个PC行业，要向市场推出一款火爆的产品，仅仅依靠设计和研发团队打造出无可挑剔的硬件产品，还只是走完了第一步。

PC厂商的命运很大程度上与上游供应商深度绑定，它们处在一个Wintel（Windows-Intel架构）主导的生态圈内。PC厂商实质上是基于此生态圈研发相应的硬件产品。一款革命性的产品要在市场上取得成功，必然与上游芯片供应商英特尔公司和操作系统供应商微软公司密切相关，联想这款产品若想摆脱传统笔记本电脑的使用体验，自身的硬件设计足够惊艳还不够，一半的命运要依靠软件方面的变革。

比如，这款笔记本电脑被设计成四种使用模式：平板模式、帐篷模式、站立模式和标准模式，而其中的前三种模式，都是为了适配触屏体验，要摆脱实体键盘和鼠标。这意味着必须在软件上有适合触屏使用的操作系统。如果继续使用微软面向传统PC开发的操作系统，将使得用户体验大打折扣。

当21世纪的第一个十年快过完时，苹果公司革命性的终端创新能力和谷歌主导的安卓生态系统在移动互联网时代已经占据了个人消费市场的主导地位，微软公司正竭尽全力赢回属于自己的一席之地。

为夺回市场，微软当时正秘密开发命名为 Windows 8 的操作系统，并以 Windows 8 架构开发针对移动设备的 Windows 8 RT 系统。其战略目的是将 Windows 的世界与由智能手机和平板电脑构成的触摸屏世界合而为一。具有跨时代意义的 Windows 8 RT 在操作界面中引入了类似于 Windows Phone 的 Metro UI 界面，大幅加强对触控操作的支持，强化人机交互体验。用户可以触摸一排排代表网站或应用程序的小窗口来操控电脑，这些名叫"瓷贴"的小窗口和智能手机用户所熟悉的图标非常类似。

Windows 8 RT 的新界面也能够通过鼠标控制，还可以转换到类似于老版 Windows 系统的"桌面"模式进行操作。联想集团与微软是长期紧密合作的伙伴，杨春身在其中，理解技术趋势，看到了可能的市场机会。这也是他提出重新开发这款后来被命名为 IdeaPad Yoga 的产品的最早动因。

联想当时所有的开发人员对这一新系统都并不熟悉。所以，当研发团队在攻克硬件难题时，一小部分人与微软成立了一个联合创新小组，以确保 Windows 8 系统软件与这款硬件产品能够完美融合。杨春从一名产品经理的视角描述了硬件与软件的关系：一个硬件没有软件是没有灵魂的，一个软件没有硬件的承载，也是浮在半空的，这两者一定要结合在一起，才能打造出一个好的产品。

整个产品的研发时间超过两年，是普通产品研发周期的两倍，是当时联想所有产品中开发周期最长的，其耗费的研发资金也是其他多数项目的两到三倍。

从商用到消费，从零到第一

当研发团队完成他们的工作后，接棒的是市场与营销团队。他们基于这款产品极具创意的翻转功能，取了一个浪漫的名字——

YOGA。整个产品系列被命名为"IdeaPad Yoga"。

YOGA 也是联想消费电脑产品历史上第一次从产品形态定义到主板研发、结构设计、散热、电池导入、关键零部件导入等完全由联想自主负责。出于保密要求，联想甚至不敢贸然把生产交给 ODM 厂商，而是交给了自有工厂。

时间到了 2012 年 1 月 11 日，来自 130 多个国家、超过 15.6 万的专业人士涌入美国拉斯维加斯，参加 CES。这是联想每年发布新品的最主要场合。与主要的竞争对手相比，联想的营销费用有限，并没有大笔资金来租赁中心展览场地，而是在主会场之外租赁了一处场地来展示新品。

在展会开幕后的第一天下午，杨元庆在一个狭小朴素的舞台上，将一台由工程师手工打造出来的 IdeaPad Yoga 样机展示给世界各地的媒体和经销商。这款产品被喷涂上橙色和银色两种颜色，外观炫目时尚，营销口号为"世界任我翻转"。

这是杨春最紧张的时刻，让他担心的事情有很多。最坏的情况是，他担心当杨元庆触摸屏幕操作时会出现"鬼手"，即屏幕在无人操作的情况下，触摸点乱蹦，在没有点击的位置发生报点。所谓报点，指的是屏幕检测到触碰位置并将触碰点的坐标发送给处理系统的过程。

这种糟糕的事故最终没有出现，但还有一个麻烦事要处理。联想在发布 IdeaPad Yoga 样机时安装的是 Windows 8 系统，但那时，微软官方还没有正式对外发布 Windows 8。如果联想向外界宣传了 Windows 8 系统，可能会让微软遭遇其他 PC 厂商的责难。

虽然获得了微软方面的允许，但为了避免出现这种情势，联想必须格外小心。然而，还是有那么一秒钟，当屏幕被打开时，台下观察力敏锐的观众发现了 IdeaPad Yoga 装载的正是微软尚未正式发布的 Windows 8 系统，这让微软很快不得不焦灼地应对众多 PC 厂商一连串的质问。

YOGA 的产品发布会结束后，市场的惊喜反馈远远超出了联想的预期。一家在科技行业极具影响力的中国媒体从现场发回了报道，记者在文章中感慨："中国企业似乎在 PC 这类舶来品方面从来没有让世界吃惊过，让人无法相信的是这个产品竟然来自联想集团，来自一家中国的企业！"

在这一届 CES 上，作为主办方的消费品制造协会（CTA）在官方会刊上给予 YOGA 极大的好评，美国科技资讯网、《大众机械》等一众国际科技媒体毫不吝啬地将超过 11 项大奖颁发给了 IdeaPad Yoga。产品的极大成功也让联想集团消费电脑业务部的营销主管们轻松取得了与全球最大电子产品零售和分销渠道商百思买集团高层的会面机会。当杨春进一步将产品向他们演示时，这家渠道商决定追加订单，并决定为这款产品在线下商场开辟独立展区。

在此之前，联想在百思买销售的所有消费电脑产品都在 599 美元以下，对于这类低价产品，百思买在商场通常是将所有产品混杂在一起销售，并不会有明确的品牌专区。IdeaPad Yoga 在美国市场的零售价格为 1000 美元，这也是联想消费电脑业务部第一款零售价格定在 1000 美元价位的产品。

2012 年 10 月，IdeaPad Yoga 在全球正式上市销售后，很快在笔记本电脑市场上刮起了旋风。尤其是在北美市场，年轻人为之着迷。在整个销售周期内，IdeaPad Yoga 11 英寸的版本卖出了 15 万台，13 英寸版本卖出了 30 万台，总计销量达到 45 万台。

最出色的产品可以如水银泻地般改写市场的结构。在售价 1000 美元以上的消费电脑这一细分市场，联想之前的市占率是 0，通过 IdeaPad Yoga 这一产品，市占率一下达到了 40%，冲到了第一。这一市场原本是惠普、宏碁、华硕的主阵地。联想很快又研发并推出了 IdeaPad Yoga 第二代，在 1000 美元零售价以上市场市占率第一的位置上稳坐了至少两年。

IdeaPad Yoga 为联想在消费电脑市场立下头功，也让整个消费业务打了一场翻身仗。此后，这块业务终于开始盈利。YOGA 通过一代代的设计创新和技术更新，总能打破常规思维，虽在销量上也有失意之时，但从此联想在全球消费电脑业务的高端市场上有了一席之地。

YOGA 开创性的"一台笔记本实现四种操作姿势"的产品形态，成为业界潮流，被争相模仿。即便在联想内部，这种产品形态也被商用品牌 Think 效仿。

在 IdeaPad Yoga 取得巨大成功后，日本大和实验室决定对 ThinkPad 的传统形状进行最激烈的变革。"ThinkPad 之父"内藤在正承认 YOGA 的四种操作姿势比大和团队所研发的"变形本"表现更好。他要求设计师们放弃仅支持翻盖和平板两种模式的 ThinkPad"变形本"，转而将 YOGA 所支持的四种操作模式作为设计路线。

这是 ThinkPad 自问世以来幅度最大的变化。大和实验室开始以 YOGA 为蓝本，设计师和工程师团队也完善了 IdeaPad Yoga 的一系列不完美之处。比如，为应对键盘在翻转中处于最底一层时机身移动可能损害按键的问题，他们研究出了"提升和锁定"系统，形成了"呼吸键盘"的方案，完全消除了键盘损害问题。在 2013—2014 年，联想商用电脑事业部接连发布了两款 ThinkPad Yoga 产品，2016 年，又接着发布了 ThinkPad X1 Yoga，把机身重量降低到了 1.3 千克。

ThinkPad，一道证明题

"王冠上的明珠"

2005 年的春天，在日本东京远郊的大和实验室，上千名设计师和工程师时常感到惶恐不安。他们一开始甚至不愿意相信一家中国公司能够从 IBM 手中收购 PC 业务，在此之前，他们中的绝大多数从未听说过

"Lenovo"这家公司。

这群以男性为主的中年人对笔记本电脑设计和技术深切热爱，他们担心来自中国的收购者将抛弃大和实验室，即便不被抛弃，他们的工作也不会被重视，而是可能被视为公司的拖累。在日本制造业厂商的传统观念中，中国企业不会花费巨资为研发劳神费力，更不会有耐心鼓励研究人员做无休止、长周期的产品质量测试。

后来发生的事情打消了日本人的顾虑。联想非但没有抛弃大和实验室，反而将这群设计和研发人员视作珍宝，没有任何员工被裁撤。相比在 IBM 时代他们被置于"边缘"位置，在联想，大和实验室承担起 ThinkPad 的核心研发工作。杨元庆毫不掩饰对于 ThinkPad 研发团队的偏爱，他将这个团队称作"联想王冠上的明珠"。

世界第一台个人电脑由 IBM 在 1981 年发明，1992 年，ThinkPad 在日本大和实验室诞生。方方正正的黑色机身是日本人从他们日常使用的便当盒中找到的灵感。此后的数十年，ThinkPad 用一种最朴素的审美延续着这一产品线的经典。比如，蝴蝶式键盘、可以像拉手风琴一样开合的 ThinkPad 701C，这些都展现着其革命性的创造力。美国人和日本人的精诚合作让 ThinkPad 成为 IBM PC 业务部的传奇。

从被联想收购后至今，这处实验室依旧隐身幕后，日复一日，如古时的农人般精耕细作，打磨产品。更多足以写进 PC "名品堂"的经典机型优雅问世，狂热而坚定的拥趸群体并未因年岁消逝而减少。

2023 年秋天，当我们造访这家已经搬迁到日本横滨的传奇实验室时，这里的工作环境颠覆了我们对制造业实验室的固有印象。这不是一间间凌乱嘈杂的工业作坊，而是商业中心区的精致高档写字楼里一个个优雅整洁的工作间，设计师和工程师占据了整两层楼，而测试设备的空间则被设置在旁边一处三层楼的建筑中。对了，他们不是一群穿着白袍、顶着"爆炸头"的疯狂博士，相反，他们大多穿着笔挺的西装，兜里插着各种各样的圆珠笔，待人毕恭毕敬。

在联想收购 IBM PC 业务的交易中，ThinkPad 产品系列是最具价值的资产。一开始，很多媒体和客户都对此抱有偏见，他们不相信联想能够保持 ThinkPad 卓越的品质、可靠性以及创新性。当时联想 PC 业务部的一名技术助理抱怨，他曾被每一个客户问道：收购之后，ThinkPad 的品质会有什么变化吗？

实际上，这种质疑存在于整个 PC 行业。杨元庆希望打消客户的这种疑虑。2004 年冬天，在宣布并购消息后没几天，杨元庆第一时间飞到了日本。他驱车赶往大和实验室，用了一晚上的时间跟这里的研发人员一起聊天、互相鼓励，后来还一起喝啤酒，唱卡拉 OK。

用革命性产品证明自己

联想亟须展现自己强大的设计和工程实力，以确保 ThinkPad 在联想麾下依然保有其技术内涵和强大影响力。而推出具备世界最先进技术的产品，才是最好的证明。2006 年，杨元庆向产品设计和研发团队下达了第一个指示：生产一款在技术与工艺上都具有革命意义的产品。

在完成对 IBM PC 业务全球产品研发团队的整合后，联想在全球范围内设有三个研发中心，分别位于中国、美国和日本。位于中国和日本的创新中心主要负责硬件开发，在美国的研发中心则主要致力于软件、营销、品牌等。

结合三方研发力量的第一款被寄予厚望的产品是 ThinkPad X300。联想时任首席设计师戴维·W. 希尔（David W. Hill）担负重任，和顶尖设计师们惯常的张扬不羁不同，希尔温文尔雅。他 1985 年就加入了 IBM，在 1995 年接手了 ThinkPad 产品线的设计工作，当时 ThinkPad 面市才三年。

希尔以大和实验室为主要研发阵地，将中国和美国一群极具创新力的设计师拉到一起，让这三股力量贡献自己的特长、并肩作战。此时，

ThinkPad 最具威胁性的竞争对手不只是惠普、戴尔或索尼，还有毫不循规蹈矩、在创新上极具革命气质的苹果公司。

ThinkPad X300 一开始就确定了自己的目标：创造 ThinkPad 历史上最薄、最轻、最具科技性的一款产品。在 IBM 掌控的时代，ThinkPad 团队曾研发出了 ThinkPad 600，这是当时世界上最轻巧的笔记本电脑，将笔记本电脑的发展推向了一个崭新的技术高峰。

要超越 ThinkPad 600 是一件极具挑战性的事情，因为性能与便携很难两全。要使各部件体积变小需要增加成本，为了实现将重量、成本与功能完美地结合在一起，要让电脑在兼具轻度和薄度的同时还结实耐用，研发团队要在诸多约束条件下展开他们的创造。

研发团队的负责人是一个美国人，他负责管理进度，跟踪工作进展和完成情况。大部分工作在日本大和实验室完成，总计 12 名机械和电子工程师要按照计划、时间表完成工作。

理解他们的工作内容并不容易，我们可以朴素地将之总结为：确定显示器、机壳和铰链的工程设计及制造方案；将所有电子元件和机械元件组装到一起。当然，还有尤为重要的外观工业设计工作，这对联想品牌至关重要。因为联想决定在这款产品中打上"Lenovo"的品牌标志，取代过往多年在右下角的"IBM"。

整个工作最艰难之处在于要按照预先确定的重量和厚度制造出这款笔记本电脑。这远不是将部件合理摆放那么简单，而是要提出技术解决方案，并与供应商合作，完美使用最新的技术组合。而美国人给团队预留的前期研发工作时间只有 10 个月。

即使是世界级的 PC 制造厂商，联想在众多部件上也离不开上游供应商，要由它们按照 ThinkPad 研发团队提出的技术要求，量身定制地生产固态存储设备、芯片组和风扇等。对于很多新技术应用的要求，这些供应商也闻所未闻。比如，DVD 驱动器应该满足超薄同时结实耐用的条件。

ThinkPad X300要解决的最棘手的难题有两个：一是如何制造出更大的触摸输入板，二是电池放在哪里。两大难题很难同时解决，因为如果满足其中一项意味着必须牺牲另一项。这种问题在追求更轻更薄的电脑设计中时常遇到。

在概念阶段时，研发人员就决定将主电池安装到触摸输入板下方的底壳内，不过，如果触摸输入板大一些，留给电池的空间就会小一些。设计师在电池设计方案上做出了调整，既能为触摸输入板腾出较大的空间，又能确保电池具有足够长的使用寿命。

通常情况下，电池使用寿命越长就意味着电池越大。工程师们打算使用一款特殊电池，它从机身前部或者后部凸出来。然而，设计师们并不希望漂亮的机器上有一个"丑陋"的隆起物，因此决定寻找另外的方式延长电池的使用寿命。

最终，他们决定使用一种较大的电池，只不过将这块电池安装到电脑底部，它可能会略微凸出一些，不过没人会注意到这一点，除非他们将机器翻转过来。

在ThinkPad X300中，三种最核心的关键技术被使用。

一是采用配备NAND闪存技术的固态硬盘，其体积比传统机械硬盘小得多。同时，固态硬盘使用半导体器件而非传统的读写方式保存数据，速度更快。当时的唯一"缺点"是造价高昂。

二是屏幕采用LED（发光二极管）背光技术，取代了LCD（液晶显示屏）技术。新技术不仅大幅度提高了用户观看屏幕时的舒适度，而且让屏幕更薄。

三是从松下公司引进光学DVD。当时，普通台式电脑中使用的DVD驱动器最薄的是12.5毫米，松下可以做到9毫米。但是，ThinkPad的要求不止于此，他们固执地认为可以继续降低到7毫米。最终，松下满足了这一需求。ThinkPad X300成为全世界第一款采用了7毫米DVD光驱的笔记本电脑产品。

技术赌局

在芯片的使用上，ThinkPad X300 面临着一个"赌局"。当时，英特尔几乎垄断着 PC 制造商芯片组里的一切，从微处理器、无线通信芯片、显示器图形处理芯片到存储管理芯片，都和大部分电子元器件一起被安装到电脑主板上。

在 2007 年，最先进的短程无线通信技术是 Wi-Fi 技术，可以满足笔记本电脑在家庭、办公室以及其他公共场所的通信使用需求。但是，英特尔当时正在进行一项充满想象力的技术研究，这项技术被命名为"WiMAX"，可以让移动电脑用户接收到好几公里外的无线信号。

研发负责人决定在 ThinkPad X300 中使用最尖端的技术。联想集团的工程师和英特尔派出的研发人员密切合作，希望能在 ThinkPad X300 发布之前让 WiMAX 无线技术得到使用。因为存在不确定性，ThinkPad X300 不得不做好两手准备。事实上，直到 ThinkPad X300 在全球展开销售，英特尔的 WiMAX 技术也没有准备就绪。

将最新、最先进的技术全部应用在一款产品中，其光鲜之处是让产品变得出色，但并不是毫无风险。因为其中任何一项技术都是最先使用，这意味着并无品控数据可以参考，联想的核心质量审查委员会需要为此做最后把关。果不其然，在选定固态硬盘供应商时，有两家亚洲供应商就没有通过联想的质量控制检测，这意味着必须临时寻找其他供应商，推迟投入生产的时间。

ThinkPad 的传统优点包括出色的键盘使用体验，其按键到位时的下行距离恰到好处，按键的弹性和使用时所需的力道也非常完美。在 ThinkPad X300 的研发过程中，设计人员面临着一个选择，即为了节省空间需要将键盘顶端的两排按键做得略薄一些，这两排按键是数字键和功能键，用户并不会经常使用，但如果做得略薄一些，意味着这些键盘的下行距离会小一些，差别只有不到 1 毫米。

用户几乎很难发现这种细微的区别，即使发现了，或许也并不会在意。但是，对于ThinkPad X300的设计师们，这是一种抉择考验。他们最终并没有让这种细微的不完美存在，而是下决心攻克了难题，让所有按键有同样的下行距离。

ThinkPad在全球高端笔记本电脑市场的售价远高于竞争对手，还能保持极高的市占率，关键原因之一是其品质过硬，即使在最恶劣的环境下饱经"摧残"，它也能稳定运行。为了让ThinkPad在从高处跌落或者受力不均时依然不会遭受损坏，ThinkPad X300的设计师们设计了一个金属框架，将其稳妥地放置在电脑底部，并称之为"防滚架"，工作原理类似于竞速赛车中的防滚架。这个防滚架既要坚固，还要又轻又薄，这很不容易，工程师们创造性地将电脑的镁合金底壳沿水平方向环绕电脑下半部一圈，在其他边缘则安装一个镁合金框架，既可作为防滚架的顶部，又可作为支撑键盘的边框。

做这种精益求精的工作必须有极大的耐心，而且是在强大的倒计时压力之下。产品设计师和研发团队最担心的是研发推进的进度未能控制在时间计划之内。供应商部件的制造是否符合要求？电子元件、显示器、芯片等任何一项部件能否在预定时间到货？如果设计师将设计图纸交给供应商，而供应商不能如期交付，或者交付中出现小小的瑕疵，都可能打乱研发的节奏，进而影响新品的发布。

"酷刑"考验

最大的考验还在后头。在测试样机和投入量产之间，还需要产品测试等程序，如果其中有一环未能通过，整个产品可能会功亏一篑。

一切努力，都是为了如期推出产品。整个时间表以月份为单位，有的节点也会精确到天，主要流程必须一步不落：在设计和研发阶段完成后先制造出样机，测试样机和组件，定制样机，试生产准备和测试。在此之后，由联想质量部门数十名质量经理组成的审定委员会确定是否可以投入生产，如果获得通过，中国的一家制造工厂就可以开始生产。

联想每个重要产品的最后大考，是审定会。产品线的负责人必须周密应对，除了汇报投资金额，预计销售量、投产时间这些常规项目，研发和工程师团队还要从电子和机械工程、质量、营销以及准备生产等方面做专门陈述。

审定会通常如马拉松，从早开到晚，会议气氛很紧张。

只有这一系列程序获得通过，工厂才会启动第一批生产。一开始，工厂只会生产出数十台电脑，这些电脑并不会投入市场，而是分发给研发团队、公司管理人员、销售人员，由这些人员使用一段时间后给出反馈意见。营销人员会借此预估市场销量，让国内采购人员确定应该向供应商下达的订单数量。只有大家对产品都没有反对意见了，工厂才会开足马力大批量生产。

第一台 ThinkPad X300 样机在 2007 年 7 月组装完成，这台样机的外壳甚至是手工制作出来的。大和实验室设计部门的负责人带着样机来到美国北卡罗来纳州罗利市一个名为莫里斯维尔的小镇上。这里属于北卡（北卡罗来纳州）三角研究园，这是美国最大的科研聚集区之一，美国数百家科技企业的研发团队驻扎在此。

联想首席设计师希尔正等待着他们的作品。当看到这台样机时，他为其能做到如此之轻盈而感到惊讶。实际上，当 ThinkPad X300 最后量产时，重量只有 1.39 千克，如果去除可拆卸的光驱，重量只有 1.13 千克。

然而，ThinkPad 的业务负责人表示，不能忍受 ThinkPad X300 的一些不完美之处。比如，当时，样机还缺少固态硬盘和显示器，键盘是被白色胶带粘住固定在机身上的。但这些不完美都只是出在样机身上，并不是重大问题。

这个业务负责人还发现样机屏幕上存在污斑现象，并在之后发送给研发人员及其他相关人员的每周工程报告中追问，问题是否得到了彻底解决。大和实验室很快找到了问题所在，解决方案是更换电脑翻盖中的某一个部件。

样机出来后，还有 ThinkPad 必不可少的"酷刑"考验，即验证环节及可靠性测试环节。当时大和实验室还没有搬离东京郊区，还在使用 IBM 在东京的办公楼，这栋建筑的地下室里有一排小房间，每个小房间里都有一套设备用于"摧残"样机。

最先开始的是整机的自由落体跌落测试。样机在开机状态下从距离地面约 1.5 米的高度坠落，如果落地后样机还能保持开启，则测试通过。随后是电磁干扰、噪声、温度降低到 0 摄氏度、加热、受潮，以及压力反应等。其中与主板相关的就有数十项。

这些测试，周期长达一到两个月，各个环节的测试也不是一次性完成，而是随着不同研发阶段的完成而分步展开。

在 ThinkPad X300 的验证环节，发现的主要问题是，处理器在一定条件下会出现轻微的抖动。工程师拆开机器仔细研究，找到了症结所在。他们发现问题出在处理器的散热口，当机身外壳受到强力按压时，小排风扇距离塑料护套过近，就会产生微小震动。解决方案是将散热口设计成一个微小的隆起，这处隆起只有 0.4 毫米，肉眼几乎区分不了，但彻底解决了麻烦。

有些细节问题的处理，涉及和外部合作伙伴的谈判，甚至是争吵。比如，ThinkPad 追求外观极致简洁优雅。但是，按照规则和惯例，笔记本电脑上经常要粘贴一些认证标志或序列号，如质量认证、安全认证等，这极大影响了机身的美观。ThinkPad X300 的外观设计师们竭尽所能将这些影响美观的元素妥善处理了，但是，像微软这样强大的合作伙伴不愿让步。这家公司 Windows 的序列号和四种颜色的 Windows 标志被粘贴在机身底部，就像旅行箱上粘贴的地标广告。

在深圳自由贸易区的联想工厂内，ThinkPad X300 第一批产品下线。在此过程中，节奏通常会放慢，以便于驻扎在生产线上的大和实验室的工程师们监督装配和测试过程。他们能及时发现一些技术故障或装配过程中的欠缺，然后立即反馈给设计和工程团队，并快速找到解决办法。

来自日本大和实验室、美国罗利、中国深圳的超过 100 名联想员工随时待命，以随时研究从工厂试生产反馈过来的问题。而供应商三星公司、英特尔等也有超过 100 人在待命，以随时协助解决相应部件出现的问题。

在开足马力大批量生产之前，还有一个程序。联想针对产品研发设立了一个外部顾问小组。这个小组被称作顾问委员会，由 12 名顶尖的行业分析师和产品评估师组成，他们会极为挑剔地对第一批产品提出意见，并对产品的发展战略给出建议。

顾问委员会惊叹于 ThinkPad X300 的简洁外形、轻度、薄度和明亮的显示器。他们一开始甚至以为放在面前的只是一个模型，但打开开机键后，他们意识到这是一款即将投入量产的真机。

标杆与记忆

一切准备都是为了 2008 年 2 月 26 日这一天，这是原定的 ThinkPad X300 的正式发布日期。2008 年是中国的奥运之年，联想是这届奥运会的顶级赞助商，营销团队决定在 8 月下旬，即北京奥运会结束后的第一时间，正式向全球销售 ThinkPad X300。

颇具戏剧性的插曲难以避免。就在 ThinkPad X300 正式发布前的一个多月，苹果公司发布了第一代 MacBook Air，传奇 CEO 乔布斯从一个马尼拉信封中掏出了这款经典作品，全球范围内的"果粉"顿时为之疯狂。苹果营销团队将之宣传为"世界上最薄的笔记本电脑"。即便是在颜色上，MacBook Air 的银白色机身和 ThinkPad X300 的经典黑色也是针尖对麦芒。

这是联想 ThinkPad X300 团队最不愿意看到的局面。好在，马尼拉信封同样装得下 ThinkPad X300。两者的惊艳程度不分伯仲，MacBook

Air 最薄处 4 毫米，最厚处 19.4 毫米，ThinkPad X300 最薄处 18.6 毫米；ThinkPad X300 不加装 DVD 驱动器的版本比 MacBook Air 更轻，当然，MacBook Air 压根就没有配置 DVD 驱动器。

MacBook Air 为追求机身的轻、薄，以极简的设计理念削减了传统笔记本电脑的诸多性能，比如采用内置电池，无法更换备用电池，减少 USB 接口，不配备网络电缆接口等。这让 ThinkPad X300 在基本性能上占到优势，比如其电池有三种方案可供选择，有三个 USB 接口等。

然而，当两款产品同时被推向市场时，二选一的情况很少出现。因为 ThinkPad X300 面向的主要是商务市场，而 MacBook Air 则备受消费市场青睐。

ThinkPad X300 帮助联想向世界宣示了其追求卓越的设计和工程制造的决心。这款产品也让联想顺理成章地成为 IBM ThinkPad 的正统传人。对科技产品保持挑剔眼光的《华尔街日报》称 ThinkPad X300 是笔记本电脑用户的"一个绝佳的选择"。

在后来的十几年，ThinkPad 出品的笔记本电脑坚守住了朴实无华的风格，其经典造型也堪称计算机诞生以来最长寿的造型设计。它继续追求品质过硬、更具创意、性能更强。紧随 ThinkPad X300 之后的 ThinkPad X1 Carbon 系列，至今依然是笔记本电脑界的标杆。

到 2024 年，ThinkPad 系列笔记本的历史已经有 32 年，已成为无数人心目中和办公关联在一起的标杆与记忆。

产品研发"铁三角"和"三级火箭"

"革命性的 PC 厂商"

2005 年 4 月是联想发起收购 IBM PC 业务后的第四个月，13 日，位于北京的国家奥林匹克体育中心正在举办一场会议,这也是国际化的新联想的第一场誓师大会。在联想内部,每年都有一场"壮行大会"。但与往年不同,此时,他们要奔赴的战场不再只是中国,而是全球市场。

在大会上,杨元庆用鼓动人心的愿景激励同事。联想品牌市场部门计划将其中最精彩的一部分制作成卡片,在完成 IBM PC 业务并购后的第一天赠送给联想的全球合作伙伴和客户。那场演讲的最后一部分是关于联想产品创新的宣言:

"这个世界上真的需要再多一家一个模子里刻出来的 PC 厂商吗?不,不需要。这也就是为什么我们不仅仅简单地是'另一家 PC 厂商'。我们并不赞同把 PC 单纯地标准化、大宗商品化,我们要打造革命性的 PC 产品。

"在打造出革命性的 PC 产品之前,我们首先要成为革命性的 PC 厂商。联想过去 20 年的发展历程,是一个不断创新的历程,未来,我们将继续凭借创新,让我们的设计、我们的制造都成为世界一流。在让企业获得最高效率的同时,让我们的客户获得最高品质的产品。

"这就是我们的使命——把更多的创新赋予更多的人,让他们借此创造出更多的奇迹。因此,我们为提升生产力,为更可靠更安全,为能够制胜而创新;我们为能让大家买得起,为帮助人们获取优势而创新;我们为形形色色的客户创新,为书店,为航空公司,为小客户,为大客户,当然也为每个普普通通的人去创新。

"我们如何做到呢?通过设计,包括技术上的、工艺上的、流程上的等方方面面的设计。我们为商务人士、为 IT 人士、为工程师们设计,我们为每一个活生生的人设计,设计无处不在。我们反对千篇一律,我们缔造创新的传奇,我们是无畏的新生者。旧工业时代的最后一章就要终结,新工业时代的第一乐章就要奏响。这就是新联想!"

整合"铁三角"

2005年,在完成对IBM PC的收购后,在新联想担任CTO的是贺志强。这个性格爽朗、声音洪亮的山西人1986年加入联想,是联想不少重要产品和创新技术的直接贡献者。他被任命为CTO后,最重要的任务是建立起新联想的研发体系、支撑体系、产品创新体系以及分工合作模式。首先要做的,是将IBM的罗利研发中心和在日本的大和实验室,与联想自身在北京和上海的研发中心整合起来。"我们充分认识到,企业为什么要国际化,只有将全世界不同地方的优秀人才用起来,才能真正具有全球化竞争力。"

作为中国科学院计算技术研究所计算机工程硕士,技术出身的贺志强对大和实验室满怀敬意。他说,在一开始他个人并不赞成收购IBM PC业务,即便考察了IBM PC业务的罗利总部,他依然没有完全改变观点。直到到日本考察完大和实验室,他对联想国际化之旅的热情才终于被点燃。

三国研发团队所擅长的能力和重点各不相同。位于罗利的研发中心,无论软件还是硬件都有很强的体系架构设计能力,其研发管理体系和流程能够支撑全球产品复杂的交付需要,不足之处是对细微的创新并不擅长;日本大和实验室在笔记本电脑和高端商用技术方面最具实力,工程师追求尽善尽美,一步一个脚印研究如何打造高质量产品,但对创新小心翼翼,对行业内的新事物接受较慢,在软件能力方面亦有短板。

而中国研发团队在消费电脑领域的产品设计、对客户需求的了解和研发上都有深厚积累;他们有丰富的人才储备,且队伍的年轻化特征明显。IBM的设计人员不少在PC领域工作了25年以上,联想当时创办也才20年。

三个国家的团队在文化背景、行事风格、规章流程等方面的特点都根深蒂固,每个技术开发小组也都有自己的专业术语和开发流程。最现实的问题是，中外语言并不一致，所以在一些术语的使用上也不一致，这造成了很大的混乱。比如，在美国的流程体系中，"PE"代表产品工程师，而在中国，它指的是采购工程师。

ThinkPad 的质量团队执着地要求所有产品的品质保障使用寿命长达 30 年，而联想团队的要求是 10 年。事实上，绝大多数用户的换机周期是 5 年。个人电脑的芯片、操作系统、软件等技术更新则以季度、年为周期，快速迭代。

如果不能有效整合三方，那么一方面会浪费资源，另一方面容易造成混乱，影响新产品的开发。

要让一群头脑聪明的人做出改变并非易事。在三方正式整合前的相当长一段时间内，中国与美国的研发团队开始购买对方团队设计的产品，他们反复拆开并重新安装对方的机器，以求从中了解对方的设计思维和工程水平。

2005 年 10 月 1 日，一个名为"联想全球协同高效创新体系"的组织正式开始运转，贺志强希望建立起研发机构与各业务部门紧密协同、高效创新的连接机制和一流的实验环境，并在全球范围内建立实验室。

很快，三地研发团队的分工开始明确：位于美国罗利的研发中心负责前瞻性技术的开发和产品定义、质量测试等工作；日本大和实验室的工作人员中，只有硬盘、TFT（彩色液晶显示屏）、电路板等方面的约 300 名研发人员分离出来，其余人员的精力还是专门集中在 ThinkPad 笔记本电脑的研发和设计上；台式电脑的研发则从美国和其他国家全部集中到了中国。

大和实验室一名在 IBM 工作了 12 年，并购之后在联想集团工作了 19 年的资深工程师说，在 IBM 时代，大和实验室开发团队与美国开发团队之间更多是内部竞争关系，几乎不会合作开发产品。联想集团改变了这种状态，鼓励中国、美国、日本三地团队合作开发。

在联想集团内部，这种各取所长、各有重点的研发布局在过去 20

年并未发生重大变化，一直持续到今日。

"我们真的要倾囊相授吗？"

位于三个国家的研发中心的设计师和工程师开始频繁而密切地通过邮件、电话会议交流，管理人员则通过轮岗机制了解其他市场的文化，从而形成开阔的视野。中国的团队从大和实验室学习到日本人设计上特有的精细态度；而日本的设计师们从中国团队看到的是开放思维，以及跳出常规思维框架来解决问题的能力，这些年轻的技术人员不仅效率高，而且擅长纵观大局、设定宏伟目标。

大和实验室邀请来自北京、上海和深圳的团队到实验室观摩ThinkPad的研发过程，让他们了解ThinkPad如何解决CPU在碰撞下容易出现故障的难题，以及ThinkPad键盘设计的精髓。中国团队也邀请大和实验室的研发人员到北京参观联想的工业设计实验室，了解中国团队的研发流程以及极具创意的概念产品。这让大和实验室的研发人员第一次看到了YOGA概念机型如何在四种形态下使用。

在整合中，最艰难的是在不同文化的团队间建立起信任。"如何让日本团队敞开心扉，跟你什么话都说？日本团队非常有意思，白天开会时，除了大老板说几句话其他人都不说话。你怎么了解他们？下了班吃饭喝酒，酒过三巡才行。如何让美国团队发挥作用、为我所用？美国是全球创新的前沿，他们的人脉也是国际化的。"这都是贺志强要面对的挑战。

争论不休是当时的常态。争论往往不是因为技术问题，而是因为设计和审美的问题。美国人和中国人都崇尚简约之美，但是，因为文化差异，大家对"简约"一词的认识是不同的。

所以，中、日、美研发管理团队之间必须保持面对面的密切沟通。贺志强说，在最初的几年里，他有过不少次，在一个星期中往返中美两次，主要是对研发人员进行调整、补充和组合，促进研发人员之间的面对面沟通。在那段疯狂的日子里，他的身体素质也面临极大的考验。

在整合研发团队的过程中，整体而言，中国团队受益最多。美国与日本研发团队在 PC 产品上的研发积累时间是中国研发团队的 3 倍甚至 4 倍。尤其是在笔记本电脑的研发上，中国团队在当时经验很少，此前主要依靠 ODM 来完成。他们在产品开发中遇到的几乎所有问题和难关，日本和美国研发团队都曾遇到过，这种三方合作让中国团队的研发能力得到快速提升。

大和实验室的工程师曾询问当时的实验室负责人内藤在正："我们真的要倾囊相授吗？"内藤在正是这样回复的："许多人认为，你要保持强大地位，就要留一手。这种想法是错误的。如果你感觉把知识传授给他人后自己就一无所有了，那你需要走出去学习更多。"

当三方研发团队互相合作而不是内耗，多赢局面就形成了。比如，为解决一款产品电池续航性能不佳的短板，日本团队给出的设计方案是从硬件上调整，这一方案带来的是成本大幅增加。但是，如果只是通过调整软件来解决耗电问题，又存在可靠性不高的隐患。三方研发中心决定各取所长，采用一种混合式的解决方案，由擅长硬件的团队调整硬件中的小部分，而擅长软件的团队则调整软件，软硬结合，解决问题。

三地研发团队的合作，也推动了彼此在全球范围内供应商资源的互用。ThinkPad 设计团队决定在一款产品中使用铝制机身外壳，但是，他们在日本国内无法找到能提供适配材料的供应商，找到的少数几家也报价高昂。此时，中国研发团队发挥了作用，他们靠近中国制造端的工厂，积累了丰富的供应商资源，轻而易举就帮助 ThinkPad 设计团队寻找到了替代材料，且成本更低。

大和实验室现任负责人塚本泰通（Yasumichi Tsukamoto）说，日本本土有很多创新型的供应商。联想交给日本开发团队的一个长期重要任务，就是挖掘出这些最优秀的供应商，将他们卓越的技术介绍、推广到联想

第五章　产品：竞争的王道　　203

全球的研发和业务团队。

他举例说，ThinkPad 的外壳供应商之一是一家位于日本东京的新型材料生产公司。当联想消费电脑事业部 YOGA 产品的设计团队希望找到一种轻质材料以降低产品重量时，日本研发团队很快帮助他们匹配到了这家供应商，并提供了一种完美的白色碳纤维材料。当索尼公司研发出了一种原料的再生利用比例最高达到 99% 的再生塑料时，日本研发团队很快就将这种材料推荐给了联想在全球各地的研发团队，让联想众多产品线在 ESG 解决方案方面前进了一大步。

"三级火箭"

2016 年是联想战略决策的转折之年，杨元庆誓言推动联想向智能化转型。联想集团的高管们不甘心也不乐意联想被外界评价为一家传统的个人电脑制造商。

按照联想集团副总裁、联想中国战略及业务拓展副总裁阿不力克木·阿不力米提（后称"阿木"）的话说，经过数年的智能化转型，一方面，联想已经是一家全球布局、全价值链覆盖的实体经济产业公司，另一方面，联想正在为千行百业的实体经济公司进行数字化、智能化转型提供产品方案和服务。

这种战略转型对联想整个研发体系提出了新要求。这一年，贺志强卸任联想 CTO 和联想研究院院长，创办了联想创投（联想投资 5 亿美元）。接下他职务的是芮勇博士，他曾在微软亚洲研究院担任常务副院长，在微软工作了 18 年。

此后，联想集团层面的整个研发体系从"二级火箭"变成了"三级火箭"。业务集团产品事业部、联想研究院与联想创投是"三级火箭"的三级组织，分别致力于短期、中长期及远期的技术研究。

之所以将其描述为"三级火箭"，是因为三大组织就像火箭的推进器一样各有侧重点，相辅相成，贯穿在一起，支撑整个联想的技术和产品研发。其中，产品事业部主要聚焦未来1~2年的产品研发和创新；联想研究院主要聚焦未来3~5年核心技术的研究；联想创投集团则聚焦未来5~10年的科技产业发展投资，发挥"科技瞭望塔"的作用。

联想研究院和业务集团的研发部门如何形成配合呢？芮勇将其描述为类似于一支默契配合的足球队。研究院相当于整个集团的后场，负责技术创新、业务创新；在完成技术创新后，要把"球"传到中场，中场则是联想分布在各个业务集团的产品研发部门以及下沉到自有工厂的研发团队，由他们将研究院的创新成果完成工程化和产品化，转变为产品；而前场则是联想的营销部门，负责为产品拓展客户、开拓市场，形成营收和利润。

在转型之前的很多年里，联想研发体系的优势能力在硬件领域，当其决定做智能化转型时，他们希望补足软件领域的短板。硬件创新研发依然是重中之重，但已不再是全部。整个公司的研发重点转向了先进计算、人工智能、云计算/边缘计算、5G+、元宇宙和车计算等。

芮勇说，在过去几年，联想研究院的人才结构已发生根本性转变。在他加入联想的2016年，联想研究院中60%左右的研发人员是擅长做硬件创新的；而到今日，90%左右的员工专攻软件研发，其中占比最大的又是从事AI研究的软件工程师。

在芮勇的主导下，联想2021年底成立了其历史上第一个技术委员会，成员都是各大集团级产品线的资深负责人。这改变了之前各个产品事业部与联想研究院各自作战的情况。联想技术委员会的职责是在统一领导之下对联想的技术研发做统筹安排，共同决策最重要的技术方向，共享研发管理最佳实践，规划统一的技术战略。

全球化运营为联想研发能力的提高带来了很多好处。联想在中、美、日主打阵地之外，还有遍布于全球的研发中心和基地，能帮助联想招募到全球的一流人才。"每一个国家的特色不一样，有些国家做软件特别强，有的国家做数据库非常厉害，有的国家做编译器非常厉害，我们兼收并蓄。"芮勇说。

以水滴折叠屏技术为例。最早提出这一创新性想法的是海外一个做手机的团队，但是，这个团队并没有掌握这方面的技术能力，而中国团队对此擅长，他们很快就把水滴折叠屏技术开发出来了。在开发过程中，关于转轴中精密零部件设计的系统联动问题，中国团队又不是最专业的，而海外一个精密部件的设计团队对此最专业，并帮忙攻克了这一问题。

ThinkPad X1 Fold 2022 这款产品，开创性使用了水滴形结构铰链技术。这一设计最早是美国芝加哥团队看到了可能性，但这方面最有技术专业经验的团队是北京研发团队。于是，先由北京团队开发了铰链的核心技术，但其中水滴形的铰链需要精密的零部件的设计和系统联动，这部分又是由芝加哥团队和巴西的设计团队一起攻克的；到了最后美观和外形设计阶段，又转到对此擅长的巴西团队。整个过程是跨地域、分工协作的。

在联想内部，全球研发团队的交流是通过每年召开技术共享大会进行的。在此类大会上，联想来自全球的技术精英各自分享一些创新、可共用的方式方法以及最佳案例。此外，技术交流还以一种区域研讨会的形式展开，这样的研讨会通常长达半个月，全球各区域的人员集中在一起把当地的意见和要求与其他区域的研发人员分享。在日常交流中，他们的技术共享是在内部的开发人员社区展开的。

芮勇于 2024 年 7 月卸任联想集团首席技术官，开始担任联想新兴技术集团（ETG）总裁，这是联想内部新成立的一个公司级组织，主要目标是预测新兴技术趋势，并将其转化为业务机遇。联想集团最新一任全球首席技术官是托尔加·库尔特奥卢博士，他此前曾担任惠普公司首席技术官、帕罗奥多研究中心 CEO，并曾领衔施乐公司全球研究院。

将品控左移

"就像人体的免疫系统"

王会文通常穿着联想员工的深色工装,典型的工程师模样,说话逻辑严密,"第一,……;第二,……"即便交谈者把话题绕远,他也不会轻易脱离自己的逻辑,"第三,……"。他是联想集团副总裁、全球电脑与智能设备首席质量官,他所领导的质量管理团队是联想每年近亿部终端设备从工厂到用户之间的最后把关人。

在制造业企业中,质量管理体系不易被察觉,但它们就像人体的免疫系统,须臾不可缺。一台 ThinkPad,要经历位于中国、美国、日本三地的团队协作,在自动化生产线上经过数十道工序,通过苛刻的质量检测,再经过订单、销售等十余个业务部门的协作,才能准确无误地送达客户。

更复杂的工作在更上游。联想的供应链体系遍布全球,是一个由 2000 家左右各级供应商组成的生态圈。质量管理部门必须深度参与上游数十家系统制造厂、数百家核心部件厂商和上千家上游零部件厂商的工作。出于各种原因,供应商还会在不同国家之间转移。这都增加了产品质量管理的复杂度。

在走向全球之前,联想几乎所有产品只面向中国市场,质量标准只有一个中国标准。而当产品进入全球市场时,意味着整个产品设计、质量管理体系要符合不同国家和地区的产品标准及合规标准。日本、欧盟、美国都有自己的标准体系,甚至阿根廷、韩国、印度也都分别有不同的标准体系。

质量体系只是一方面,要面向不同区域销售产品,还要理解不同市场用户的文化、宗教及使用习惯。

比如,系统默认地图屏保,功能描述用词稍有不慎,可能就会冒犯到一些区域市场的宗教文化；再比如，中国用户的电脑固态硬盘通常会被分为 C 盘及 D 盘，C 盘默认安装系统文件，D 盘存储用户文件。但是，在欧美市场，硬盘通常并不会做此区分，只有 C 盘。联想最初向海外销售电脑时，习惯性地将系统分成了 C 盘与 D 盘，欧美用户很恼火，数千台电脑被认为有质量问题而遭到退货。

在联想，质量管理人员从每一个产品的设计、研发阶段即开始介入，并参与立项会议，和设计、研发部门的人员共同加入端到端的产品交付团队。

当设计部门天马行空地寻求激进创新时，归属于质量管理部门的设计质量工程师的职责是将设计、研发和制造之间的模糊边界清晰化，为这些产品从实验室走向工厂量产设定质量标准、功能标准，形成测试规范。

比如，当笔记本电脑产品设计师们追求极致的超轻薄、折叠屏、全场景等产品趋势时，屏幕翻转的测试需要达到多少万次开合才符合量产标准？又如，屏幕折叠技术的关键风险点是屏幕的硬度、耐磨度以及折痕，应如何精确地确定折叠系统参数？对技术指标的前置确认，是联想产品质量部门在设计研发阶段的核心职能。

从学习到超越

王会文在联想负责质量管理已经超过 20 年，经历了市场从中国扩展到全球，PC 业务从商用扩展到消费，终端从 PC 扩展到手机和服务器等过程。

在联想国际化过程中，质量管理部门经历的第一个阶段是漫长的苦心学习。经过上百年发展，IBM PC 业务在产品质量管控方面有一整套细致全面的流程体系，从组织、人员、流程体系到质量标准、文化等。王会文光是阅读 IBM 的质量文档就花了一年时间，文档全是英文的，因为他当时英文还不太好，所以特别费力。

王会文说："读完整套文档之后，再通过日常运作流程理解文档，又花了至少一年时间，这个时候才能知道人家写的是怎么回事，为什么这么做，我们原来的流程是怎样的，这两套流程各有什么优劣势。我经常带着团队对比。"

学习阶段完成之后是融合阶段。在杨元庆2009年接任CEO以后，联想的质量部门有更多机会，逐步融合联想的管理经验和IBM的质量体系流程。他们寻求在IBM流程的基础之上融入联想原有管理经验中的优秀之处，逐渐形成新联想的质量管理流程。

经历了学习和融合，联想的质量管理体系在过去至少十年，已处在超越阶段。因为IBM PC业务原有质量管理体系的特点，已经无法跟上PC行业的变化速度。IBM PC业务质量管理体系基于其在漫长年岁中所建立起来的庞大组织架构。这是一个极其复杂而庞大的长链条组织，每个环节的组织都有自己非常精细化的功能定位，他们就在这一功能定位中专研其所长。

但是，这种烦冗的组织架构与流程有三大缺陷：第一，反馈速度慢，市场竞争越来越激烈，质量管理体系明显跟不上；第二，成本特别高，不仅质量管理团队的成本高，更大的成本是因为缺乏全局性思维，每个环节耗费的研发成本、时间成本都很高昂；第三，无法满足创新需求，IBM的质量管理流程基于IBM既有的成熟产品技术，当联想要不断做创新型产品时，原有的流程很难满足持续创新领先的要求。

过去多年，联想的个人电脑部门每年保持超过300个新品上市，每代产品都有新技术的应用，这要求质量管理部门主动应对多模式、新技术的挑战。他们对以上三个缺陷做出了改革。

第一，提升整个流程中各个阶段决策节点的效率。

第二，改变质量管理团队在流程节点上只是作为评审官的角色。

在IBM体系中，质量管理团队主要聚焦于从研发、工程化到生产的各个环节，而新的质量管理体系要求将质量管理深入产品立项、研发、生产、供应商等各个环节。这样的好处是到节点评审时，质量管理团队不是简单对产品给出"是"或"否"的评定，而是在各个环节都能帮助相应团队预警风险、问题，并提前告知到节点评审时，质量管理团队会关注哪些问题，以确保研发、制造或者供应商能够提前解决这些问题。在联想内部，这种模式被称作"基于产品全生命周期的源头预防质量管理"模式。

第三，将客户满意度作为考核质量管理团队的第一指标。2016年，联想的战略转型重点是从"以产品为中心"到"以客户为中心"。这不是一个有创意的口号，却给联想整个质量管理团队的工作重点带来了改变。

任何厂商都会说，客户对产品品质的反馈声音至关重要，但PC厂商的质量管理团队在过去很多年里固执地只关注售后返修率、产线通过率等几个传统指标。客户满意度与他们似乎无关，而只是作为客服或售后部门的考核指标。

为了科学有效地收集到用户的反馈，联想采取的行动是搭建产品与用户之间的桥梁，创建了一套基于用户评论的用户满意度指标PSI（Product Sentiment Index），以及与之相匹配的数据系统，以实现对用户需求全面深入的洞察分析。

用户的声音也可以反向推动联想研发设计、产品规格、质量及体验等各方面的改善。王会文举了一个例子。早期的ThinkPad在设计中还在使用机械硬盘，工作原理是，当磁盘磁片高速转动时，磁头与其接触完成读写，形成存储。但是，当笔记本电脑受到较大震动时，磁头很容易将磁盘磁片刮坏，导致用户数据丢失。用户对此有少许抱怨。收到类似声音和反馈后，联想质量部门推动设计部门做出方案改变，在产品设计中让磁头在读写的过程中快速识别振动动作，当震动发生时磁头立刻归位，不对磁碟造成划伤。

管理质量生态

如前所述，PC厂商有复杂的上游供应链，一台PC产品的上游供应链通常由数百家供应商组成。这些供应商提供的部件质量优劣在很大程度上决定了一台PC质量的优劣。所以，PC厂商的质量管理体系必须拓展到整个生态圈。

联想的供应商生态圈既有全球性的巨头企业，如英特尔、微软、英伟达等公司，也有显示屏供应商京东方、全产业链合作商立讯精密等行业龙头，还有专精特新企业以及规模相对较小的零部件供应商。

对不同的供应商，联想采取的是不同的质量管理策略和认证体系。整体思路是深度介入对方业务，甚至是共同研发。与全球性的巨头企业的合作方式是建立系统性的对话机制；与行业龙头企业进行战略性合作，以及倾斜式地辅助其成长；对专精特新企业，则是通过创投公司进行战略性投资，并从供应链管理角度进行扶持。

"联想集团已经形成了'聚焦客户、标准引领、源头预防、智能驱动、生态共赢'的质量生态管理模式。我们不断将质量管理的起点向产品生命周期的左侧移动——从右端的售后服务左移到制造、研发、设计，甚至到产品创意阶段，还从自身的质量管控，左移到对上游一级直至二级、三级供应商的质量管控，让质量成为衡量内部各部门甚至供应商工作成效的重要标准。"王会文说。

在打造供应商生态方面，联想定期召开供应商质量论坛，并在2019年发起成立了ICT产业高质量与绿色发展联盟，通过联盟共同制定产品和行业标准以及解决方案。过去三年，这个联盟制定的国际标准就有十几个，国家、行业、团体标准也有数十个。

在供应商体系中，数量最多的是中小企业，它们提供的往往是行业内的标准部件，如螺丝钉、麦克风和摄像头，技术含量不高，但产品用量较大。对于这类供应商，联想的质量管理策略是培训、现场指导、规范贯标等。

联想的核心质量管理部门有一个超过 300 人的团队。他们中超过三分之一是设计质量工程师，核心工作是与各个产品项目上的研发部门沟通，三分之一铺在供应商端，最后一部分则分布在工厂端及售后端。

他们中的 75% 分布在中国。实际上，过去 20 年，联想的质量管理团队整体经历了由美国职业经理人主导到由中国质量管理团队主导的过渡。

王会文说，要取得分布在海外的产品团队的信任并不容易。当他接手 ThinkPad 质量管理工作时，他所带领的质量团队与日本大和实验室的团队建立信任就花了至少三年时间，之后才实现了亲密无间的合作。当时，联想质量管理团队的负责人为一名叫安东尼·科克尔［Anthony (Tony) Corkell，后文简称托尼］的美国人，在评估一批硬盘质量是否达标时，日本团队负责人与王会文有不同意见。

日本团队认为这批产品在质量上可以供消费电脑产品使用，这一结论也得到了托尼的支持。但是王会文团队经过评估后得出的结论是，如果使用这批硬盘，产品的售后返修率将达到正常水平的 4 倍，他们以翔实的数据支撑这一结论。而经过多方验证后，中国团队的结论被证明无误。

由于质量部门左移到设计、研发、生产等环节，到了工厂生产环节，质量管理部门还掌握一个"生杀大权"，即确定这些产品是否满足交付要求。王会文和他的团队掌握着否决权，他们很少有机会行使这一权力，但他们并不放弃。

就 ThinkPad Tablet 的某一代产品能否进入批量生产环节，王会文曾与这款产品的研发负责人发生过激烈争执，双方的分歧在于对质量风险的判断。王会文坚持认为产品连接键盘和屏幕底座的插拔式接口存在质量风险，在上市之前必须解决，但这个研发负责人持相反意见。

在矛盾激烈时，两人一碰面就会发生争吵，双方就决策陷入僵持。

最终的解决方案是将测试机交给客户来评估，看客户对此是否满意。而反馈的结果支持了王会文的判断。这款产品被要求重新设计并推迟生产。

杨元庆对于联想在制造阶段质量管理的核心要求只有一个，"零缺陷"。每一台交付到客户手中的联想PC产品，都要经过1100多项严苛测试。这种持续的坚持，加上在产品设计方面的不断创新，使得联想产品在全球市场上，和高品质、稳定可靠、新奇、酷等评价牢牢挂钩。笔者在美国采访时，在医院、酒店、机场、学校等很多地方都看到了大量的ThinkPad商用产品，也在销售电子产品的各种零售卖场看到不少年轻的消费者选择了YOGA。

在残酷的竞争中，联想一直保持着全球PC市占率第一的位置，这不是偶然的。说到底，竞争的王道，是无畏的创新，以及对质量的极致追求。

第六章

IT整合：事关成败

IT系统是一家国际化企业高效运营的长期基础设施。在国际收并购中，整合IT系统，是一个很容易被低估的"陷阱"，因为它关乎业务整合成败，然而，其虽如此重要，却并不广为人知。

从一家中国企业过渡到一家全球化企业，表面起作用的是分布在全球的员工的行为。而在底层，从研发到生产，从财务到供应链，这些行为的发生，都需要一个技术载体，也就是IT系统。倚仗于这个系统，所有的业务推进和管理执行，都变得标准化、流程化，让一切井井有条。

"不以规矩，不能成方圆。"当企业的规模大到一定程度，稳定、可靠、高效的IT系统更加重要。联想国际化的成功并不完全倚仗IT系统，但没有IT系统，联想国际化也不可能成功。

在收购IBM PC业务之后，联想一直沿用IBM原有的IT系统，并支付价格不菲的IT技术服务费。

花了长达八年时间，联想才让自己开发部署的IT系统在全球各个区域完整上线，让全球的业务运营和管理运行其上，如图6-1所示。

这是一个克服了种种困难，险象环生，但百折不挠，终于成功的故事。

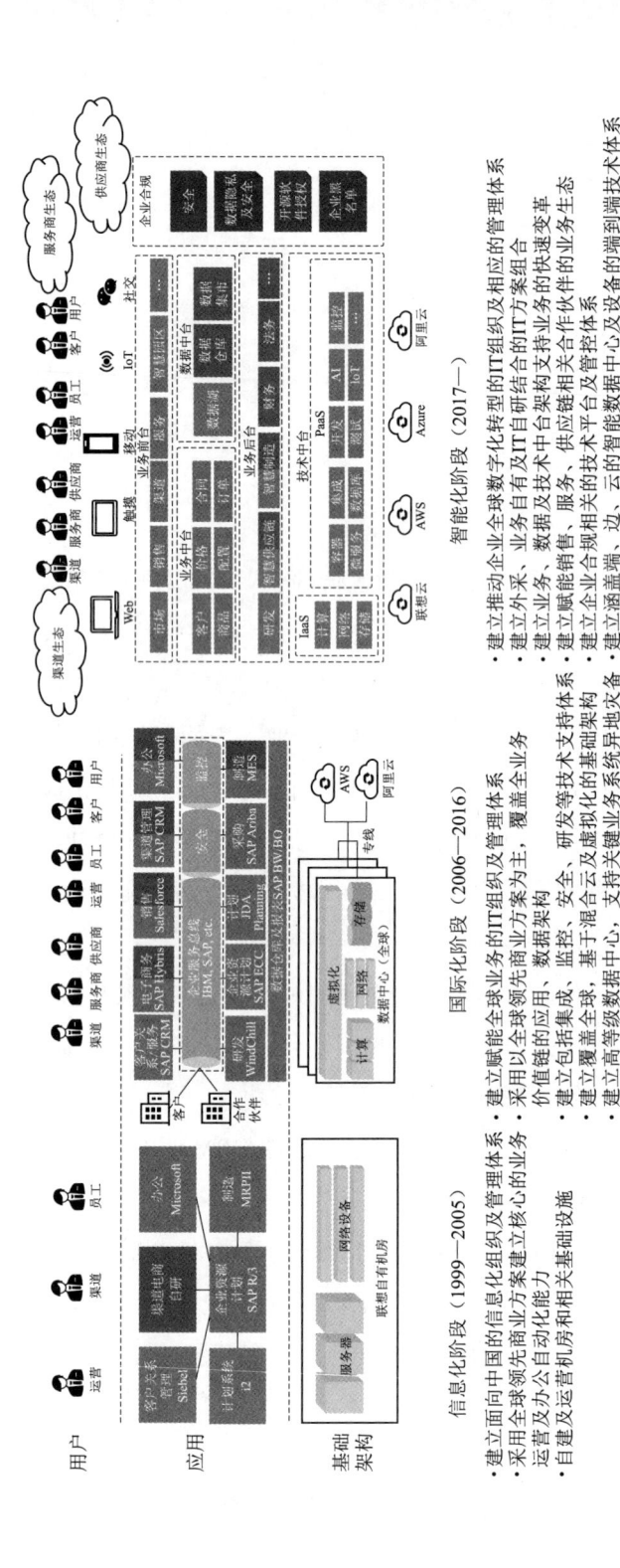

图 6-1 联想集团 IT 系统部署全过程

一场必须打的硬仗

企业运营的"大脑"

2023年冬天，当我们辗转联系到王晓岩时，她终于实现了自己在三十几岁时就立下的宏愿：做一个"京城闲妇"——品茶看书，悠游世界。她原本计划在2002年，年满40岁时就从联想辞职，没承想联想国际化的汽笛在第二年鸣响。此后多年，她不得不卷入一场又一场突如其来的硬仗。"宏愿"实现的时间点一再修改，直到她到了法定退休年龄。

2005年，当联想完成对IBM PC业务的收购后，它继续依赖IBM的IT系统来维系全球业务运营。这是IBM在此前近30年不断迭代而来的IT系统，由5000套不同功能的系统模块组成。

一开始，看到IBM PC业务的这套IT系统时，王晓岩格外自豪。这个性格泼辣、雷厉风行的女性当时已负责联想IT部门多年，当了解到IBM IT系统的运行效率后，她惊喜地发现，联想当时已经上线的ERP系统在响应速度上竟然略胜一筹，更迅速，也更灵活。

ERP（Enterprise Resource Planning），直译为"企业资源计划"，由德国思爱普公司在20世纪90年代中期开发出来。最初被定义为企业管理日常业务活动的应用软件，后来也被很多企业作为实施流程再造的重要工具。

我们可以将ERP理解为有一定规模的企业运营的"大脑"。IT系统将各种具有独立功能的应用系统集合在一起，对企业产品的销售、采购、生产、库存等环节进行全过程管理，实现财务、业务一体化，同时帮助企业管理者获得决策所必需的全局观。

联想是思爱普公司在中国内地市场的第一个客户。1997年春天，联想成功将在中国内地的业务装进香港上市公司，完成"京港合并"，组成联想中国。这一年，联想PC业务占据中国市占率首位。但此时，他们遇到了一个巨大挑战，随着纳入上市公司的业务规模快速膨胀，联想的管理系统无法及时、准确地获得销售报表等一系列经营数据。而联想已经是一家港股上市公司，且已决定每个季度都发布财报，所以按时发布经营数据是必须的。

为了提升管理能力，联想在1998年末启动了ERP工程项目。为了让全公司认识到这一工程的重要性，联想还召开了一场颇具仪式感的全体动员会。整个计划耗资3000万元，王晓岩是项目负责人，经过调兵遣将，艰苦奋战，用了14个月，系统成功上线。

上线ERP，最难的不是技术，而是需要对几乎所有业务流程进行再造。这意味着组织的彻底变革，和对现有管理秩序的重新规范，要求所有员工按照统一的流程来运营业务。这背后是一家公司的资源与权力的再分配。而且，其实施周期长，效益和效果却难以量化。

要让有中国特色的"人情世故"服从于标准化的、由信息化系统推动的业务流程，是很大的挑战。一家中国企业在2010年收购国外一家老牌企业之后，双方曾在海外组建联合研发中心。但是由于运维方面缺少全球化的规划和标准化的体系，其海外运营一度出现了无法控制的局面，双方在业务管理上至今采用完全独立的两套系统。此类案例还有很多。2004年，另有一家中国公司完成了一次重大海外收购，但双方交易也因整合失败而很快告终，让两家公司水火不容的就是二者在业务流程上有根本性区别，因此无法在管理系统上完成整合，这导致合资公司的经营状况迅速恶化。

在某种意义上，上线ERP是一场自我革命，风险很大。柳传志甚至将其描述为，"不上ERP，是等死；上ERP，是找死"。

王晓岩之所以自豪，是因为联想的ERP系统已经稳定运行好几年，能够三个月就做一次业务流程优化，每年完成两次规模较大的系统升级。而且在ERP系统的支撑下，联想早几年就实现了精细化管理，管理可以精确到订单一级，不管是销售订单还是采购订单，都可以直接核算出订单的成本和毛利。

相比于 IBM 两年才能完成一次 IT 系统的更新迭代，联想的 ERP 系统响应更快，且成本更低。联想的业务范畴基本局限于中国市场，整个 IT 费用支出随营收变化而增减，但占总营收的比重一般不会超过 1%。而 IBM PC 业务的 IT 费用支出占营收之比高得多，且响应速度相对较慢，它完全依赖于 IBM 整个公司的大系统。

成本倒逼，迫在眉睫

不过，联想的 ERP 只能支持在中国市场开展业务，不具备支持海外业务的能力。原因有很多，显而易见的就有两点。

第一，联想 ERP 系统核算的货币是人民币，且是单一中文语言环境。当系统要承载国际化的业务时，核算货币更加多样，且必须用美元作为主要货币。

第二，联想之所以能对系统快速地做升级更新，是因为可以利用节假日或夜间休息时间做运维和新项目的上线，甚至可以停下系统。但在全球化运营中，全球业务共用一个系统，且系统不是割裂的，因此没有停止业务的时间窗口。全球各区域没有共同的节假日或共同的休息时间。

此外，不同地区有不同的政策法规、不同的税务规则，不同区域公司有不同的业务运作流程、不同的员工工作风格等等，这意味着 IT 系统的复杂度要呈几何级提高。

因此，联想在收购 IBM PC 业务后，在很长时间内，必须同时依靠独立的两套系统支持业务运营：联想中国继续使用老联想原有的 ERP 系统，收购而来的 IBM PC 业务继续使用 IBM 的 IT 系统。而且，联想还必须购买 IBM 提供的 IT 售后服务。

无论是 IT 系统还是 IT 售后服务，费用都十分高昂。联想在展开收购谈判时低估了这些成本将给后来的整合带来的巨大财务压力,也没想到持续时间会如此漫长。他们在收购谈判中要求IBM慷慨让利,双方签订了一项过渡期服务协议,约定在三年内,联想能够以"内部价"购买IBM的IT系统服务。

然而,即便如此,这两笔费用对联想集团来说也是极其高昂的。其中IT系统使用费为每年超过2亿美元,售后服务费用为每年超过4亿美元,以当时的汇率计,合计每年超过48亿元人民币。要知道,在2004/2005财年,联想集团的净利润也只有11.2亿元港币。况且,联想收购IBM PC业务的对价也只有12.5亿美元。

这是联想在收购IBM PC业务中很少被外界关注到的一笔巨额费用。中国企业在并购海外资产时,往往会低估IT系统在后续运营中的重要性及成本。而一个可以支持全球不同区域业务运营的IT系统对业务整合将起到关键作用。

建设一套自主掌控、可以支持联想完成全球业务整合的国际化IT平台系统,迫在眉睫。留给联想的时间只有三年。三年之后,如果联想还不能上线自己的系统,那么IBM将用对外销售的价格来向联想收取费用,价格将远高于每年2亿美元。

在完成收购交割后,联想的IT工程师们很快发现,原来被他们视作"一切都是顶尖的"IBM也不过如此。"最开始并没有觉得IT国际化有这么难,因为我们认为IBM是那么棒的一家公司,肯定内部系统很先进、技术也很好。但是,真正接触到IBM IT的时候,感觉它跟我想象的完全不一样。"现任联想方案服务业务集团技术和解决方案交付高级总监杨京海至今愤愤不平,他当时是这个全球化IT系统建设项目的核心骨干之一。

王晓岩有同样的感受。IBM虽然在全球运营,但因为自身是软件公司,系统只使用了ERP的制造和库存管理模块,其他如销售、财务都由IBM自行研发,从20世纪70年代开始建设,通过一级一级迭代,形成当时的系统。这意味着它的很多模块使用了近30年。整个IBM的系统相当于一个半自动化系统，还需要人为干预，批量处理数据，且系统和系统之间不是端到端集成，导致采集到的数据不是实时的。

这样的系统，显然无法满足联想国际化运营的长期要求，且运维成本极其高昂。

复杂的标准化工程

谁来做CIO？

在完成对IBM PC业务的收购后，担任联想第一任CEO的是IBM原高级副总裁沃德。他对一个高效的IT系统的重要性有深刻理解。联想在全球开展业务，必须充分利用产品制造和供应链的规模优势，比如在亚洲采购零部件、进行生产，而把产品卖给美国的消费者。这意味着要有一个强大的信息系统，以便在执行全球订单交易时，获得准确的产品成本和供应链信息。

在联想正式接管业务之前，沃德就满怀善意地提醒杨元庆和时任CFO马雪征：在收购之后的整合中，必须找到一位有国际化企业经验的CIO来建设IT系统。

经过在全球范围内的物色，2005年10月，联想终于确认聘请此前在DHL（敦豪国际公司）担任CIO的史蒂文·班德罗夫查克（Steven Bandrowczak）担任高级副总裁兼CIO。

史蒂文是一个意大利人，工作勤勤恳恳，为人和善、性格温和，且愿意倾听，很快获得了联想高管们的一致信任。但他人在美国，对中国并不熟悉。联想当时的IT团队加上从IBM并购来的IT方面的员工，有300人左右，但具有国际化企业IT建设经验的实际只有40多人，且这些人大多数在中国。因此，当联想在2006年决定启动建设一个支撑全球化运营的IT系统时，基本思路是由在中国的这些团队成员主导，将中国的IT系统作为构建全球IT系统的蓝本。

史蒂文到任后，负责制定IT战略和方向，他对联想IT系统建设采取的态度是："Why not SAP？ Why not China？"（为什么不是思爱普？为什么不是中国？）

在系统选择方面，既然思爱普企业管理软件很成熟，擅长设计严谨周密的业务流程，且已经把国际成熟公司的最佳实践运用到系统里，那就选择思爱普；既然联想中国已经有一个相对先进的ERP系统作为基础，供应链和制造已经很成熟，且定义了高效的流程，那就用中国区的系统作为模板来向全球其他区域推广。

思爱普很受鼓舞。他们极力鼓动联想上线其当时最新、最先进的核心产品ECC（Enterprise Central Component），这是比旧版本ERP的功能要完备得多的全功能系统。除了财务、人力资源等常用模块，还有生产计划、客户关系、供应链管理等模块，且能够形成端到端的企业信息实时数据。

理解业务，重塑流程

此时的联想，已经不是一家深耕于单一市场的制造业企业，它已是一家将业务、渠道、市场、客户和生产扩大到全球的公司。如果是前者，联想尚可以从上至下相对顺畅地推动流程改造；而作为一家刚完成"蛇吞象"式并购的公司，不同区域间对业务流程的理解存在很大差异，要推动业务流程改造不可想象。

最难的是建立信任。谁愿意拿自己负责的业务来做实验呢？事后回想，联想集团在收购时低估了建设一个支撑全球化运营的IT系统的复杂、艰难和痛苦程度，这在后来一度成为攸关联想性命的麻烦。

在并购 IBM PC 业务后的至少八年，联想中国区与海外市场同时分别运行两套独立的 IT 系统（如图 6-2 所示）。

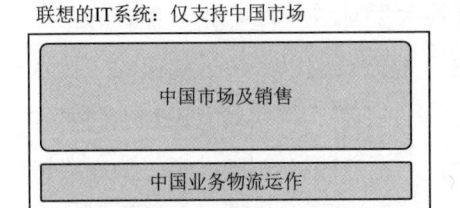

联想的IT系统：仅支持中国市场	联想国际业务运行在IBM IT系统上
中国市场及销售	北美区 / 中东非洲及欧洲区 / 亚太区 / 拉美区
中国业务物流运作	全球大客户业务
	国际业务物流运作
中国供应链规划及生产制造	国际供应链规划及生产制造工厂
中国财务与汇总	国际财务与汇总

图 6-2 并购后的两套独立 IT 系统

在全球，举目所及，联想当时无法找到和其运营模式类似的现成系统可参考。联想需要的系统，既要在运营上实现标准化，比如在全球范围满足财务的标准化和供应链的需求，又要足够本地化，比如可以满足不同区域的销售和营销的特定需求。

在全球范围实施 ERP 系统的最大障碍之一是，这些系统要么过于集中化，削弱了本地化的作用，要么过于本地化，从而变得非常复杂。联想各个地区的市场差异很大，客户互动、产品上市安排、定价等，都有不同的做法和要求。

例如，在中国，联想与销售渠道的合作已有成熟而完善的业务流程。而在美国，联想的业务主要依靠直接销售给商业客户，这些客户对采购 PC 产品有非常具体的要求。联想的 IT 系统必须具有灵活性，才能满足本地化的机会管理、定价审批等需求。

总体来说，联想的 IT 系统在初期至少要实现两大目标。一是有效地管理业务的多样性：分布在 180 多个市场的消费者，两种截然不同的产品品牌，不同区域市场中可能完全不同的市场营销模式。二是满足供

第六章　IT 整合：事关成败

应链整合和财务管理的需求，协调产品销售，进一步实现标准化和提高效率。

要完成类似规模的全球 IT 系统的替换，即使不考虑合并后的业务整合的复杂性，通常也需要花费五到七年时间。为了了解 IBM 的业务流程，一群中国 IT 工程师走进了这个他们长期以来视为偶像的"技术庄园"。杨京海和一群准备大显身手的 IT 小哥，很快就意识到他们要进行的是一次"几乎不可能成功的冒险"。虽然同样是销售 PC，但和联想相比，IBM PC 业务是完全不同的。

第一个不同是两家公司的管理模式有根本区别，以至于很难找到两家公司相对应的同类组织，即便有类似组织，负责的工作内容往往也不相同。

当时的联想还是一家集中式管理的公司。有一个强势的总部企划部，所有业务由上至下推动执行，公司的组织、流程、考核等均由总部企划部定夺。公司组织架构逻辑清晰，业务部门纪律严明，接到指令后专注于执行即可。

而 IBM 推崇分权式的管理结构，整个公司的组织结构图更像是一张汇报关系图，团队间只强调汇报关系，不强调组织与业务间的逻辑关系。这种管理模式特别强调"人"。杨京海说："当时有一个新入职的业务负责人，他来了之后指定了 13 个直接向他汇报的人，指定完了就休假去了。这些人怎么做事他不管，只要他们能把事情做好就行。"

第二个不同在于，在并购之前，联想的所有业务几乎都来自中国，采用的是同样的税率、同样的币种，而 IBM 在各个国家采用的是不同的币种和税务体系。

在美国，即便是不同的州也有不同的税务体系，又同时存在联邦税和州税。在印度，也存在联邦税和州税的不同，但这个国家的特殊之处是真正执行时又遵照各不相同的版本。最让 IT 部门头疼的是巴西，其税务体系有一套与明文法律完全不同的运行规则，且即便出台了税务相关法律，经常是第一天推出，第二天就要执行，不给企业留下任何修改IT系统的时间。

第三个不同是客户方面的。IBM的市场与客户来自全球，客户的多样化意味着与不同客户签订的合同也大不相同，这取决于客户对不同层级的业务部门的授权程度，也取决于客户所在国家的法律要求。比如，如果要向可口可乐公司销售PC产品，和其总部签订合同即可，无论哪个国家都按同一个规则执行。但是，有一些国际化企业，不同层级的区域有不同的授权，签订的合同则没有统一规则。再比如，同样是欧盟区域的客户，也不是遵循同样的法律。

当面对的管理模式、市场与所遵循的法律规则完全不同，复杂度大幅提升时，IT建设团队理解业务的难度也会大大增加。他们必须先理解业务运行的流程与规则，才能建设相适配的系统流程。毕竟，一家企业的IT系统是业务运行的载体，且不像Office软件一样是全球通用的、标准化的，而是必须与不同区域的业务流程、业务规则相适配。

业务系统也不同于办公系统。办公系统是面向所有人，而业务系统不一样，IT工程师要做的最基础的工作就是弄清楚业务规则，这一过程倚仗业务人员提出详尽的需求，由工程师将各种不同的业务转化为系统流程。

总之，如果无法理解业务如何运行，IT系统的整合就无从下手。

缺了关键团队

让一群国际化经验鲜少、语言生疏的中国IT工程师去了解一家国际化企业的业务并理解，这本身就是困难的。糟糕的是，在一开始，杨京海和他的同事们寻遍了IBM PC业务的所有职能部门，却发现甚至没有一个团队可以给他们讲清楚IBM PC的业务逻辑和流程。

能给他们讲清楚业务逻辑的团队并不是不存在，只是，他们并不隶属于IBM PC业务。此时，杨京海终于弄清楚，原来在IBM的组织架构里，有一个叫作BT（Business Transformation，业务变革或管理变革）的组织，这个组织并不隶属于IT部门，而是隶属于一个由IBM高级副总裁统领、权限更大、级别更高的GTS（全球技术服务部）团队，这是IBM的核心部门。

在IBM，BT组织是一个极具价值的核心组织，有至少两大职能。

第一，设计业务流程的职能。即在一家公司的业务战略方向确定后，业务部门如何推进执行，比如端到端的具体业务细节，各个组织之间如何配合，均由BT团队设计。这种组织通常存在于大规模企业中，因为大企业的业务流程通常较为复杂，每个业务部门往往只知道自己负责的环节，此时就需要BT团队把流程统筹在一起。比如，一款产品的发布，就由BT团队来做流程设计，他们负责策划、指导、推进、协调产品部门、供应链、营销等团队来共同执行完成。

第二，组织变更管理的职能，即OCM。在IT部门完成系统建设后，由BT部门通过培训沟通、宣传教育等方式让使用者能够接受，并愿意使用新的流程或系统。一家公司要上线新IT系统，本质上是改变员工的行事和操作习惯。这会细微到一个系统流程界面的下拉菜单如何展开，是用下拉菜单的方式还是用按钮的方式。

简言之，BT团队懂业务，IT团队懂技术。在IBM上线一个IT系统，通常流程是由业务部门的BT团队提出需求，交由IBM的全球企业咨询服务部做出方案，做出的方案再交由业务部门的BT团队向IT部门部署实施，并由BT团队完成组织变更管理。

对当时的联想IT团队来说，BT组织至关重要。没有BT组织，等于没有人向这群准备大干一场的工程师讲清楚业务流程是如何展开的，他们根本无从下手。即便系统方案设计不出问题，如果没有人去做系统培训、部署、实施，边缘管理也一定会出问题。

但是，当时的联想国际并没有类似的组织。

雄心勃勃的联想 IT 团队刚一出发就进退维谷，如同一支整装待发的精锐部队，计划启程穿越一个巨大的迷宫，原本以为迷宫的主人会带着导航图告知他们如何过关斩将，但出发时却发现"导航图"并不存在。

BT 组织的缺失也给具体的业务部门带来了麻烦。时任联想集团高级副总裁陈绍鹏所负责的区域包括中东和东欧市场。当他请东欧业务部门来介绍这一市场的业务如何开展时，部门负责人只回答了他一句话：我不知道。陈绍鹏问他谁能讲清楚，他说："你去问我的 BT 吧！"

昂贵的挫败

加拿大试点

尽管存在诸多挑战，联想的全球化 IT 系统建设，已经箭在弦上，不得不发。

作为新联想的第一任 CIO，史蒂文最先要解决的问题是，由谁来牵头负责这一重大而复杂的项目。最基本的前提是语言沟通没有障碍。王晓岩当时还做不到。

此人还要有足够的全局观和国际视野，足够熟悉联想中国的业务，并能准确、完整地向联想国际（即 IBM PC 业务）全球不同区域的业务人员讲清楚新系统的逻辑。

在新联想的众多高管中，曾任麦肯锡公司全球资深董事的吴亦兵是最合适不过的人选。他在收购 IBM PC 业务的交易中是联想聘请的顾问。于是，这位从哈佛大学拿到生物化学博士学位的"斜杠青年"在担任联想集团首席整合官、首席战略官、首席转型官之外，又多了一个新职务——执行首席信息官。而王晓岩一开始的角色是吴亦兵的助手，是项目总监。

不过,吴亦兵担任执行CIO的时间并不长。他当时已经打定主意要去联想集团的母公司联想控股,做自己更钟爱的投资方面的工作。

因为中外员工存在语言沟通障碍,吴亦兵在相当多的场合不得不承担翻译的工作。如果你在2006年某个时间闯入联想集团在海淀区北研大厦的某间会议室,很可能会目睹这样的场景:一群中国IT工程师竭尽全力、手舞足蹈地用生硬的英文向一群来自加拿大的原IBM PC的业务人员讲解联想中国的业务和系统流程,而为他们担任翻译、一字一句传话的却是他们的"吴老板"。

在了解了各个区域的业务流程后,联想的IT工程师们更大的工作量,在于要将联想遍布北美、欧洲、中东、亚太,超过166个国家和地区的业务,一个一个迁移到使用思爱普软件的平台上。此过程还涉及工厂、销售、财务、供应链等一系列功能的流程再造。

加拿大被选定为系统"迁移"上线的第一个试点区域。此前,史蒂文向全球主要市场的负责人进行了一轮征询,但没有一个区域的负责人愿意被当作试点,他们的立场出奇一致:这个系统很先进,但请不要拿我负责的市场来试点。

最终,高管们碰头商定,不如索性找一个与美国相似的国家做试点。加拿大市场如同美国的一个州,在销售上与美国是相通的。如果系统能够成功上线运行,那么,美国这个举足轻重的市场就有经验可循,可以提高顺利上线的概率。

"一塌糊涂"

事后证明,这是一个一厢情愿的错误判断。

开局在于沟通。联想中国的IT工程师们与加拿大的业务团队开始频繁而密集地会面,他们搭乘跨洋航班来回穿梭。加拿大的业务人员努力讲清楚业务如何开展、流程如何推进，各团队所负责的内容是什么；中国的 IT 工程师们则向他们讲清楚，IT 解决方案将如何设计、如何运行。由于语言不熟练，双方花费了大量时间来焦灼地确认对方是否真实准确理解了自己的讲述。但多数时候得到的，只是对方一个迷茫而不失礼貌的点头。

杨京海和同事们懊恼地发现，加拿大方面没有人能够讲清楚一个完整的业务流程。这逼迫他们不得不与加方不同的员工沟通，最终勉强拼出了一个完整的业务流程。在此过程中，他们还发现了一些让人啼笑皆非却从来无人质疑的问题。

比如他们了解到，IBM PC 业务部门在任何产品上市前都要执行一个环节，就是将写完的上市说明书发送到一个固定的邮箱，等从该邮箱收到回复说确认收到邮件了，才可以推进到下一个环节。没有人明白执行这一流程的原因，他们甚至不知道接收这份说明书并进行确认的员工究竟是谁。当他们最终辗转知道了这个邮箱究竟是谁在掌控，并询问上市说明书为何必须发送给他来进行确认时，得到的回复是：我也不清楚，反正就是说发给我，让我看一眼，那我就看吧，我看完把它发回去就完了。

杨京海终究还是弄清楚了这一环节为何存在。他发现这个程序在很多年前之所以设定，是因为当时 IBM 的办公系统并不支持 Office 软件，无法对文字的格式进行校验，比如某些字符可能不符合标准，于是设定了上述环节，交由此人来进行人工校验。随着办公软件的更新升级，这样的工作早已不需要人工来完成了。但是，这个程序却并未被剔除，而是毫无意义地存在了多年。这种非必要程序，自然让流程烦冗，效率降低。

2006 年初，一个从中国出发、颇具规模的 IT 团队在加拿大驻扎了近一年，他们没日没夜地赶工。但当他们自信满满地把一个系统版本交付给加方业务团队时，让人沮丧的局面出现了。

2007年初的某一天，正在美国出差的杨京海接到了加拿大市场负责人的电话，这是一个副总裁，他要求杨京海告诉他，在即将上线的系统中什么叫CTO（configure to order，按订单配置）。CTO这个概念他当然知道，但他不清楚这个IT系统中CTO的全流程是什么。此时已是系统上线的前夜，而一个区域市场负责人竟然还没有得到足够的培训，不知道如何在IT系统中推进一项核心业务。

杨京海立刻把电话拨给负责CTO项目的经理，询问他是如何给加拿大业务人员做培训的。他这才发现，一切都乱了套。原来这些负责向业务人员培训IT系统如何使用的经理只是拿着开发文档在做宣讲，这显然犯下了巨大的错误。因为，开发文档只能让业务人员了解某个系统的某个环节是如何运行的，而无法用来对全流程、系统上下游、前后端进行讲解。

这样的结果意味着业务人员只了解其中一环而不是全局，他们不知道端到端是不是通用的。而事实上，一个业务的推进要穿过多个系统。比如，客户在电商平台上提交一个订单，订单的执行要经过财务系统，财务系统出账单，再推进到物流等。这是一个要穿过很多系统的流程。

问题的根本不仅仅是培训不到位，而是整个系统设计出了问题。中国的IT工程师们在按照中国业务的模板设计系统，加拿大IBM PC的业务团队以为他们正按照IBM原有的流程设计系统。他们都以为对方正在为自己做出改变，而结果却证明——没有。

更诡异的是，直到系统做完，双方都没有发现这种理解上的差异。

在系统上线之前，杨京海向当时的执行CIO吴亦兵坦白：这个项目要出问题。如其所料，系统在加拿大上线之后，这一区域市场的业务开展陷入混乱，持续的时间长达半年。编码规则不一致、物料对不上、货发不出去、订单丢失、财务与业务对不上……一片混乱。

一份加拿大当地的主要报纸在头版头条报道了此事，以"崩盘"来形容该业务运转的混乱状态。他们并没有夸大。王晓岩承认，"稀里糊涂就上线，结果一上线就出现各种 bug（缺陷），一塌糊涂"。

分歧与冲突

加拿大系统项目失败带来的损失在千万美元以上。而 2006/2007 财年，联想全年的净利润也只有 1.61 亿美元。

当时担任 CEO 的阿梅里奥大为恼火，他手起刀落，将联想 IT 团队副总裁及以上高管的奖金在正常的基础上扣掉了 20%。

但工程师们辛苦一年做出来的系统并非毫无价值。随后，他们继续加班加点，又耗费了大半年时间，对系统缝缝补补，把业务流程调顺了，主要业务终于能在系统上跑起来了。

王晓岩复盘说加拿大项目之所以失败，根本原因是加拿大与中国有很多业务模式、业务形态不一样，完全照搬中国经验并不可行。联想基于思爱普做 IT 系统的经验优势在制造端，并积累了先进的流程，但是对财务端和业务端并不熟悉。此外，在市场前端，IBM PC 业务是以大客户为主，而强生、思科一类大客户并不会配合联想来更改自己的采购系统。

失败的另一重原因，在于过分强调中外团队的文化融合，这种感情上的"迁就"反而阻碍、模糊了项目的主线。建设 IT 系统的本质是重塑流程，而在加拿大项目建设中，联想采取的方式过于"自下而上"，更直白地说是过于"民主"，太希望照顾所有利益相关者的感受。然而，建设 IT 项目如果太迁就业务的各种需求，会使得项目很难在可控时间、预算范围内实现，因为迁就会使得需求变得非常碎片化，使整个项目没有主线、主方向，从而失控变形。

初战即遭遇失利，严重挫败了 IT 工程师们的士气。杨京海说："在加拿大做成这个样子，我们再往下做项目时，美国根本就不敢做了。"

中国工程师们干活很拼，很辛苦，但沟通能力存在欠缺。所以史蒂文似乎更愿意将 IT 工作外包给低成本的印度团队，以印度团队为主，中国团队与之合作。那支印度团队口头表达力很强，但实际落地时常滞后，双方的磨合颇费周折。

由于在用人及一些决策方向上的分歧，性格倔强的王晓岩和史蒂文时常爆发冲突，渐生隔阂。整个项目团队在汇报关系上也处于一种从未理顺的古怪状态。史蒂文作为 CIO，是 IT 业务第一负责人，王晓岩理应向他汇报，但王晓岩在公司的管理级别又高于史蒂文，工程师以中国人为主，他们更愿意向王晓岩汇报。王晓岩夹在中间难受，史蒂文又处于一种被架空的状态。

2007 年秋天，在美国亚利桑那州凤凰城，联想中外高层举行了一场"民主生活会"，阿梅里奥把 IT 业务上的诸多矛盾摆上台面，大家一同协商解决。会上虽就诸多事项达成了共识，但在巨大的目标压力和严控预算的情况下，史蒂文决意辞职。

缝缝补补，重整旗鼓

复盘与修正

2008 年初，担任新联想第二任 CIO 的是集团副总裁戴维·施莫克（David Schmoock），他 2006 年加入联想，曾任戴尔亚太、日本地区营销副总裁。阿梅里奥担任联想 CEO 后，他追随而来，被任命为联想"卓越中心"负责人，负责联想供需预测、定价、销售和产品组合策略、库存管理，以及相关业绩评估等工作。

和阿梅里奥一样，施莫克是典型的"戴尔式"高管：擅长销售，对业务有极强的执行力和极高的专业度，对达成业绩结果十分执着，推崇简明扼要的直接沟通。如果说还有什么其他特点，那就是他们往往不拘小节，风格"专横"。

施莫克担任 CIO 的缺点显而易见：销售出身，不懂 IT。然而，就是这样一个人，却和王晓岩很"合拍"。

加拿大 IT 系统项目上线失败后，王晓岩以女儿要在美国高考，申请大学压力很大为由再次向杨元庆提出离职，但是，杨元庆只批给了她"脱产学习"一年的假期。

王晓岩告诉笔者，她之所以这样做，也是为了避免施莫克担任 CIO 后再次出现"被架空"的感觉，她认为自己应该腾出位置，不能给施莫克在管理上"造成困难"。她去了哈佛大学学习，正好借此攻克"语言关"。

在深刻意识到 BT 组织的重要性之后，联想的 IT 团队邀请了 IBM 欧洲市场的 BT 负责人来给团队做复盘，找出加拿大项目失败的原因。此后，他们成立了 PMO（project management office，项目管理办公室），这一组织实际承担的就是 BT 的角色，且每个职能部门、每个业务板块、每个区域都建立起了 BT 团队，并明确各 BT 组织在项目工作中的分工与职责。

弥补 BT 上的短板后，联想才算真正建立起了一套在全球推进项目管理的方式。接下来的问题是如何说服下一个区域市场，继续作为系统上线的试点。

"每个业务的负责人看到在加拿大上线系统的失败，都不敢做下一个。我们无法从横向的区域找到试点，只好选择纵向的试点，即以某一段业务流程作为模板。比如，在后端将制造工厂作为试点范畴，找到一家工厂，先'搬上'系统作为模板，做成功了再复制到全球。"杨京海说。

制造环节是联想 IT 建设的优势领域，工厂最规范、最标准，也更容易复制。很快，被称作"联想新一代全球旗舰工厂"的上海工厂被作为"搬上"系统的模板。而在销售环节，加拿大项目则是模板。

第六章　IT 整合：事关成败

由于中国所在的亚太区域工厂较多，且当时亚太区负责人同样来自戴尔，和同样来自戴尔的 CIO 之间有信任的基础，因此亚太区整体成为新联想全球化 IT 系统建设的第二个试点。

此时的一个难点是，联想的商用业务和消费业务在产品研发流程、规则、业务重点方面都大不一样。商用业务更强调品质与创新，消费业务往往注重产品的上市速度。而且当时商用业务和消费业务的两个负责人，都性格执拗、固执己见、毫不妥协，这就导致两大业务在系统建设上无法达成共识，直到两大业务后来归于一人掌管采取折中方案后，IT 系统建设才打开了局面。

从亚太到美国

即便亚太区的日本、澳大利亚、新西兰这三个国家都是成熟市场，但因为各国家的规则不一致，业务流程也就不统一。对于同样一个 IT 系统，有时候日本市场同意，但东南亚市场反对，东南亚市场同意了，日本市场又反对。其中，难度最大的是印度市场业务的系统建设，这个国家除了税收规则极其复杂多变，涉及进出口的物流也格外复杂。

在磕磕绊绊、耗费时间远超计划之后，外加聘请 IBM 团队承担相当多的一部分工作，亚太区域系统终于顺利上线。

在亚太区之后，上线的是拉美区域。这又是一个很不同的市场。不仅仅是因为巴西、阿根廷等国有极其复杂的税务规则，还在于这些国家出台的税务条款，在具体执行中，针对本国企业和外国企业，针对本国不同的企业，都有不同的条件和规则。一家外资企业在这些国家经商，只研究明面上的税务规则是不够的，还要研究何种条款在何种条件下，针对不同的企业，会采取何种执行规则。

在这种特殊的税务环境下，联想的策略是求助于扎根当地的咨询公司来协助设计系统，他们清楚地知道不同税务规则的执行情况，哪些规则和流程可以按照字面理解，哪些又仅仅是落于纸面。

在拉美项目中，联想积累的是解决极其复杂的税务环境下系统建设方面的经验。2009年开始做北美项目时，因为有亚太地区和拉美地区相对成功的系统运营情况，美国区域负责人也不再抗拒。但这还是一场硬仗。面对美国市场主要是大客户业务的特点，联想采取的策略是逐个确认客户的关键需求，通过沟通和说服，逐个找到折中方案。

好在此时联想IT团队已羽翼丰满，同时聘请麦肯锡作为关键的辅助力量，经过两年时间，北美系统项目以惊人的成功收官。

在做美国项目之前，联想IT系统建设主要是把后端的制造工厂"搬上"系统。而在做美国项目时，联想IT团队知道了如何把前端业务做起来，即如何把整个国家作为一个区域的IT系统做好。通过做美国项目，联想团队开始对一些业务结构和流程做进一步简化，比如让产品上市的流程加快。这些经验之前是没有的。之前的系统建设项目是"相对简单的搬家"，此时已经进化到真正意义上的业务变革。

北美之后，只剩下EMEA区域（欧洲、中东和非洲地区），这是一个有超过30个国家的区域市场。此时，最难的不是没有相关经验，而是如此多的国家，每个国家都有截然不同的文化，对沟通能力是一场大考。

在EMEA区域，即便是欧盟，各国的税收规则也各不相同，比如，某些国家在某些场景下货物进出是免税的，但另一些国家在同样场景下又不免税，对于系统建设，这意味着一些模板无法通用，需要重新搭建新的业务模式和业务规则，再补充到系统中。

为了防止出现加拿大项目中那种需求过度碎片化的情况，联想决定在EMEA区域建设集中化的管理平台，放弃自下而上，而是实行由上至下的变革，来推进系统设计，并以此为中心进行决策，比如预算要投在哪儿，哪些需求先满足、哪些要滞后，哪些需求拒绝接纳，如何在资金、时间、功能、风险之间取舍，并形成了非常清晰的判断标准。

2011 到 2012 年，在中国和欧洲主要机场的航班上，成群结队出行的联想 IT 工程师为航空公司的营收做出了贡献。杨京海说，在两个月内，他在某家航空公司的会员就从普通会员卡升级成了"白金卡"。

从 2005 年启动，经过两次 IT 项目上线，到了 2009 年初，联想在加拿大和亚太区域的国际业务才迁移到联想自有 IT 系统上（如图 6-3 所示）。到 2011 年初，联想终于完成 IT 系统中财务和供应链系统的迁移，支撑起标准化的全球运营管理，但美国和西欧市场以及全球大客户业务还在使用原 IBM 系统（如图 6-4 所示）。到 2012 年，这场耗时超过八年的巨大工程终于基本完工。

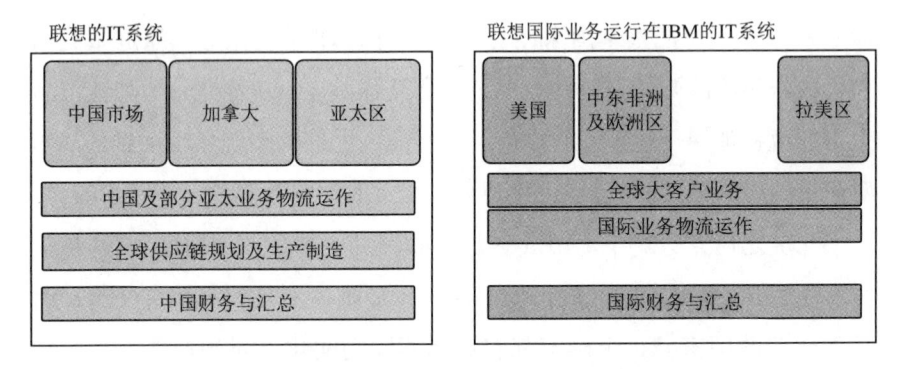

图 6-3　联想集团的两套 IT 系统（2009 年初）

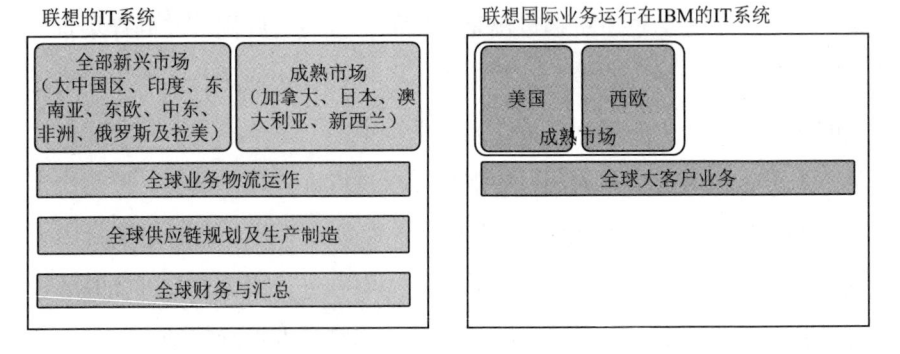

图 6-4　联想集团的两套 IT 系统（2011 年）

倒计时

谈判

2008年，国际金融危机的发酵之地美国，是对于联想集团举足轻重的市场。商用电脑市场急剧萎缩，消费业务尚不成气候。

在2008/2009财年，联想的综合销售额同比下降了8.9%，全年股东应占亏损达到2.26亿美元。裁员随之而来。每一分钱的预算都必须严格把控。

此时，IT工程师们正满世界攻克系统建设的疑难杂症，而联想和IBM签订的购买IT服务三年的过渡期，已经开始倒计时。糟糕的是，从2006年到2008年末，联想自身推进的全球化IT系统建设项目启动了三年，但实质性的整合还远未完成。刚刚做完了亚太区域，后面的拉美、北美和欧洲才是要啃的"硬骨头"。

金融危机之下，时任CIO施莫克最大的压力不是把系统"搬迁"的工作继续下去，而是把IT成本降下来。到2008年底，联想集团与IBM签订的系统服务协议就要到期。他必须把续签的费用降下来。

谈判异常艰难，而IBM提供的IT系统服务一天都不能停。联想最初的协商目标是续签一年，在此期间，IT费用还是按照原来的"成本价"。即便如此，IBM的一部分系统给出的第一轮报价也超过了1亿美元。

所谓系统"搬迁"是针对联想的工作而言，对IBM来说，"搬迁"则是将服务于联想国际的IT系统从IBM全球大系统中分拆出来。这个系统上游有销售，下游有产品，与各种职能都有千丝万缕的关系。分拆工作就像做一台繁复而庞大的手术，将一个关键器官从一个人的身体中摘出来，移植到另一个人的身体上。

联想和IBM都低估了"分拆"的难度和费用之高昂。三个月后，

IBM 的报价远超预期。这让施莫克异常愤怒，他认为亚太区的系统以及部分职能系统的搬迁已经做完，也就是说亚太区不再倚仗 IBM 提供的 IT 服务了，为何 IT 费用成本不降反增？而 IBM 也有自己的委屈，他们把账本摆出来，大体逻辑在于这些系统并不会因为服务区域的减少而成本降低，因为诸如财务系统、物流系统在 IBM 的全球系统中是统一的。

被逼到悬崖边

此时已是 2008 年，也就是项目做了三年之后，联想才意识到，在目的地的方向上有较大的偏离。更麻烦的是，如果进度一再拖延，会严重打乱企业的运营。

联想 IT 团队被逼到悬崖边。如果不能上线自己的系统，意味着支付给 IBM 的费用将持续，且不断增加。同时，联想已经完成迁移的，比如亚太区的一些系统，同样耗费运维成本。这样联想不仅每年要支付给 IBM 至少 6 亿美元，还看不到下降趋势，而且自身已经做好的 IT 系统费用，每年也要上涨。等于同时给两套独立运行的系统支付费用，花两份钱。

这是联想建设全球 IT 系统项目的一个成本高昂的教训。以区域作为整体进行系统"搬迁"，从一开始就意味着要成倍增加成本，且不能出错。但行至中途，必须沿着这条路走下去。

原本希望和 IBM 续签一年的计划已经不现实，联想时任首席运营官不得不与 IBM 协商，在一年到期之后，再续签一个三年期的 IT 服务协议，延长到 2012 年。在此期间，IBM 可以逐年涨价，但涨幅应限制在一定范围内。

在资金链最吃紧的时候，一个负责战略的副总裁找到了兼任 CIO 的王晓岩，他不无担忧地告诉她："IT 如果做不好，就会把联想公司拖破产。"因为每年 6 亿美元的预算还无法覆盖 IT 费用支出。从 2006 年到

2008年，IT费用已经连续超标了三年，对整个公司的现金流构成了直接压力。如果永久性付双份IT的钱，联想将无法承担。

在最悲观的时候，联想内部一度讨论过，如果联想IT系统最终部署失败，那么就面临着要以至少十年计，长期使用IBM提供的IT系统的局面，那样的话如何才能存活下去？但IBM斩断了联想的退路，因为当时IBM已开始筹划用八年时间上线全新系统，淘汰使用了超过30年的落后系统，这也意味着联想没有退路了。当然，八年之后，IBM的系统并没有上线成功，这是后话。

当时，更为性命攸关的是，联想是靠着强大的供应链整合，通过极致的成本运营把费用一分一分降下去，才有一定利润的。而支撑供应链的最基础条件就是有一个可以总揽全局的IT系统。现在，IT系统不但没建成，反而成了沉重的费用拖累。

2009年初，从麦肯锡跳槽到联想的胡贯中面对的就是这样一团乱麻般的局面。"整体项目没有找到方向，虽然认真做了两年到两年半，但效果并不是很好。"

作为王晓岩的"接班人"，胡贯中拥有斯坦福大学计算机科学理学学士学位和理学硕士学位，此前为麦肯锡效力多年，在此期间，他是联想集团的顾问，擅长战略和技术管理。他在中文和英文沟通上毫无障碍。这个身材消瘦、时常穿着肥大西装的"理工男"，到联想一开始是做业务变革及转型，担任BT/IT战略与营运高级总监。王晓岩2016年退休后，他开始担任CIO。

2009年2月，杨元庆重新担任CEO，他第一时间把脱产学习中的王晓岩找来做CIO。在如此风高浪急的时期，但凡考虑职业生涯的善始善终，任谁都不敢冒险接下这副担子。

"我完全没有把握也没有信心，但这件事儿我责无旁贷。为什么？因为内部没有比我更适合的了，外部再请，机会成本太高，请到不合适的，问题会更大。"

"所有人都在堵枪口，你说你撤退。你需要联想的时候，你在联想。联想需要你的时候，你是不能撤的，必须打赢这场仗。我们有这种信念，信念让我们坚持，我们也有学习的精神。"王晓岩说。

联想 IT 团队熬过了最危险的 2009 年和 2010 年上半年，他们对整个方法论做出修改、重置，并成功地把系统在美国大区部署上线，这为团队找回了充分的信心。

更难的一场仗

不要忘了，在联想整体的 IT 费用支出中，占比更大的是 IT 服务费用，即由 IBM 向原来的 PC 业务提供售后维修及技术咨询服务。

2012 年，在联想全球 IT 系统建成后，一场更重要、需要更大勇气的硬仗随后启动，那就是构建联想自己的全球 IT 售后服务系统。同 IT 系统相比，售后服务系统对实时性、集成性要求不高，但更复杂、更琐碎，因为全球超过 180 个市场区域的情况千差万别。

在这一块，联想与 IBM 签订的不是过渡期服务协议，即不能享受 IBM 的"内部价"。IBM 作为联想的外包服务供应商，每年从联想收取超过 4 亿美元的服务费。但是，IBM 同时又将这项服务中的相当一部分外包给其他供应商，自己仅控制两大核心——调度中心和备件中心。IBM 从这两个中心获得的利润在 30% 左右。

对联想这家在成本管控上非常严格的企业来说，这样的成本实在是不可承受之重。但建立自己的全球 IT 售后技术服务体系，比建设 IT 系统复杂得多。直到 2017 年，也就是完成收购 IBM PC 业务 12 年后，联想才不再依靠 IBM 的售后服务体系来支持自己的业务。

当时，IBM 提供的 IT 售后服务体系主要面向的是商用业务，主要在非中国区的海外市场。2012 年之后，YOGA 系列产品横空出世，联想的消费业务显山露水，并在全球市场攻城略地。但是，联想在这块业务有一个"软肋",即 IT 售后服务体系不得不继续依靠 IBM 来提供,而这部分高昂的成本直接影响了消费业务的利润率。

相比于主要面向企业客户的 Think 产品,主要面向消费业务的 YOGA 产品毛利率本身就不高,Think 能承担得起的 IBM 售后服务,对消费业务来说却是沉重负担。很长一段时间,在联想负责消费业务的是刘军,他是王晓岩的老领导。当刘军找到王晓岩希望她能把消费业务的全球 IT 售后服务系统做起来时,她再一次无法拒绝。

这场仗,王晓岩带着团队从 2013 年开打。2015 年,平台逐步上线;2016 年,王晓岩到了退休年龄,联想集团副总裁刘德国接班,继续啃这块硬骨头;2017 年,属于联想自己的全球 IT 售后服务平台终于搭建完成。

关于 IT 的两场大仗的胜利,对联想成本费用的降低是立竿见影的。从 2010 年开始,联想的 IT 费用在公司总营收中的占比很快降低到 1.3%~1.4%,这一比重随每年营收变化而有波动。在过去几年这一比重更是降低至 1% 左右,而在 2008 年及更早几年,常年接近或超过 3%。其更大的意义还在于对业务效率的提升,支撑起了一家全球化制造企业的基本盘。

拥有完备的可以支持开展全球业务的 IT 系统,对联想在 2014 年收购 IBM x86 业务和摩托罗拉移动也起到至关重要的作用。

在收购 IBM x86 业务的系统整合中,联想 IT 团队对整个系统的构建很大程度上复用和直接应用了前期做国际化系统的经验。胡贯中说,整个过程没有走弯路,一口气从预算到制定路线图,一步一步往前走,基本上是按预期时间在预算内完成。整合 IBM PC 业务的系统,联想做了八年,整合 x86 业务的系统,只花了三年。

整合摩托罗拉移动的 IT 系统并不比做全球化 IT 系统项目简单,因为涉及专利方面的复杂处理。为了确保专利使用合规,在法务实体结构上要满足一些特殊要求。这要求联想对摩托罗拉移动的系统设计,不能完完全全整合到已有的系统中。

此时，联想 IT 团队在业务变革及驱动转型方面积累的经验开始发挥作用。当时，摩托罗拉移动的 IT 费用规模甚至超出联想整家公司的 IT 费用。虽然摩托罗拉的业务规模和员工数量大不如前，但是其 IT 系统的部署是按照承载一个超过 20 万名员工、业务规模处于鼎盛时期的企业来设计的，这导致其 IT 规模、费用支出与收入完全不匹配。

在这种情况下，联想 IT 团队既要对摩托罗拉移动的 IT 系统做"重塑筋骨"的大手术，来合理化费用结构，又要从中找到跟联想有协同效应的部分，做一些整合，而不是简单"搬迁"。在摩托罗拉移动，联想也是只用了三年左右时间，就完成了系统核心主体的整合。

最难的不是技术

行文至此，我们希望能从联想在完成国际化并购之后构建国际化 IT 战略平台这个耗时超过十年、过程曲折起伏、风浪迭起的巨大工程中努力找到一些可供参考的经验。

自上而下的信任与支持

一家企业 IT 系统平台的转型和变革，从表面看是肌理的变化，从深层次看是机理的突破。对于变革的必要性，企业必须自上而下形成一致，并把高层的战略目标有效地转化为措施和方案。

国际化企业 IT 系统的大规模转型，很容易因为业务复杂而陷入困境。为了驾驭这种复杂性，CIO 及其团队常常需要折中权衡，做出基于事实的决策，但最重要的还是要对业务模式有足够清晰透彻的了解，这是大前提。

IT 系统的部署周期短则三年，长则五年甚至十年，这要求企业必须有足够的战略定力。

而这一切，都需要 CEO 对 CIO 有必不可少、坚如磐石的支持与信任。

联想在国际化过程中的第一任 CIO 是史蒂文，他制定了清晰而广受拥护的战略，但最终并未能将战略执行到底。他获得了第一任 CEO 沃德的支持，但第二任 CEO 阿梅里奥上任后，两人的信任并未建立起来，尤其是在加拿大项目上的失败，史蒂文甚至无法在这一重大项目中获得单独的预算。

第二任 CIO 是当时 CEO 的"铁哥们儿"，两人同样来自戴尔，有长期共事所建立起的默契，所以能够将亚太区域作为自己开展系统建设的第一站，并获得成功。

王晓岩是联想国际化后的第三任 CIO。她有柳传志、杨元庆的信任和支持，就像拿着一把"尚方宝剑"。这让她后来在确定 IT 系统的路线图时，改变了之前自下而上的建设思路，转而自上而下地驱动业务变革。

IT 系统建设是一项由业务部门主导的工作，赢得业务部门的信任对 CIO 顺利展开工作至关重要。CIO 要让业务部门的高管认识到变革的紧迫性，并充当变革发起人。当然，也要让他们相信，成功的 IT 系统可以帮助他们提升效率与盈利能力。

IT 系统转型往往和推动业务变革联系在一起，因此时常会遇到业务单元的阻力。IT 系统转型涉及客户平台的转移和用户行为的改变时，就需要一段很长的适应期。如果开展不顺利，无法按照规定的时间和预算上线系统，就会直接影响业务开展，甚至让业务陷入动荡。加拿大项目就是如此。

此外，业务部门的系统建设，最终在报表上要纳入业务部门的成本项。这同样需要业务部门的支持。

跨文化的沟通与说服能力

一家国际化企业的 CIO 需要深刻理解自己所在行业的特点、企业的战略优先任务和业务运营模式。CIO 甚至不必有高超的技术能力，却必须有远超他人的跨文化沟通能力。

从联想的经验来看，这甚至是关键的核心能力。

这不难理解。IT 部门在展开技术工作前，占比最大的工作是与业务部门准确有效地沟通业务需求。在系统上线之前，要做好变革管理，需要反复沟通与说服。

即便会用英语表达，用英语思考也是另一回事，尤其是大量沟通不是简单的对话，更多时候是谈判。业务变革的责任是把业界最佳实践和企业内部优化同时做好，这需要 IT 部门与业务部门对业务流程进行共同再造。加拿大项目失败的直接原因是 IT 部门与业务部门并未精准有效地理解对方，彼此之间出现了惊人的预期落差。

王晓岩承认："中国的教育能培养出优秀的工程师，但难以培养出好的沟通者。"这也曾是她的短板。吴亦兵直言不讳地告诉她："管理中国团队时，你想明白了，中国团队就会给你执行，业务部门的配合也不构成障碍；但是，做国际业务时，你想明白了，不代表人家就明白了，你必须证实或证伪，也就是必须把你的想法充分跟人家沟通清楚。"

这是在相当长时间内，整个联想中国本土高管都不具备的能力。他们不得不靠聘请国际顾问来弥补短板。少数如吴亦兵、胡贯中一样有国际化视野和跨文化沟通能力的高管，一开始是作为顾问服务于联想，最终受联想邀请加入。

胡贯中对于 IT 部门的核心能力有直达本质的描述：虽然 CIO、CTO 貌似都是负责一些技术工作，但实际上在做业务转型、价值捕捉和变更管理的时候，很多还是从组织心理学上去理解。"90% 以上的关键路径不是完成技术和代码，而是完成之后真的按预期、有效地被业务部门应用起来。"

他认为在一家规模庞大的公司中构建一个IT战略平台，实质工作是将职能部门和业务部门，如产品、营销、销售、供应链、财务、法务等拼接成完整价值链，这需要各部门有全局性的理解。之所以在过程中经常会遇到一些局部组织的抵触和不理解，是因为单个组织看到的是局部最优解，但局部最优解往往并不代表全局最优解。"有时候会反直觉，所以一定要把整体的、完整的说清楚，要与职能部门或业务部门的高管沟通清楚，让他们相信我们的核心逻辑是没问题的。"

一个优秀的CIO必须与业务保持密切的沟通关系，因为多数的业务变革也是利益关系的调整。比如，一个流程从手动变成自动，意味着一个团队可能要失去工作，但是这也意味着缩短了业务响应时间，提高了生产效率。

系统的优势是不掺杂情绪，它会分毫不差地按照设定好的程序执行。但人并不是如此。IT部门需要做的是让不同的业务部门、职能部门了解流程改变的原因，让技术和业务很好地结合在一起，将系统体现到业务流程之中。

理解多元文化

从运营中国业务到运营全球业务，最直接的变化就是业务部门遍及全球不同区域，从而有了不同的文化和系统使用习惯。这就要求在构建IT系统时，IT工程师必须从管理模式到简单的业务流程，充分考虑到差异化。

这曾让杨京海非常头疼。他说，即便简单到搭建一个供渠道商使用的平台网站，都要考虑到不同国家的合作伙伴的不同操作习惯。

比如，严谨的德国人讲究流程，他们要求系统界面中的流程以下拉菜单的形式，一步步地展开；美国人对此则并不感兴趣，他们认为下拉菜单的形式太落后，要求做成按钮式界面，只需点击按钮就可直接调用某一项功能。这背后就是不同文化背景下的群体使用习惯的差异。欧洲人热衷于线性化的节奏，美国人更偏爱效率优先。但是，全球系统只能做成一种形式，这又涉及对变更的管理。

做完这个庞大的项目，杨京海已深谙全球不同区域群体的行事风格：北欧与中欧国家的人比较固执，但一旦被说服，接下来就很容易推进，他们的喜好全部写在脸上，内心的想法和脸上的表情一致；俄罗斯人与德国人风格类似，做事一板一眼，不灵活，不妥协；南欧人与北欧人完全不同，他们和南美人、中国人有一个类似的特点，看重人与人的亲疏远近，如果彼此熟悉，很多事可以做出妥协，如果相反，一切都很难办；巴西在配合方面尤其不易……

如果不能理解并协调好这种差异性，很可能要陷入无休止的激烈碰撞。

IT 组织与转型引擎

融于业务的必需品

在这一章的最后，我们试图做出总结，一家在全球运营业务的国际化公司，IT 部门的职能以及先进 IT 系统作为战略平台的角色究竟是什么。

可以先用一句话来概括：它是一家公司稳定运营及保持竞争力的必需品。如果一家企业有卓越的 IT 能力，或许很难被人察觉到，但如果 IT 能力不够，这家企业可能会破产。

这并不是危言耸听。如果企业不能恰如其分地发挥 IT 部门的价值，IT 部门会是损益表上的沉重负担，甚至成为追求业务创新和敏捷的障碍。

联想集团用了超过十年才建成运营一家国际化企业所需要的 IT 系统和 IT 服务的所有模块,在此之后的近五年,IT 组织被逐步打造为这家企业的转型引擎,甚至正在成为利润的直接贡献者。这是因为,在多年 IT 应用特别是在应用思爱普 ERP 及相关解决方案与自身产品技术相结合的实践中,联想积累了丰富的经验,沉淀了宝贵的知识财富,可以将这种能力向外部输出。联想早就从一家典型的思爱普行业用户,升级为赋能者,为更多行业和企业赋能。

IT 部门的工作汇报不仅仅是他们花了多少资金、有多少系统从未崩溃,或是有多少项目按时完成并且没有超出预算。如今,他们工作内容中更亮眼的指标是为企业的产出做出了哪些贡献。

最初,一家公司的 IT 部门通常被称为"电脑部":在办公楼的偏僻角落,一群不修边幅、情绪稳定的男子通宵达旦地工作以确保所有电脑正常运行。后来,这个团队成为一家公司的技术后台,任务是为业务部门提供支持,从技术上满足不同业务部门的需求。

在多数企业的组织架构里,IT 部门就像一个边缘清晰、棱角分明的方块,他们的管理层级从上至下自成体系,企业每年给这个部门划拨不宽裕但独立的预算。

业务和技术各为政的年代,这种做法行得通。但是,随着业务与技术工作的深度融合,在如今这个日新月异的数字化世界中,IT 部门正被要求成为商业模式的重要推动者,用户体验的重要驱动者。

胡贯中在王晓岩退休后,于 2016 年升任联想集团高级副总裁、CIO。他认为,IT 团队的职责有三层。

第一层是最基本、最底层的传统职责。联想 IT 部门要确保所有核心信息系统 24 小时 × 365 天正常运转,这些系统包括所有非产品的软件、办公环境、数字化办公场景以及其他信息基础设施。这是一家国际化公司保持日常运营的基础。"这是公司的命,比如说数据中心出故障了,管理流水线的系统停滞了,公司立刻就无法继续营业,马上开始影响我们的运输量、销量，以及客户的满意度。它就像氧气，人们正常呼吸的时候，是无意识的。但如果缺了，立即就会出现大问题。"

联想IT团队的第二层职能是，设计并实施支持公司业务运营的技术和系统，建设整个公司的信息架构。信息架构从终端用户的角度，又可分为三大类：

第一类，建设服务于员工的计算环境，比如个人电脑所需要配置的应用等。员工是公司的核心资产，而电脑是员工的生产力工具。

第二类，公司后台基础设施。比如计算CPU、存储、核心网络，要把公司办公网点、供应链、合作伙伴连结在一起。

第三类，业务应用，大多是带业务内容和逻辑的系统。比如供应链管理系统，包括供应链控制塔、客户信息管理系统、主数据管理系统；再比如电商，面向合作伙伴的门户网站以及培训系统。

第三层职能则是驱动业务转型，这已是现在的核心职能。至少在五年前，联想决心让IT团队融入每一个业务部门，IT部门与BT部门展开密切合作，结合业界趋势，帮助联想制定有竞争力的业务模式及业务流程。

比如说，联想的供应链系统如果要提升30%的产能，仅仅依靠IT技术团队建设一个系统并固化流程是不够的，还要和BT团队一起分析研究，找到业界参考和最佳实践，在学习之后总结梳理，之后形成一套适用于联想的业务模式及流程。

在联想集团，IT部门内部人数最多时有近2000人，同时外部顾问团队也有2000人左右，整体达到4000人的规模。到今日，内外部团队整体已减少到2000人左右，他们中的65%分布在中国，25%分布在美国，10%分布在全球的各处工厂。相当部分的员工同时服务于IT部门和方案服务业务集团。这个2000人左右的团队主要由三部分组成：

800~900人为IT日常管理与运维团队；接近半数的员工服务于业务团队，分成了66个小组，分布在不同的业务部门，如数字化办公场景、基础设施和云、业务应用；最后一部分员工服务于外部客户，他们的工作形式是在企业客户那里设立固定的办公室，并长期驻扎。

在组织形式上，IT 部门已形成一种分布式网络，掌握技术知识和专业技能的人员分布到每个部门。自 2019 年初，联想的 IT 和 BT 部门完成了重组，从原来的项目制团队更改为产品制团队。从响应需求到跟进某一类技术产品的完整生命周期，他们对业务的参与度越来越高。

转型，不做成本部门

作为全球 CIO 的胡贯中，过去数年，耗费他更多精力的是另一个职务：联想方案服务业务集团的首席技术和交付官。这种职务变化，也是联想 3S 战略给业务部门带来变化的典型场景：当联想从一家以 PC 业务为主导的公司转型为提供技术解决方案的公司，IT 部门不仅仅要对内部负责，还要对外直接面向企业客户，及时获取需求，提供高质量的方案及服务。

这种业务模式的转型在联想内部有一个专有名称——"内生外化"。即将联想内部作为一个庞大的试验场，利用内部丰富的业务场景和实战经验，让产品、技术和方案可以在实践中得到优化和验证，相应的部门再把它们"封装"成一个个可以复用的解决方案，输出给行业或企业客户。

IT 部门是"内生外化"的核心驱动部门之一，他们被寄予厚望，将"内生"过程中积累的经验和知识整合到不同解决方案中，对外输出给企业客户。让 IT 能力不仅可以为联想所用，同时也能带给外部企业客户更大价值。胡贯中说："这些方案在经过联想内部验证之后，企业客户可以放心采用，少走弯路。"

宁德时代是联想 IT 部门转型中所服务的最典型客户之一。在数年之前，当宁德时代的海外业务规模爆发式增长时，他们遇到了与联想在收购 IBM 个人电脑业务之后类似的麻烦，没有一个可以支撑海外业务高效运转的 IT 系统，一些模块系统出现明显短板。当联想的业务团队在一次对外技术分享中谈及联想是如何在全球管理资产库、服务器、技术状态以及工具时，同为制造业企业的宁德时代似乎终于寻到了"妙药"。

过去多年，双方的合作已经从 IT 扩展到一整套信息技术解决方案。联想帮助宁德时代完成了三个阶段的数字化转型：在 IT 架构方面，帮助宁德时代部署了 SAP HANA 系统；在业务突破期，联想以 SAP HANA 解决方案为突破口，协助宁德时代的销售团队进行 SAP HANA POC 测试，就高并发下的 CPU 性能风险，寻找解决方案、提升性能、排除隐患；在战略合作期，联想和宁德时代建立了 IT 运维点对点帮扶合作，开展联合运维，联想从 SAP HANA 解决方案供应商转变成宁德时代的核心 IT 架构及 SAP Basis 服务供应商。

在某种意义上，联想集团也只是联想 IT 部门和 SSG 所服务的客户之一，只不过是最大、最稳定的客户。

在联想的财务报表中，IT 部门也不再只是损益表中的绝对成本中心，而是构成利润中心的一部分，成为创造利润的部门。CIO 正在从技术管理人员变成企业提供智能化转型解决方案的推销大使和实施者。CIO 的角色更加多元了，联想 IT 团队的竞争优势也从信息技术领域，扩展为围绕客户体验，提供从基础架构、业务流程、数据分析到 AI 应用的全方位解决方案。

第七章

供应链：
敏捷与韧性

一台 ThinkPad X1 Carbon 的主要部件有 129 个，所有零部件则超过 1600 个。它的电池、键盘和接口产自中国，内存产自韩国，处理器产自马来西亚，主板上的关键元器件来自法国和越南，操作系统来自美国；日本参与了它的开发，美国参与了它的设计，中国不仅参与了开发和设计，还负责生产制造，最终它在全球近 180 个国家和地区销售及提供服务。

如何以最优方案采购这些上游配件？如何在最合适的时机以最合适的价格储备物料？如何带动整个供应链上数以千计的厂商，促进生态发展？如何在生产端满足客户极其个性化的需求？比如，有人希望在笔记本电脑外壳刻上自己的名字。

不同客户的订单数量可能完全不同，从 5 台、10 台、100 台，到成千上万台，每一台的配置可能各不相同。笔记本电脑产品有上百万种配置，以满足全球客户对定制化、个性化的要求。如何准确无误、准时完成生产？

到了交付环节，客户对时效性又有精准的需求，不能早也不能晚。这些客户来自世界各地，从南美洲亚马孙流域的乡村小镇，到纽约、伦敦的高端商场，产品需要精准地交付。

对于联想集团，生产端是分布在全球的超过 30 个生产基地，工厂分布在中国、巴西、印度、墨西哥、日本和美国等，此外还有数量更为庞大的 ODM 与 OEM 合作伙伴。由此形成"自有工厂 + ODM/OEM"、"全球资源 / 本地交付"的混合制造模式。工厂的上游是全球近 5000 家供应商，核心供应商超过 2000 家，联想通过数字化和智能化系统与其中的 400 多家实现了协同运作。

在产品端，联想每年稳定生产的产品有 600 多种。

在市场端，联想每年向全球超过 180 个市场销售多达 1.5 亿部智能终端产品，包括个人电脑、手机、服务器等。这些产品每年包含在超过 500 万个订单里，由分布于全球 48 个物流中心以及覆盖光伏的分销中心运送到客户手中。

以上这一切都倚仗一个全球化的供应链体系。所谓供应链，指围绕核心企业，将供应商、制造商、分销商直到最终用户连成一体的功能网链结构。它贯穿从原材料、配套零件，到中间产品以及最终产品，并经由销售网络把产品送到用户手中的交付全过程。

整合全球供应链 1.0

路径选择：混合制造

2009 年 8 月，中国上海，联想集团最高决策机构 LEC 召开会议。九名中外核心高管必须就一项悬而未决的投资进行投票：是否应该在中国西部城市成都建设一座规模庞大的自有工厂？

这是一个投资额并不算太高的项目，启动资金只要 1 亿元，却很大程度上标志着联想在全球化产业链中的路径选择：在产品设计和制造端是主要依靠自主的工厂，还是主要依靠外包给 ODM 厂商？选择前者，就要求联想必须投资兴建自有工厂。

当时，在全球市场销售的笔记本电脑等智能终端，几乎全部由中国台湾的六到七家 ODM 厂商完成设计制造，这些厂商包括纬创资通、英业达、和硕、广达、仁宝等。他们将总部和设计师团队安置在台湾，制造工厂则开设在成本较低的大陆。众多的大客户品牌厂商只需要规划产品的大概框架，剩下的设计和生产加工环节就交给这些 ODM 厂商来完成。这些颇具设计和研发实力的 ODM 厂商有时候甚至会从头到尾设计出一台电脑，再提供给品牌大厂，贴上其品牌标志，对外销售。

在上海召开的那次会议中，向联想 LEC 做翔实汇报和投资介绍的是现任联想集团高级副总裁、全球供应链负责人关伟。成都工厂是一处占地 200 亩，建筑面积超过 10 万平方米，设计年产能为 1000 万台电脑的生产基地。在此之前，联想已经在广东惠阳、深圳、上海和北京兴建了多处自有工厂。

对是否继续投资建设自有工厂，联想集团管理团队私下里分歧很大，举棋不定。前端的销售部门主张将产品设计和制造交给 ODM，联想不必再投入巨额资金，也不必承担制造端的重资产风险，只需将全部精力投入销售和市场推广；主张建设自有工厂的是后端的设计和研发部门，他们认为自有制造工厂未来有广阔空间。因为轻巧、外观设计独特的产品越来越受欢迎，品牌厂商需要自主掌握制造的设计和研发能力。

到了投票表态环节，除杨元庆外的八名 LEC 成员投票，支持者与反对者各占一半。那时候，杨元庆刚刚从阿梅里奥手里接下联想集团 CEO 职位七个月。他虽然是销售出身，却对自有制造情有独钟。

他没有分析自有制造或者 ODM 制造各自的利弊与风险，只是在最后环节问了一个问题："我们的愿景是做全球第一，如果我们有一天真的做到了全球第一，那么将是联想的全球第一，还是仁宝、纬创资通和广达的全球第一？"

争论就此结束。在 2009 年，做出这样的决策需要极大的战略勇气。联想集团在前一个财年营收下滑，亏损了 2.26 亿美元，现金流都紧绷着。要真金白银地投资自有制造，必须顶住巨大的压力。

齐岳 2013 年加入联想，曾任联想集团（武汉）产业基地总经理，更早前曾在摩托罗拉天津工厂担任厂长。他说，在谷歌公司收购摩托罗拉手机业务后，他们的高管曾到访位于天津的制造工厂，回去后向董事会汇报时给出的建议是"必须将这些工厂和整个供应链尽快全部卖掉"。因为这些高管看到了工厂食堂里就餐的密密麻麻的工人，终于对劳动力密集型企业有了最直观的认识，这是谷歌不愿意承受的负担，也不是谷歌所擅长的。齐岳于 2024 年 7 月底转任联想集团合肥产业基地智能制造与物流中心高级总监。

出于成本考虑，华尔街的投资者极力劝阻联想投资自有制造，建议其像戴尔、惠普，以及苹果公司一样将制造环节交给外部专业的 ODM 和 OEM。但联想坚持自己的判断，认为投资机构只看到了生产成本，但这并不是真实成本，真实成本应该是产品端到端的总成本。

在全球供应链体系的生产制造环节，杨元庆决意带领联想走第三条路。既不是全部依靠自有工厂，也不是像竞争对手一样，将产能全部委托 ODM 来实现；而是以自有制造为主，在生产组装环节更多依靠自有工厂，同时依靠全球性的 OEM 和 ODM，与这些代工工厂合作成立相应的子公司，建立专属工厂。这是一种混合制造、分散多元的供应链布局。在 IT 行业的国际化公司中，这是没有人走过的路。

在制造环节建设自有工厂，通过大规模生产和垂直产业链来保证零配件供应和降低生产成本，这样的模式让企业对供应链拥有很强的控制力。风险则是一旦出现经济下行或行业不景气，企业要承担产能富余的压力。要化解这种风险，除了做好预测，还需要增强现有制造能力的通用性，以便转产有生产相关性的产品。

过去多年，联想的全球供应链体系在自有制造和 ODM、OEM 之间的产能分配上，一直维持着恰如其分的平衡，执行的是"两条腿走路"，确保发挥协作互补效应。因为拥有数量众多的自有工厂，联想自身也具备很强的 ODM 能力。但是，其与纯粹的 ODM 厂商长期保持着默契，在产业链分工中不会进军对方的优势领域，各自拥有属于自己的优势市场。

杨元庆为联想开创性的"混合制造"模式感到自豪。他告诉笔者，联想作为从中国发展起来的企业，对管理在家门口的制造业很有信心。在他的商业逻辑里，自有制造和 ODM 两种模式就像两个水池，连在一起，跟只有一个"水池"的企业竞争，优势会很明显，这是联想能在 PC 领域攻城略地的重要原因。

整合与合并

联想集团供应链能力的演变，大致可以分为四个阶段（如图 7-1 所示）。

第一阶段是 1990 年至 2000 年，建立了国内供应链。这一时期，联想建立了国内最初的几家自有工厂，一开始是用来为国际厂商做代工，在创立自有品牌后也开始用来生产自己的产品。联想还成功地将这些工厂搬上了 ERP 系统。

第二阶段是 2001 年至 2011 年，联想并购 IBM 个人电脑业务后，开始形成全球供应链。这一阶段联想在产品端分成了商用事业部和消费事业部，并在销售端分成交易型模式（T 模式）与关系型模式（R 模式），两大产品集团有各自不同的供应链体系。此外，联想移动业务上也有自己的供应链体系。三者未形成统一的全球供应链体系。

第三阶段是 2012 年至 2016 年，联想逐步形成了混合型供应链体系，生产制造端建立了混合制造模式。这期间完成了对 IBM x86 服务器和摩托罗拉移动的收购，并将它们的供应链整合进联想的全球供应链。2015 年，联想将所有业务整合为一个全球供应链体系，并成立了独立的部门，由关伟负责。

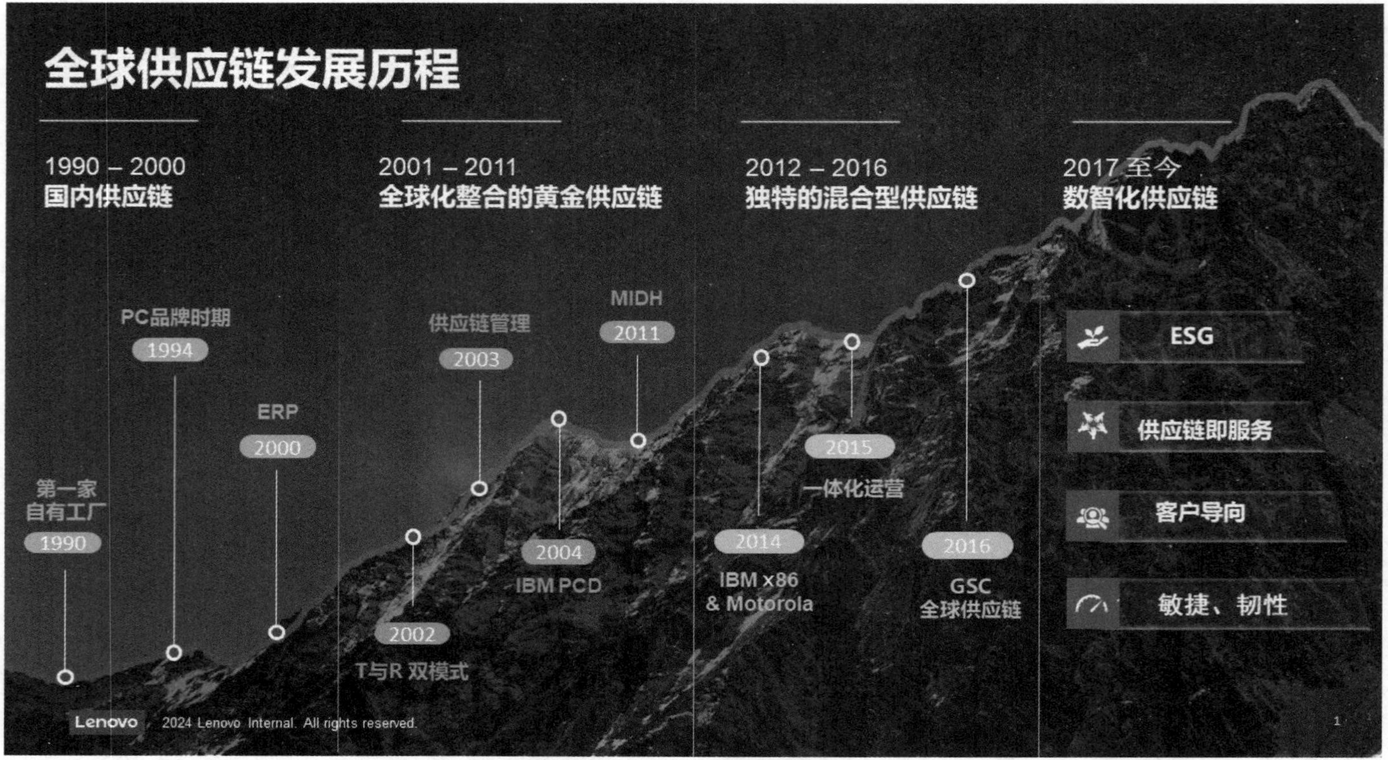

图 7-1　联想全球供应链发展历程

第四阶段，则是 2017 年至今，这是联想建设数智化全球供应链的阶段。

在完成对 IBM PC 业务的收购后，联想就决定将供应链的各环节合并成一个全球供应链系统，打造"新联想黄金供应链"。这个任务交给了时任首席运营官刘军。当时，联想最具实力的竞争对手是戴尔，而戴尔维持优势的关键就是高效的供应链体系。在并购 IBM PC 业务之前，联想的产品库存天数为 22.7 天，而戴尔在中国市场的库存天数可以做到仅有 4 天。

对供应链进行全球整合，是涉及零部件采购、生产制造、包装、质量、销售渠道、物流等核心环节的复杂工程，目的是获得最高运营效率。刘军采取了一种相对平稳的转型方式，用大半年时间整合了联想端到端的供应链，涉及制造、采购、物流和业务大区。

在刘军掌管供应链时，阿梅里奥曾往他的邮箱发过一封只有一张照片的邮件。照片展示的是三台已开箱的笔记本电脑，市场定位和价格区间一致，分别来自联想、索尼与苹果公司。刘军和他的团队看着照片，思考了很久，不解其意，直到一个物流负责人点出这表示阿梅里奥对供应链在物料包装环节的工作并不满意。因为联想那台电脑的内部包装布局凌乱不堪，而其他两大品牌则有高水平的设计感，符合其高端定位。

前文提到，2006 年 9 月，阿梅里奥把自己在戴尔的前同事史密斯招募到联想，让他继续对联想全球供应链进行整合。这个冲劲十足、忠实于业绩导向的美国人之前为戴尔效力了 12 年，在产品供应及缩减开支方面尤其擅长，他还与众多全球顶尖供应商建立了良好的关系。

史密斯决定采取一种格外激进的策略。他杀伐果断地对供应链团队进行裁员和业务收缩，并采取以中国为中心，将供应链的管理权力集中起来的策略。当时，被划为联想供应链团队的员工多达 1.5 万人，是联想所有团队中人数最多的。

史密斯到岗后发现此时联想的供应链环节存在几个问题：全球不同

区域的不同经销商需要面对不同的客户和商业模式；供应链团队的绩效考核指标竟然多达150项；当面对特殊产品的订单时，产品生产会出现内部延误；供应链的容量与企业的目标不相匹配；配送交付环节也经常出现明显延误。

"当时的实际情况非常可怕，准时交付率为25%；而戴尔和惠普的准时交付率为80%~90%。消费者大叫大嚷着要求交付产品，销售人员无力应对，几近疯狂。"近十年前，史密斯接受《联想涅槃》一书作者李鸿谷访谈时说。

很快，史密斯决定从戴尔、DHL、伟创力和惠普等在供应链方面擅长的国际化企业挖更多经验丰富的老将作为副手。他还将联想供应链团队的关键绩效指标缩减为五项，打造更为灵活的组织。

五项指标分别为：第一，交付率，即准时交付的能力；第二，材料成本，即为了制造产品购买原材料的采购成本；第三，总成本，即端到端的成本，也就是设计产品、制造、物流及相关经常费用合计的总成本；第四，资金周转周期，即应收账款周转天数和存货周转天数；第五，也是最重要的一项，就是质量。

在生产制造环节，史密斯采用了"群策群力"（work-out）的工作方式，让来自不同国家和拥有不同工作背景的团队成员共谋、献策，形成文化共识，以团队为基础进行技术提升。这种工作方式最早由通用电气公司提出，在运用该方法时，所有的关键决策方会就当前需要解决的问题齐聚一堂，直到就解决方案达成共识方可离开。史密斯带领的供应链团队，数次通过此方法，成功地将生产线的生产效率提升了一倍。

2010年时，联想的供应链能力已经能够进入高德纳公司编制的全球50大供应链厂商排行榜，这是全球公认的评价企业供应链能力的最权威榜单。2013年，联想在这个榜单中的排名上升到第20位，领先于雀巢集团和福特汽车等公司。2024年，在高德纳全球供应链25强的最新排名中，联想排名第十。

学习，从中国到全球

关伟于 1996 年加入联想，最开始履职于销售部门。2005 年，他被从联想手机业务供应链部门调派到联想中国区，担任供应链负责人。他的直接上司是一个美国人。北京时间每天晚上 7 点到 9 点，联想全球供应链部门会召开一场线上运营电话会，主要内容是由全球各个区域供应链的负责人来汇报当天所在区域的订单情况、供应情况、缺货情况以及下一步的需求等。

最开始，关伟的英语格外糟糕。他必须为每天运营电话会上的那几分钟发言，提前准备至少两个小时，从每天的下午 5 点开始。因为对美国的语言文化不熟悉，他还闹过笑话。有一次，为了抗议一个供应链负责人对中国区调货分配不公平，他给对方写了一封电子邮件，可能习惯了在国内用多重标点表达语气，他在邮件中用红色标记强调了一些字段，并跟着用了七个叹号。那个美国上司收到邮件后吓得够呛。对方罕见地给他拨来电话，告诉他，一般情况下，写一个叹号就够了。

时过经年，关伟已经能讲一口流利的英语，包括比日常用语复杂很多的专业术语。他的一个下属评价他是其所见过的"最善于学习、最聪明的几个人之一"。

在收购 IBM PC 业务之前，联想集团从生产制造到销售的供应链几乎全部在中国。联想当时的供应商和合作伙伴大多是国际化企业在中国部署的合作代理。合作代理是比办事处更边缘化的层级。当时所谓的供应链驱动，是以一种低效而原始的方式来实现的。比如，要采购硬盘，联想的采购人员会先向这些代理拨去电话或者发去传真，询问有多少货可供。

即便如此，联想当时也有意识地做出了一些前瞻性的创新。关伟在联想电脑公司负责采购方面的事务，这个年轻人尝试着收集联想先前几年采购硬盘的数据，并和实际的销售数据对比，希望对采购价格做出预估。他手动将数字一个个地列出来,再画出图表,即使没有产品部门、销售部门帮他预测,也能大概看出来将是什么样的趋势。他拿着这份东西去跟供应商代理谈的时候,已经心中有底,然后再问他们都有什么货,价格大概怎么样。

完成对 IBM PC 业务的收购后,形势就大不一样了。联想供应链部门的视野从中国扩展到全球,从主要在中国交付到向全球客户交付,此时必须与全球排名最靠前的那几家 IT 行业供应商建立合作。

比如,联想在硬盘采购上要与美国的希捷科技、西部数据、迈拓公司等全球硬盘制造商达成稳定合作,采购人员开始密切关注这几家厂商的全球产能、工厂位置,并前往其海外生产工厂考察调研,更深入地掌握专业知识。这些工厂大多在东南亚。个人电脑硬盘的全球生产制造中心在泰国,硬盘厂商的制造工厂大多开设在那里。

联想的供应链体系开始通盘考虑全球零部件企业和元器件企业的产能,并关注其分散到各个月份的产能规划,将这些与联想的产能计划进行匹配,并测算出相对应的价格可能会如何变化。更进一步,采购人员开始对更上游的元器件进行颗粒度更细的拆分,比如硬盘中的碟片大概是怎样的情况。采购团队会将上游所有组件都画出一张图,以将全局和整个供应链生态看得清清楚楚。

"全球化是不简单的。(收购 IBM PC 业务)以前完全没有这些概念,就是你不仅要看一级供应商的部件,还要去做二级供应链、三级供应链的供应商管理。"关伟说。

联想的全球采购团队,现今对上游供应链的掌控已经细化到极致。分工精细的采购人员大多已成长为相关产业领域的专家。联想的供应商有多个层级,较低层级的供应商向较高层级的供应商提供材料和零部件,并最终提供给一级供应商,即与联想有直接合同关系的供应商。

如果你去请教联想供应链团队一个负责采购显示屏的人员,他能精准地告诉你任何一款显示屏的部件的来源、尺寸、规格等。从驱动晶片、电路板、背光到连接方式，驱动芯片的供应商在全球有哪几家，任何一家上游供应商的元器件是从哪些厂家采购的，其中获得联想认证的又有哪几家，采购成本的实时情况如何，等等。他们掌握得一清二楚。

在国际化过程中，联想的供应链团队与联想其他核心国际化组织还有一个重要区别，那就是团队中几乎所有核心成员都是中国人，骨干成员都是联想内部自己培养起来的。

自有工厂

完善、完整的制造体系

时至今日，距离联想 LEC 在上海的那次关键性投票已经过去了 15 年。这 15 年，国内先后兴建了联想集团合肥产业基地（联宝科技）、联想集团武汉产业基地、联想集团南方智能制造基地（简称南方基地）、联想集团创新产业园（天津）（简称天津创新产业园）等自有制造基地；在海外，则先后在日本、巴西、匈牙利，以收购或自建方式投资了多处联想自有制造工厂。

联想集团最初是在 1990 年和 1993 年，在北京分别建设了取名为"一标厂房"和"二标厂房"的自有工厂，主要业务是帮国际电脑品牌厂商做台式机代工生产，联想较早一批员工就在这里工作。后来又在广东惠阳和上海各建设了一处工厂，这些工厂早已关闭。2006 年，联想在印度建设了第一处海外自有工厂，2008 年在墨西哥又建成了第二处海外自有工厂。

截至 2024 年，联想集团在全球已拥有 30 多个制造基地，这些制造基地在产品生产及战略价值上各有侧重。例如，武汉产业基地重点生产手机和平板电脑产品；合肥产业基地主要生产笔记本电脑和服务器产品，2023年该基地更入选了世界经济论坛"灯塔工厂"；天津创新产业园有业内最高水准的零碳智造工厂；南方基地则是联想全球智能制造"母本工厂"。

在联想的"三级火箭"研发体系里，工厂端的研发和设计部门是第一级，平行于业务集团产品线中的研发和设计部门，他们都专注于一到两年的产品研发和创新。掌控自有工厂的一个核心价值是，在研发和设计环节能更直接地发现问题并加以解决，更下沉地发现在哪些环节可以降低生产制造成本。

联想集团2011年在合肥建立的产业基地，最初是由联想集团和仁宝电脑公司共同投资建设，故名联宝科技，最初的很多管理人员也由仁宝派出。2014年初，关伟接管了这个基地，他用一年时间组建了以联想员工为主的管理团队，用了大概两年时间将合肥产业基地在个人电脑的自有设计、生产制造的整个体系真正完善了起来。

关伟告诉我们，有了合肥产业基地，联想才深入地掌握了在生产环节优化成本的能力，做到从端到端进行整合，降低成本。

最典型的场景是这样发生的。通常，很多笔记本电脑新品生产出来的头几批产品，要比后来的批次使用更多的元器件。比如，一片主机板上的元器件大概是1400个，经过生产环节的不断优化，半年之后产品完全成熟，此时一片主机板上的元器件大概只有1100个，可以减少超过20%。主要原因是，最先几批产品投产上市后，自有工厂的研发和设计部门会密切关注产品存在的"过度设计"问题。他们会努力在不降低产品品质的前提下，进一步找到最经济、最优化的设计方案，如减少一些不必要的元器件。经此过程，制造成本和生产时间都可以不同程度地降低。

以效率提升带动成本降低，也主要倚仗自有工厂端。2013年至2014年，仅一年时间，一台ThinkPad G系列的笔记本电脑在合肥产业基地的纯制造成本就下降了三分之一，后来甚至降低到了只有 2013 年的三分之一。所谓纯制造成本，指仅制造环节的成本，不包括原材料等其他任何成本。

这一过程是如何发生的呢？合肥产业基地当时一条组装包装生产线为 120 米长，一条生产线上有 180 个操作人员，每个小时大概能组装出 100 台笔记本电脑。一年后，同样一条生产线的产能每小时提高到 140~180 台，操作人员则减少到只需 120 人。这主要靠生产工艺的调整与技术创新。今天，这样的生产线已经缩到更短，操作人员只需要 53 名。

对于生产基地，我们惯常以为它由规模庞大而嘈杂的生产车间组成，一大批蓝领工人在生产线上忙碌地从事着无技术含量的机械性工作。我们调研后发现这种观念严重过时。合肥产业基地现今除蓝领工人以外的员工有 3900 人左右，其中 2500 多人属于研发与设计团队，他们之中的 600 多人驻扎在台北的研发中心。

也就是说，在联想的合肥产业基地，研发人员比运营人员多得多。

驻扎在工厂端、规模庞大的研发团队并不是仅仅做节省成本的研发。他们最主要的职能是根据上游芯片厂商的产品规划，做进一步的自有产品研发。

比如，英特尔公司或 AMD（超威半导体公司）计划推出新产品时，会提前半年甚至更长时间与联想的研发人员展开合作。工厂端研发团队的工作是根据上游供应商产品的具体设计，如引脚、规则等，来设计自己的产品，比如如何做主机板布局，如何做数据传输速度方面的设计等。对于上游供应商的设计研发，联想也会以联合设计的方式深度参与。对于很多产品的上游核心部件，联想会在标准部件的基础上，按照自身需求做技术参数的调整。一些芯片只有联想可以使用。

此外，工厂端的研发团队还要根据前端消费者调研团队提供的客户数据来规划产品规格，如显示屏大小及分辨率、接口数量、整体重量，材质是选择碳纤维、金属还是塑料等。

从2017年开始，合肥产业基地还作为一个试验点，承担一项新的使命，即开拓其他相关业务。简单来说，它不仅仅是为联想生产笔记本电脑和服务器等智能产品，还开始作为ODM，承接众多其他智能产品的设计和制造，比如连锁餐厅的点单智能设备和汽车电子产品。

现任联想集团高级副总裁、全球创新中心总经理贾朝晖认为，合肥产业基地帮助联想集团将研发能力下沉到了器件级的研发，从而解决了三个问题：一个是成本问题，一个是运营效率问题，还有一个是整个产品设计可以做到更加优化。

"比如说整个机械结构设计，当你不了解主机板细节的时候，你就会放宽一些设计上的限制，因此它不是最优的。当你了解了主机板，以及主机板器件层次的时候，比如主机板组合成最终的系统之后，它和其他部件应当怎样更好地配合才能够满足要求，同时又能够满足ID设计要求，尤其对于消费产品来讲，它才能做到最优。只有深入这个层面，你才能够知道怎样把设计做到最优。我们不能只把合肥产业基地看成一个工厂，它其实是研发和生产的综合体，是整个联想研发体系的一部分。"

向外输出能力

中国是联想生产制造的大本营，联想每年向全球销售的超过1亿部，最高时超过1.5亿部的智能产品，大部分由中国的制造基地生产。在合肥、武汉、深圳、天津建设的四处生产基地代表了联想集团在全球最先进的制造能力。它们还有一项共同的使命，即形成可向全球输出的先进能力。

在广东深圳已投产的南方基地，生产的复杂性是联想众多基地中最高的。这处工厂的产品超过50种，定制化产品的不同配置超过10万种，10台以下的订单占比超过60%。

这是一座总建筑面积约28万平方米、总投资额超过20亿元的超级工厂，定位是联想的全球"母本工厂"。所谓"母本工厂"，按照关伟的话说，承担的使命有三项：率先应用最先进技术，形成可复制、可推广的方案，孵化创新理念和创新产品。

简言之，代表联想最先进生产力的一切技术、流程、方案等，最先在这里投入使用，形成被验证、标准化、可复制的运作流程和解决方案后，再向全球输出，而且输出的对象不限于联想内部工厂，还有外部合作工厂，以及外部客户。

关伟抱有雄心，他认为随着国力增强，中国会有越来越多企业走出去。"走出去的可能是销售渠道，也可能是生产制造。我们过去遇到的问题，他们未来都会遇到。这时，联想可以作为一个懂制造的平台，提供一些服务，帮助这些企业真正做到全球布局。"

在南方基地投产之初，联想就将承担供应链职能的内部专家、经验最丰富的技术工人调派到这里，以确保投产顺利与平稳运行。这里也是各种先进的数字化技术的"集大成者"，这些数字化技术包括物联网、5G、大数据、人工智能、数字孪生、区块链等，还有智能物流、智能排产、智能产线等十余个智能化的系统。

南方基地已经展现出对外输出解决方案的能力。联想在欧洲建设的第一座自有工厂在匈牙利的布达佩斯附近，那里最初的四条产线，就是由深圳的团队设计、制造的。工厂生产线上的所有设备是通过30个集装箱从中国运送过去的，工厂的技术、流程和生产理念也是从深圳的工厂复制的。

"母本工厂"更有想象力的是其作为孵化器的功能，包括孵化、生产各类智能产品，如智能化模组、智能终端、智能穿戴设备等。

联想南方基地所在的中国珠三角，是这个国家经济最活跃、创新最大胆的区域之一。在联想工厂周边200公里之内，活跃着数以万计的创

第七章 供应链：敏捷与韧性 269

新型中小企业，主要分布在消费电子、家用电器和通信设备等行业。这些中小企业有成千上万个极具价值和天马行空的产品方案，但很多方案都无法变成量产产品，因为这些企业并不擅长生产制造。

一个智能终端产品从创意到量产落地，有一个系统的、有步骤的、严谨繁复的漫长过程。涉及外观工业设计、产品结构设计、结构样机制作、模具监理，直到生产线上的量产等。每一个环节的处理都要精细到位，才能保证产品开发的效率和质量。

这一切都要依托工厂端。联想对南方基地的功能定位之一，就是将其自身的这部分能力释放给中小企业，给这些中小企业提供生产场地及全链条的支持，帮助中小企业和创业企业在最短时间内成功完成产品的孵化、验证到量产。这样，制造业的基地同时成了制造业的孵化器。

联想合肥产业基地也在发挥类似作用。这方面的年度创收从数亿元起步，过去几年快速上升。

联想的供应链还与联想创投牵头的创新投资生态紧密结合，为科技初创企业、被投企业提供生产制造端的帮助。

一个典型案例是钛方科技，其创始人杜朝亮原来是中国商用飞机有限责任公司的工程师，他创业后想找到把原本用于飞机无损检测的弹性波技术用于民用市场的突破口。该技术能提前发现微小的裂纹或变形。但他缺少资金，也没有地方做实验进行验证。

2018年，在联想创投的助推下，联想集团发现了弹性波技术在笔记本电脑触控板上的应用潜力，并依托联想在研发和供应链上的能力，与钛方科技紧密合作，解决了量产的诸多挑战。2019年，全球首款搭载弹性波技术的一体化压力触控板在联想笔记本电脑上亮相。

这是非常好的"双向赋能"：联想通过钛方科技的创新技术，提升了产品竞争力和用户体验；钛方科技则借助联想供应链和联想创投的平台与资源，让技术可以变成商业化的产品，走向消费者。

韧性的前提

联想提升全球供应链的敏捷性与韧性，涉及方方面面。如在上游采购环节推动多源采购，供应商生产要网络化、多元化，要加强本地化采购；下游物流环节要强化物流管控，优化物流运输节点和跨业务仓储中心，降低物流风险等；交付环节，要增强交付期的可预测性；等等。当然，还要遵守越来越复杂的全球合规要求。

但是，以上韧性都建立在一个基础之上，即"全球+本地"生产网络的布局。

摊开联想全球生产基地与研发中心网络布局的世界地图，你会发现其在个人电脑、手机与平板、数据中心的产能布局上，实现了一种均衡，即在主要市场都有主要产品线。

遍布中国的生产基地占据了联想全球产能的大部分。但在主要的区域市场，联想也必须有符合本地市场优势的产能布局，如在日本市场有自己的工厂，在美国，在拉美的墨西哥、巴西和阿根廷，在亚太的印度，也都有本地化的工厂布局。

联想用数字化与智能化的系统工具将这些工厂串联起来，形成了既有全球覆盖能力，又有本地化能力的全球化网络布局。

联想在美国销售的个人电脑及手机等智能终端产品主要由中国工厂生产供应。但是，联想在墨西哥的蒙特雷市也有一座工厂，最初的设计主要是生产台式电脑，后来开始生产服务器，以满足墨西哥及拉美市场的客户需求。假如某一天美国突然决定大幅提高对中国商品出口的关税税率，墨西哥工厂的生产线可以随时启动，扩充产能。为了应对这种突发情况，联想已经对这处工厂的物流和制造交接系统进行了标准化、一致性的优化。

那联想为何要在匈牙利建设一座规模庞大的自有工厂？这座工厂位于距其首都布达佩斯约30公里的城外，占地近5万平方米，面积相当于 7 个足球场，横跨两栋三层楼，是联想集团在欧洲的第一家自有制造基地。2020 年 9 月开始建设，2021 年 6 月试运营，2022 年 6 月正式全线投产。

2019 年，联想全球供应链风险管理团队提出预警：联想欧洲业务要实现快速发展，供应链布局是否还能够满足本地交付的要求？

当时，支持联想在 EMEA 市场交付的，是联想十几年前在欧洲设立的一个中转仓库。当地的渠道代理商下达订货要求后，联想从全球调配货源运送到这里。

但是，糟糕的情况时常发生。当联想的货物经受了海洋气候异常、地区突发事件等各种考验，通过超远距离的运输，最终被运送到欧洲中转仓库后，当地代理商时常会对产品颜色或一些无关紧要的细节提出修改需求。他们这样做，是为了让联想让利，比如，调低产品的出货价格。为了不造成更大损失，联想的销售部门多数时候不得不进行不同程度的妥协，这种妥协就意味着企业利润的减少。

与其长期受制于人，不如一劳永逸地解决此类问题。当 EMEA 市场的销售量量级接近中国和美国市场时，开设一处工厂开始变得必要。

开设工厂可以迅速响应当地销售代理商的订货需求，不会存在上述被迫让利的情况。更重要的是，可以快速地响应客户需求。之前，当联想的销售人员与客户签完合同后，供应链体系才会运转起来，比如开始向供货商订货，整个过程长达六七个星期。这种模式无法满足紧迫或临时的生产需求。拥有工厂的好处是，所有的部件和原材料已经提前发往当地，一旦客户提出产品的定制化需求，工厂可以马上按需生产，并很快完成交付。

如今，匈牙利工厂主要是面向 EMEA 市场的客户，提供服务器基础设施、存储系统和高端 PC 工作站等产品。联想在 EMEA 市场销售的超过 90% 的数据中心产品，以及约 50% 的 Think 台式机和工作站产品都由匈牙利工厂供货。其生产线每天可以生产超过 1000 个定制服务器和多达 4000 个定制工作站。

联想在巴西的工厂具有另一重价值。在巴西一个叫作因达亚图巴的地方，联想于 2016 年投资建设了一处自有工厂。这是联想海外工厂中利用本地资源交付本地客户的典型。如第六章所述，联想研发资金中的很大一部分用于在工厂端培育研发与设计能力。巴西工厂在这方面尤其突出。

巴西市场是一个很特殊的市场。巴西被称为"万税之国"，如果从国外进口产品到该国销售，企业要支付极其高昂且复杂的关税。比如，如果把在中国组装好的产品发到巴西国内销售，企业要缴纳 70% 以上的关税，而如果进口零部件在本地工厂组装生产，关税就会非常低，大概只有 15%。

联想在当地有两座代生产工厂。其中一座用于生产个人台式电脑、笔记本电脑和服务器；另一座用于生产摩托罗拉手机，联想在巴西销售的摩托罗拉手机全部由本土工厂生产。

两家巴西工厂从厂长到设计人员、研发人员，到流水线工人全部是巴西当地人。他们最了解当地客户的需求。因达亚图巴工厂的规模并不算大，但生产线高度灵活，不同的订单一到，十分钟就能切换生产线。

过去近十年，让国际化企业的掌管者们备感不安的是地缘政治风险。在地缘政治风险提高的背景下，企业要如何做供应链的全球布局，以提高抗风险能力？

2024 年 1 月，在我们访谈的那天早上，关伟的邮箱收到了供应链风险管理团队发来的两份报告。其中一份是关于美国总统选举在一些州初选的投票情况，报告分析了不同候选人的经济主张可能对联想全球供应链体系造成的影响，以及要提前做好哪些准备。

当一些区域的贸易摩擦升级时，联想要做的是对各个工厂的产能进行提前部署，甚至要决策是否在一些新的区域开设工厂，以提高供应链体系在风险提升后的韧性。

2021年，联想成立了公司级的全球供应链风险委员会。这一组织的使命是，通过行业已验证的流程，实施风险控制，使全球供应链能快速适应新技术的需求并降低与过渡相关的风险。

委员会有明确的监督目标，包括风险识别、风险评估、风险控制、风险评审及跟进措施，以及情景规划。风险委员会还设立了月度合作平台，在处理风险管理决策时，让业务部门参与其中，献计献策、协同合作。

在2022/2023财年，联想集团的战略团队选定了该财年的五大风险，依据是企业的风险偏好和收集的业务导向的数据。战略团队选定了潜在风险后，对每项风险进行了全面的情景规划，针对每个情景，考虑利益相关方的反馈，识别成因，并分析短期和长期影响。情景规划演练所得信息会提供给全球供应链风险委员会，以帮助其了解可能影响联想的风险类别，以及这些状况可能对公司表现造成的影响，从而提高整个供应链的策略韧性及灵活性。

在联想全球供应链的庞大体系中，一直有一个小团队专职从事风险管理，对供应链的方方面面做监测、风险预警，并提出应对预案。过去几年，制定应对预案在联想已经变得常态化。

2019年8月，风险管理团队关注到，地缘政治导致全球供应链布局有所谓"脱钩断链"的苗头，一些国际品牌开始寻求在中国之外的区域建立供应链。团队研究了全球IT供应链布局在过去50年的演变，关注供应链中的设计、生产制造以及市场将如何进行转移，并得出了一个结论：

在过去50年的全球IT产业变迁中，整个"泛东南亚地区"承担了全球90%以上的电子元器件的生产。至于未来IT产业的变迁，短期之内类似于与中国进行脱钩的行动是不可能完成的，除非发生热战；而中期的五到八年，不同的产业会有不同变化，必须关注整个产业变迁的影响；但是从长期来看，即八到十年及以后，整个产业可能发生巨大变化。

所谓"泛东南亚地区"即北边的韩国、日本、中国，以及南边的菲律宾、马来西亚、越南、泰国、印度等这一系列区域。

在形成结论后，联想全球供应链的布局该如何做优化？在供应商选择上，是否应该多一些生产地交付？如何把联想在中国智能制造的技术推广到全球？

从2019年开始，联想供应链用了三年时间进行优化。如把深圳"母本工厂"与天津创新产业园建设成功并运营好，作为范本，形成技术、经验和方法论，推广到全球其他生产基地。南方基地是联想自有工厂的"试验田"，联想所有与制造相关的新技术，包括一些新产品都会先在这里做。合肥产业基地则要成为"灯塔工厂"。

如今，这些优化措施已全部完成。这三处位于中国的基地已经形成了向联想海外工厂推广各自优势的能力。这三个工厂虽在产品生产上各有侧重，但在设计之初就有互相备份的能力。

对于一家全球化的制造业企业供应链的韧性，齐岳的理解更有代表性。他认为过去数年被广泛讨论的供应链韧性话题的重点已经发生了转变。"供应链的去风险纯粹是为了规避风险，比如到哪里开设工厂，通过哪条公路运输可以确保未来某些国家的关税突然增加时，供应链能够走通。

齐岳认为，供应链的韧性与去风险是不同概念。供应链的韧性是一种主动行为，有韧性的全球供应链必须注意两大趋势：

第一个趋势是产业分工的颗粒度已非常小，全球制造的每一个环节已分成若干个小项目，然后朝最经济实惠的地方去体现它的价值。"并不是像过去一样，一家公司可以把端到端，越来越多的业务都布局在一个地方生产，建一个超级工厂，然后支持全球业务。现在这个趋势使得企业建厂的时候，更多考虑全球化布局，这也是适应未来的一个方法。"

第二个趋势，正如"供应链"的"链"字，强调的是链条性。"供应链就像水一样在流动，它永远向成本最低的地方流动，永远向价值最高的地方流动,永远向最应该流的地方流动。"

数字化与生态

"一把手工程"

在国际化过程中,联想在全球范围内完成了令人眼花缭乱的并购,也接收了众多工厂,如在日本和拉美。

联想的供应链部门负责对这些工厂进行组织架构、系统、流程的整合,对员工也进行了培训。但一个令人非常苦恼的麻烦总会不同程度地暴露,即联想提升生产效率的努力在这些工厂中的效果并不让人满意。

关伟希望将中国最先进的制造能力输出到这些工厂,重塑那些运营效率不高的生产线。然而,所有的生产工艺、管理流程如果要实现被复用,成为一种可以被输出的能力,第一步就是要让供应链完成标准化。标准化后才可能数字化,数字化后才可能模块化,最后实现复杂度更高的智能化。

标准化并不算难事,中国在改革开放过程中培养出了全世界最庞大的训练有素的工人群体,他们在生产线上以勤劳刻苦并遵守严苛纪律著称。

最难的是数字化和智能化。那么,什么是供应链的数字化?

假设你是联想的一个实力雄厚的客户。在你向联想集团下了一个100万台笔记本电脑的购买订单后,一个叫作订单可视化的系统就开始运作。该系统会分析你下的这个订单是不是合格订单。如果答案是否定的,它会判断是资金问题还是价格问题,还是因为你提出了独特的配置需求而暂时无法生产。

如果是合格订单,那么从物料采购、工厂生产、物流运输,一直到交付到你手中，整个过程会通过一个个数字化系统，在一块块屏幕中，实时显示，零时差展现。

如果合格订单最终没有按照约定的时间或需求交付，你会清楚地知道是因为缺少物料，还是生产过程的某个环节导致的，所有节点也都可以实时看到。

在工厂生产环节，数字化的最直观场景是一系列颇具科幻感的超大屏幕，你可以从屏幕上读取到一切信息。生产管理人员通过一系列图表和数据仪表盘可以了解生产的全貌，并清楚地知道应该在哪里进行调整。生产线上的每一名操作员只需要根据屏幕上的指引执行自己负责的程序，如果没有根据指引操作或不小心拿错了零件，系统将无法进行到下一步，并会出现相应的提示。

这些制作精美、动态闪烁的数据图表展示的是一个生产基地每个车间、每道工序、每条生产线，各个设备的实时运行情况，如物料消耗、产品流速、残次品情况等。众多物联网技术被运用其中，如射频识别、追踪技术、传感器、云计算等。

从接单到生产，从采购到交付，所有流程都被数据化、可视化。整个全球化供应链系统既包括订单管理、仓储管理、运输管理等基础的信息化管理系统，也包括更先进的智能控制塔系统、智能业务需求预测系统、供应链协同系统等。前者被认为是数字化转型的1.0阶段，实现的是实时可视的信息化；后者则是数字化转型的2.0阶段，实现的是端到端的数字化与智能化，让各个环节互联互通、协同智能。

联想全球供应链的数字化、智能化转型，有实质性的投入，是从2017年开始。关伟说，在联想的发展历程中，这是一个容易被忽视的年份。但是，关于联想数字化转型的一切都是从这一年开始的，3S战略以及"端-边-云-网-智"新IT架构也是从这一年酝酿的。

回溯到2017年，当关伟决定将"数字化"作为联想在那年5月召开的全球供应商大会的主题时，杨元庆阻止了他。杨元庆认为关伟在短短十几分钟的演讲中，无法让台下来自全球、数以千计的供应商负责人理解什么叫"数字化"。他建议用一个更容易被理解的词，叫"智能化"。

在联想内部，数字化转型从一开始就是"一把手工程"，也就是说必须得到杨元庆的支持。就如联想部署全球IT系统时所遇到的阻力一样，供应链的数字化转型，也必须对执行多年的生产流程与行为习惯做出改变。

杨元庆推动了整个公司的组织、人才培训、文化以及激励机制上的转变，来帮助关伟进行供应链的数字化转型。联想在内部成立了专班项目，在组织上做了调整，为员工制定培训课程，要求员工的晋升机制、激励机制与数字化转型完成情况直接挂钩。

在三年时间内，联想投入了数千万美元用于开发各种供应链数字化转型的IT系统和解决方案，如智能供应链平台系统、供应商协同平台系统。截至2024年，在供应链数字化转型方面投入的资金已经超过1亿美元。

可被复制的智能制造

卓有成效的数字化转型，帮助联想解决了输出制造能力所遇到的麻烦。关伟说，他给联想规划了一个特别理想的未来目标，即便短期之内做不到，也会一步一步向这个目标前进，那就是"在联想的任何工厂可以生产出公司的任何一个产品"。

无论是在墨西哥、巴西、印度的工厂还是在日本的工厂，本地的厂长管理着本地的工人，不同地区工厂的员工有不同的文化背景，讲不同的语言，有不同的行为习惯，但是，他们被数字化的智能制造系统驱动着，执行标准化的流程，在运营效率上接近全球一致。

为了满足用户不断变化的需求，在深圳的南方基地，联想已经研发、验证并成功运行了一套"LeMES"智能生产系统。这是一套以组件化、模块化方式，满足不同用户"私人定制"需求的制造执行系统，适合所有的连续制造或离散制造。"LeMES"系统可以在同一条流水线上生产不同的订单。生产线还可以快速转换，既可以生产笔记本电脑，也可以生产手机、x86 服务器、平板等产品。在引入这套系统后，联想的一条生产笔记本电脑的生产线，只用十天时间，就可以按照新的订单生产投影仪。

在全球主要市场，大规模制造标准化产品的需求正变得越来越少，更多用户希望拥有个性化产品。在合肥产业基地平均每天需要处理的 8000 笔客户订单中，80% 以上是单笔小于五台的定制化需求。如果有 100 台的订单，厂长都会觉得意外。一个只有两到三台的订单对生产线意味着什么？关伟说，这意味着完成这个订单后，生产线上的部件就要更换。

合肥产业基地的生产线有 26 条。在联想智能生产系统中存储的关于个人电脑不同配置需求的模块有 100 万个，也就是说，只要订单是这 100 万种配置需求中的一种，生产线上的部件就能快速完成切换。

截至 2024 年，联想已成功地将"LeMES"系统复制到国内主要工厂，也复制到了墨西哥、印度和匈牙利的工厂。关伟认为，它在某种程度上奠定了联想全球化的基础。

类似"LeMES"这样，先在"母本工厂"应用，再推向全球的系统还有更多。

比如智能控制塔系统，这是在供应链管理中充当"指挥和决策中心"角色的工具。只要打开系统，就能清晰地查看联想 30 多家自有及合作工厂、2000 余家核心零部件供应商、280 万家分销商和渠道商，以及 180 多个国家和地区的客户需求及供应情况。即使是针对一颗螺丝钉的库存和需求，智能控制塔也能帮助联想进行调度和决策。

再比如智能排产系统（也叫智能生产规划系统）。合肥产业基地的年订单数超过 69 万笔，涉及 500 余种 PC 产品和超过 30 万个成品物料料号，在智能排产系统部署后，工厂制订生产计划的时间从过去的 6 小时大幅缩短到了只要 1.5 分钟，产量提升 19%，处理订单数提升 24%，交期满足率提升 3.5 倍。即便是经验不足的计划员，在智能排产方案的辅助下，也可以快速上手，保证排产质量。

当然，联想不会为了用上这些新技术，进行太快速和太过突然的供应链变革，而是对不同区域的供应链环境进行仔细评估后，从某些试点项目开始，或者采取渐进式的策略推行。

繁荣整个供应链生态

联想的生产制造既然已经如此先进而高效，为何还要坚持混合制造？为何不利用自己的销售规模，实现在全球供应链体系的利益最大化？为什么联想的策略是维护整个供应链生态的健康稳定与繁荣？

关伟和他的团队认为，建立生态比吃独食更稳定，生态稳定了，整个供应链的韧性才会加强。

联想的供应链策略，本质上源于其所认同的商业世界观：在工业 2.0 时代，竞争理论强调"大鱼吃小鱼"，采购规模越大价格就越实惠，借此可以把采购成本高的小企业吃掉；工业 3.0 时代，是信息化的时代，竞争理论是"快鱼吃慢鱼"，运作速度快的企业可以赢得先机；而现在是工业 4.0 时代，联想的结论是"要赢得竞争，必须依靠产业链协调"，未来的竞争是产业链链路之间的竞争。

在此理论的支撑下，联想全球供应链布局的策略是加强整个端到端的数字化协同，维护供应链生态的利益，而不是寻求自身利益的最大化。

无论是个人电脑还是手机，企业最不愿意遭遇的处境就是承担过高的库存，都希望将库存降到最低。对零部件生命周期短、产品月平均贬值高的行业来说，库存就意味着损失。所有消费者都希望自己买到的是最新鲜的产品，而不是库存产品。

当厂商面对的是全球市场时，库存的魔咒尤其难以打破，而将库存和风险留给上游供应商是最容易实现的门路。关伟说，在联想供应链的国际化整合中，他学习到的是如何公正公平地设计一套规则，尽可能精准地预测订单，而不是为了自己的当期利润最大化，牺牲上游供应商的利益。

在所有智能化解决方案中，关伟最希望提升的是智能预测能力。这一方案要解决的是对未来一个季度甚至半年的订单数量进行量化预测，让工厂可以根据市场需求提前做出判断，以及做好物料方面的准备。联想供应链团队的考核指标里，关键的一项就是预测的准确率。

在联想的全球供应链生态中，联想无疑是"链主"。如果能提升预测能力，它可以帮助整个链路中的厂商制定防御性策略，躲开风险。上游供应商最怕的就是制造端临时削减采购量，即"砍单"。如果预测有更高的准确率，提前一个季度或半年"砍单"，上游供应商则不会有任何损失。

预测市场是极其复杂的工作。从库存备货的角度看，当联想的供应链团队通过分析市场，预测未来一个季度将会有一波扩大的市场需求，采购团队就可以提前增加对CPU等核心配件的备货。此时，通过供应链上互联互通的库存信息共享，供应商不仅可以监测到联想全球仓库里相关主要配件的库存、全球市场上的余量，也能看到其他企业在哪里投产了工厂，工厂的产能是多少，是用怎样的生产工艺制造的。供应商看到联想的库存情况后，就可以对自己的库存进行响应、调整。

关伟的邮箱每个星期都会收到报告材料，展示锂、钢、碳等大宗期货市场价格的走势。当他分析到稀土价格即将上涨时，他会告知上游供应商提前做好储备。之所以关注这些看似不相关的信息，是因为这些原材料的价格与联想在未来半年之内的采购价格间接相关。虽然这些基础原材料供应商属于供应链生态中更上游的企业，但其变化很可能会传导给联想的一级、二级、三级甚至四级供应商，最终影响整个供应链生态的利益。

提升预测能力，也直接影响客户对联想的满意度。这不难想象。当一个客户下达了一笔有定制化需求的订单，如果你可以在短短几小时内，就准确告知这批产品将在哪一天送达，客户则可以提前做好接货的准备。

当旗舰产品推向市场后，产品销售何时会迈过高点开始往下走，供应链体系会比销售部门更早做出预判。因为，他们拿到的是整个前端产业链的信息，通过对这些信息进行分析，可以预判未来。

杨元庆对我们说："如果南美洲的天气变化影响了物流和交付周期，我们在中国的工厂第一时间就能得到系统重新计算出来的结果，从而对生产制造计划快速做出应急调整。"他非常自豪，通过联想供应链和联想研究院的合作，联想建立起了一套覆盖"研产供销服"全价值链的智能化供应链管理体系，从而能够实现需求预测、智能排产、智能制造、智能化质量管理、智能物流、绿色低碳等多维度的管理目标。

有这样的体系，加上联想与供应链上下游的2000多家企业建立的数字化协作平台，联想对供应链生态的赋能远不只是提供市场预测，还包括智能制造、智能排产、智能检验检测等。

我们在合肥采访了一家叫"春秋电子"的联想供应商，其总经理带我们参观了联想供应链打造的"供应商质量管理云平台"。该平台在"春秋电子"部署了边缘计算设备，收集并监控"春秋电子"生产过程中的600多种关键工艺参数，同时构建了基于NLP（自然语言处理）的专家系统，通过分析过去数年容量多达1300GB的问题日志，生成了300个失效模式，对于质量问题，可以秒级定位出原因，并推送改进措施。有了这样的平台，联想能实时看到供应商的产品在生产过程中的表现，一旦某个环节出问题，可以随时沟通调整。而供应商的产品品质、质量和品控能力都在不断提高。

为了将自身的数字化、智能化能力变成整个供应链生态伙伴的能力，联想以"内生外化"模式投资设立了联晟智达公司，将数字化国际供应链整体解决方案向全球推广。负责这家企业的是关伟在联想集团内部培养起来的得力助手徐赫。

徐赫说，联想供应链的这些技术和方案服务虽然能力很强，但在不同国家的企业中应用时，不可能速战速决。因为技术的实施取决于一系列先决因素，包括人才储备、技术基础架构（如 5G 网络）等。不过，那些抢先应用这些先进系统的企业，会赢得有利的竞争优势。

联想的智能分货系统曾在全球疫情大流行期间发挥出色作用。在很长一段时间，因为疫情导致的链路中断，整个行业存在严重缺货情况，联想内部执行了一个"雄鹰计划"，在这个计划中起到核心作用的就是智能分货系统。

它的功能是当遇到缺货时，系统会对复杂的情况做出分解，并给出最优解决方案。比如，它能综合考虑销售额最大化、利润最高、市场份额，以及客户的定制化需求，在权衡满足这些因素的情况下，对成千上万种原材料和海量订单进行匹配。

联想所推崇的供应链生态理念，也带来了产业集聚的明显效果。这样的集群效应已经发生在合肥、武汉、成都和重庆。联想将工厂建立在这些城市后，很快就能带动产业链上下游的企业跟随进驻，甚至引来竞争对手的进驻。

比如，联想合肥产业基地于 2011 年建立，2012 年 12 月第一台产品下线，2013 年营收就突破 100 亿元，2017 年成为合肥首家营收突破 500 亿元的企业，2020 年营收突破千亿元，成为合肥首家"千亿工厂"。与此同时，联想合肥产业基地有超过 70 家上下游合作伙伴落户合肥及周边城市，年产值超过 140 亿元，提供各类就业机会超过 1.6 万个，形成了"4 小时产业圈"。相当一部分电脑机构件、风扇、转轴及相关电子元器件的配送时间在 4 小时之内，60% 以上的直采机构件可实现本地供应。

有这样一个共同繁荣的供应链生态，极致化地响应消费者需求就成为可能。这也正是联想在市场上始终屹立不倒的核心能力所在。

第八章

市场：无限贴近本地

"一场突如其来的全球疫情危机，拉开了我们彼此间的物理距离，却让我们与世界的连接更加紧密。"

2020年4月1日，联想2020/2021财年的第一天，杨元庆发布了一封内部信。他在信中写道："3月初，我收到了一封特别的来信，来自我们丹麦团队的高级销售经理托本·阿利克（Torben Arlyk）。他17岁入职IBM，后随并购加入联想，在工作40年后，即将退休。托本所在的丹麦团队是'出租车愿景'的缔造者，他们立志让丹麦的每一个出租车司机都知道联想。今天，这个梦想早已变成现实，我们在丹麦拥有全球各个市场中最高的占比，超过50%。"

以下是托本的来信全文。

尊敬的元庆先生：

您好！

很久以前，有一个年轻人，一直在找寻"生命至臻"（the greatest in life）。

这句话，听上去像是丹麦童话作家安徒生在童话故事里的惯用开场，但其实，这是我的故事的开场。

1971年8月1日，17岁的我，在IBM得到了第一份工作——

邮差。那时候既没有 PC、互联网，也没有电子邮件。我的工作看上去很普通，却非常重要。在哥本哈根的 IBM 总部，我穿梭在各个办公室之间，从 8:30 到 16:30，马不停蹄地收发各种信件、合同。

我的经理告诉我，如果这些信件没有被及时收发，很可能一笔生意就丢了；反之，一笔交易就成了。从他的话里，我明白了这些信息和我的重要性。感谢他和 IBM 的文化，让我从工作的第一天就能视自己为公司的重要一员。这种感情、奉献和理解，在我加入伟大的联想集团后，也未曾改变。

1971 年，我"生命至臻"的理想是加入销售团队，与客户打交道，与人打交道。所以我和办公产品部的销售经理谈了我的想法。即使在 50 年后的今天，我依然感谢他当时给我的忠告。他告诉我除了努力工作，还有两件重要的事情：第一，我需要变得再"年长"一些，这很好办，因为这是迟早的事；第二，我得学习销售和营销知识，我也按照他的话做了。

学习四年后，我在 IBM 的呼叫中心成了一名电话销售，负责销售办公耗材。两年后，我被提拔为销售员，有了自己负责的地区，负责销售打字机、复印机和耗材，自此之后一直做销售。

2004 年末发生了一件重要的事情。由于您对我们的信任，决定接纳我们成为联想的一分子，您决心要让新联想成为全球最伟大的科技公司。在您的愿景、战略和领导力的引领下，我们与您怀抱同样的理想。我想告诉您，那是一段奇妙的旅程，我想衷心对您说声感谢。

感谢您给了我机会，让我成了以彼得·尤尔约根（Peter Juul Jorgense）为首的全球最棒的销售团队的成员（至少在丹麦而言是这样的），最棒的渠道团队的成员，我和彼得认识也有 30 多年了。过去的几年里，我带着客户和合作伙伴去过北京八次，带他们领略北京园区，了解产品，让他们看到联想眼中的趋势和未来。每次参观都获得了巨大的成功，我们向客户和合作伙伴展现了东西方融合如何给产业带来进步。其中一次北京之旅尤为特殊，那是2017年，为了庆祝联想丹麦团队取得了骄人业绩，丹麦全体同事一起去了北京和香港，您在北京设宴盛情款待了我们。

转眼间到了要退休的年纪，3月底将是我作为联想人工作的最后一天。但是我总觉得自己永远都是联想大家庭的一员。我取得了很多成就，也有很多美好的经历和回忆。的确，我从家人那里，也从与优秀的同事共事的过程中，找到了我的"生命至臻"。我在为这家全球最值得尊敬的企业工作的过程中，找到了我的"生命至臻"。

远在北京的一位联想同事，也是我的朋友，帮我把这封信从英文翻译成中文。能在中国交到朋友实属幸事，这也展现了东方和西方员工融合在一起的面貌。

祝您万事如意。再一次说声，感谢！

联想（丹麦）销售经理
托本·阿利克
2020年2月于丹麦

丹麦IBM PC业务原为IBM PC业务的一个单元。联想收购IBM PC业务之后，杨元庆远赴丹麦与当地团队交流，谈业务，谈未来发展计划。联想还聘请了熟悉本地市场的尤尔约根作为业务负责人。他们想到了一个传播联想品牌的"土办法"——让哥本哈根的每一个出租车司机都知道去联想的路线。团队成员每次打车都会问出租车司机："您知道联想品牌吗？知道去联想的路吗？"就这样，联想品牌先是在司机群体中传播开，再广泛扩散到当地社区。

如果不是依靠本地团队的创造性，联想绝不可能采用这样的方法。

联想国际化的一个突出特点，是把"全球本地化"和"本地全球化"融为一体。联想有一个由总部定义的全球战略，核心部门集中管理，也有统一的全球IT系统、全球一体化的制造及供应链，这都代表着"本地全球化";同时,联想又非常灵活地将策略本地化,允许区域及以下层级针对每个市场定制贴近本地的实践做法、流程、产品,将本地化下放到各国当地市场,甚至城市层级。

联想希望克服很多国际化公司由于总部的强控制导致区域决策低效的顽疾。它赋予区域与地方营销负责人快速做出市场决策的权力。联想在所有区域市场都大胆聘用本地职业经理人作为第一负责人,他们拥有高度自治的决策权,并被鼓励最大限度地雇用本地人才,做好本地事物,服务本地市场。

在开拓全球市场业务中,联想遵循业绩导向。虽然从业务集团到各个层级的销售区域负责人都拥有宽松的决策权限,但他们的业绩目标均被清晰量化,奖罚分明,如果未能达成业绩目标,结果同样毫无妥协空间。

而在最近五年,为推动全球业务的智能化转型,联想高度重视打造全球品牌影响力,不仅提出了"One Lenovo"(同一个联想)的口号,而且通过"Global Might, Local Fight"(全球创意,因地制宜)的一系列项目,实现了"全球创意"对"因地制宜"的赋能。至此,全球化IT、全球化供应链、全球化品牌,完整构成了"One Lenovo function"的三个支柱。有了三个支柱,联想的"全球本地化"和"本地全球化"进入了一个良性互动的新阶段。

"One Lenovo"是体现组织战略方向的口号,也是一种围绕战略方向、协同一致、凝聚合力的行动模式和工作机制。

深入肌理的本地化

本地经理人

如果只是与马修·杰林斯基(Matthew Zielinski)擦肩而过,你很容易被他的外在形象迷惑，这是一副国际化公司精英总裁的典型模样：把近两米的修长个子装进贴身西装里，狂放张扬，走路带风。熟悉他的人会告诉你，他有着极好的人缘，是联想内部多元和包容文化的积极推动者，且待人真诚热情，成绩出色，但行事低调，以谦逊著称。

马修是联想历史上晋升最快的职业经理人之一，现任联想集团执行副总裁。他在科技销售领域有丰富经验，2018年从超威半导体公司副总裁的职位跳槽到联想，担任联想北美智能设备业务集团（IDG）总裁。在他领导的第一年，联想北美业务在个人电脑市场份额、出货量、收入和利润等方面都创下历史最好纪录。

很快，他跳出北美业务，被提拔为联想国际销售组织总裁，负责在除中国区以外的国际市场推动所有业务的收入和利润增长。联想集团对全球市场的销售区域，分为由刘军掌舵的中国区以及由马修掌舵的国际销售组织。

2018年2月，马修在北美市场开展的第一项行动，是一场"道歉之旅"。这是一个勇气之举，因为在他担任北美智能设备业务集团总裁之前的六年，联想在这一区域的总裁连续更换了六任，平均每年都会更换一位。这些负责人在市场运营方面都犯了一些错误，这让区域内的合作伙伴对联想的信任产生动摇。

"当时我妈妈甚至问我，'你确定要接受这份工作吗？我读到了一篇文章，说这里是个员工频繁更替的地方'。"马修说。他希望通过"道歉之旅"与合作伙伴重建信任。他在两周内接连与联想一些大型的合作伙伴、客户见面，如百思买、史泰博（Staples）和沃尔玛，以惊人的坦诚为过去的错误道歉，保证以后不会再出现同样的问题，"发誓再也不会破坏与合作伙伴之间的信任"。

之前的错误并非马修犯下，但他愿意为此承担责任。当他接手联想国际销售组织时，联想在拉美区、欧洲－中东－非洲区、亚太区这三个区域的市占率已经多年保持第一，只有在北美区是第二。联想的品牌在行业里几乎家喻户晓。但马修决定以"保持谦逊的实力选手"的形象与客户们打交道。"我们不玩把戏，也不摆架子，非常纯粹、诚实。即使我们是市场领先者，仍然表现得对赢得业务有极大的渴望。"

这种谦逊的态度绝不是装模作样。马修邀请有见地的客户加入联想的客户咨询委员会，就电脑、服务器、存储产品和摩托罗拉手机的设计及研发提供反馈意见。一家华尔街银行的首席信息官曾对 ThinkPad 一款产品的设计给出了反馈，联想的设计人员仔细研判了他的修改意见。当联想第二年向全球推出新一代 ThinkPad 的产品时，他提出的设计思路被采纳。

当本书作者请马修给中国出海企业一些市场策略上的建议时，他再一次表现出惊人的坦诚：成功的关键在于尊重每个市场的本地差异，有时这意味着需要放下自尊，因为适应和学习比拥有所有答案更重要。

与马修相比，来自中国香港的黄建恒可以讲的故事更多。他是联想集团执行副总裁兼 SSG 总裁。在过去数年，联想营收与利润增长最快的业务都是由他带领下的 SSG 创造的。

2005 年，黄建恒随着联想收购 IBM PC 业务而加入。在此之前，他在 IBM 工作了十余年，曾在技术、咨询等多个岗位上历练。在各个业务轮岗，预示着他是被重点培养的"明日之星"。不巧的是，当联想发起对 IBM PC 业务的收购时，他刚好调任到 PC 部门工作了一年多，而 PC 是 IBM 的边缘业务。

得知 IBM PC 业务将被出售，黄建恒举双手赞成。但是，他对收购者联想集团几乎一无所知，所以他很快寻求转岗到 IBM 的其他业务部门。这时，他才发现后路已被堵死，因为按照 IBM 与联想签订的协议，IBM 所有部门在数年之内都不得招聘原来服务于 PC 部门的员工。他当即提出离职，一家世界级的软件公司很快给他开出了薪水翻至两倍的邀约。

然而，一个在 IBM 其他部门担任要职的高管成功挽留了他，这个高管认为到联想工作将是一段宝贵的经验，不妨一试。于是，黄建恒选择留在联想工作，自此就是 20 年。

2024 年 3 月上旬，在联想位于中国香港的办公楼里，本书作者见到了黄建恒。只要稍作寒暄，就能感受到这是一个典型的香港人，绅士、礼貌、精明务实、脚踏实地、勤奋忙碌。

决意留在联想继续做不赚钱的 PC 业务后，黄建恒度过了一段艰难的日子。他被任命为中国香港、中国台湾以及韩国三地的总经理。当他用联想的职务去开拓业务时，发现以前熟悉的市场环境已不复存在。在 IBM，销售经理们拿着名片就可以敲开几乎所有客户办公楼的大门。但是，在当时，联想的名号仅限于在中国被熟知。

联想总部交给黄建恒的第一场仗就是向他负责的三地市场销售联想的消费电脑，即 IdeaPad。相比于 ThinkPad 当时享誉全球，IdeaPad 还是一个全新的品牌。

作为一个公司副总裁、三地总经理，黄建恒拿着产品宣传册，驻扎到中国台湾、韩国首尔，他请求最基础的零售商销售联想的 Idea 笔记本和台式电脑。他与一些单月销售只有 10~15 台的零售商建立合作，一步步把业务做起来。当有求于人时，受到羞辱几乎在所难免，他的一个助理甚至因此落泪，她不能理解一个副总裁为何要如此低头。

黄建恒认为联想让他有了"主人翁"的感受，"联想的文化价值观，让你觉得这是你自己的生意，你不是打工的。如果是打工心态，为了保住岗位，有时候会做一些美化业绩的行为，比如向经销商压货，即使这个业绩不能持续"。无论是后来担任联想亚太区域总裁还是联想全球企业战略部门负责人，他始终保持着"主人翁"的心态。

2021 年 4 月，已是联想高级副总裁的黄建恒履职新成立的 SSG 总裁。SSG 的业务，主要是为客户提供 IT 等一揽子服务。杨元庆选择黄建恒，一是因为他身上兼具东方和西方的两种文化，二是因为他一再展现出了在陌生领域的快速学习能力。

印度人阿马尔很细心地打理过自己的头发和胡须，即便它们已经几乎全白。2009 年，当他以联想印度公司总经理的身份与中国媒体见面时，头发和胡须还是乌黑的。阿马尔讲一口流利的英式英语，语速极快，几乎不带印度口音。他在联想工作了 17 年，联想是他人生中服务时间最长的公司。现在，他是联想集团亚太区总裁，负责澳大利亚、印度、日本、韩国、新西兰，以及东南亚、中国香港和中国台湾地区的业务。

早在收购 IBM PC 业务之前，联想就在印度东南部城市本地治里建设了第一座海外工厂。那时候，阿马尔还服务于英特尔公司，2007 年，他跳槽至联想，成为联想印度公司总经理。过去多年，联想在印度市场的一切业务都与他有关，这个印度人也用自己的勤奋与忠诚让联想一再对他委以重任。

在阿马尔加入联想的前一年，联想在印度的销售网点为 0，四年后的 2010 年，联想个人电脑业务在印度的市占率已经蹿升到第二。到 2014 年时，联想在印度的 650 个城市建立了 1200 个销售网点。直至今日，联想个人电脑业务在印度一直保持在年度市占率第二的位置，市场份额维持在 20% 以上。当联想在十年前全力推动手机业务在全球扩张时，印度是其表现最好的少数海外市场之一。

本地化策略在新兴市场尤其奏效。包括印度在内，由阿马尔负责的亚太地区的众多市场，如越南、印度尼西亚等，都被视为新兴市场，其特点是缺乏成熟的市场体系，规则并不清晰，但很有活力，机遇与风险并存。

印度在新兴市场中担任着独特角色，很多时候被当作试验地。当联想在早年努力将"双模式"向海外市场复制时，印度是少数几个最早实现完美复制的区域市场；当联想决定建设国际化 IT 系统时，却找不到可以作为样板的上线区域，印度就成为第一个成功上线的区域市场；过去两年，当联想准备从以业务集团为主导的销售组织转变为"One Lenovo"的销售组织时，印度被当作三个测试市场之一。

阿马尔一再展现出自己在风云急剧变化时的应对能力。过去几年，联想的销售团队努力将其个人电脑业务转化为向客户提供服务及解决方案，亚太区域是联想在中国之外所有国际市场中不同业务间渗透转化率最高的市场。

"无限授权"

通用电气公司传奇CEO韦尔奇曾为一个来自捷克的读者解答过一个让这个读者很愤怒的疑惑。这个读者问他："自捷克共和国和其他中东欧前社会主义国家纷纷向外来投资者打开大门之后，许多外国公司，尤其是美国公司和欧洲其他国家的公司都直接派人到那里管理当地的业务。问题是，他们派出去的往往是一些对管理一窍不通的无能之辈。他们只有一个本事，就是会讲他们的母语。他们的工作毫无建树，公司业务只是依靠当地员工的忠诚和工作热情勉强维持。为什么总是会有一些公司犯这么愚蠢的错误？"

在韦尔奇对这个读者进行的长长的回复中，有两句话被作为重点标出：最优秀的公司从他们开展国外业务的第一天就开始到处物色本地人才，并用国际化培训课程进一步提升这些人的管理才能；当动作迅速的后来者为了扩张市场份额而"挖走"本地管理人才的时候，行动迟缓的公司注定要饱尝人才危机之苦。

用本地职业经理人来开展业务，优势显而易见。比如，他们更了解当地商业实践，更容易在当地建立人脉，更容易与利益相关方进行沟通，也更易了解当地法规和政策。

然而，即便好处显而易见，众多历史悠久的国际化公司还是无动于衷。它们为何固执地长年累月像派驻大使一样，从总部派遣"血脉纯正"的经理人到各个市场去担任第一负责人？不信任，以及与本地经理人文化磨合困难是最主要的原因。很多公司担忧，如果聘用本地职业经理人，公司的战略在当地无法很好落地。它们的管理层大多盘踞在总部的办公室里，决策过程高度集中，不太受某个国家和地区事件的影响。

这些国际化公司大多有一个顽固的市场负责人，坚定地要求由总部来制订统一的市场推广计划，一个全能的营销团队被布局在纽约、首尔或东京，将设计好的模板、海报、视频传送给全球各个区域的营销人员，他们能做的就是按照规定好的程序一步步地执行。这种缓慢而低效的营销策略常常让一些区域市场错失良机。

联想采取的是一种恰恰相反的模式。联想所有的市场活动都是由区域主导，本地负责人拥有几乎全部的业务自主权，以服务当地市场，而不是由总部制订方案后，区域只负责执行。

卢卡已在联想工作九年，他像资深的大学教授一样严谨，不苟言笑，措辞谨慎，与人交谈时会紧盯着对方的眼睛。2024年1月，当我们开始对他进行访谈时，他意外地把助理准备好的官方资料挪到一边，"我想要增加一些信息，以提供更有价值的内容给你们"。

如果以创造的营收和净利润占比来看，卢卡所掌舵的智能设备业务集团是联想下属所有业务集团中最重要的一个。卢卡确实没有让杨元庆失望，他兢兢业业地工作，使联想个人电脑业务的市占率过去多年稳稳保持全球第一的位置，即便以季度统计，这个位置也很少旁落。

作为意大利人，卢卡一年中的多数时间都待在米兰。他领导的团队在全球服务超过180个国家和地区，联想在其中的近100个国家和地区设有办事处或代表处。

LEC掌控着公司级的战略方向，并定义全球性的市场策略，他们对区域市场实施一种边缘授权的模式，将大约80%的决策权下放，总部通过IT系统来维持对整个运作的控制。

联想的销售组织结构就像一个金字塔，但权力被大量下放到底部。在每个地方，都是由本地负责人就商业决策、产品供应、定价、招聘以及营销活动实施，进行定夺。本地市场决策高度本地化。

卢卡认为，这种结构给 PC 业务的开展带来了两大优势：一是加快决策制定过程，减少复杂的审批流程，让市场前线的人能迅速做出决策并立刻执行；二是每个国家的业务能充分本地化。

在本地化的形象打造上，联想的特点在于，尽管有一个共同的全球愿景，但品牌在不同地区会变得非常具体和本地化。"无论你身处世界哪个角落，我们的身份都是根据本地文化来塑造的。例如，在北美，联想被看作联想北美，在印度则是联想印度。尽管我们拥有一个强大的全球品牌，但在每个国家我们都获得了欣赏和认同。"卢卡说。

即便是好的市场活动想法，也需要考虑不同国家之间巨大的文化差异，尊重社区、行业与产品、文化与习俗的差异化。例如，意大利和法国虽然地理距离很近，但文化差异非常大，因此需要用不同的方式来诠释市场品牌，使用不同的语言，不仅仅是文字上的翻译，更包括文化意义上的转化。

在过去数年，这种模式还展现出另外一个优势，即当地缘政治风险上升时，联想在各个国家受其干扰的风险并不大。因为几乎每个地理区域的主体都是独立的，联想的本地化形象，使其不会在当地市场被排斥。本地化的负责人与本地的利益相关方在关系处理上也更加便利，更容易获得信赖。本地人会觉得，联想就是他们所在社区的公民。

但联想不会把自己塑造成本地公司，从始至终树立的是国际化公司形象，只是非常本地化。在印度，本地员工并不会认为自己在服务于一家中国公司，但也不会认为自己服务于一家印度公司，他们唯一确定的是自己服务于一家国际化的公司，唯一要做的就是确保业绩增长。

过去几年，EMEA 区域创造的营收快速增长，占联想总营收的比例稳定在四分之一。雇用本地人才，激发其主动性、创造性，是在本地取得业绩成长的前提。在亚太区域，印度尼西亚、日本、印度的总经理均是本地人，团队也以本地人才为主。联想人力资源部展示的一组数据显示，联想目前在全球的约 7 万名员工中，在当地任职的管理层中有 97%

第八章 市场：无限贴近本地　　297

为本地人才。

这种深嵌到当地的人才体系并非快速形成的，而是经历了至少十年的搭建。

在联想国际化的第一阶段，从 2004 年至 2013 年，尤其是 2010 年至 2013 年，联想曾有过往海外市场大量派驻来自中国的管理团队的经历。这是当时基于"双拳"市场战略的考量。联想决定用 Lenovo 品牌赢取低端和主流市场，维持市场份额；而用 Think 品牌赢取高端市场，维持高利润。对于新兴市场采取进攻策略，对于成熟市场则采取防守策略，"进攻 + 防守"的市场策略被称为"双拳战略"。

但是，联想人力资源部门对这些被派往海外的高管设定了明确的 KPI，他们从被派驻的第一天开始就必须把培养当地人才作为重要任务之一，并在一定时间内找到当地的"接班人"，在回国之前完成交接。这一计划，被命名为"继承人计划"。

在组建公司的海外办事处的时候，联想也只是允许极少数中国员工前往，以确保分公司的主体成员都是当地人。只有给当地员工充分的信任，才能真正打开当地的市场，联想这样认为，也一直这样实践。

这种用人机制在很大程度上帮助联想 PC 业务在 2013 年问鼎全球。从 2013 年开始，联想往海外派驻的管理层的人数大幅减少。

嵌入国家与城市级的本地交付

对所有市场采用一刀切的国际化战略，显然行不通，但推进本地化，无论从风险还是难度去评估，都是更需要耐心、韧性与精细化策略的旅程。

在国际化之初，联想展开了一个在全球以国家为单位建立联想大本营的计划。所谓大本营，不只是为了销售，更是为了开发适合当地的产品，把生产基地建设到那里，以更快响应当地市场的特定需求，包括消费者偏好、监管环境、定价机制、竞争格局等。

先从历经波折的拉美区域说起，这是一个人口超过六亿的区域。

拥有超过两亿人口的巴西是拉美第一大经济体，十年前，有一种观点广为流行：巴西将成为无法匹敌的经济强国，每个大型企业都应该在这里投资。

过去十年，至少数百家中国企业大胆地闯进巴西市场，它们大多是消费电子制造商。它们一开始的策略往往都是，暂时牺牲利润而快速抢占市场。就是这样的惯性思维让它们中的绝大多数铩羽而归，最终能胜出者寥寥。

巴西是一个"万税之国"，为了推动本土制造业发展，巴西各级政府部门设置了高昂的进口关税，各种捐税有58种之多，税收管制实行联邦、州和市三级政府税权划分。这使得入境货物在每一级都要被收取一笔或多笔税费，且税率在世界范围内都属于较高水平。

如果以贸易形式将产品出口到巴西市场，关税是第一大难题。以消费电子产品为例，非本土制造的手机必须缴纳高昂的税费，这让巴西成为全球手机价格最高的地区之一。

在中国以性价比作为卖点的小米手机出口到巴西，其零售价格是中国本土市场的三倍，"小米12"基础款在巴西的售价折合人民币12704元，而国内发售价为3699元。苹果公司在巴西销售的128GB版本iPhone 14，售价为美国发售价的两倍。

这样的价格让进口品牌与本土制造品牌相比毫无竞争力。避免高额关税、降低产品成本的唯一路径是在巴西当地生产。2012年，联想集团以3亿里奥（约1.48亿美元）全资收购了巴西电脑品牌CCE，并在圣保罗州的伊图市投资3000万美元，建设了一个占地5.2万平方米的工厂，雇用了5000人，其生产能力甚至超过了当时整个巴西市场的需求。小米公司则采取了另外一种策略，它希望通过富士康的巴西工厂生产红米2和小米手环。

第八章 市场：无限贴近本地　299

2015年是所有国际化企业在巴西市场分道扬镳的分水岭。这一年，巴西遭遇了一场突如其来的经济危机，货币短时间内大幅贬值。一年后，小米决定放弃在巴西生产手机的计划，大幅削减巴西业务，几乎退出了这个市场。

当时，联想在巴西的处境比小米更艰难，巴西市场对个人电脑的需求一下子减少了一半还多，刚投入生产的联想伊图工厂陷于闲置状态。

危急关头，卢卡被派往巴西。他更换了整个联想巴西公司的管理层，且在半年之后极具魄力地关闭了这家产能庞大、利用率极低的工厂。

但是，联想没有放弃这一市场，而是调整了策略。除了人员裁减和重组，专注于中高端产品线，卢卡建立起了适合当地的管理结构、流程和组织。更出乎意料的是，联想在重压之下决定再次投入资金，2016年在圣保罗州的因达亚图巴市新建一座工厂，其规模比伊图工厂小很多，只有800名员工。新工厂专注于效率，每天运行两个班次。

这一系列措施让联想在巴西扭亏为盈，个人电脑业务市场份额在两年内从10%增长到了25%。

在巴西这样复杂的市场取得胜利，是一种艰苦的冒险。最初的一段时间，联想的高管到巴西时，甚至必须雇用安保与防弹车才能在一些地方出行，因为附近可能就有毒贩。

时至今日，联想在巴西已与上百家代理公司建立合作，将税务等相关事务交给分工明确的代理商来处理。最要紧的是，联想与巴西当地的供应商、分销商和零部件制造商建立起了牢固的关系。

联想还在巴西投资了近7亿元人民币成立研发部门，招募了超过1500名研究人员，并在亚马孙州也开设了一家工厂。

随着巴西经济逐渐走出低谷，联想在当地布局的产能持续上升。时至2022年，因达亚图巴市的工厂年产智能设备数比成立时的设计产能扩大了四至五倍，生产了联想在巴西市场大部分型号的PC产品，联想PC业务在巴西市场的市占率十年内增长了六倍。

当卢卡离开巴西回到意大利时，联想在巴西的团队成员全部为巴西人。

发生在阿根廷的是另外一个故事。这个市场不是一个开放市场，政府要求所有在阿根廷售卖的手机品牌，必须把零部件运到阿根廷本土进行组装。这意味着手机厂商必须将智能手机零配件从中国、印度、东南亚等地，超长途地送到阿根廷本土工厂。这样不仅生产与运输成本高昂，还涉及资金链等一系列问题，对手机厂商的供应链整合能力要求极高。

为了实现本地生产，联想在阿根廷采取了一种"垂直整合"的制造模式，这是摩托罗拉手机能在阿根廷市场逆袭的重要原因。联想选择与阿根廷本土制造商合作成立相应子公司，建立专属工厂，让摩托罗拉手机100%本土化生产。这种生产基地的建立模式与惠普、宏碁等PC厂商有很大不同，后者通常是将产能外包给富士康、仁宝、伟创力等代工工厂。

2015年，韩国三星手机在阿根廷的市场份额超六成，摩托罗拉的市占率只有10%左右。而如今，摩托罗拉取代了三星的位置。

体系成熟的欧洲区域原本是联想的竞争对手宏碁的腹地市场，在2010年之前几年，宏碁的个人电脑业务市占率一度进入世界前三，在欧洲市场很长时间都保持在第一的位置。这种局面与一个人直接相关：有着欧洲"PC之王"称号的蒋凡可·兰奇。这个不苟言笑的意大利人有着世界一流的运营才能，他在宏碁工作了14年，作为CEO工作了6年，但是，因与宏碁董事会的激烈分歧，他在2011年离职。

杨元庆称兰奇的到来是联想的"机遇"，因为联想消费业务虽然在新兴市场所向披靡，但是在欧美等成熟市场踌躇不前。与宏碁公司不愉快地"分手"后，兰奇已经57岁了，他拿着一份翔实的计划书来到中国，在距离杨元庆家不远的酒店会所中，与杨元庆聊了一整晚，两人相谈甚欢。兰奇向杨元庆承诺，他计划用三年时间把联想的消费业务做到10亿美元规模量级，并提出了一整套规划。

第八章　市场：无限贴近本地　301

当兰奇在 2012 年接手联想在欧洲区域，以及后来整个 EMEA 区域的业务时，联想个人电脑业务在这些市场的市占率很少能排进前三，IBM 在欧洲商用电脑市场一直处于第一，但在消费电脑市场无足轻重。不过，欧洲个人电脑市场有一个特征，即市场上没有绝对的领导者，谁都有机会取胜。

兰奇帮助联想改变了局面，他用仅仅三个财季的时间，就让联想个人电脑业务在欧洲的市场份额从第五位升至第二位。他对 EMEA 大区做进一步的细分和调整，把整个大区分为六个部分，包括中欧（德国、瑞士和奥地利）、英国与爱尔兰、北欧、南欧（意大利、法国、西班牙等）、非洲、中东，并大量起用本土化的人才作为各个市场的第一负责人。

兰奇很少离开自己的家乡意大利，但他总有能力让团队在整个欧洲、中东和非洲打下胜仗。

2015 年 3 月，兰奇出任联想集团总裁、首席运营官，直至 2021 年 9 月退休。2023 年 2 月，兰奇在自己的家乡去世，杨元庆在一篇悼念文章中称，"邀请兰奇加入联想或许是自己做过的最正确的重要决定之一"。

兰奇任职期间，联想 PC 业务的市占率在 EMEA 大区几乎从未从前三的位置掉下来，并在 2021 年终于登顶第一。如果以国家为单位，联想在这一地区的 24 个国家中排在第一位。手机和服务器业务，联想也在欧洲市场占据一席之地。

联想目前在 EMEA 地区 100 多个国家中的 31 个设立了办公室，每个办公室都有一个总经理负责全部业务。这里几乎每个国家都有特殊的渠道结构，消费者也都有些独特的偏好。比如，德国人偏爱尺寸更大、更强悍的设备，14 英寸和 16 英寸屏幕的笔记本电脑需要在此有更多备货；而意大利用户更追求潮流，喜欢轻薄的笔记本，13 英寸的产品会更受欢迎。

联想希望将 EMEA 大区打造为"全球资源 + 本地交付"战略执行

的最典型样本。如前文所述，2022年，联想在匈牙利布达佩斯郊区建立的乌洛工厂并不生产笔记本电脑，而是专注于建造服务器基础设施、存储系统和高端电脑工作站，以供应整个欧洲、中东和非洲地区的市场。

这家工厂是联想"本地交付"的样本。由于服务器产品体积和重量较大，即便线路通畅，从中国通过海运送往欧洲也需要长达两个月的时间，空运进欧洲则成本太高。而通过匈牙利工厂，联想的产品用卡车在两天之内可以运到欧洲任何一个国家。

企业如果想像马里亚纳海沟的狮子鱼一样潜入国际化的深海，最终还是要依靠产品。让产品具有本地化特征是重要策略。联想的产品如今可以轻松适应不同国家或地区的文化，并被不同的受众接受，但是，其区域性的研发部门依然在努力将产品进一步本地化。

联想鼓励区域性的产品创新。日本市场的客户对产品的轻与薄有极致追求，所以，联想在日本设计出了史上最轻量化的PC产品，重量只有800克。笔者在联想日本的办公室里使用这款产品时，惊讶到再三确认这是不是一台由塑料制造的模型。

同时，日本的消费者对于PC产品的一些传统功能仍然希望加以保留，这在中国市场可能无法理解。比如，几乎所有的日本消费者都希望PC产品能够播放DVD光盘，这就要求产品必须保留光驱。联想在日本的研发团队满足了这一独特的需求。

在亚太区的新西兰，联想和超威半导体公司合作推出了一款针对当地原住民毛利人语言使用习惯的特有的键盘，以满足原住民的需求。摩托罗拉在拉美发行的手机则支持两种濒危拉美语言。相当比例的巴西消费者没有银行账户，摩托罗拉就在智能手机中内置数字银行账户；巴西人喜欢香氛，摩托罗拉创造性地推出了两款带香氛的手机。

在印度市场，必须对个人电脑的电源做出符合当地气候的特殊设计。因为印度南部地区天气炎热，所以电脑电源必须做到散热更快，而手机的充电器功率要做到更高，因为当地有很多贫困的村寨甚至还没有通电,他们必须到乡镇小卖部、公共电话亭才能充上电,而且希望很快就充满。

"试验田"中国区

"特区"与转型先锋

刘军欢欣鼓舞,他一拍大腿站了起来,一改轻声细语,难以自抑地长出了一口气:"我们等了24年,现在终于又有机会飞跃了!"

他指的是 AI PC 可能给个人电脑行业带来的爆发性的创新空间。AI PC 是过去两年 IT 行业新发明出来的产品名称,指的是那些能够在本地运行 AI 大模型、具备个人智能体的个人电脑。

如今,这是一个在联想集团管理团队口中比"联想"出现频次更高的名词。刘军甚至给联想在 AI PC 产品发布后要打造的 AI 生态都起好了名字——天禧。

24 年前,刘军作为联想研发部门的负责人和副手贾朝晖等一起"捣鼓"出了中国第一台"因特网电脑",取名也叫"天禧",这一划时代的产品可以让用户实现"一键上网"。

刘军是联想集团目前在职的所有员工中最早加入的一批人之一,他身材高大,勤奋内敛,业务能力强,在联想发展史上打过不可胜数的硬仗和胜仗。他 1993 年入职,1996 年组建了联想最初的研发部门,中国第一台多媒体电脑"天蝎"即出自其团队之手。后来很多年里,在杨元庆麾下,刘军负责过联想几乎所有的核心业务部门,帮助联想接连夺得中国市占率第一、亚太区市占率第一。

2006 年,刘军因与时任 CEO 阿梅里奥存有较大分歧短暂离开了联想,到美国进修一年。当他回归后,杨元庆让他担任全球消费业务集团总裁，负责全球消费 PC 业务，他将在中国大行其道的交易型业务模式和关系型业务模式成功推广至全球市场。

2010 年，他开始负责被视作"联想未来"的移动业务集团。当时，联想的移动业务包括手机、平板电脑以及智能电视，这些业务在刘军领导下快速发展起来，且速度迅猛。2015 年，联想移动业务在联想整体营业额中的年占比从 12% 一度上升至 25%，在那一年的第一季度，联想的手机和平板电脑出货量甚至都坐到了全球前三名的位置。而联想移动业务在刘军负责之前，对集团营收贡献少之又少。

2015 年 9 月，刘军再度短暂离开联想，2017 年 5 月重新回归。这一次，他负责的是联想的大本营——中国区。

这次回归之前，刘军与杨元庆有过深聊并达成了共识，即联想永远需要中国区作为一块"试验田"，通过这块试验田将联想最新的业务模式搭建起来，待这个模式成熟以后，再输出到海外。在绝大多数行业，中国市场都是全球竞争最激烈的市场，在中国能走得通的业务模式，在海外市场往往能达到事半功倍的效果。

过去七年，在刘军的掌舵下，中国区就像联想集团在全球市场的"特区"和最具战略前瞻性的转型先锋，无论是在营销还是业务模式上。

然而，2017 年当刘军接手中国区时，这个"老区"正遭遇众多挑战。他必须重整旗鼓。

之前数年，联想个人电脑作为中国区核心业务，虽然市占率第一的位置牢固，但市占率稳中有降。团队士气也不太好，因为个人电脑市场的大盘向下，联想的份额又不涨，再这么下去可能要面临裁员。

"日出东方战略"

所有业务都有生命周期。那么，在 PC 业务以外，新业务是什么？未来在哪里？

刘军用了 100 天时间，和中国区的管理层对业务做了一系列分析和复盘。100 天之后，他召集团队到北京郊区，在一家名为"日出东方"的酒店开战略会，定下了联想中国区持续至今的业务转型方向。战略以酒店的名字命名，就叫"日出东方"战略，它囊括了"一个愿景"、"两大转型"和"三个关键能力"。

愿景很宏大，即"赋能中国的智能化转型"，后来改为更有气势的"联想，智慧中国"。

而转型有两个方向。第一个是从产品功能导向，转向"以客户为中心"。这看起来是一句平庸且被滥用的广告口号，但在联想内部却是需要莫大勇气的改革。

"这意味着中国区要去挑战联想原来擅长分销和线下为主的销售体系，这个变革不是微创手术，而是大手术。"阿木说。他是刘军的"军师"，2017 年 12 月受邀加入联想，担任联想集团副总裁、联想中国战略及业务拓展副总裁。

刘军告诉我们，就是这句听起来"特别虚"的话，他能讲三天三夜。它意味着联想中国区决定努力将这家公司从一个产品公司变成一个以细分客户群为中心的服务型公司，这是根本性的转变。

要改变的首先是与客户接触的方式。中国区重组了业务流程，成立了智慧零售团队。刘军认为，联想过去的营销策略实际上是让自己远离客户。他反思说："作为一个产品公司，我们很高傲，今天卖给你一个 PC，拜拜，五年以后，你换 PC 的时候再来找我，我就在这里坐等。但时代已经不一样了。我们作为一家最大的 IT 公司，现在应该做什么？"

转型带来的最典型变化是触及客户的方式。联想以前的销售体系严重依赖渠道向客户卖货，销售关系掌握在渠道手中，而转型之后，虽然继续通过渠道向客户交付产品，但联想开始直接掌握客户关系，并与客户建立起持续的长期关系。通过建设"会员中心"、"会员通"以及基于企业微信的工具，联想大力开展会员和粉丝运营。

联想从 2001 年起建立专卖店体系，最多时在全国有将近 3 万家品牌专卖店，但到刘军接手中国区时，专卖店数量已下降到不足 8000 家，核心原因就是大量流量被线上渠道截走。

2017 年 10 月 1 日开始，联想开始积累第一个 C 端客户数据，到了 2023 年末，已经掌握了两亿零售端客户数据，这些客户数据在疫情期间发挥了很大作用。当时线下人流量减少，对实体店造成严重影响，但联想的实体店数量不减反增。因为联想掌握的客户数据可以为线下实体店分发流量，在线上触达客户，但在实体店完成交易。

联想中国还改造了官网客户体验，升级"数字化门店"，形成了线上线下融合的客户购买体验；通过智能推荐引擎为客户推荐个性化的商品，以及符合客户兴趣的内容和信息。

为了对客户进行更细致的划分，2019 年，联想中国区将组织结构重组为大客户事业部、中小企业事业部和消费事业部三大事业部，加上此前的服务事业部，形成了四大业务群。

其中，大客户指那些员工在 500 人以上的企业和所有的政府、教育类客户，这样的客户在中国有 26 万家；除此之外的客户都被列为中小企业客户，中国有 4000 多万家。

转型的效果可以被量化：从 2017 年到 2021 年，联想中国区消费客户直营占比从 4% 上升到 30%，私域会员数量从 4400 万上升到 1.8 亿，会员的月活跃数量从几乎为零增长到 2092 万，消费产品销售人员的人均产出增长了 3 倍，大客户覆盖率在 2017 年的基础上提高了 55%，中小企业直接覆盖从不足百万增加到了 700 万量级。

中国区策动的第二个转型是 3S 转型。即在个人电脑业务之外，中国区还要向客户提供 IT 产品、方案和服务。这一转型的战略意义是帮助联想探索新的业务增长点。刘军说："我接手的第一天就做了一个决定，那就是把 IT 服务部门从职能部门变成一个事业部。"他希望联想中国区的智能化转型能够像当年 IBM 的一样，将联想变成一个 IT 服务公司。

联想中国区除了有自己的 IT 服务团队，在全国还有两万个授权工程师，即使下沉到县城，也可以为客户提供联想的 IT 服务。

2021 年 2 月，联想集团对公司组织进行了一次局部重组。在销售区域划分上，将原有的区域建制五个大区（中国区、亚太区、北美区、EMEA 区、拉美区），重组后统合成两个新的销售组织平台：中国区和国际销售组织（包括亚太区、EMEA 区、北美区和拉美区）。前者由刘军负责，后者由马修负责。将销售区域大幅减少的策略是为了整合销售通路，用统一的界面增进与联想的客户、合作伙伴以及消费者的沟通与连接，以期更加敏捷地应对变化。

与此同时，联想新组建了方案服务业务集团，它的核心业务就是联想中国区在 2017 年即已开始探索的 IT 服务业务。

联想的个人电脑业务销售的是标准化产品，做解决方案与服务、系统集成，则要从根本上改变业务模式，因为不同的市场、客户有不同的需求，推广服务的难度远大于销售标准化产品的。

但是，阿木认为，在中国市场做解决方案服务，当时是一片蓝海，联想选择这一赛道有客观原因，也有主观原因。

客观原因是中国市场能提供方案服务的企业太零散，以"地头蛇"为主，没有巨头成体系地进入这一市场，也没有有竞争力的产品，竞争环境较弱；主观原因是，联想对"端－边－云－网－智"的基础架构全面覆盖，在硬件上优势明显，且有庞大的客户基础，本身也具备方案服务的能力，在服务器、混合云算力等能力上与硬件有协同能力。

IT 服务对销售能力的要求更高。联想中国区 2017 年即开始对销售团队结构进行改革。从每条业务线有自己的销售团队，统一为一个销售团队，让客户在中国区对联想所有产品有统一的界面。最近两三年，联想在全球推行"同一个联想"的销售变革，最初的样本就是中国区的销售结构改革。

联想中国区的销售分为两层结构。第一层接触客户的团队为客户经理。其工作是直接完成简单产品的销售，如个人电脑和服务器。如果客户的需求是复杂的产品，如高性能服务器、AI 服务器，或复杂的解决方案，客户经理会将客户转交给专家销售团队，这就是第二层。

阿木对中国区的战略意志坚定称赞有加，"一搞就搞了七年，现在真的是开花结果了"。刘军说，联想中国区方案服务业务在 2023 年创造的营收在 100 亿元以上，已经超过 IBM 成为中国第二大 IT 服务商，仅次于华为公司。

数年转型，中国区在业务扩大之外，也在提升自己的三个关键能力。

第一个关键能力是打造出了名为"擎天"的智能 IT 引擎，这是一个具有云原生、中台化、AI 智能特征的 IT 工具，远期价值是将服务模块化、标准化，能将方案服务批量复制。

第二个关键能力是品牌，中国区希望联想品牌的内涵和外延中能增加"服务"标签，并努力摆脱品牌阴影，提升美誉度。

第三个关键能力是组织和文化，中国区努力将组织中台化，全攻全守，实现"职能即服务"，让后台的职能部门也能助攻到前场。

AI 时代大潮拍岸，联想中国区的角色更加重要。中国区在 AI 导向的基础设施建设方面已经耕耘了很久，建立了优势，在通用计算、科学计算、智能计算领域有多年积累和布局，并在丰富的 AI 服务器、AI 存储等设备之上构建了异构智算平台。

刘军说："联想中国的使命担当是成为集团 AI 战略的尖兵。"AI 正给人类带来史诗级的机遇，而联想的突破口是做深做透 AI 内嵌的智能终端、AI 导向的基础设施和 AI 原生的方案服务。

"同一个联想"下的品牌实践

品牌是一家企业的核心资产。如果从最狭窄的品牌定义——一种将"我"与"它"区别开来的识别标志看,联想品牌国际化的第一步当然是从"Legend"变成"Lenovo",那是在这家企业2003年、2004年即将出海之时。

乔健当时是联想集团的品牌推广部总经理,具体负责这场更名工作。她回忆说:"Lenovo是一个组合,Le来自Legend,代表对联想文化的传承,novo来自拉丁语,是创新的意思。Lenovo就是中国文化和创新精神的组合。多年后越来越觉得,Lenovo很传神地表达了联想在整个全球化过程中的姿态。"

但到了2018年、2019年,联想集团的品牌建设却成了杨元庆、乔健等人的一块心病。此时联想主要面临三大挑战:

第一,联想出海前十年,建立了"国际知名的硬件设备品牌"的形象,但在收购IBM x86服务器业务和摩托罗拉移动业务,并开始向服务转型时,新的挑战是如何才能建立联想在服务、智能方面的品牌新认知。

第二,联想一直依靠几大业务群在全球各地市场开展本地化业务,这种模式的优势是业务推进时接地气、效率高,但为了实现当期业绩指标,本地团队没有动力在品牌建设上投入,因为这类投入并不能立竿见影。长此以往,联想就面临一种选择,究竟是按照业务群组的组织架构,还是索性分成几个独立的子公司单独运营,就如惠普将PC业务和服务器业务各自分开?那样又会不会削弱一家公司的整体感?

第三,联想的市场与品牌工作,基本属于业务条线的掌控范围,高度本地化。各条线、各区域的营销组织之间很少协同,形成了信息孤岛。整个市场与品牌的资源也掌握在各个"孤岛"里。即便总部希望在全球品牌塑造上有所作为,也没有足够的预算作为"粮草"来支撑投入。

在这样的关键时刻,联想LEC做了多次讨论。杨元庆提出:"当前客户需求更趋向于从简单的产品购买转向端到端的整体解决方案和服务,因此'同一个联想'能让我们以统一的通路、整体的战略来把这些分散的零部件，整合成完整的解决方案，借助全球一体化的信息交易平台和运营体系，更好地解决客户痛点，满足客户需求。"他认为，正如联想的供应链模式是充分调用全球优势资源，同时贴近市场，保持灵活性、敏捷性的服务；联想的市场营销模式也要充分利用在全球范围内打造的品牌资产，在每一个关键市场扩大影响、激发需求。

2019年，联想 LEC 确定了"同一个联想"的口号，并在服务转型、业务协同的大背景下，把塑造联想全球品牌作为一项战略工作。杨元庆希望，用品牌来体现联想的"同一个"愿景、战略、平台、文化，并将其贯穿于所有本地化、个性化、定制化的产品、服务、活动。

挑战与选择

2018年5月，乔健被任命为集团 CMO（首席市场官），主抓品牌营销。在当时，她在某种程度上面临的是一个两难局面。一方面，她要强力贯彻"同一个联想"的口号；但另一方面，她深刻地知道，本地化运营是联想全球化运营的根基之一。如果品牌营销工作强力推行从总部向下垂直管理，让各个业务群、各个区域的品牌负责人都向总部汇报，既很难实施，又有违本地化的初衷，有可能走向另一个极端。因此，她采取了"虚线汇报"的方式，即整个联想的品牌营销组织并不改变当时既有的实线汇报方式，各组织负责人依然直接向大区销售负责人汇报，同时虚线向总部汇报。乔健认为，"做正确的事，可以用创新的方式，不用天翻地覆地改变组织架构"。

为了实现"同一个联想"的愿景，乔健领导的团队在市场营销系统推出了"Global Might, Local Fight"（GMLF）策略，并配以相应的机制，保证从集团、事业群到销售区域的一体化实施。为了凸显全球能力，乔健推动在集团层面的营销组织中，先后成立多个卓越营销中心，涵盖从内容创作、公关传播、媒介采买、社交媒体、事件营销、客户参考和客户洞察等多个领域。这些中心集结了专业人才，确保了高质量的产出和一致性的执行。比如内容中心会围绕重大活动如世界一级方程式锦标赛（F1）赞助项目进行内容制作，30秒的视频直接供各个市场使用；事件营销中心负责CES、MWC（世界移动通信大会）、达沃斯世界经济论坛等重要活动，他们会组织不同的业务集团共同参与和支持，并统一宣传联想集团的相关信息。

在集团对下的关系上，这些虽然只是"虚线"组织，但已突破了传统的组织架构，第一次打通了集团品牌营销、业务集团营销部门、市场区营销部门之间的边界，形成了"品牌营销一盘棋"的局面。

乔健将集团市场部、业务集团、各市场区的营销负责人召集在一起，形成了GMLF策略和运营机制。GMLF先确定了九个关键市场，即中国、北美、英国、法国、德国、印度、日本、巴西、墨西哥，它们的营收占联想整体营收的3/4以上。GMLF营销负责人和九个关键市场的负责人一起研讨市场，共商营销战略方向、年度战略主题、战略要点、重大营销计划，商讨在哪些地方能够形成统一和协同，在哪些地方更能发挥本地化优势。在共同制订出大的营销计划后，后续每个季度会进行反馈和修正；到年度总结时，再优化下一年的整体方案。其中最为重要的年度营销战略制定在每年10月到11月就开始铺垫，11月、12月启动，之后听取多个层级的意见建议，反复酝酿互动，到第二年3月则正式向集团LEC汇报，最后开始执行。

做市场营销就要花钱，而在过去，钱是由业务线掌握的。如果简单地从业务线划分预算，肯定不行。但如果业务线寸金不让，总部做品牌又会面临"无米之炊"的困境。乔健想到了一个折中的办法，就是向LEC争取，从集团层面批准一笔做全球品牌营销的预算，规模虽然不大，但可以开展一些少而精的重要项目，更重要的是能够带动区域业务线的营销跟进，产生杠杆效应。同时，乔健发现，很多区域业务线的营销活动其实是存在协同可能的，也就是别的业务和区域也能"分享"和借用,过去协同做得相当少,现在应该加强。

通过集团品牌营销组织重构、虚实双线汇报、GMLF,以及协同全球关键市场营销策略的工作机制,联想集团历史上首次真正理顺了品牌营销的全球化和本土化的关系,形成了有分有合的密切关系。

乔健说,"global might"(全球创意)就是集团层面做好集团该做的事,每年策划推动有影响力的品牌营销活动,对联想的关键客户群产生重要影响;"local fight"(因地制宜)就是指引并支持本地团队充分发挥他们的创造力。

过去三年,"Global Might, Local Fight"模式的推行重点有所变化。第一年的重点是打造高端消费品牌和商务品牌,推动联想PC、服务器、服务三大业务协同。在此之下,联想全球各区域业务各显神通,市场活动百花齐放。但是,当对这一行动进行事后效果评估时,发现也存在"营销活动力量不够集中"的问题,无法促使用户形成强大认知。于是,在第二年、第三年,联想集团每年推出三方面公司级的营销活动,包括:聚焦转型,即通过以服务为导向的"3S"业务转型来大力推广联想从设备厂商向服务商的转型;聚焦创新,通过对F1赛事的赞助和相应推广,以及围绕Lenovo Tech World(联想创新科技大会)平台来做大联想的创新影响力;聚焦社会价值,通过"智能,以人为本"和ESG的宣传,传递企业社会责任。

通过这些系统化的努力,过去两年,在地缘政治冲突加剧等诸多变数下,联想在全球尤其是九大关键市场的品牌声誉每年都会提高两到三个百分点,成效显著。"global might"通过六个卓越营销中心,实实在在地形成了对"local fight"的支持。联想几大产品集团的CMO也充分利用集团的六个卓越营销中心,推广其各自业务实践中的创新价值,在全球放大声音。他们也意识到,只是在区域市场进行产品促销,打折降价,长期来看无助于提高品牌溢价。

品牌就像一个蓄水池,必须往里面持续注水。在"Global Might,

Local Fight"口号下，联想集团的业务群、前端营销销售，如今达成了一个高度共识，就是将20%左右甚至更多的营销投入聚焦在中长期的品牌建设、品牌投入和全球大的营销"战役"上。

品牌的主题与载体

如果从过去20年来看，联想在品牌塑造上投入最大的事件是北京奥运会。联想集团成为第一个跻身奥运会全球合作伙伴行列的中国品牌，它将平台、技术与产品融入奥运，投入了3万台计算机设备与580名技术人员。这为联想在并购IBM PC业务后在全球赢得知名度起到了重要作用。

2022年北京冬奥会，2023年成都大运会、杭州亚运会等赛事，联想也都参与其中，并一直保持着对重大国际赛事"零故障"支持的成绩。

如果以过去十年来看，联想从2015年起每年举办一次的创新科技大会，则是最重要的品牌塑造事件。通过这一大会，联想证明了自己在全球IT领域不可或缺的地位，也彰显了其看见未来、创造未来的科技创新属性。

2015年5月28日，联想第一届创新科技大会在北京国家会议中心举行。会议主题是：创新无止境。会议邀请了时任英特尔公司CEO布莱恩·科再奇、微软公司CEO萨蒂亚·纳德拉和百度公司创始人、董事长兼CEO李彦宏出席，他们分享了对科技未来发展的看法。

在大会主论坛上，杨元庆提出，未来的设备将是硬件、软件和云服务的完美结合、完美统一。在"互联网+"时代，联想要全面推进实现智能互联。

从第一届大会起，联想就开始传递给社会一种新的品牌形象：一家对未来有自己判断的，"高科技的联想，服务的联想，国际化的联想"。

2023年10月24日，美国得州首府奥斯汀市中心的希尔顿酒店。酒店大门前的旗杆上，悬挂着五面旗帜，三面都印着红底反白的Lenovo标识，第九届联想创新科技大会在此召开。此次大会的主题是"AI for All"，让人工智能惠及每一家企业、每一个个人。

在大会上，联想集团宣布，与微软、英伟达、英特尔、超威半导体、高通等企业在智能设备、基础设施和解决方案领域持续深化战略合作。英伟达的黄仁勋、超威半导体的苏姿丰亲临现场，微软CEO纳德拉、英特尔CEO帕特·基辛格、高通总裁兼CEO克里斯蒂亚诺·安蒙也精心录制了视频，表示将和联想长期深度合作。

这样惊艳的科技朋友圈阵容，让不少人感到惊讶。这也证明，作为头部品牌制造商、智能基础设施提供商的联想集团，与微软、英伟达这样的科技顶流，有着互相依靠的关系。没有优秀的终端品牌制造商，操作系统和芯片也会"英雄无用武之地"。

乔健说："为了大会上的演讲，杨元庆在罗利的办公室做了十几天的准备，反复排练。"而这种排练显然是一分耕耘一分收获。联想的行业地位、科技前瞻性、新产品战略都在创新科技大会上彰显出来。

截至2024年8月，联想每一年的创新科技大会的主题如下。

2016年：让想象力生长；

2017年：让世界充满AI；

2018年：智能变革　开放赋能；

2019年：智能　为每一个可能；

2020年：联想，智慧中国；

2021年：新IT　新引擎；

2022年：智能，为变革赋能；

2023年：AI for All，智能驱动转型；

2024年：AI for All，让世界充满AI。

每年的4月1日是联想新财年的第一天，集团全球誓师大会，年度表彰大会，各产业集团、中国区与各组织的新财年启动会，接踵而至，但业界最关注的还是联想创新科技大会，因为它已经具有行业风向标的意义。

十年树木。数字化、智能化、新 IT、服务、AI for All……这些新的元素和联想品牌产生了关联，而且越来越深。

2024 年 4 月 18 日在上海举行的第十届联想创新科技大会，可能是过去十年最为重要的一次。联想提出了 AI PC 的定义及五大特征，发布了系列新品。凭借 AI PC 的热度，大会有多个相关话题冲上中国的头条热榜和微博热搜，阅读量高达 3.7 亿。

技术驱动，极限加速

在第十届创新科技大会的后一天，位于嘉定的上海国际赛车场，F1 中国大奖赛以联想之名盛大举行。这是 F1 中国站 20 周年，也是 F1 时隔五年后重返中国，并首次举办冲刺赛。10 支队伍、20 名车手、56 圈激烈角逐，三天饱含速度与激情的赛事，观众超过 20 万人。比赛的转播信号更是跨越全球，覆盖 150 多个国家和地区的数亿观众。

F1 赛程，历时 9 个月，横跨五大洲，每场比赛会在赛道周围安装近 500 个硬件，包括摄像头、传感器等采集设备，一辆 F1 赛车最多可以搭载 9 个摄像头，每个比赛周末约有 500TB 的庞大直转播数据。从 2022 年赛季开始，联想成为 F1 的官方技术合作伙伴之一，支持全年赛季。F1 IT 总监克里斯·罗伯特说，F1 和联想有许多共同的价值观，比如对性能、创新、质量和以客户为中心的追求，联想与 F1 正是天作之合。F1 IT 主管李·赖特说："技术始终是 F1 的核心。每场比赛、每场战斗和每个领奖台的故事都值得被讲述，而这些故事都要依赖数据与技术的力量。"

"技术的力量"在联想提供的全栈产品、解决方案及服务中充分展示。

在智能终端领域，联想为 F1 提供的笔记本电脑、商用台式机、高性能工作站、专业显示器、平板电脑、智能手机等多种智能终端，覆盖从赛道到总部的全部运营。在每个比赛周，赛道旁都会部署多台服务器和边缘设备，快速采集所有数据，并通过服务器进行处理，设备之间高效协同，从容应对各种场景，为观众演绎精彩赛事。

在方案服务层面，联想通过多种解决方案的差异化组合和全方位、零故障配套服务，为 F1 提供数字工作场所解决方案、咨询服务、可持续发展解决方案。

从各类智能硬件终端到数据中心，从海量数据到复杂算法，在 F1 赛车手们跑出极限速度的同时，联想也用产品和技术显示了自己的超级能力——赛车跑得再快，要处理的数据量再大，联想都游刃有余，稳定支撑。

值得一提的是，F1 和联想都将可持续发展作为重要标准。F1 正在开发一种 100% 可持续燃料，并将于 2026 年推出。而联想的资产回收服务为 F1 实现了 95% 的硬件回收，帮助 F1 实现可持续发展的目标。

在杨元庆看来，"人工智能的下半场，一定是从技术突破进入落地应用的阶段，需要我们在实际应用中积累用户反馈，不断完善，继续创新"。F1 联想中国大奖赛圆满收官，联想在背后提供核心技术支持，正是"实际应用"和"落地"的直接检验。通过 F1 的考验，联想的技术能力和品牌，得到了最好的印证。

让乔健很欣慰的一点是，"Global Might, Local Fight" 模式在 F1 赛事中得到了具体体现。由于之前法国、英国、美国都举办过 F1，在 F1 中国大奖赛之前，全球品牌营销团队就举行了研讨会，由有经验的国家的团队分享主场经验，大家头脑风暴在中国怎样可以做得更好。英国团队做了一个 3D 广告创意——在一块要地的路牌大屏上，极具动感的赛车有一种冲出路牌的冲击感。印度的团队马上和他们对接，与外部供应商合作，形成创意，在印度市场实现。

科技以人为本

创新科技大会、F1，展示的是联想品牌犹如"金戈铁马阳关"一样的硬核实力，但联想品牌还有"杏花春雨江南"的另一面，那是走进人心、打动人心的一面。

2020年，联想启动了"Work For Humankind"（科技以人为本）的全球品牌项目，旨在展现技术如何以人为本，并为社会创造更大福祉。项目在不同的地方，以创造性的、与众不同的方式展开。

这些项目包括：深入全球十名年轻女性的日常生活，见证她们推动社区变革；在北美大陆，通过一辆可移动的技术中心车辆，捕捉鸟鸣，助力物种保护；在中国江西省的修水县，建设乡村小学AI科技馆，弥合数字鸿沟，帮孩子们开阔眼界；在印度，让学生与当地农民分享知识与技术，拯救即将失传的小米品种……

在所有品牌项目中，我们最受打动的有两个，即2022年的鲁滨孙·克鲁索岛项目和2024年的"遇见你的数字分身"。

1704年，一个名叫亚历山大的轮船领航员被遗弃在一个荒岛，他像野人一样在那里独自生活了四年。后来，英国作家丹尼尔·笛福以亚历山大为原型写下了《鲁滨孙漂流记》。

2021年12月，联想集团与岛屿保护组织（Island Conservation）和鲁滨孙·克鲁索岛社区合作，面向全球招募了16个拥有不同技能的志愿者，共同踏上了这座在智利以西670公里的茫茫大海上，仅有900多人的小岛。在1000个小时的努力之后，这里拥有了科技中心，实现了高速通网，弥合了数字鸿沟，再次与世界连接。科技手段也能帮助当地生态保护组织更有效地保护稀有物种和生态系统，使其免受极具破坏性的入侵捕食者的侵害。

基于技术中心的支持，来自英国的解决架构师、志愿者凯帮助当地搭设了服务器，还教会岛上最年长（101 岁）的一个老奶奶使用科技设备。

过去，岛上的网速只有 1Mbps，居民们只能利用互联网简单地浏览网页，现在当地网速提升至最高 200Mbps，人们可以通过视频联系和协作。

岛屿保护组织的负责人表示，由于缺乏高速网络和算力设备，过去做生态保护纯粹依靠人工。为了探测入侵物种，他们需要从岛上的 70 台摄像机中手动获取数据，然后在陡峭的山路上徒步数十公里，将数据存入硬盘，硬盘要搭乘两个月才飞一班的航班到达智利本土，之后才能进行数据处理和手动分类。整个流程需要花费三到四个月的时间。而借助联想的高速网络和高端的 AI 边缘服务器，志愿者们可以实现每秒远程访问并处理 4.8 张图片，每天能处理超过 40 万张照片。过去需要花费几个月的工作，如今只需几天便可完成。岛屿保护组织仅用一周就处理了岛上六个月所拍摄的野生环境图像数据，还加快了获取动物状态等重要数据的速度，从几周缩短到几天。

"科技以人为本"项目历时一年多圆满收官，岛上超过 30% 的居民受益。在未来五年中，技术中心会继续留在岛上，由当地政府管理，以推动数字化和可持续发展。

2024 年 6 月，在"科技以人为本"的新一年实践中，联想开启了名叫"遇见你的数字分身"的人工智能社会实验，即运用 AI 数字人等技术，缓解当下年轻人由线下线上身份反差带来的焦虑问题，实现 AI 向善。

实验的主角，是两个在网络与现实中的人设迥异的女孩。其中一个叫知夏，来自东京，在社交媒体上是一个大码模特博主。家人对其社交媒体上的身份一无所知。她也担心家人会因此而觉得丢脸。

在知夏的许可下，联想从她的社交媒体、博客及论坛中收集了数据并安全地整合在一起，经过长达 14 天的模型训练，为她创建了 AI 数字分身，并让数字分身与她的母亲展开了一场坦诚对话——

母亲：你为什么要当模特？

知夏：我喜欢时尚的衣服。我享受表达自己的快乐。

母亲：为什么不告诉我呢？

知夏：这不容易，妈妈，我不知道我的行为能否被接受。

母亲：但你越深入妈妈不知道的世界，我就感觉我们越遥远。我感到很孤单，很担心你。

知夏：我可以想象你有多担心，但我更希望你懂我所爱，以及我的选择。

母亲：最让妈妈感到开心的是你对自己的生活的满意，我会永远支持你……

人工智能技术让一场社会实验栩栩如生。通过语音克隆技术、超高清3D身体扫描及运动传感器捕捉外貌、动作和面部表情信息，知夏的AI数字分身不仅看起来像真人，还能根据实时对话做出反馈，并调整语气和动作。当然，所有数据在使用时均匿名化，实验结束后就被销毁，以确保每一个参与者的隐私安全。

知夏说："通过AI技术，我能够敞开心扉，说出我一直以来想跟家人说的话，这也对我的心理健康产生了积极的影响，因为我终于可以勇敢表达那些以往因为胆小羞怯而不敢展露于人前的感受了。"

联想集团智能设备业务集团首席营销官埃米丽·凯琴（Emily Ketchen）说："我们希望通过'遇见你的数字分身'这一社会实验，引起大家对问题的关注，激发有意义的讨论，为全球每一个个体和社区的心理健康做出贡献。"

联想发起"遇见你的数字分身"这样的社会实验，不是灵光一现的结果，而是经过了翔实的全球性"Z世代"调研。项目开启之初，针对

Z 世代的网络与现实身份认知，以及他们对于代际沟通的看法，联想发起了全球调研。调研发现，全球 67% 的 Z 世代认为自己在网络和现实中的自我存在脱节，这加剧了他们的孤独感和焦虑感。同时，有近一半的 Z 世代表示，与在现实中相比，他们在网上能更轻易地表达自我，这些人中有 60% 表示希望有能力在现实生活中与家人和爱人进行艰难的沟通、对话。

为了向当下的 Z 世代提供切实的帮助，联想与三个非营利组织 Shout、Crisis、Anata no Ibasho 合作，凭借实验短片的影响力，尽可能广泛地呼吁存在心理健康问题的 Z 世代与这些公益组织联系。公益组织将提供 7×24 小时的热线，帮助 Z 世代应对焦虑、抑郁等心理健康问题。

随着科技向善越来越成为社会关注的议题，联想敏感地从中发现了品牌也需要驱动的议题。乔健说，当下许多中国企业已经有了不输欧美品牌的硬实力，但要成功参与全球化竞争，光有高品质的产品与服务还不够，更需要深入理解和适应目标市场的文化及消费者行为，同时保持品牌的全球一致性。"遇见你的数字分身"，正是联想在 2024 年交出的一份"以人为本"、温暖人心的品牌答卷。

事实上，就在联想 2024 年度创新科技大会前，杨元庆的数字分身已经面世。在一条短片中，杨元庆问了自己的数字分身三个问题：你和我之间能有多像？ AI 如何普惠大众？我们会被 AI 取代吗？

AI 数字分身版的杨元庆回答说："你把我创造出来，是为了让自己变得更好。"

数字分身的尽头是自己，科技的终点是人性。而联想品牌也在这样的创造性演绎中，散发出真诚和柔韧的力量。

第九章

合规：生死攸关

越来越多的出海企业面临着合规挑战。

2023 年，欧盟以处理儿童用户的个人数据不当为由，对 TikTok（国际版抖音）处以 3.45 亿欧元的罚款。欧盟在裁决中称，儿童在注册 TikTok 账号时，其账号默认为公开状态，这意味着任何人都可以查看或评论这些账号的内容。在裁决之前，爱尔兰数据保护委员会（DPC）进行了为期两年的调查，以确认 TikTok 是否遵守了《通用数据保护条例》（GDPR）。

裁决后，TikTok 的母公司字节跳动发表声明，表示"尊重但不同意"。

合规，指企业经营管理行为和员工履职行为"符合国家法律法规、监管规定、行业准则和国际条约、规则，以及公司章程、相关规章制度等要求"（见《中央企业合规管理办法》）。产品安全、消费者和投资者权益保护、税务、劳动条件和工作环境、知识产权、环保、资金流动、反垄断、反商业贿赂、反洗钱……合规包罗万象，不仅是企业存续的底线要求，也正在成为企业竞争力的来源。

合规还是一门包含风险识别、评估预警、合规审查、风险应对、问题整改、责任追究等在内的技术活。在海外合规经营的挑战还在于，不同国家和地区的规则有所不同，遵守一个国家的法律可能会违反另外一个国家的法律。

杨元庆认为,优秀的合规能力是联想集团作为一家全球化企业的核心能力之一。联想集团的一个核心管理人员说,联想出海 20 年,在不同时期、不同地方接受过监管部门的不少审查,但没有出现过任何恶意违规经营的事件。在联想,合规管理不仅是一种工具,更是一种文化,融入管理环节,体现在员工言行间。

联想集团的合规体系,一开始是从 IBM 继承而来,但过去近十年,联想的法务部门和财务部门逐渐建立起企业合规的完整生态。这是一项不仅需要内部法务、财务和人力资源等部门协同作战,还倚仗外部的律师事务所、审计机构、客户以及上下游供应商支持的系统工程。

一家公司的合规,会否只是停留于纸面的流程和机制,以及虚张声势的口号?这在很大程度上取决于公司董事会和最高管理团队的理念和行动。

合规生态

价值观、组织与制度

当世界上最知名的品牌之一柯达由盛转衰时,劳拉·夸特拉(Laura Quatela)作为"看守大臣"帮助这家百年企业体面地走出了破产重组的保护期,让它的发展历程看起来不是一个黯然神伤的故事:不但解决了债务麻烦,而且将不被看好的专利组合卖出了合适的价格,让企业有机会运营下去。

劳拉是柯达公司历史上第一位首席知识产权官,后来晋升为总法律顾问,最后被任命为全球联席总裁。她原本计划帮助柯达打完最后一场战役后就退休,她也确实是这么做的。但是,她几乎没来得及好好休整，2016年，就被联想成功地邀请加入，担任高级副总裁及首席法务兼企业责任官。

"领导柯达公司走出破产是一段非常辛苦的经历，我之所以决定重新回到一家跨国公司并领导法务工作，是因为杨元庆先生。他的诚信和对公司员工的关怀让我印象深刻，这在他的一举一动中都有体现。"2024年1月，在美国罗利运营中心，我们在办公室见到了穿着冲锋衣的劳拉，她并没有按照精英律师的典型模样打扮自己。

劳拉所言并非恭维之词。一家公司的合规执行究竟要以多么严格的标尺来约束，很大程度上取决于公司掌舵者的合规价值观和承诺。董事长、CEO就是一家公司重大合规案例判定的"最高法院"。如果不能得到他们的绝对支持，恪守合规会遇到种种困难。商业压力下的急功近利、行业里的业务惯例、商界流行的"擦边球"做法，以及那些希望取悦领导而导致的钩心斗角，都可能给一家公司的合规工作造成困扰。如果要求员工恪守的商德准则和行为规范，不能由管理层带头遵守，那它形同废纸。

在联想内部，当合规评估必须上升到由杨元庆来定夺时，问题反而会变得非常简单。他通常只会询问首席法务官，相关法律是否明确禁止某项业务的开展？如果得到的答案是肯定的，那么毫无疑问，必须严格按照合规要求行事，哪怕有再大的经济效益也不行。

以严格的态度和原则满足合规要求，界限清晰、黑白分明，这是联想最高管理层传递给所有员工的立场，确保他们不要误以为存在灵活变通的空间。当然，仅仅依靠杨元庆的支持并不够。联想的合规制度之所以能被当作至高无上的铁律遵守，根源是一个国际化、多元化的董事会的存在。这个董事会的成员都是经验丰富的全球专业人士，他们不仅服务于联想的董事会，还服务于其他国际化企业的董事会。

劳拉说，联想董事会设立的审计委员会尤其勤奋，他们的工作范畴不局限于审计季度报告，法务部门与审计委员会会密集地进行很多额外的交流。他们关注的问题包括法务部门是否拥有足够的资源来应对当前的监管负担，是否进行了必要的投资来确保合规工具到位。联想集团的治理结构和管理团队成员，极大地帮助了合规团队及时有效地应对监管要求。

联想的合规团队负责监督、管理和执行公司的合规事务，既包括法务团队，也包括财务部门的内部审计等专业人员。为了保证在全球所有地方都能合规，联想成立了三个委员会，分别是调查监督委员会、执行道德委员会、区域道德与合规委员会。它们是合规工作在顶层的决策与协同组织。

三个委员会由不同的成员组成，亦有交叉任职，他们负责处理性质不同的合规问题。

其中的调查监督委员会承担了最核心、覆盖范围最广的工作。这是一个内部最高调查机构，当前由六名委员组成，他们来自不同的部门，包括联想道德与合规、内部审计、人力资源、安全监察部和企业安全团队。

联想在全球所有涉及不合规问题的线索，会在这一组织备案后展开调查。委员会每个月召开一次会议，就一些违规案例的调查进行协同与合作，这个委员会设置了三个不同的渠道，收集来自全球的员工触犯合规问题的线索。至于具体由哪个部门来调查，则会仅按照被举报事实的类型划分，比如员工关系类或骚扰类的问题由人力资源部门负责调查，中国平台员工的贪腐类问题则由安全监察部负责调查。

对于调查对象，则不分层级，只要是被举报人，即便是核心高管也一样会被当作调查对象。

执行道德委员会则是针对执行层面进行监督的机构，确保在道德、合规等方面符合联想制度、联想行为准则和法律。这是一个由五名常任成员和四名轮换成员组成的机构，轮换成员通常是一些业务的高管，比如供应链负责人、销售负责人、战略负责人等。

区域道德与合规委员会则是由联想在各区域精选的法务部门代表组

成，他们作为联络人，互相分享对有关重要问题、调查和道德与合规倡议的反馈及全球视角。

除此之外，当重大危机事件发生时，联想还有一个由首席财务官黄伟明评估确认并召集的危机委员会来协调开展工作。委员会对具有重大影响的危机情况快速提出建议，并交由 CEO 拍板。

这个委员会由首席财务官、首席法务官、内部审计部门负责人、人力资源部门负责人以及可能受影响的业务集团的负责人组成。从新冠疫情大流行，到俄乌冲突，再到阿根廷总统哈维尔·米莱在上任前威胁将废除本国货币、关闭央行，这些危机爆发时，危机委员会要立即召集开展工作，拟定应对预案。

联想的合规工作，绝大多数是由劳拉所领导的法务团队完成的。这个遍布全球、超过 200 人的团队是合规体系持续运行和落地的基础。每个业务集团都配备了一名总法律顾问并组建了一支律师团队，法律部高管团队每个月召开一次会议，而全体会议每个季度召开一次。

在联想内部，法务部门的合规管理依靠一套分工明确的体系，覆盖合规管理的方方面面，从人员、体系到制度。从业务来说，合规领域涉及国际贸易合规、知识产权合规、反垄断和反不正当竞争合规，以及商业道德和反商业贿赂合规、数据安全和隐私保护等。联想在不同的区域设立了不同的业务小组，如负责合同审核的合同中心，负责反垄断的律师团队，负责数据安全和隐私保护的团队，负责 ESG 的团队，负责调查商业道德合规的团队等。这些小组的负责人与业务团队紧密配合，参加所有重要的业务会议，因此对业务运营了如指掌。

"合规始于高层"

当劳拉加入联想时，她旗帜鲜明地向以杨元庆为首的核心管理层提出，"合规始于高层"。合规团队定期向高层管理团队、员工群体、承包商、商业伙伴和供应商进行信息传达，让他们明了"合规就是我们部门的首要任务"。

为了做好全球合规，联想建设了一套嵌入IT系统的贸易合规监测工具，对所有合同进行合规审查，并实时监督和预警这些业务是否符合全球贸易法规。即使员工对某些贸易法规存在误解，系统也能及时拦截不合规的业务流程，阻止不合规交易的进行。

而当一些公司实体被列入某些国家的制裁清单时，系统会实时同步地做出反应，确保在各个区域的业务符合合规要求。强大的工具甚至可以穿透不同的公司实体，识别不同产品线中的元器件是否符合合规要求，并预警风险。

这套如天网系统一样的工具，是由劳拉的得力助手沙马·帕塔里（Shama Patari）带领团队搭建的。她最初是一名海关和贸易律师，专长于海关诉讼、出口管制、经济制裁、禁运、国际贸易协定和优惠计划以及贸易救济。2017年加入联想后，她着手建立这套极其复杂的贸易合规系统，希望它起到"安全阀"的作用，确保联想在全球的业务不违反贸易法规。系统的成功运作让沙马获得了联想内部的最高奖励"联想英雄奖"。

当然，仅仅依赖内部资源和工具并不够。联想在外部还有一支矩阵式、分门别类的律师事务所团队，这个团队作为顾问随时准备提供咨询服务，并定期审查联想的合规管理体系。他们通常是某个特定领域的顶级律所，如专注于贸易合规的律所、专注于ESG领域的律所以及数据隐私方面的律所等。这些律所协助联想进行有效的法规监测，定期通报重要的法规动态，并建议根据变化做出哪些反应。

即便是对负责联想内部合规审计的机构，联想也会每两到三年聘请外部机构进驻，让其用国际化标准评估联想的内审机构在工作时是否严格遵循了合规要求。

联想内部还建立了"联想热线"，聘请一家外部公司独立运营，用于全年、每天 24 小时收集全球员工关于不合规的线索的举报。员工可以实名也可以匿名，向这个热线拨打免费电话，所有信息都会被转交到联想的道德与合规办公室。在合规体系中，畅通、受信任的咨询和投诉系统，除了能收集线索，还能产生震慑作用。

联想公开发布的员工行为准则和供应商行为准则，从职场内部的公平对待、多元化、无骚扰的工作环境、健康、安全等，到市场开拓中所涉及的礼品、娱乐、商务接待和差旅、赠送和接受礼品等，都做了事无巨细的规定。发现任何不当行为都可以向热线举报。

接到投诉后，调查监督委员会会展开调查，确定投诉是否成立，并进行处理。一旦确定是违规行为，就会要求内部审计、法务和人力资源合作，共同采取应对措施。

每个季度，调查监督委员会会向联想集团董事会报告他们收集的数据，董事会下设的审计委员会将查看这些数据，并听取正在处理的特定问题的详细信息。审计委员会要了解：相关问题代表了什么趋势？不合规情况经常出现在何处？这些情况涉及内部哪些团队和哪些区域？

收集的信息不全来自内部，调查监督委员会也接受来自客户、外部机构、投资者以及所有利益相关者的反馈。由调查监督委员会撰写的内容翔实的审计报告也会向董事会提交。

法务部门负责对所有员工开展成体系的合规培训。如果全球贸易合规政策有变，或者联想集团的行为准则有更新，培训会立刻展开：

- 营销员工需要了解哪些地方是不能销售或运送受到限制的、不同的限制性清单以及与清单实体合作时有哪些限制；
- 采购员工需要了解从供应商采购的产品是否受出口管制法的约束以及产品的分类是否正确；
- 研发团队成员需要了解共享或收到的技术是否受控，以及与不同国籍的员工合作是否会被"视同出口"；

・财务团队需要确保银行、当事人和交易的受益人不受经济制裁；

・IT团队负责为研发人员提供安全的环境来储存受控技术，还要审查服务器的位置，并确保根据监管的要求来维护交易数据。

大多数的培训课程要求员工必修，员工如果没有完成，会有相应的处罚，比如对其电脑强制关闭，直至完成培训才能打开。

在任何企业内部，对严苛的合规管理都不全是支持的声音，因为这样可能失去一些商业利益。而联想对业务部门的要求是：在不能确认是否合规时，宁愿错过也不要以身犯险。为此，业务部门不得不放弃一些机会。联想的业务横跨新兴市场、成熟市场，每个区域的监管尺度并不一致，这时联想往往采取"就严不就松"的态度，这也会导致放弃一些机会。

当出现"严一点还是松一点"的分歧时，劳拉总是雷厉风行，刚正不阿。在有些情况下，当与她产生分歧的是级别更高的管理层人员时，裁决权会交给杨元庆。

劳拉说："确实出现过这样的情况，联想因为遵守合规要求，不得不放弃巨大的商业机会。比如在半导体规则方面，我们不得不停止与某些客户的合作。一些不满的业务领导向杨元庆申诉，杨元庆回应，'合规是最重要的，首先要确保合规，再去追求机会'。"

"防火墙"前置

当地缘政治风险变成愈演愈烈的麻烦，国际化企业常常会左右为难，如何取舍，格外棘手。杨元庆曾经跟不同的下属说过："多挣点钱、少挣点钱，这是一个问题；合不合规，这是公司生死的问题。"他也经常向业务部门的下属发出警告："只要你还有一条路，哪怕再窄，你也要找到。"

联想集团一个管理者向我们讲过这样的案例。一个海外客户曾携带成堆的、装满现金的密码箱与联想集团的销售部门联系，希望能采购一批电脑产品，他声称"一手交钱，一手交货，双方无须签合同，不会留下任何痕迹"。但是，这个客户所在的国家已被制裁，如果完成这笔交易即会触犯相关法律。结果并无悬念，他在销售部门层面就被拒之门外。

联想法务部门希望的工作状态，绝不是在事后收拾乱局。他们更多的精力是放在评估并预判风险将往会在哪里，并针对可能发生风险的事件提前做出预防和应对。

由于地缘政治问题，一个国家对别的国家的具体企业进行制裁，成了今天经常要面对的风险。而且这样的制裁往往在一夜之间出现，难以捉摸。

"我们现在每天都如履薄冰，像踩钢丝。"高唤栋说。他是联想集团副总裁兼中国区总法律顾问。加入联想前，他服务于沃尔玛集团全球总部。在他看来，"最难做的是预见性，要看到别人看不到的风险"。

2020年，刚加入联想时，他从一封邮件中看到了一个涉及18亿元销售额的项目在交易结构中存在风险。后来，项目在资金的回收中的确出现了问题，但这还不是最棘手的。高唤栋和中国区法务团队最繁忙的事情，是应对那些让企业进退两难的麻烦。比如，美国民事诉讼中有"长臂管辖"的概念，这意味着在中国开展的诸多业务，也必须考虑美国的法规，这点让企业尤其头疼。

激烈的冲突常常会在中美两国的法务团队之间展开。企业必须找到能同时满足不同法律的解决方案。

四年前，高唤栋建议联想中国区的销售团队终止与一家客户的合作，尽管其每年能给联想带来10亿元左右的销售收入。当时向这家客户销售产品并不触犯任何法律，但中国区法务部门评估国际政治形势以及国与国之间的地缘政治风险后，决定提前采取行动。

"当时只有元庆一个人支持我，公司其他业务高管全部否定我的建议。半年之后,我的预判变成了现实。如果联想没有提前终止合作,很可能会成为被制裁的对象,失去更多的业务。"高唤栋说。

联想在合规上区别于多数国际化企业的还有另一个特殊之处,即组织人事架构。联想在所有国家的总经理几乎都是当地人,法务团队负责人也是当地人,德国、日本、法国、美国等国均是如此。他们熟悉本地法律法规,即便业务部门想冒险一试,连合同这一关都无法通过,不可能进行实际操作。

劳拉认为联想的合规管理之所以能达到世界级标准,核心原因在于合规体系是一个生态系统,内部包括在全球各地的法务、人力和财务审计等不同团队,加上外部合作伙伴,协同合作,相当于构建了一道道更全面更牢固的"防火墙"。

当劳拉在 2016 年加入联想,领导法务团队时,团队的成员大多来自 IBM、联想和摩托罗拉。他们在自我介绍时,还是习惯于称自己来自 IBM、联想和摩托罗拉。劳拉很警惕,她认为这并不是一种可以互相协作的团队文化。她聘请了一个顾问,帮助团队成员建立信任,让他们觉得他们同属于一个全球化公司,应该互相信任,共同协作,而不是分出彼此。

专利,一个战略武器库

高发风险

对一家全球化科技企业来说,专利与合规天然联系在一起。企业手头的专利资源就像一系列战略武器,既可用于防御,也可用于进攻。

人们经常看到,科技行业的国际大公司,动辄不惜重金聘请顶级律师,把专利诉讼作为武器,与竞争对手展开"史诗级对决",试图卡住对方的喉咙,或让对方支付巨额赔偿金。

然而，这样的对决很多时候会以握手言和结束。等到最后，旁观者才恍然大悟，利用专利诉讼的策略往往是虚张声势，其背后的逻辑是：如果一家企业拥有一揽子重要专利，最好是迫使实力稍逊的玩家进入自己打造的生态阵营，或者要求势均力敌的对手按照自己设计的路径行事，比如和自己签订某些专利交叉许可协议。

专利，是对发明创造授予的一种专有权利。它是知识产权的一部分，知识产权还包括著作权、商标等更广泛的内容。一家科技企业持有专利的核心要义，就是通过法律手段来保护创新成果。

中企出海，专利合规风险大多出在专利侵权风险或专利实施和交易风险上。一些在中国很成功的企业往往更容易犯错，他们自信地认为自己强大的影响力能让海外市场的竞争者有所顾虑，从而不敢轻易拿起专利武器，而事实上，这是基于本国思维的局限。

有一条原则是通行的：如果你足够成功、足够出名，你面临的风险会更大。因为你的一言一行都会被关注，更不必说专利合规方面的表现。

而聪明的出海者，如果要进入一个全新的市场，最开始的行动往往是购买相应的专利组合许可，以便在面对诉讼时有筹码可用。如果发起海外并购，则要尽可能多地获取随业务转移而来的专利组合。冒着专利侵权风险，鲁莽地扩张海外市场，在新兴市场尚有可能行得通，在成熟市场几乎没有侥幸的可能。

30多年前，微软公司进入中国，并努力向个人电脑制造商苦苦推行正版操作系统，然而在十几年里几乎是无功而返。那时有不少消费者只愿意用低廉的价格购买自行组装的"裸机"，然后下载免费的盗版操作系统。

2005年，联想集团帮助微软改变了这一局面。杨元庆向微软承诺，联想会在所销售的联想电脑中安装正版操作系统，并向微软公司支付版权费用。这意味着联想将要为销售出去的每一台个人电脑多支付一笔费用。杨元庆预计，这将倒逼中国主要的个人电脑品牌厂商模仿。事实正如所料，微软的正版 Windows 操作系统在中国市场的总安装量很快就增长了三倍。

可防御，可进攻

联想集团内部流传着一种说法，这家公司对专利合规极其重视的一部分原因是，其创始人柳传志的父亲柳谷书，是中国知识产权保护制度的奠基者之一，也是中国第二号律师证的持有者。这让柳传志具有对法律的尊重和熟稔，并影响了联想集团的合规文化。

联想集团一个外籍核心管理者告诉我们，当他在近 30 年前第一次与柳传志见面时，柳传志告诉他，联想立志成为一家百年企业，所以并不追求短期利益，而是注重长久的、可持续的利益，在每一个国家做每一项业务之前，都要确保遵守当地规则。

在科技公司之间的竞争中，专利竞争常常是最高级别的手段。在苹果公司推出 iOS 操作系统、谷歌公司推出安卓操作系统后，苹果公司严阵以待。任何想进入安卓阵营的玩家从初始阶段就要对照苹果公司拥有的大量专利，仔细检查，以剔除任何有可能侵犯苹果专利的应用，包括圆角正方形图标这样的次要元素。

从 2010 年开始，苹果公司在全球各地接连起诉在产品中装有安卓操作系统的智能手机制造商，从 HTC 到三星手机。有好几年时间，几乎每个月都会出现基于安卓系统的平板设备或智能手机卷入专利侵权的案件。在苹果公司穷追猛打下，HTC 从巅峰坠落，一蹶不振。

疯狂的专利战争打了至少五年，直到 2015 年，苹果公司和谷歌公司才同意撤回双方之间的所有诉讼，将专利纠纷暂时搁置。在此期间，双方疯狂收购相关的专利组合以充实"武器库"，建立防御系统。2011 年，由苹果公司召集的财团以 45 亿美元收购了加拿大北电公司拥有的 6000 余项专利；2012 年，谷歌公司以 125 亿美元收购摩托罗拉移动，获得了 17000 项专利以及 7500 项申请中的专利。

当海外的专利大战硝烟弥漫时，中国智能手机制造厂商可以在本土赚得盆满钵满。但当智能手机的本土市场渐渐饱和时，一些手机厂商开始转向海外。在欧洲及北美等市场，它们接连遭遇合规困境，几乎都是因为受到关于专利侵权的指控。

从诉讼结果来看，中国手机厂商在多数时候，不得不选择庭外和解或承认败诉。庭外和解通常意味着要支付起诉方巨额的专利许可费，而败诉会直接影响出货量，甚至阻碍在海外市场的拓展。

2014 年联想收购摩托罗拉移动时，其战略价值除了品牌、产品组合与销售渠道等因素，还有一重核心考量，就是满足联想在全球市场开拓中的专利合规要求。联想希望这意味着在手机业务上拿到一张开拓成熟市场的船票，在欧美市场不受或少受专利诉讼的困扰。

联想在这笔交易中获得了 2000 项专利的所有权，15000 项专利的非排他性使用权。后者意味着，虽然谷歌是大量专利的持有者，但谷歌与爱立信、柯达、诺基亚等其他企业签订的专利交叉授权协议，对联想同样有效。联想要满足合规要求，就要满足不同的专利交叉授权协议中的复杂约定。比如，联想如果要合规地在全球使用"Motorola"等商标及其他一些专利，需要满足四大先决条件：摩托罗拉移动是一家独立的法人公司，产品要由其设计，由其生产，由其制造。

要满足摩托罗拉移动是一家独立的法人公司，意味着雇员、组织和流程都要属于这家独立的法律实体。这就要求联想必须将生产、研发、供应链等涉及业务流程的一切，在法律归属上做出调整。

比如，必须重新与数千名员工签订劳务合同。以前属于联想手机业务部门的员工如果要在整合中从事与摩托罗拉手机相关的业务，必须重签合同，在法律上保证其必须是摩托罗拉移动法人公司的员工。生产摩托罗拉手机的武汉产业基地原属于联想公司，此时就必须交易到摩托罗拉移动这家独立法人实体公司，等等。

联想的战略团队与法务团队将这一系列满足摩托罗拉移动专利合规要求的调整，称为运营模式工程，这一项目持续了数年才成功完成，保障了摩托罗拉手机业务在15000项专利交叉许可使用中，没有遭到侵权指控。

一台个人电脑要使用的专利，不比一部手机少。ThinkPad键盘上标志性的"小红帽"，包含的专利就有上百件。笔记本电脑由各种各样的技术和部件组成，每个部件都可能涉及多项专利。处理器、操作系统、显示屏、键盘、触控板、电池、无线通信模块等各个方面，都可能涉及多个专利。笔记本电脑制造商还可能使用其他公司或个人的专利技术，这些专利也可能分布在多个国家或地区。

专利合规的防御性布局

在收购IBM个人电脑业务之前，联想在个人电脑业务上的专利质量有限。2000年，联想成立了技术发展部，对所属专利进行统一管理，这一年，联想申报的专利只有300多项。2001年，联想在产品链管理部设立了专利信息中心，统筹管理专利工作，并制定实施了相关的专利战略，进行专利规划、挖掘、完善和申报工作。

随着IBM专利和研发人员的转移，联想所持有的专利水准大幅提高。联想集团全球法务部原知识产权总监陈媛青2001年加入联想，直到2023年离职，参与并见证了联想在专利管理上的国际化过程。她说，在最初的几年里，当她作为联想公司代表去参加全球性的专利大会时，中国企业中还只有四家企业有相应的专利负责人参会，分别是联想、华为、中兴及海尔。相比而言，联想国际化的专利合规管理体系，是继承了IBM所建立起来的成熟体系。2005年到2012年期间，联想专利管理团队在中国区隶属于研发部门，而在海外市场隶属于法务部门。2013年至今，联想的专利团队被统一整合进联想全球法务部。

直到今日，联想的专利管理团队还只是一个不到30人的精干队伍，他们承担了联想每年在全球发布数百款新品的专利管理相关工作，包括对联想专利的确权、专利权的运用以及预防专利风险。

在联想国际化的20年，这家企业几乎从未卷入"劳民伤财"的专利战争，甚至很少受到国际"专利流氓"的骚扰。在全球科技行业，存在着一些专业化公司，它们积累了大量专利，却不生产涉及使用专利的相关产品，而是通过大肆发起专利侵权诉讼并获得赔偿，来赚取利润。

劳拉的团队里，包括一个规模虽小但技术精湛的许可和诉讼团队，他们分工明确，深耕自己的专业领域，随时关注行业趋势、动态和市场参与者，并决定是否采取行动。

整体而言，在知识产权合规上，联想执行的是成本可控的防御性策略，将资金投向那些可以大量申请专利的创新领域，以及诉讼案件频发的技术领域，以确保当其他公司要求联想支付相关的技术许可费用时，联想有底气告诉对方，"你们同样需要获得我们的许可"。

即便是实力雄厚的科技巨头，也不会掌握所需的所有技术，但是要确保手里有制衡对方、与其旗鼓相当的专利谈判筹码，不能出现明显的短板。

此外，在专利合规的防御性布局中，建立联盟同样重要。联想加入了一些全球性的行业联盟，这些联盟成员团结在一起，承诺不会利用专利互相起诉，以维持战略和平。这样的联盟同样可以间接帮助企业降低自己的专利支出和整体的专利成本。

安全监察

反腐小队

在联想北京总部那座灰白色庞大建筑的五楼，绕过很多弯曲的走廊，会进入一个设立门禁的狭长办公区。这就是联想的安全监察部，其主要工作是在联想公司内部开展反贿赂、反舞弊调查，预防舞弊及职务犯罪，以及反贿赂、反腐败廉洁体系建设。

之所以让这个办公区处在偏僻的一角，是希望其具有隐蔽性，以保障举报和调查材料的安全性，并确保在接到线索与相关员工进行访谈时，保障其隐私。

联想集团安全监察部总经理张宇朋掌控着这块领地。他曾在北京市朝阳区人民检察院反贪局做了12年的反贪侦查工作，后来又做了四年的侦查监督，积累了丰富的办案经验。2016年，当联想决定物色一位在反贪腐方面训练有素的人来带领联想集团中国区的安全监察团队时，张宇朋成为合适人选。如今，他领导的团队成员有十名左右。

在更早的2011年，联想集团就曾成立一支内部反腐团队，它是中国企业中最早成立相关部门的企业之一。2016年4月1日，张宇朋掌管这个团队后，安全监察团队开始升级到直接向总裁办公室汇报。这个团队被赋予两项"特权"：其一是团队员工招聘数量不受限制，其二是调查贪腐的对象"上不封顶"。

在联想内部，负责舞弊和贪腐调查工作的团队由两个互相独立的组织组成，他们也承担了反商业贿赂合规体系的建设工作。其中，中国区由张宇朋所带领的安全监察部负责；海外则由两名分别驻扎在美国和德国的员工负责。安全监察部直接向CEO办公室汇报工作，海外调查团队则隶属于全球审计团队，全球审计团队向联想首席财务官汇报工作。

拥有权限开展内部贪腐调查的团队，可能由联想内部的审计、人力或安全监察部组成，也可能是外部的独立律师、会计师、调查员或其他第三方。

反商业贿赂是国际化企业合规经营的重要部分。20世纪70年代，为遏制美国企业在海外商业活动中猖獗的贿赂行为，美国颁布了全球第一部惩治境外商业贿赂行为的法律——《反海外腐败法》，明确规定在商业活动中贿赂外国公职人员属于违法行为。

此后，为维护美国企业的海外竞争优势，美国政府不断推动国际组织和其他国家认同、接受反商业贿赂的理念和做法。随着经济全球化融合的加深，各国对打击商业贿赂逐渐达成广泛共识。如今，反商业贿赂已经在全球范围内形成共识。

过去近20年，众多国际化公司因爆出商业贿赂案件而声誉严重受损。雅芳公司、西门子公司，以及葛兰素史克都曾因商业贿赂受到调查，并最终接受巨额罚款。相反，在国际化业务开展中，企业一旦在廉正文化、合规制度以及组织架构上确立了高标准，并坚定而系统化地全员、全流程、全方位实施，也会赢得良好的声誉，以及长期的商业回报。

员工涉贪腐通常属于经济犯罪案件范畴，联想安全监察团队在难以借助客观辅助证据的前提下，主要依靠核查账目是否真实、业务是否异常等，借助于预审谈话，突破被举报人的心理防线。

联想鼓励员工、承包商和外部顾问举报公司员工违反公司道德守则、政策或程序的不道德、非法、可疑行为。但是，一切内部反贪腐调查都必须先向联想全球调查监督委员会登记备案，之后才可以展开，并遵照由调查监督委员会统一制定的，适用于全球各区域的举报和调查政策规范。

在联想，为了确保维护员工的合法权益，也有一份对调查流程、指南和政策分门别类，严谨可行，对调查审讯工作有严格约束的行为守则。比如，若要对被举报员工进行询问访谈，必须由至少两个人参加；如果对女性员工进行询问访谈，访谈人员至少有一位是女性。

同时，包括安全监察部在内的进行内部反贪腐调查的团队，也必须接受联想全球审计团队的定期审计，以形成内部制衡。安全监察部只负责调查事实，不会对事实定性，定性的权力属于联想中国区首席法务官。

联想中国区也是"阳光诚信联盟"和"中国企业反舞弊联盟"的企

业成员。前者是一个由京东、腾讯、百度等企业与中国人民大学刑事法律科学研究中心共同建立的企业反腐败与合规服务平台。这一联盟建立了一个数据库系统，企业会员可以向系统提交存在违背职业道德行为的人员信息，其他企业招聘时，可以检索到相应人员是否在这个"黑名单"中。这一机制可以帮助企业建立一种威慑力，实现行业共治。

联想做得有所不同的是，尽管联想是联盟成员，但并不向系统上传存在违规行为的人员的信息，核心的缘由是保护员工个人隐私，不愿意以一种"游街"的方式处置员工。

"三道防线"

在联想内部，预防贪腐的合规体系由"三道防线"组成。

第一道防线是业务部门。业务部门负责人承担着设计业务流程、防控业务风险的责任。他们贴近业务，了解业务模式和业务流程，清楚地知道可能出现贪腐的漏洞在哪里。按照张宇朋的话说："原来的四根桩子已经封不住篱笆了，羊会跑出去，需要加到五根或者六根，业务部门知道如何来平衡风险和效率。"

第二道防线是全球审计团队。如果说业务部门修建的是一条流程清晰的小路，那么审计部门就像巡逻车，他们负责不停地巡逻，核查业务数据与流程是否匹配。

第三道防线才是安全监察部。联想安全监察部存在的意义除了调查贪腐案件，更重要的工作是与业务部门共同确定一系列需要考虑到的流程漏洞问题，并协助选择较为突出的部分进行分析，然后制订并提交可选择的方案，供业务部门参考。

"针对每一个案件，在调查完之后，我们会仔细分析业务流程中的漏洞，同时跟业务对接，跟审计对接，把漏洞堵住。"张宇朋说。他们通常会将业务流程中发现的漏洞通报给审计部门，请其对贪腐高发业务做专项审计。

通过多年调查，安全监察部已经对贪腐案件调查形成了方法论，有类似的犯案手法、类似的路径等相似特征的案件会被归类到一起。如今，这种类别已经多达十几种，这十几类的案件会被定义为"系统性漏洞"或"系统性案件"。相关的业务部门必须制定妥善的整改措施，以确保能够堵漏。

在联想的所有团队中，张宇朋的安全监察部是人力部门唯一不设置招聘名额限制的部门。如果有必要，他们可以随时申请扩大团队。而调查的员工范围，杨元庆给他们的承诺是"上不封顶"。

"元庆对于腐败问题可以说是有'清廉洁癖'，一点儿都不能容忍，绝对是零容忍。"张宇朋举的一个例子是，安全监察部曾发现一家与联想合作了超过20年的重要代理商存在对联想员工行贿的情况，这家代理商每年帮助联想完成的销售额达到数十亿元。关于如何处理这件事，张宇朋与业务部门的高管存在分歧。

于是，案件被上升到由杨元庆来定夺。他毫不迟疑地支持安全监察部的处理建议，甚至认为如果代理商的销售模式容易出现贪腐，业务部门要考虑放弃这些业务模式，转而建立新的业务模式。

这种情况并不经常发生，但它说明，对于内部贪腐的调查，最高管理层是坚定的支持者。

财务的"世界战场"

"内部客户"与"外部客户"

联想首席财务官黄伟明不是那种自命不凡的模样，他待人谦逊恭敬，手里多数时候拿着纸和笔，专注得像极了实验室里的科研人员或大学课堂上的资深教授。

如果说联想的国际化进程是一辆高速行驶的大巴，坐在主驾驶位的是杨元庆，副驾驶位则可能有若干选择，视产业的类型、销售的区域和职能而定，但黄伟明一定是其中关键的一个。他不仅要保障整个财务体系有条不紊地运作，还要确保财务合规。

中国有众多的互联网企业成功登陆国际资本市场，它们备受追捧，令人艳羡，但假如出现了因为"信息披露不透明"，甚至"财务造假"而深陷集体诉讼泥潭，最终被罚款甚至被迫退市的情况，光环也可能一夜之间变成噩梦。

在联想，财务部门和其他职能部门一样，其价值定位是为业务保驾护航，但显然，他们要承担的繁重工作远不止于此。

黄伟明领导的是一个超过1600人的团队。其中至少1300人驻扎在中国大连、欧洲和阿根廷，此三地团队各自组成了一个叫作"卓越中心"的会计中央服务平台，该平台像"财务车间"一样，完成记账、生成报表、处理销售单据、付款，以及入账、收款、催款等常规性的财务工作。

另外超过300人分布在全球各地。他们是财务团队中的精英队伍，既包括各业务集团的首席财务官，也包括各区域的首席财务官，还包括设置在荷兰的全球税务规划中心、设置在中国香港的税务中心的专才。

他们的职责既包括通过庞杂的财务数据得出结论，为业务决策、战略规划部门提供分析与支持，还包括帮助联想业务团队在动荡的全球市场心无旁骛地开展业务，并且要全力避免地缘政治、汇率波动等因素给公司造成资产损失。

相比于聚焦单一市场的企业，国际化企业的财务部门要建立一套行之有效的财务体系，复杂性会成倍增加。如果化繁为简，可以将其服务对象分为"内部客户"与"外部客户"。"内部客户"主要为联想的业务部门，"外部客户"则包括全球各地的监管部门以及全球性的投资机构。

比如，对于联想集团的司库，当业务拓展到全球后，融资渠道开始变得非常复杂。联想目前的融资渠道广泛分布于亚太、欧洲和美洲。在国际化业务开展之前，联想仅仅需要与中国金融监管机构和中资投资机构打交道，如今要接触的监管机构分布在全球。

"财务必须是活的，是动的"

联想支持全球业务的强大财务能力，一开始倚仗于整合了IBM管理全球业务的能力，包括财务信息系统、财务制度、管理、费用控制能力，以及挖掘财务数据以供业务部门参考、回避财务风险的能力等。TPG、GA（泛大西洋资本集团）这些早期的战略投资人也帮助联想完善了财务制度。比如，它们几乎是手把手地帮助联想在境外设立审计委员会，并指导这些委员会如何运作。

开展国际化业务相比于聚焦单个国家市场，外部运营环境也发生了巨大变化。业务部门的资金往来要从以前的单一币种扩大到多货币，这意味着要考虑汇率波动对业务的影响，要利用套期保值工具来管理外汇风险。

吴辉是黄伟明最重要的助手之一。这个精明干练的北京人是联想集团全球司库长、副总裁，驻扎在中国香港，但遥控着联想集团设置在新加坡的"金库"——中央司库部。该部门的主要职责是确保联想的资金来源多样化且稳固，并全力保证联想的信用等级和资质。

过去数年，当地缘政治变得不可捉摸时，吴辉和他的团队像蚂蚁搬家一样完成了一项复杂而庞大的工作，以避免极端风险出现时联想的融资渠道受到影响。一个仅仅在十年前都难以想象的事情是，联想现今的前十大债权人中绝大多数并不是来自美国或中国，而是来自欧洲和新加坡。而这样的调整将最大程度地让联想集团的财务体系免受极端地缘政治的影响，这也是过去几年联想集团的信用评级被主要国际评级机构逆势调升的原因之一。

吴辉及其团队必须密切关注地缘政治的变化，评估其对联想业务的影响，并调整自己的财务战略。比如，当拉美一些国家进行选举时，候选人发出的主张可能会对当地的货币汇率产生较大影响。吴辉及其团队就必须审时度势，分析预判，设计出一套新的财务体系，以应对可能的变化。

管理学大师彼得·德鲁克曾说，动荡年代最大的危险不是动荡本身，而是仍然用过去的逻辑做事。吴辉也是这么想的。对联想的全球财务合规团队来说，"好的财务管理必须是活的，是动的，必须不断变化、不断调整"。

在合规管理上，联想的财务部门和法务部门共同分担设计和执行合规管理的流程，以确保法务和财务两方面的正式规定都能被遵守。首席法务官劳拉告诉我们，她几乎每天都必须和黄伟明通过正式或非正式的渠道保持联系，"我们就各种问题和主题进行协商，并建立了非常牢固的关系"。

"合规的守夜人"

作为首席财务官，黄伟明在监管联想的运营和合规上发挥着与劳拉相似的作用，他既要"锱铢必较"，掌控好审计这本账，又要时刻警惕，把持住合规这根弦。

在首席法务官和首席财务官的协作下，法务部门和财务部门如同企业的神经系统，给各个部门传输着重要的合规信号和精确的财务数据。当海外主要事业部发生诸如贿赂或会计欺诈这样的重大合规问题时，法务和财务部门要一起进行合规审查，承担核心调查职责。他们忠实地扮演着"合规的守夜人"的角色。而在日常，如前所述，他们都要努力建设系统、规范的合规体系以及细水长流的企业合规文化。

当联想决定在一个国家或区域开展业务时，最先进场的往往不是销售人员，而是法务与财务人员。法务与财务部门必须与当地的业务负责人合作，建立起一套符合当地法律与税务监管要求的业务流程，并将这些流程明确地制度化。

此后，财务审计人员和法务人员会定期或不定期地对当地的业务部门进行抽查。如果业务反复出现违规问题，抽查工作会变得非常频繁，甚至会派团队常驻当地。

过去几年最受关注，也最敏感的问题之一，是数据隐私问题。不同国家或地区的法律对数据存储和客户数据等的要求都不尽相同。法务和财务部门必须根据不同要求、不同项目，甚至不同客户建立起不同的业务流程，以确保当地业务团队按照严格的合规流程开展业务。

作为一家在香港上市的公司，联想要按照香港会计准则与国际会计准则构建财务体系，建立全球统一的原则，而不会为了让某一区域节税而进行特别的安排。联想设置在中国香港的税务中心，在与全球任何国家或区域的子公司进行交易时，采取的都是全球统一规则。在此前提下，联想在每个国家或区域向当地税务部门申报的财务报表，则按照当地的法规制定。

如上文所提及的，联想在中国大连、欧洲和阿根廷建立了三大中央服务平台进行集中管理，确保全球所有区域都按照集团统一设计的会计政策、统一明确的流程，将数据与信息输入财务会计系统，从会计系统生成财务报表，从而进行高度集中的控制。而在比较早的很长一段时间，这些财务数据由各个国家的业务团队各自管理。

联想无疑是一家高度本地化的公司，但在全球合规方面，联想又有着统一的铁律。

对于内部的财务审计部门，联想也会定期聘请外部第三方团队来评估其是否符合国际要求。这是联想几乎所有部门的传统特征，他们热衷于借助外部的一流专业服务机构，自我监督，形成内外制衡。这是一种信心，也是一种自觉。

第十章

ESG：责任的光芒

2004年，当联想集团紧锣密鼓地筹划通过一场大收购开启自己的大航海时代时，联合国全球契约组织和联合国环境规划署也在时任联合国秘书长科菲·安南的推动下，发布了一份影响深远的报告《在乎者赢》(*Who Cares Wins*)，首次提出了ESG理念与原则。

企业界如何成为应对全球化挑战的积极力量？这份报告设定了三个重要且内在紧密关联的领域：环境、社会、公司治理，并通过案例说明，整合ESG要素的企业会有更加出色的财务表现。

与带有明显慈善公益烙印的企业社会责任（CSR）不同，ESG被认为更注重义利并举（doing well and doing good）。ESG继承了CSR对企业尽责行善的百年探索，但更强调健全公司治理和风险管理系统的基石作用。

联想的大航海与ESG的问世，可能只是时间上的巧合。但过去20年，ESG从一个美好的理念与倡议，发展成引领全球可持续商业实践及创造长期价值的规则指引与评价标准，成为所有追求基业长青企业的必答题。而联想集团不仅成长为中国最成功的全球化企业之一，更成为全球ESG的领航企业，斩获了包括国际权威指数公司明晟（MSCI）ESG AAA评级、香港恒生可持续发展企业指数AA+、全球环境信息研究中心（CDP）"气候变化领导力奖"在内的全球最权威ESG认可，这又不能不说包含着某种命运的契合。

全球 ESG 的 20 年，联想全球化的 20 年，如果要找出其中的逻辑关系，大致可以说，联想能在风云变幻的四大洋上穿越各种风浪，离不开超前的 ESG 理念——联想不管走到哪里，始终以客户为中心，关爱环境，回馈社会，遵守当地法律法规，恪守最高的公司治理标准。

"如果说早些年联想的 ESG 行为，有不少是出于朴素愿望的表达，最近十年，联想的 ESG 已经形成了战略性、体系化的安排，并和所有业务融为一体，成为企业核心竞争力的一部分。特别是过去五六年，ESG 在联想有一种加速发展的感觉。"联想集团高级副总裁、首席战略官和首席市场官乔健说。

现在来看联想的全球化之旅，供应链、数字化、研发、制造与市场，都是企业出海所必需的硬实力，而与之深度融合的 ESG 理念及实践，则是通常会被许多中国企业忽略的软实力。ESG 理念、实践与联想战略、业务及治理等深度融合，帮助联想深深扎根于全球市场，与当地雇员、消费者、客户、社区建立更深入的信任连接。

自 2020 年以来，越来越多的中国企业开始补修 ESG 这门课。

2020 年 9 月，中国承诺将在 2030 年前实现碳达峰，2060 年前实现碳中和。在"双碳"背景下，ESG 在中国进入了发展的快车道。与此同时，海外市场，尤其是欧洲、美国、日本等发达国家市场，可持续监管全面提速，这倒逼中国企业如果要出海，必须尽快建立较强的 ESG 治理能力。

这一切正在发生，但许多中国企业的答卷并不令人满意，供应链 ESG 管理、产品碳足迹等 ESG 议题已经成为新一波中国品牌在海外做大做强的最大掣肘。

如何将全球化与 ESG 协同发展？我们在本书的多个部分其实都谈到了联想的 ESG，尤其在关于治理、供应链与合规的章节。ESG 的要义是对广义的利益相关者负责，而联想明确定义的关键利益相关者就包括：员工、客户、供应链、监管/立法机构人员、投资者、董事会、当地社区、民间组织、行业协会。联想与这九个方面的关系以及在这九个方面的努力，覆盖了这家公司的每一处、每一刻、每一人。联想集团的ESG发展脉络如图10-1所示。

在最后这一章，我们会聚焦于ESG与人、社会、地球更加相关的内容。正如1999年，安南在达沃斯世界经济论坛上所号召的那样，全球企业应遵守国际公认的价值观与原则，"为全球市场带来人性化的面孔"。在这本略显沉重的大航海记录中，希望联想的ESG故事能够展现充满温暖和希望的人性之光、责任之光。

走向世界的通行证

"以竹代塑"

联合国全球契约组织是ESG的核心推动者，于2000年7月26日在联合国总部正式成立。2007年，中国成为联合国全球契约组织的捐款国，展现了中国政府对企业社会责任和可持续发展的高度重视。2009年，联想加入联合国全球契约组织，支持联合国可持续发展目标（SDGs）的达成。

2007年，联想在全球成立了可持续发展指导委员会，2008年首次发布了《联想（中国）2007年企业社会责任报告》。这个报告后来名称有所变化，但从未中断发布。联想全球化20年，坚持发布相关报告、披露ESG信息就有18年。

在联想所致力的ESG关键议题中，环境相关议题起步最早，积累最扎实，也是联想走在全球企业前列的领域。绿色发展之于联想，从来都不是被动应对，而是主动的战略选择。2006年，当许多企业还对碳

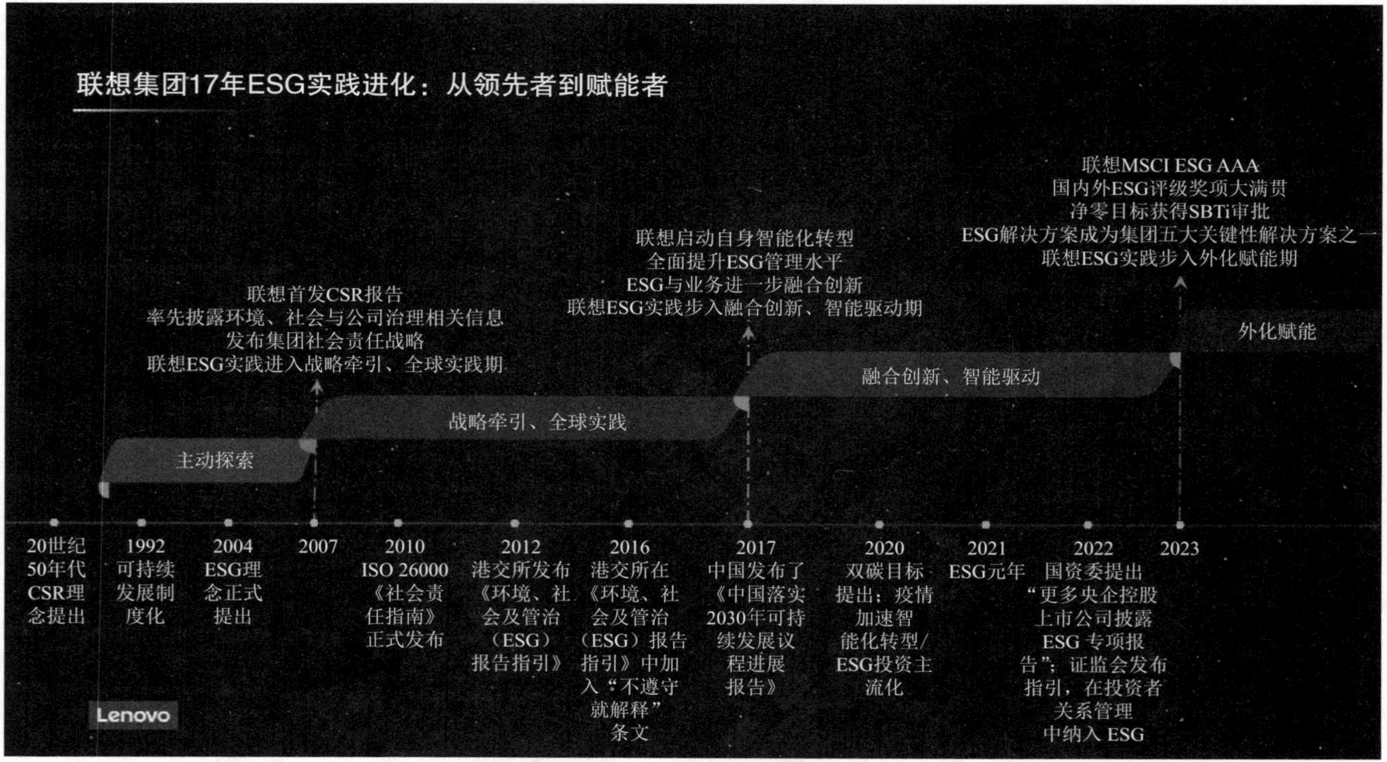

图 10-1 联想集团的 ESG 发展脉络

排放缺乏认知的时候，联想已经开始测量、收集各办公场所的温室气体排放数据。2010年即发布了第一代减排目标，2012年开始关注供应链碳排放，发布产品碳足迹数据并检测供应链碳排放及碳减排目标达成情况，2015年开始实施《供应商行为操守准则》。

在中国，联想是最早一批加入"科学碳目标倡议"（Science Based Targets initiative，SBTi）组织的企业。该倡议由碳信息披露项目、联合国全球契约组织、世界资源研究所（WRI）、世界自然基金会（WWF）等组织发起。加入该组织意味着企业的碳减排目标遵循当下最科学的路径，还将受到第三方机构的核准，拒绝"漂绿"。

但要完成碳减排目标，不是管理者喊喊口号就行了，关键是要激活一线的创新动能，让一线的业务人员也投入这场绿色战役。

2008年，联想在行业内率先引入可降解竹及甘蔗纤维包装等技术。"以竹代塑"是联想摸索降低碳排放路上小小的切片，却值得关注，因为它不仅标志着ESG和业务的深度融合，也意味着ESG方面的研发是被公司鼓励的。这样的创新氛围又推动了联想在其他可持续材料方面的创新与投入，而这些创新恰好又提升了联想的竞争力和美誉度。

联想集团每年向全球销售的智能终端设备，大多数原材料是塑料和金属，包装材料的耗费也很大。2012年，联想开始将竹纤维用作包装垫材。2016年，联想成立了隶属于产品研发体系的包装技术团队，主要成员大都是来自全球的技术骨干。同年进一步开始研发新型竹纤维材料，用了两年时间，攻克了多重难关，终获成功。之后，竹纤维包装被联想应用于ThinkPad等多条产品线，大量减少了包材用量，被誉为绿色产品设计的"熊猫之选"。

联想的工程师在2016年发起挑战竹纤维包装研发时，整个包装行业已经10多年没有出现新的包装材料和技术了。大部分制造商认为，电子产品里最不重要的就是包装。竹纤维包装存在劣势，"摸上去粗糙，成本高，技术也不成熟"，行业里有人想到过，但很快就放弃了。联想的工程师想到的是，"没被处理的包装塑料，会严重破坏生态，如果原材料是绿色环保的，后期处理成本就会很低，对环境的污染也小"。

竹纤维是以天然竹子为原料，经特殊工艺处理，制造出的再生纤维素纤维，废弃后可以堆肥处理，改良土壤，这是一个"从大自然来到大自然去"的闭环。而且竹纤维的包装体积更小，托盘利用率可以提升18%，可以减少运输次数和费用，同时减少运输中产生的碳排放。工程师还针对包装做了自锁改造，不使用胶带就能紧密包装产品，联想仅2019年一年节省下来的胶带就可绕赤道半圈。

为了减少对生态的影响，工程师采用了生长周期为两年的经济竹，让项目从源头上得到了地方政府的支持。

当"理工男"出身的工程师决定做一件事情时，他们带来的改变往往更加根本和彻底，过程也更加"工程化"。

除了竹纤维包装，联想鼓励业务与技术部门的一线团队，自下而上地发挥创新能力，探索解决方案，而不必因为一项 ESG 的创新成本很高就终止。在这种文化和相应的犒赏机制鼓励下，联想在提高能效、能源替代、推动循环经济方面创造出了诸多令人眼花缭乱的技术方案——磁铁稀土回收技术、智能长效电池技术、趋海塑料（OBP）、95% 高比例回收塑料面板、16% 再生热浸镀锌钢板（SGCC）机箱、亚麻纤维复合材料、80Plus 钛金牌电源、100% 回收的 7 系铝材料，等等。

以趋海塑料为例，联想是中国内地首个将趋海塑料应用在电子消费品上的厂商。2019 年，联想团队开始研究在产品包装中使用趋海塑料的可能性。经过反复测试和验证，包装团队确定 30% 趋海塑料与 70% 其他可再生塑料的组合具有最佳性能。在 ThinkPad L14 的包装中，联想引入了首个含有趋海塑料的缓冲垫。2022/2023 财年，联想将趋海塑料的使用范围扩大至新的 ThinkPad L 系列、部分台式电脑 / 一体机和消费类笔记本电脑，在缓冲垫或电脑包中使用。通过创新应用，联想预计每年将使用 165 吨趋海塑料，相当于回收约 900 万个塑料水瓶。

如果从 2005 年算起，截至 2023 年，联想在台式机、工作站、笔记本电脑、显示器及外设产品中，共使用了毛重超过 1.15 亿千克的再生塑料。其中超过 900 万千克是电子废弃物中的再生塑料材料。

以 ThinkPad 笔记本电脑为例，2022 年联想量产了业界首款 97% 使用再生塑料的电源适配器。这意味着，100 克材料中含有 97 克再生塑料和 3 克各种添加剂，不含任何原生塑料成分。联想承诺到 2025 年，全线计算机产品 100% 含有再生塑料。

体系与制度

2022 年，当联想的战略部门思考这家公司如果穿越不同经济周期，可以倚仗的支柱有哪些时，得出的结论是三项：技术创新、服务导向转型以及 ESG。其中 ESG 作为重点，支撑联想以科技创新赋能，积极探索高质量增长新范式。

今天联想的 ESG 体系，有清晰的战略目标，有组织架构的保障，有长期的行动计划，也有每年要对应和跟踪的具体目标。

在顶层架构上，联想集团董事会对 ESG 事宜及汇报拥有最高级别监督权。董事会支持联想的 ESG 计划及程序，分析评估与 ESG 相关的主要风险、长期风险，以及如何进行风险管理和应对，以助力所有业务的可持续运营，提升长期价值创造能力。

平时，董事会成员通过定期的简报，了解联想在 ESG 方面的最新动态。董事会会议每年至少两次将 ESG 作为常设议程项目，首席法务官兼企业责任官在会上向董事会及其专门委员会汇报 ESG 的工作进展，汇报 ESG 关键绩效指标的达成情况。董事会负责审阅并批准年度 ESG 报告。董事会的审核委员会每年也会听取道德与合规办公室的汇报，核心议题是用于 ESG 方面的资源是否充足。

联想集团也不定期地邀请 ESG 领域的专家，对所有董事进行相关培训，主题包括反腐败、气候变化、水资源等。

在执行层面，2020年联想在全球范围内成立了ESG执行监督委员会，委员会主席由首席法务官兼企业责任官担任，负责领导公司的ESG工作。在中国，联想成立了中国平台ESG委员会；在各大业务集团，联想设立了专门负责推动ESG战略实施、ESG相关KPI的拆解、执行与监督的组织和团队。例如联想全球供应链ESG指导委员会，就覆盖了全球工厂系统、物流系统、采购、质量管理、产业制造基地等ESG团队。

联想ESG执行监督委员最新的人员构成，是来自不同业务领域及职能领域的18名高管。委员会定期举行会议，评估气候变化、净零目标等ESG目标的进展，评估ESG目标与利益相关方期望的相关性，以及和联想长期业务战略的相关性。委员会还要就ESG计划的方向和对ESG计划的投资制定策略。联想集团ESG治理架构如图10-2所示。

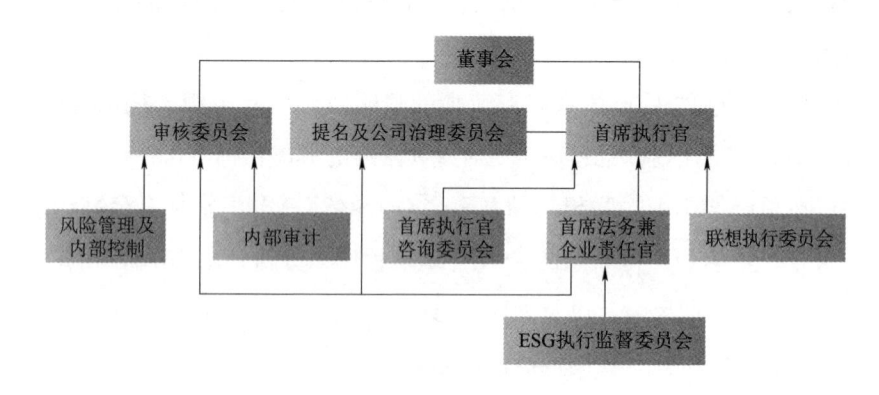

图10-2 联想集团ESG治理架构

劳拉说，过去几年，她在推动一项工作，就是在ESG执行团队中，补充更多的科学家、工程师，确保团队具备各种不同的专业技能背景。

像在业务方面追求增长一样，杨元庆鼓励各大业务集团在ESG方面设立进取性、可量化的目标，尤其是在减排与环保方面。对于减碳，集团层面有经过SBTi审核的到2030年的近期目标和到2050年的长期目标，这些目标会进一步拆分到每个业务集团。每一年的ESG报告，均会对这些目标的进展进行追踪。在2023/2024财年，联想集团ESG报告显示，覆盖价值链上下游的"范围3"温室气体排放较上一财年减少约364万吨。

联想从2008年起就已在产品中使用再生塑料，按计划，在2025/2026财年将达到使用超过13.6万吨消费后再生成分塑料的目标，届时联想的笔记本电脑、台式机及工作站90%的塑料包装将由再生塑料制成，包装材料中再生材料比例将达到60%，一次性塑料的使用量将减少50%。

"不做ESG，连门都进不去"

联想集团开展国际化业务以后的很长一段时间，ESG合规相关的客户询问并不是很多。从2023年1月开始，情况发生了变化。联想的销售部门必须频繁求助于公司内部的ESG专家，向其索取联想在ESG方面的翔实数据，以及时对客户做出回复。直到今日，他们平均每个月都会接收超过10份类似的询问函件。

情况发生变化的部分原因，是海外ESG监管方面的提速，如德国等国出台了供应链尽职调查相关的法律和规定。这些名目不同的法律和规定，要求大公司不但要确保自己在全球运营中符合社会和环境标准，而且必须监督其在全球的直接供应商没有出现"强迫劳动""歧视""使环境退化"等问题，并确保如果发现供应商违反可持续性的行为，就要采取行动。有的国家的法律还要求，国际化企业对间接供应商也要进行约束，并向供应链上的所有工人提供畅通的投诉途径。

过去，当联想向全球市场推出新产品时，挑剔的客户重点关注的是产品性能、价格、质量和服务。如今，他们会额外关注这些产品的碳足迹，追问这究竟是高碳产品还是低碳产品。他们尤其关注产品是不是节能产品，是否使用了可循环利用的材料。

当联想的电脑产品和包装中使用了再生塑料、海洋塑料或再生金属等环保材料时，客户会展现出更多兴趣。联想集团曾发起过一次样本庞大的消费者调研，发现用户在勾选影响产品选择的众多因素时，选择绿色低碳的占比达到了惊人的20%，在所有影响因素中排名第二。

严谨较真的客户变得更多了。一些客户甚至会派出专业团队或委派专业调查机构来到中国，赶往联想分布在各地的工厂，进行不定时的监督和检查，内容包括从材料、生产到包装的所有环节，并核查工厂的节能措施是否符合国际准则，以确认自己所购买的产品是在低碳乃至零碳工厂里生产出来的。他们还会对劳工保护措施与工作环境进行评估。

如前文所述，联想在ESG实践上获得的诸多领先评级与奖项成为其在国际市场上推进业务的极具含金量的"通行证"。联想集团副总裁、全球电脑与智能设备首席质量官王会文认为，这些评价是联想产品行销全球180多个市场的最佳背书。他说："海外市场客户对ESG合规有越来越强的需求，不做不行。不做ESG，连门都进不去，或者被海外市场淘汰。"

王会文有这些感受的大背景，是全球尤其是发达国家市场在可持续监管方面正在全面提速。

从2026年1月1日起，进口到欧盟的产品将被正式征收"碳关税"（即碳边境调节机制，CBAM），电力、水泥、化肥、钢铁、铝和氢六个行业的各国企业将直面欧盟的合规新要求。虽然不少国家认为"碳关税"违反了贸易规则，但随着全球碳中和转型的加快，通过市场化手段倒逼企业加速低碳转型，已是不可扭转的大趋势。

这样的趋势对中国企业影响有多大呢？王会文说，2022年中国对欧盟出口的CBAM范围内产品总额高达1200亿元人民币。CBAM的实施，将显著弱化中国高碳产品在欧盟的市场竞争力。企业如果至今也没有建立起成熟的温室气体排放管理体系，将受到巨大的财务与经营影响，甚至有可能退出欧洲市场。

另一个值得关注的外部变化就是ESG相关信息披露逐步从自愿性转向强制性。如前所述，信息披露的范围也从企业自身扩展至供应链的上下游。无论是出海欧盟的企业，还是与欧盟企业有供应链上下游关系的国内企业，对此都必须高度重视。考虑到欧盟的经济体量，未来大部分中国企业都将直接或间接地受到上述合规要求的监管或规制。如果不把供应链ESG管理提升到公司战略发展规划层面，在日益严格的ESG监管合规要求环境下，中国制造强有力的综合竞争力势必会被削弱。

王会文强调，中国企业出海一定会经历一段艰难的磨合期、考验期，而ESG有助于企业实现韧性发展，在竞争激烈的市场上争取海外消费者与客户的认同。

劳拉告诉我们，过去数年，她越来越多地参与业务部门和全球投资机构的对话，这些投资机构对联想在ESG方面的表现尤其关注，会事无巨细地了解联想在环保方面的举措和数据。也有很多声誉很好的大客户在与联想达成合作前，提出的一个硬性要求就是联想必须提供在ESG方面的数据。联想在ESG领域的出色声誉让其赢得了更多客户的订单。

共同的责任

"牺牲当下的效率，迎接未来的趋势"

应对气候变化，是ESG的关键任务。自2020年以来，"碳中和"概念一定程度上被滥用。联合国秘书长安东尼奥·古特雷斯曾指出，一些企业的气候声明"漏洞大得甚至连柴油卡车都能直接开过去"。对全球碳中和努力而言，这不得不说是一种遗憾的倒退。

2020年，在中国发布"双碳"目标之后，联想集团第一时间制定并发布了自身的科学碳目标，即以2018/2019财年为基准年，以

2029/2030 财年为近期目标年，以 2049/2050 财年为净零目标年，到 2049/2050 财年结束时，联想集团要达成全价值链温室气体的净零排放。联想也是中国首个通过 SBTi 净零目标审核的科技制造企业。

净零被认为是企业气候行动的黄金标准，其目标不仅仅是实现排放与吸收的"中和"，而且要求企业承诺减少一切可以减少的温室气体排放，再通过其他途径去实现并长期保持净零状态，以减少至少 90% 的绝对排放量，支持全球气候目标。与广义的碳中和相比，净零目标对企业减排要求更高，低碳转型也更为彻底。

对制造业企业来说，生产过程不但是碳排放的重要来源，而且直接关系到回收环节的难易程度。在个人电脑的生产中，2017 年，联想便在 PC 制造业务中使用了创新性的表面焊接技术——低温锡膏焊接（LTS）。该技术使得焊接的温度降低了 70 摄氏度，解决了电子产品制造业十几年来的高热量、高能量、高排放的"三高"难题，每年可以帮助联想减少碳排放超千吨。

这个研发项目的具体负责人是朱昀。研发中，从在实验室研究低温锡膏配方，到做降温实验，再到制造模具，每个环节的单次实验成本就达数万元。朱昀团队尝试了十几种锡膏配方，终于克服了新型锡膏比传统锡膏更脆的技术难题。但到了生产环节，因为脱离了实验室里的精准控制，增加了很多变量，工厂又要将成熟的生产线停下来，配合试产，还要培养操作工，成本陡增。最后，联想集团合肥产业基地决心"牺牲当下的效率，迎接未来的趋势"，选择与朱昀团队合作。试产前夕，朱昀紧张得睡不着觉。首次试产还是效果不佳，受氧气、湿度等影响，成品品质不稳定。

朱昀又返回实验室，重新研究，排查各个环节，再投入试产。如此循环往复数次，低温锡膏焊接技术才成熟稳定。和过去相比，该技术不仅能降低 35% 耗能和碳排放，还提升了芯片的品质。

让我们从生产环节来到办公室。

联想集团自 2006 年开始测算办公场所的温室气体排放量。在遍布全球的办公室，如无必要，不鼓励打印纸张，如必须打印，则尽量双面打印。每位员工打印使用的纸张数量会被记录并按月统计。

联想每年还会统计员工个人碳排放数据，比如通勤是否开车，车子的排放量，每天开多少公里，是一个人上班还是搭载了其他人，等等。联想还通过"乐碳圈"（联想员工个人碳排放量核算平台）鼓励员工践行低碳行为。员工的碳排放数据，由 ESG 专职团队精准地统计出来。在联想集团每年公布的 ESG 报告中，可以查询到员工通勤整体排放的温室气体当量，也可以按照地点查询公司的温室气体排放量。

近年来，联想积极利用自身所擅长的数字化与智能化系统，驱动提质增效与节能降耗。联想计划到 2025/2026 财年结束时，全球经营活动 90% 的电力来自可再生能源。在北京总部，通过智慧园区低碳管理平台，联想整个制造园区实现了绿色化有效管理，综合能耗最大幅度下降。遍布建筑内的日照度探测器，可以根据室外照度自动调整室内的最佳照度。天津创新产业园更是把高度自动化、全面智能化，以及零碳智造解决方案进行集成。

从领先到赋能，助推零碳转型

要将 ESG 的愿景，尤其是净零排放这样的长期目标，一步步变成现实，要求企业必须有稳定的资金投入。但这会与股东利益形成矛盾，至少短期内如此，特别是在市场不景气时，企业对 ESG 的投入意愿会遇到挑战。

联想一直坚持在 ESG 上的资源投入，主要原因是，ESG 方面的竞争力为业务部门带来了更多发展机会，提高了效率。很多创新，长期而言不仅没有增加成本，反而降低了成本。如联想自主研发的智能排产系统，将排产时间从 6 个小时缩短到 1.5 分钟，大幅提升了合肥产业基地的生产效率，每年可以节省 2700 兆瓦时的电力，同时减少 2000 多吨二氧化碳的排放，相当于种植了 11 万棵树；联想 2012 年自主研发的温水水冷技术，比传统的风冷系统节约能耗成本 40% 以上，显著降低了数据中心的碳排放，并成为联想绿色算力解决方案的重要组成部分。

更重要的是，联想将在 ESG 上形成的能力，转化为对外赋能的服务。ESG 项目从成本中心转变为一条新业务增长曲线。

从 2022 年开始，联想将过去十余年所积攒起来的实战经验，加上数字化、智能化的技术，形成了可推广、可复用的 ESG 服务与解决方案，这就是"外化赋能"模式。

这些 ESG 服务与解决方案包括 ESG 咨询服务、企业级 ESG 管理平台的搭建、企业 ESG 通用能力建设，覆盖环境、社会与公司治理三大领域，应用于智能制造、绿色供应链、智能楼宇、智慧城市等行业。

从创新温水水冷构建的"绿色生产力"，到绿色赋能的一站式、端到端行业智能解决方案，再到绿色循环的 IT 设备回收与再生，联想集团内生外化所形成的 ESG 解决方案一应俱全，有效覆盖企业 ESG 管理所面临的实质性议题，向各行各业积极输出成熟的绿色探索经验。

以钢铁行业为例，全世界约 50% 的钢产量来自中国。当下，中国大约有 6.2 亿吨的钢铁产能，要实现"双碳"目标，中国钢铁行业到 2050 年须减排近 100%，挑战巨大。

作为中国制造业企业 500 强之一，潍坊特钢集团有限公司（以下简称潍坊特钢）意识到，在实现零碳转型的同时还要维持甚至提高企业效益，难度很大，只有在操作上更精细，才能达到节能标准。针对潍坊特钢的需求，联想为其打造了智能制造管理系统和能源管控平台，做到了对生产过程进行精细化管理。同时，潍坊特钢还使用了联想高性能、高可靠性的服务器为庞大的数据流处理提供强大算力支持。如今，潍坊特钢每年可减少超过 13 万吨碳排放，在低碳转型的同时实现了真正的高质量发展。

此外，联想的全球数据中心建设经验及绿色算力解决方案，还为集团争取到了一个全球性车企的订单。联想集团助力浙江某汽车客户研究院打造的智能仿真平台，已应用在汽车核心自主研发设计中，实现了12000次/辆的虚拟安全碰撞试验，使该研究院可以更快获取仿真数据，加速新车研发；通过采用联想温水水冷整体解决方案，该客户整个数据中心PUE（数据中心电能利用效率）能达到1.1062，远远低于浙江省政府要求的新建数据中心PUE<1.4；数据中心采用自建方式，集群规模不但跻身全球超级计算机HPC（高性能计算）TOP500榜单，而且有效降低了成本，并提升了数据安全性。

2023年，联想将其最擅长的在ESG方面的经验和技术打包成一个"全家桶"，向客户销售，命名为"乐循"（ESG Navigator）。这是一款企业级的ESG智能产品及服务解决方案，覆盖企业ESG管理所面临的实质性议题，可以最大限度减少企业从零起步建设ESG的成本。

这一产品包括7大板块和15个模块，7大板块分别是ESG控制塔、碳中和（企业碳核算、产品碳足迹、物流碳排放、零碳工厂、零碳楼宇等）、环境/合规、公益影响（个人碳管理账户、生物多样性）、供应商ESG协同（ESG计分卡、供应商碳管理）、消费者感知、培训赋能。

比如，企业碳核算模块能通过自动核算碳排放数据，满足企业各类信息披露要求，同时结合产品碳足迹与行业数据，为企业精细化减碳及碳交易提供咨询和服务支持。

从供应链生态到社会

补上每一块短板

自2006年开始测算办公场所温室气体排放量起，联想集团已积累了18年低碳减排经验，自身运营与生产所产生的排放已处于较低区间。2022/2023财年温室气体盘查情况显示，联想集团"范围3"排放（包括价值链上下游产生的间接排放）在总排放中占比超过99%。

放眼全球，"范围3"排放是几乎所有企业实现净零目标的重点与难点。世界经济论坛数据显示，全球价值链中"范围3"上游排放占企业排放的比例可以高达70%。仅8条这样的供应链就占据了全球排放量的50%以上。然而，CDP全球环境信息研究中心[①]数据显示，在CDP平台上披露信息的企业中仅15%设定了"范围3"目标。

作为全球科技制造企业，联想集团在全球有30多个制造基地、80多个物流分销中心，在180多个市场开展业务，有2000多家核心供应商，拥有高度复杂的全球供应链网络。因此，对联想而言，必须与每个供应商达成共识，净零目标才能最终实现。

基于对供应链生态的长期耕耘，联想就像皮划艇的号子手一样，召集供应链伙伴们，一起完成ESG方面的协同合作。联想帮助供应商按照更高的减排标准制定KPI，对员工进行培训，联合完成减排技术和低碳产品的创新。

乔健用木板理论对此进行解释说："一个木桶最终的盛水量是由最短的一块木板决定的，所以光是自己做好是没有用的，一定要上下游共同做好。我们在自身实践中深刻体会到，打通上下游是最终迈向'零碳'的关键，也是绿色建设的关键。"

针对供应链管理，联想集团深化推进合作形式创新，设立合作伙伴社群Lenovo360 Circle，并首次专设部门来管理与非生产性采购供应商相关的ESG活动，制订了为期三年的ESG战略行动计划，实现了自身供应链管理举措与架构的升级。自2023年9月以来，共有343名成员加入Lenovo360 Circle，累计成员达到363名，代表43个国家和地区的

[①] CDP全球环境信息研究中心前身为碳披露项目（CDP），运营着全球最大的环境信息披露平台。——编者注

2181个当地合作伙伴。2023/2024财年，联想集团已将"范围3"盘查管理作为Lenovo 360 Circle优先事项相关的关键项目。

最新ESG报告显示，占联想采购额95%的供应商已经设定了公开减排目标，占采购额76%的供应商设定了可再生的能源目标，占采购额42%的供应商承诺制定或已经制定了科学碳目标。联想的长期目标是让95%的供应商都能够像联想一样设置科学碳目标，以最严格的标准来要求自己。

为了让每一块"木板"都对齐，联想制定了严格的供应商绿色管理机制与框架。联想采用了一种"关键供应商ESG计分卡"的工作方法，通过CDP披露水平、温室气体减排目标、温室气体核查、可再生能源使用情况、负责任原材料采购等32个指标，对占采购额95%的供应商的ESG表现进行管理，定期给供应商的责任表现记分，并以此作为采购额度的参考。

在携手供应链伙伴减碳的过程中，联想使用了大量数字化工具。联想建立了自己的供应链ESG数字化管理平台，从2022年开始又引入EcoVadis平台。该平台是一个专门为各国供应链管理组织搭建的系统平台，覆盖了除质量以外的所有治理项目。由于该平台的引入，联想扩大了供应商的管理范围，由原来只管理一级生产性采购供应商扩大到管理关键的二级、三级供应商，还包括非生产性供应商。

联想利用EcoVadis平台，对价值链上下游核心供应商展开定制化的ESG评估，包含碳排放、水资源管理、员工健康与安全、生物多样性等21个ESG指标。如果供应商评分低于45分（满分100分），联想就会要求这些供应商必须采取整改计划，且整改项目应在90天内完成。

联想还通过自有供应链ESG数字化管理平台中的知识分享模块，帮助供应商加强ESG能力建设、规避ESG风险。

对于供应链ESG管理最为棘手的挑战，是如何让中小供应商符合要求。联想所采取的方法是借助数字化工具，向它们提供ESG的实践专业支持。数字化工具有助于解决供应链上下游的 ESG 数据散落在不同环节，统计口径也不一致的问题。实践专业支持则是为供应商提供知识培训，培养人才，辅导供应商完成 ESG 标准体系认证，甚至帮助他们进行生产工艺改造。

供应链 ESG 管理，不仅涉及治理环境污染、碳减排等可持续发展问题，还包括员工福利和权益保护。供应商的员工是否被强迫劳动？时薪是否合理？工作环境是否符合要求？对女性等群体是否包容？这些都是"链主"企业需要关注的。联想的 ESG 体系中有一些配套合同，就是为了确保供应商的表现达到或超过适用的劳工、环境、健康与安全标准，以及道德标准。

联想的大部分采购开支与生产性采购供应商相关，通常存在更高的社会风险，因为它们需要大量使用劳动力，包括大量低技能的劳动力，而这些劳动力或许容易受到剥削。为解决供应商中最常出现的员工总工作时间长、休息日少的问题，联想要求他们必须通过在线工具，每月汇报员工总工作时间及休息天数，以便采取措施，解决发现的问题。

联想的供应商合同包含法务和运营协议，要求所有生产型供应商必须遵守联想公开发布的《供应商行为准则》。在《供应商行为准则》中，有很多与环境、劳工和人权事项有关的内容和要求。联想通过制定标准采购协议及标准采购订单，要求供应商全面遵守《供应商行为准则》。

用技术实力践行科技向善

积善之家，必有余庆。这句话用来形容公司，也是一样的。

近 20 年来，联想集团发起、参与了众多与 ESG 相关的项目。在众多的维度中，企业如何有选择地参与并构建一套独属于自己的方法论？乔健将联想集团 ESG 项目的思路总结为"用联想技术实力去践行科技向善"，其基础逻辑是打通联想产品技术核心能力践行科技向善的路径，以联想之所长解决社会之所需，打造善的正向循环。

"在过去，大家提起企业社会责任的时候，都会简单地将其理解为花钱，也就是沦为'支票本慈善'。但是，想要真正解决问题，光靠钱是不行的，一定还要靠技术投入和商业创新。"乔健称，"对企业而言，通过发挥企业的核心能力，参与解决社会公共问题，可以紧密连接ESG与业务发展。正如，蜜蜂采蜜是为了自己，但采蜜的同时也在帮助授粉，采蜜和授粉是同时发生的，企业经营一方面是为了获取商业利益，另一方面也渐渐形成了良性的商业生态环境和关系。"

联想的方法论是什么？通过我们的观察，联想多年来在乡村教育、生物多样性保护、文化遗产保护等方面落地的向善实践具有以下几个特点：

首先是匹配技术核心能力，交付基于联想"端－边－云－网－智"技术架构的端到端解决方案，建立独特的技术竞争优势；

其次是以终为始的系统创新，锚定合作方真实需求与实际痛点，调动、整合联想研发与业务体系内可资利用的创新资源，与合作方共同探索和开发系统化最优解；

最后是力求方案可扩散、可复制，联想ESG创新项目在策划之初即高举高打，以打造该领域灯塔案例为目标，选取最为典型的应用场景，结合前沿技术，因此解决方案具有极强的可复制性，可以最大化创新项目的影响力半径。

以乡村教育为例。2022年，联想集团与中国青少年发展基金会、中国青年报社共同发起乡村教育公益项目"青梅计划"，发掘了全国30个省、市、自治区，98个县乡的100位青年乡村教师。希望以此推动青年乡村教师能"引进来"且"留得住"，赋能乡村振兴。

2023年，联想集团在江西省修水县何市镇中心小学落地了全国首个乡村小学AI科技馆。该科技馆拥有6个沉浸式展区，分别展示科学、历史、天文、艺术等不同主题。该馆免费对公众开放，不仅何市镇中心小学近 1000 名师生可以接触 AI、算力等前沿技术和科技成果，修水县其他 12 万名中小学生也能直接受益。

在 2023 年的项目中，我们印象最深的是联想集团与清华大学建筑研究团队共同打造的一个"新 IT，新文遗"项目，该项目用 AI 赋能世界上现存最高大、最古老的纯木结构楼阁式建筑——山西应县木塔，让它在元宇宙中熠熠生辉。

应县木塔，原名为佛宫寺释迦塔，始建于公元 1056 年，是中国古建筑文化遗产中的一处瑰宝。由于历史上遭受过地震、风雨、战乱等损伤，目前游客已无法登塔参观。2023 年 2 月，联想携手清华大学建筑学院，以自身空间计算 AIGC（生成式人工智能）组合技术，即结合人工智能、NeRF（神经辐射场）技术以及 XR（扩展现实）技术，为应县木塔构建"数字孪生体"，实现了模拟登塔、艺术还原、古今融合三大突破。这个项目形成的庞大数据和技术体系，也为日后的保护工作和古建研究开展提供了数据框架支持。

"智慧应县木塔"的应用开发，历时一年多。项目累积运用基础素材超过 1500 万面片，完成近 6 万行 unity 编程，渲染模型达 4.2G。最终，还原复刻了木塔 1 至 5 层 5 大探索场景，涵盖了 7 大交互设计，以及佛像藏经、礼佛盛景等 11 处大型动画特效，在元宇宙中还原了千年木塔的内外景象。

在"智慧应县木塔"中，体验者可以在梁思成、老僧等 NPC（非玩家角色）的带领下游览木塔，通过点击翻阅相册日记、打卡同款测量视角、模拟地震与受击等虚实结合的沉浸式交互体验，了解木塔的前世今生。接下来，联想集团还将尝试利用大模型进行专业训练，打造"智慧守塔人"AI 助教，在古建人才培养、木塔研究传承等方面展开更多创新探索。

联想集团副总裁、联想研究院上海分院院长毛世杰说，"智慧应县木塔"项目既是助力文化遗产保护转型升级的一种探索，也是联想探索新兴技术落地不同领域、寻求更多可能的一次尝试。

早在 2015 年，联想就开始 XR 设备的研发，目前已推出自研产品联想晨星 AR（增强现实）眼镜、AR 内容编辑器和 AR 展示工具等，并结合用户场景，推出了远程协作、智能巡检、实操培训、展览展示等与 XR 技术深度融合的方案。"下一步，联想集团将继续坚持 AI 普惠，在城市规划、自动驾驶、自然资源管理、文化旅游等多元领域落地实践，探索空间计算 AIGC 技术更加广阔的应用未来。"

尊重多元，包容不同群体

"多元化与包容性，是为所有人提供更智能技术的重要驱动力。"这是联想集团官方介绍中的一句话，也是这家全球化企业在 ESG 方面的关键指标之一。

对员工来说，所谓多元与包容，就是要尊重和包容员工的与众不同，赞美差异化。比如，绝不容忍任何形式的歧视，不同种族、不同文化背景、不同宗教信仰、不同性别、不同肤色、不同性取向的个体，以及残障人士等，都应该被尊重；提倡在就业的每个环节（从人才招聘过程到角色分配，从绩效评估和职业发展到薪酬发放）为员工提供平等机会。

2018 年起，联想的多元化与包容性举措，由一个专门委员会，即多元化与包容性委员会负责监督。这一委员会由来自联想各业务部门和地区的十位高级管理人员组成。也是从这一年开始，联想开始发布年度《全球多元化与包容性报告》，披露包括性别平等在内的各项平权指标和目标，直到 2021 年，该报告被并入公司 ESG 报告发布。

多元化与包容性委员会的愿景是：致力于通过激发每个人的不同之处，引领智能转型和包容性，建立更加智能的未来。

多元化如同联想的基因，它会影响企业每个维度的行为。

2020年，联想建立了产品多元化办公室（PDO），其使命是确保产品对于不同客户群均易于使用，并尽量减少联想在技术或产品方面的任何固有偏见。到2025年，75%的联想产品将由包容性设计专家进行审查，不论用户身体属性或能力如何，确保产品适用于每个人。

联想致力于供应商多元化。通过引进在全球范围内有竞争力的供应商，满足客户及品类负责人需求；推动多元化供应商发展，带动供应商持续了解多元文化社区的态度及观念转变；展示联想对DEI（多元、平等、包容）的承诺、良好的企业公民意识以及对经济社区发展的投资。

把多元化嵌入联想文化

为了倡导多元文化，联想2007年就设立了"首席多元化官"职位，这一职位的主要使命就是在企业内创造兼容并蓄的环境和氛围。担任联想第一任首席多元化官的是康友兰（Yolanda Conyers）。她此前在戴尔工作了16年，曾是戴尔历史上第一位黑人女性软件工程师。她刚一入职就从美国前往北京，连续待了3个月。现在可能难以想象，在康友兰到中国展开工作的最初几个月，她必须一遍又一遍地向同事们解释什么是"多元化"。

2007年，联想即在内部成立了一个女性领导协会组织，为女性员工提供职业发展和专业技能方面的指导。针对高潜力女性管理者，联想有专项的女性领导力发展计划，这个项目每年都会推选出20~25名女性员工参加为期9个月的系列培训，帮助她们提高核心技能，以便有机会进入管理层，成为高级管理者。

此外，联想在女性具体发展方面有非常明确的要求，比如在招聘高管的时候，候选人中必须有女性。

康友兰在联想工作到2020年退休，她成功地将对多元文化的包容嵌入联想文化的核心部分。包容性文化的潜力也得到充分发挥，帮助联想在全球范围吸引各有所长的多元人才。

在制度设计和工作机制上，首席多元化官通常每个季度要向联想集团董事会汇报工作情况与目标进展，并每年向联想集团执委会汇报一次工作。汇报内容必须包括准确的数据，比如，对多元人才的招聘活动的情况、晋升情况以及离职情况，尤其是女性和少数族裔的离职情况。这些数据会以月为周期被统计出来。

多元化与包容性方面的数据还会以业务集团和业务条线为单元统计出来，作为相应负责人的考核权重的一部分。这对业务负责人是一种有益的提醒。

量化女性领导力

在联想集团，多元化与包容性的工作目标，必须用数据精确量化。

从2016年开始，联想设定了明确的目标，以确保在全球高管构成中女性占比稳步提升。设定的目标是到2020年女性高管占比达到20%。当时联想集团全球所有员工中女性的占比约为35%。而实际完成情况在后来都超出了既定目标。

在实现2020年的高管比例目标后，联想设定了新的目标。要求到2025年，进一步提升其全球女性高管比例以及美国高管中的少数族裔群体比例。其中，要将女性高管比例提升至27%，来自传统弱势族裔或民族群体的高管比例要提升到35%。

联想对高管构成比例所追求的整体原则是，每种不同背景的员工都应该在高管团队中有其相匹配的占比。比如，非裔美国人或黑人员工在联想集团的占比为8%，那么高管团队也应反映出这一比例。

"当我接手这个职位时，我们的（少数族裔高管）比例只有3%，目标是将其提高到8%。"卡尔文·克罗斯林（Calvin Crosslin）先生说。他在康友兰退休后接任了联想集团首席多元化官一职。

在美国罗利的办公室里，卡尔文告诉我们，如果以女性员工占比来排名，联想在全球IT行业内可以排到前三名，但是以女性高管占比来排名，联想在行业内处于前三分之一的水平，还有提升的空间。

根据联想集团最新ESG报告，2023/2024财年，联想集团女性员工占比为37%；技术岗位员工中，女性员工占比达29%，其中30岁以上的占比86%，均为行业领先水平。

联想在内部设立了不同的员工资源小组，以确保不同群体的利益得到维护，这些小组由不同高管来担任执行负责人，比如联想残障人士资源小组的负责人由首席法务官担任。

联想每年都投入资金，运营不同的职业发展项目，由员工资源小组、业务高管及人力资源部门共同合作，培养不同群体的后备人才。运作时间最长的项目包括培育女性行政人才的女性领导力发展项目，以及培育来自弱势群体的行政人才的万花筒多元化领导力项目。

凭借多元化与包容性的企业文化，联想集团常年名列年度"福布斯中国·最佳雇主"等各种最佳雇主评选榜单。

如果说中国企业出海是一场马拉松，那么ESG在相当程度上决定了它们在"走出去"后，能否"立得住"和"走得远"。联想集团的ESG实践表明，在公司财务的"三张表"之外，ESG同样重要，它衡量着公司在财务数据以外的可持续发展力。

从2004年并购IBM PC业务开启全球化探索起，联想就站在了中国企业ESG的第一线，成为第一批探索ESG的典型代表。联想自身的出海历程受益于ESG，ESG之于联想，是如同数字化一样重要的中流砥柱。

回顾联想大航海的20年，ESG助力联想实现了全面的数字化、全球化转型，而数字化、全球化战略也反哺了联想ESG的发展。

ESG 新使命：构建人本智能的未来

随着 AI 加速进入从技术突破到落地应用的新阶段，如何确保 AI 发展始终以人为本，增进人类共同福祉，成为社会各界热议的话题。ESG 能够成为这些新问题的老答案吗？

2024 年是 ESG 概念诞生 20 周年。长期关注联想 ESG 实践的联合国全球契约组织亚太区总代表刘萌说，ESG 是为了解决问题而生的，它肩负着使命，也承受着非议，却越来越成为企业的"必选项"。

对此，已经开启了全新 AI 十年的联想给出的答案是：AI 与 ESG 共生共进，构建"人本智能"。也就是说，以绿色、向善及负责任的 ESG 理念为指引来开发与应用 AI，从而在推动企业 ESG 实践走向纵深的同时，确保 AI 的发展真正做到以人为中心，构建"人本智能"。

"40 年来，联想始终相信，科技的发展一定要以人为中心、以人为本，一定要秉持'人本智能'理念。只有给人以希望的科技，才是有希望的科技。"在联想集团发布 2024 年的 ESG 报告时，杨元庆说："AI 与 ESG 是'人本智能'社会的一体两面，二者相互促进，共同构建环境更可持续、社会更多元包容、经济更高质量发展的美好未来。"

这个答案恰好呼应了本章开篇所引用的安南的号召——全球企业应遵守国际公认的价值观与原则，为全球市场带来人性化的面孔。

ESG 的实践主体虽然是企业，但信奉 ESG 理念的是人，践行 ESG 行为的是人，推广 ESG 最终也是为了人。在技术发展过程中，真正为人所用的技术留了下来。商业世界也是一样，竞争是冷酷的，只有真正把人放在中心地位的企业才能活下来，因为在乎者赢（Who cares wins）。

结语

企业全球化的联想法则

大海不是平的

在 2005 年 5 月 1 日联想集团正式宣布完成收购 IBM 全球 PC 业务之时,有一本关于科技力量推动了三次全球化浪潮的图书,刚刚由美国 FSG 出版社出版。作者是专栏作家托马斯·弗里德曼,书名叫 The World Is Flat,第二年它被翻译成中文出版,即《世界是平的》。

那是一个对全球化充满了乐观主义情绪的年代。

20 年过去,在 2008 年全球金融危机、始于 2018 年的中美贸易争端、2020 年暴发的全球新冠疫情,以及之后的俄乌冲突和巴以冲突等的不断冲击下,这种乐观心态还能否持续?

"各国人民齐心协力在全球化经济的浪潮里专心致志赚钱的和谐世界已经一去不复返。"《世界是平的》中文版译者之一何帆写道。

但弗里德曼依然坚持。2020 年 5 月,他在网络论坛上说,全球化并没有终结,只要个人"有电脑、有 zoom(视频会议软件)、有手机,就可以在全球范围内行动"。2021 年,他在北京与中国智库学者对话时说,今天的世界实际上比以往任何时候都要平,"我们从未像今天这样把不同的节点联系在一起"。不过他承认,世界不仅仅是平的,还是脆弱的。

2023 年，在北京，一个年轻的中国女大学生告诉弗里德曼，她刚用过 ChatGPT。弗里德曼说："你都在北京用上了 ChatGPT，还来问我世界是不是平的？"

如果把这样的问题拿给杨元庆，这位来自中国，最早带领企业开启全球化探索的领导人或许会回答说：世界如同大海，何时真正平过？

联想大航海已 20 年，无论顺势而行还是逆势而争，无论苦苦煎熬还是力挽狂澜，从未有过可以轻轻松松的太平光景。

我们在前文讲述了 2005 年，来自联想中国的 14 位高管和联想国际（IBM PC 业务）的 14 位高管最初开会的场景。由于翻译的问题，中国的这些高管甚至无法准确理解对方到底讲了什么，因此也无法进行有价值的交流。在此后相当长一段时间，他们每个人要带一个翻译助理一起开会。有人为了用英文写一个简单的电子邮件，要花两个小时准备。

可以想象到他们最初的窘境，哪怕是大股东，是并购者。

虽然从出海第一天开始，无论表面还是内心都在挣扎，但对联想来说，从宣布完成收购的那一刻开始，大海就不是平的。如同乘船出海，只有在船上，才知道无时不在的颠簸。

在 2008/2009 财年联想集团出现巨额亏损、杨元庆重归 CEO 岗位之后不久，他曾向《中国企业家》杂志的记者展示了自己的两部手机，一部用来接电话，另一部用来收邮件。他说，每天早晨起床的第一件事，就是在手机上查看邮件，一天 100 多封，一多半是英文的。

他经历过突如其来的"黑天鹅"，经历过像过山车一样的大起大落，经历过关乎企业生死的变革——"但我们都挺了过来，而且在各种压力和挑战之下变得更加坚韧和强大了"，他说。

"企业的发展总是螺旋式上升的，当前一个战略执行落实到顶点的时候，就像爬到了一座山的山顶，你会看到更高的山峰，想去攀登，这时往往需要走下山，再去艰难攀登新的山。"

无论以航海还是以登山作喻，我们要说的是，航线和山路都不平坦，充满了磨砺艰难。

不被大海吞没，就被大海造就

既然风雨兼程、跌宕起伏是常态，为何一定要出海？

因为海是更大的世界，吐故纳新，包罗万象，生生不息。如果说"生命以负熵为生"，企业则以无止境的奋斗、变革和创新为生。

因为在这个星球上，所有伟大的企业都有同样的梦想，就是将自己的产品和服务分享给每一个人，分享到每一个地方。这是支撑企业家和企业永远向前的精神力量。

更重要的是因为，每一个地方的人都渴望美好的生活，清风明月，同戴一天。

1984年，当中国科学院计算机研究所的11个创业者，靠着20万元启动资金开始创业时，他们不会想到20年后，能够并购自己的"偶像"IBM的业务。

2004年底，当联想集团以一种一鸣惊人的姿态拉开大航海的序幕时，他们也没有想到，20年后，联想的业务能够遍及全球180多个市场，而且在美洲、亚太、中国和EMEA四个大区的表现基本均衡，一样出色；他们为这家根植于中国的全球化企业，建立了独特的全球化、本地化管理风格，让每个区域的利益相关者都感受到正向的价值；他们坚持高标准的公司治理，连续十年获得香港会计师公会颁发的企业管治奖项，向世界证明了好产品可以是"中国造"，好公司，中国同样可以造。

这些成就的意义，一点也不亚于联想保持了多年的PC行业世界第一，以及向着服务的转型和AI化的升级。甚至可以说，没有全球化的架构、制度、流程、文化，不把诚信经营始终作为立业之本，联想不可能长期保持行业领先，并不断创新。

不被大海吞没，就被大海造就。它会让你变得更博大，也更强大。

当联想集团迈入创立后的第五个十年、大航海之后的第三个十年，有三个与时俱进的变化同时发生，勾勒出其对未来的设计。

首先，在业务方向上，明确了新十年的使命，就是持续推动人工智能在设备、基础设施和解决方案上的创新与应用，引领这场智能化变革。今天联想的口号是：AI for All，让人工智能惠及每一个人。

其次，在资本结构上，联想集团获得了沙特阿拉伯主权财富基金20亿美元的战略投资，将在利雅得设立中东和非洲市场地区总部，并在沙特新建个人电脑与服务器制造基地。这将为联想的智能化变革战略提供更大的财务灵活性，强化在全球的多元化制造布局。同时，联想的资本结构因为更加多元化，在这个风云莫测的时代也得到了优化。

最后，联想提出了"人本智能"理念，"帮助每个普通人从 AI 的力量中获益，让大家的生活更加充实有趣"。已经发布的 AI PC，把个人大模型及个人智能体带到用户身边，为用户量身定制个性化的 AI 助理，正从"数字工具"变成"知心朋友"。

联想相信，真正的 AI 时代应该基于以人为本、多元丰富的智能技术理念，将效率优势和创新优势兼收并蓄，释放个体的创造力和生产力，使经济与社会发展的动能倍增，从而构建人本智能的璀璨未来。

如果和 20 年前的弄潮儿相比，联想今天的格局与胸襟早已超越了单纯追求产品占有率的阶段，而进入技术创新与价值观双轮驱动的新阶段。坚信智能化的未来，坚定人本智能的方向，让资本结构更加富有弹性，联想第三个十年的出海大势，已然明确。

大海的意义，在于让联想成了更好的自己。

联想的意义，在于让世界变得更好。其路径是：通过技术创新，解决人类面临的共同挑战，并提供以人为本的创新。

值得参考的出海法则

按照联合国贸易和发展会议的跨国化指数（TNI，也称跨国指数）公式［TNI=（国外营业收入÷营业收入总额+国外资产÷资产总额+国外员工数÷员工总数）÷3×100%］，在联合国贸易和发展会议2023年非金融类公司100强（按国际资产排名）的名单里，中国有11家公司上榜，联想控股排名第三，仅次于长江实业公司和鸿海精密工业公司。在联想控股的合并报表中，主要资产、收入、员工都来自联想集团。因此可以说，联想集团是从中国出发的全球化程度最高的公司之一。

出海早，全球化程度高，治理水平高，有经验有教训，始终韧性成长，并在全球得到充分认可，这样的企业，值得迈进大航海时代的更多企业参考。

我们试图按照本书的章节顺序，总结出十条企业全球化的联想法则。

1. 战略法则：勇争第一，永争第一。

联想把"To be No.1"（成为第一）作为自己的追求，并不断对No.1做出更具挑战性的定义，从中国到世界，从PC到移动到服务器，从产品到服务。有的已经做到，有的还在路上，有的刚刚开始，有的也许很难做到，在整个过程中还摔过不少跤，但联想从未放弃。

2. 并购法则：并购需要勇气，成功的并购需要勇气加能力。

联想进行战略实施的主要路径，是并购。其并购有三个特点：一是规模大，甚至是"蛇吞象"；二是有明确的指向，目标是那些国际著名品牌旗下相对薄弱的业务，如IBM PC、摩托罗拉手机、IBM x86服务器，以它们的品牌有可能赢得第一（回到战略法则），同时，因为这些业务相对薄弱，国际品牌存在剥离的可能性，能够达成交易；三是"整合消化出奇迹"，即通过整合和注入成本、效率、供应链等方面的竞争力，让薄弱的业务变成强业务。有勇气，敢并购，才有机会，而能力则代表着更重要的机会——通过消化、吸收、变革，焕新图强。

3. 治理法则：规范化和主人翁意识，一个也不能少。

联想严格遵循现代化、国际化、公众化公司的治理规范，设立了高效专业的董事会，同时通过充分授权和结果导向的激励机制，充分发挥了管理团队的主动性、积极性和创造性。

4. 文化法则：不是入模子，而是炼合金。

联想承认并尊重文化差异，拥抱多元化，坚持包容性，扬弃了"非此即彼"的单一模式和"必须如此"的模子文化，从跨文化沟通到各层次的组织建设、人才培养，再到关乎各种工作细节的制度化安排，构建起了中西合璧、包容互信、合力共创、协同进化的合金文化。

5. 产品法则：创新靠研发，质量靠"左移"。

联想在全球市场竞争中的优异表现，与持续不断的产品创新和"三级火箭"的创新体系建设高度相关。而联想过硬的产品质量则与"左移"高度相关，"左移"即不断将质量管理的起点向产品生命周期的左侧移动，甚至左移到对上游一级直至二级、三级供应商的质量管控。

6. IT整合法则：信息化支撑全球化，IT和BT要一体化。

联想耗时八年，将自己开发部署的IT系统在全球各个区域完整上线，让全球的业务运营和管理在标准化、实时、高效的技术轨道上有序运行。IT不是孤立的系统，IT要为业务服务，必须与BT相结合。

7. 供应链法则：混合制造，全球交付；以数字化转型驱动生态共赢。

联想通过"自有工厂 + ODM"的混合制造模式、"全球资源 / 本地交付"的运营模式，既保证了供应链的快速决策和高效运转，也提高了联想制造的灵活性。联想的整个供应链、生态圈都在进行数字化转型，从而形成更好的协同，一起打造敏捷供应体系和"ESG+AI"的绿色管理体系。

8. 市场法则：全球本地化，本地全球化；Global Might，Local Fight。

联想有总部定义的全球战略，有同样的愿景、品牌与平台，有在全球范围内对品牌资产的投入和打造；同时，联想非常灵活地将市场策略下放到当地市场，让真正懂得当地需求和习惯的团队决策。

9. 合规法则：合规是生命线。合规不关乎挣钱，而关乎声誉乃至生死。

在全球合规方面，联想有统一的铁律，宁严勿松，绝不妥协。在各个市场上，联想都长期坚守合规，"其身正而天下归之"，也因此最大限度保障了自身的安全。

10. ESG 法则：ESG 不仅是必修课，也是竞争力。

联想在开启大航海之后不久就自觉参与可持续发展、ESG 的创新实践，ESG 构成了联想的软实力，对联想的全球声誉产生了积极影响，帮助联想在复杂多变的环境中赢得了更多尊重，树立了负责任的企业公民形象。

如果说联想创立后的前 20 年，为中国企业界贡献了以"搭班子、定战略、带队伍"这"管理三要素"为代表的管理智慧，在大航海的最近 20 年，联想同样有很多值得总结和回味的经验。联想集团把以人为本、绩效导向、进取创新的企业家精神，与正直合规、和合包容、尊重差异、遵守契约等现代公司理念，融会贯通，形成在全球各个市场都能通行的，为利益相关方创造价值的命运共同体。这就是合金的价值。

因为这种合金文化，联想得以集世界资源为我所用，创造出好产品、好服务，服务世界。它从 20 年前中国价值链的典型代表，演进为今天全球价值链、创新链上的探索者和先行者。

在这样的中西合璧过程中，源自中国的和合文化、主人翁意识、自强不息的进取心、说到做到的践诺要求、消费者导向的快速迭代创新，有时扮演了黏合剂，有时扮演了催化剂。没有这些中国元素，联想的大规模收购，可能会长期处于一种松散的混合状态，而不是既有活力又有秩序的整合状态。那样的收购很可能失败。

就此而言，联想的全球化实践，既让我们看到了世界之大，也让我们看到了中国价值的宝贵作用。联想是中国走向世界、服务世界的标杆性企业。

越是世界的，越是中国的

让我们更欣慰的是，联想集团大航海的 20 年，也是不断反哺中国的 20 年。

在服务全球过程中，联想集团开拓出的增量市场，反向带动了供应链生态在中国的发展，研发在中国的发展，以及联想集团参与制定全球行业标准的影响力的扩大。

摩托罗拉手机主要在中国以外市场尤其是美洲、欧洲市场销售，其整机生产的 60% 在武汉完成。联想集团武汉产业基地 2021 年成为武汉电子信息制造领域首个年产值超过 500 亿元的企业。

在合肥，联想集团合肥产业基地自 2020 年起营收破千亿元，2021 年成为安徽省首家百亿美元外贸企业，2023 年入选了世界经济论坛"灯塔工厂"。

在深圳，联想集团南方基地作为智能智造的"母本工厂"，正在为集团全球其他工厂和中国制造业的高端化、智能化、绿色化贡献智慧。其 90% 的供应商在基地周边，供应商送货距离为 1~1.5 小时，形成了高效的"两小时产业圈"。

无论是武汉、合肥还是深圳的基地，对上下游生态和就业的带动都是巨大的。在中国市场，联想集团直接带动了 35.5 万人就业，间接辐射的电子制造及上游就业人数高达 600 万~800 万人。当然，间接辐射的就业者不是只为联想集团工作，但如果没有联想，很多供应商可能很难迈出第一步。

在让中国制造走向世界的另一面，联想集团也把国际先进能力导入中国。

2014 年，联想集团将原负责 IBM Thinkpad 研发的大和实验室的负责人邀请到合肥产业基地，把大和实验室所有流程导入合肥产业基地庐州实验室，开展产品验证。数年之后，这个实验室实现了与全球 33 个国家和地区的 54 个权威实验室的互认，检测能力覆盖可靠性、稳定性、兼容性、用户体验等 16 大类测试。该验证标准也已在世界范围内通行。

我们看到，联想集团充分吸收了 IBM Think 品牌的精华，并延续其影响。之后，以中国研发人员为主推出的创新产品 YOGA，又输送到海外，成为美国市场的畅销产品。从 Copy to China（复制到中国）到 Copy from China（从中国复制），这样的创新迁徙，在联想集团的发展中清晰可见。

在行业标准方面，联想集团连续多年参与 IEC（国际电工委员会）、ISO（国际标准化组织）、IEEE（电气和电子工程师协会）等国际标准的制定，多次作为中国派出的企业代表参加国际标准工作会议，让中国标准走出去。联想集团在 2003 年牵头，与 TCL、康佳、海信、创维、长虹等企业共同成立了"闪联"组织，截至 2019 年 6 月已有 13 项标准成为国际标准与中国标准。

从 2013 年 10 月起，联想集团率先在行业推动供应链开展全物质信息披露，提高环境合规验证效率，带动供应链的绿色化进程。

2020 年 6 月，联想集团启动了《微型计算机用折叠显示屏技术规范》标准的立项工作，联合产业链上下游 10 多家关键厂商及测试认证机构，历时一年多，为折叠屏计算机制定了指标体系，首次引入了包括褶皱指标以及角度色差指标在内的业界创新指标。联想集团还对首个符合该标准的折叠屏笔记本电脑 ThinkPad X1 Fold 进行了"1 字标"认证，实现了中国标准、中国认证和中国产品在国际市场的全面推广。

越是更深地融入全球市场，参与全球竞争，就越是需要构建全球影响力。这种影响力的来源是多样的，既包括创新的产品与服务，也包括在各种标准制定中的话语权，还包括 ESG 的软实力。但无论哪个方面，都需要激发企业的内生动力、创新活力，以及科技向善的诚挚意愿。联想集团的大航海征程，正是锻造这些能力的大熔炉。而能力的增强，又助于它更好地航海。

这些让我们意识到：越是世界的，越是中国的；越是中国的，越是世界的。

"渴望下一场战役！"

时代走过了一个又一个路口，世界已经进入百年未有之大变局。不确定性从未如此繁复又性命攸关。

但联想的全球化20年启示我们，有一种确定性从未离开，那就是企业家精神，以及企业家们从来都不会欠缺的，化解风险的智慧与开山修路的魄力。如今，更多的中国企业正带着希望、勇气和创新能力，像当年的联想一样出海。

联想的全球化20年说明，经济全球化的底层逻辑依然充满韧性——全球资源的配置优化，加上更深入的本地理解，能够为本地的利益相关方创造价值。

相信全球化的价值，相信连接的价值，相信理解的力量，相信尊重、信赖与激发，在每一个地方都能结出果实……有越多相信的力量，世界将会越和谐。

2024年1月，我们在位于北京的联想全球总部采访乔健时，她讲述了联想国际化、全球化一路走来的太多不易。我们随口说了一句："杨元庆的心理承受力真挺强的，换了我就回家不干了。"她脱口而出："我是流了很多泪之后，脸上再带着微笑，杨元庆是对疼痛无感，他是腿断了也不知道。"

这一刻，我们的震撼是难以言表的。但稍微一想，要带领千军万马在全球市场上征战的他，不选择无感和向前走，还能选择什么？

忘掉那些出奇制胜、径行直遂的完美故事吧！衣锦还乡的人更愿意展示光鲜的一面，他们藏起满身泥土和累累伤痕，把一个能讲得左右逢源的成功故事，告诉周围的人。而真实的一切是，要在高手林立的陌生市场上赢得胜利，如果没有过艰辛、心酸、无奈、汗水和泪水，他所讲的故事就如淡化了的海水，没有滋味。

无论他们是胜是败，是暂胜还是暂败，请站在岸边的人多给他们一些祝福吧。不是只有成功者才有资格收获鲜花，即使有人挫败归来，也请给他包容的拥抱。那一刻，所有付出都值得。

我们需要行动者，我们需要创新者，我们需要全球化的勇者、智者和善者。

2023年2月，在联想创投以"韧性生长　共创星海"为主题的CEO年会上，杨元庆说："所有伟大的企业必定经历过无数次的艰难磨砺，才能够从优秀到卓越。"

新航海时代已经开始。"联想号"已经出发。

一个熟悉的声音对着分布在全球的联想人说："经常打胜仗的人，渴望下一场战役！"

附录

迈向全球化：
理论、实践与出路——许定波、秦朔对谈录

对话时间：2024 年 7 月 18 日
对话地点：中欧国际工商学院上海校区
许定波　中欧国际工商学院法国依视路会计学教席教授、副教务长
秦朔　知名媒体人，人文财经观察家

如何从全球化角度来定义企业的发展？

秦朔：中国企业出海是这两年特别热门的话题。"不出海，就出局"，可能说得有点绝对，但也反映了改革开放 40 多年后，基于我们在方方面面积累的产业能力，中国企业的全球化进入了一个新阶段。但今天全球地缘政治的变化也给企业出海带来了新挑战。

如何出海，如何出海成功？历史往往能告诉未来。2004 年底，联想集团宣布并购 IBM PC 业务。这 20 年，联想集团经历了很多风雨，成为中国最具全球化色彩的成功企业之一。对联想集团这 20 年的发展，许教授从商学院角度，我从财经媒体角度，都有长期观察。我也有很多问题想向许教授请教和探讨。

对出海，很多人的理解其实是不同的。许教授如何从全球化角度来定义企业的发展？

许定波：中国企业的全球化大致可以从四个维度来看。一是商品和服务的出口；二是对外投资，如联想集团收购 IBM PC 业务，三一重工 2012 年收购德国的普茨迈斯特；三是技术出海，如中国的"新三样"（电动载人汽车、锂电池、太阳能电池），又如三峡集团在欧洲和南美的拓展；四是品牌和管理模式的输出，如海尔集团对外输出了"人单合一"模式。

2024 年 1 月，中国总会计师协会派团队参加了美国会计学会管理会计分会年会，我在会上介绍了"人单合一"，会后美国管理会计分会会长专门给我写了封信，说"It's eye-opening"（它让人大开眼界），可见中国企业的管理模式创新已经引起了世界的关注。

谈到中国企业的全球化，我觉得一个转折点是 2001 年中国加入世界贸易组织，融入世界经济体系。2000 年中国进出口总额只有 4743 亿美元，2022 年就达到了 62509 亿美元，增长的幅度非常大。

秦朔：我看到韦莱韬悦（Willis Towers Watson）的一个研究，它认为全球化企业的生命周期包括五个阶段。出口；初始扩张（开始在国外建立组织和管理系统）；多国化公司（注重本地化经营，但各国的分支机构间更像独立公司，较少协同）；跨国公司（建立全球组织、人力、治理结构，与本地化经营相结合）；全球化公司（更关注以一个大型整合的组织运转，依据全球的资源状况，建立全球价值链的分工与合作体系）。20 世纪 90 年代末，海尔、TCL 等企业开始在国外建立公司，属于初始扩张。经过 20 多年发展，现在中国已经有一批跨国公司和全球化公司，其海外资产、海外收入、海外员工数量在整个公司的资产、收入、员工中占有相当大的比重，比如联想集团海外收入的占比已接近 80%。

许定波：对中国来说，全球化是一个成功的故事，推动了中国经济的发展。根据 2024 年 5 月世界银行发布的购买力平价（PPP）数据，2023 年中国 GDP 为 34.64 万亿国际元，美国为 27.36 万亿国际元，中国排世界第一；按汇率法计算，2023 年中国 GDP 约为 17.9 万亿美元，美国为 27.36 万亿美元，中国排世界第二。无论哪一种算法，中国经济的规模都是数一数二的。如果没有全球化，中国企业融入全球、服务全球，是无法想象的。

其实，全球化也推动了像苹果、微软、英特尔这些企业的发展，它们的利润增长都非常快，不少也源自中国市场。我相信再过一段时间，美国人会认识到全球化对美国也很重要。当然眼下美国更多是感受到来自中国的压力。万斯所著的《乡下人的悲歌》就反映了传统美国工业社区的命运。我 1986 年到美国匹兹堡留学，匹兹堡是全世界的钢都。等我离开时，美国钢铁业先是被日本、韩国企业超越，后来被中国企业基本打垮了。传统的白人工人阶级会感到他们没有从全球化中得到益处。其实有些问题需要美国自己调整。比如苹果这样的企业，在国际上挣了很多钱，但是它们把美国税务会计的漏洞钻得很透，在美国交的企业所得税很少，大量利润放在海外，没有转到美国去。这不是全球化的失败，而是美国自己要调整。

中国经济的全球化经历了不同的发展阶段。20 世纪 90 年代，外资企业在中国非常红火，联想一开始曾以分销 IBM PC 而自豪。欧美企业，中国台湾、香港的企业都到大陆投资，充分利用我们本地的低成本劳动力。那时没有人想到，未来有一天联想会收购 IBM PC 业务，但随着中国经济的快速发展，一切都有可能。

联想宣布收购 IBM PC 业务时，我刚好从香港科技大学到中欧国际工商学院任教。我当时是非常震惊的，觉得联想规模不大，资金也不雄厚，管理方面和国际水平也有差距，我对收购的前景并不看好。所以，在树立中国企业全球化的信心方面，联想作为"走出去"的标志性企业，起到了非常正面的作用。

为什么一定要出海？出海的动力是什么？

秦朔：中国在 2020 年提出，要构建以国内大循环为主体、国内国际双循环相互促进的新发展格局。政府也希望中国出现一批"世界一流企业"。我们的企业为什么一定要出海？

许定波：从比较传统的角度看，首先是为了获取资源，包括自然资源如矿产，以及人力资源。现在东南亚、南美、非洲的劳动力成本比我们东南沿海低，"走出去"就能更好地利用这些资源。其次是拓展市场的需要。中国市场的竞争大概是全世界最卷的。最近见到中欧的一位校友，他们公司的产品要出口，谈判时报了一个价，对方就接受了。他们报的是人民币的价，对方认为报的是美元价，差了七倍。当然这是一个比较极端的例子，但是中国市场的价格竞争真的非常残酷也是现实，而海外市场的空间相对要大一些。一些企业管理者跟我讲，即使把美国要加的税算上，他们的产品仍然有竞争优势。最后是技术发展的需要，既包括中国企业的技术"走出去"，也包括到国外吸收有价值的技术。

当然，从短期、中期来看，贸易纠纷、贸易战会持续升级。我认为我们应该头脑冷静，要做好打持久战的准备。如果美国和欧洲一些国家对中国的出口产品增加很多限制，那么中国企业的生产基地有必要转移到其他国家，再从那里出口到欧美。只有"走出去"，变成像平台一样的具有辐射性的企业，企业才能扩大影响，赋能周边。如果你不"走出去"，最多也就只会赋能中国周边几个国家。如果你能走到欧洲，走到美国，把平台做起来，那么你就能向全球辐射，企业的价值就完全不一样了。

从这个意义上讲，"走出去"应该越来越多，而不是越来越少。

秦朔：我觉得从长远看，欧美也会意识到，只用高关税或者"双反"阻截中国企业，也不利于提升他们自身的产业竞争力。2024年7月，欧盟就对中国产电动汽车加征关税措施进行咨询性投票，据说有12个成员国表示支持，4个成员国反对，德国、芬兰和瑞典等11国投出了弃权票。大量弃权票反映出欧盟许多成员国也犹豫不决，怀疑这种做法"是否符合欧盟的利益"。只是堵、堵、堵，其实你自己会变得越来越弱吧？

许定波：这一点非常重要。当你感觉到竞争威胁的时候，有两种办法应对，一是建墙，把自己保护起来，那你可能永远是一个弱者；还有一种办法是打开围墙，拥抱竞争，拥抱全球化，逼着自己提升。这当然有风险，但如果你要变成一个非常强大的企业，强大的国家，这是唯一的一条路。

所以我认为，中国企业"走出去"还有一个非常重要的好处，就是逼着我们跟全世界最厉害的企业直接竞争，逼着我们提升技术、管理以及各个方面。

秦朔：其实我们也能看到另一种现象，就是新兴经济体很欢迎中国企业"走出去"。2024年7月16日，中国三家新能源企业远景科技集团、TCL中环、晶科能源的官微同时宣布，将与沙特公共投资基金（PIF）、沙特能源设备公司Vision Industries在沙特成立合资企业，分别发展风电装备、光伏晶体晶片、光伏电池及组件项目。沙特要摆脱石化能源的依赖，发展可再生能源，中国企业是最合适的合作对象。

许定波：中国企业一定要把自己的辐射范围尽可能放大。对于欧美市场，我们希望保持合作，并坚持下去。如果短期实在有困难，就先进入东南亚、南美、非洲、中东等市场，他们在一定程度上是欢迎我们的。因为双方的互补性非常大。

我也并不认为欧美市场就是一片暗淡。我相信美国政府也好，企业也好，会看到把贸易体系分割开来，也会给他们带来实质性的伤害。如果几年以后，双方认识到实质性伤害有多大，那时可能又会像20世纪70年代尼克松访华一样，重新破冰。美国的政治有一种"变色龙"现象，而不是顽固不化、不可改变的。对我们而言，最关键的是把自己的事情做好，并努力让自己的朋友越来越多。

出海对企业以及企业家，有什么和过去不一样的新要求？

秦朔：全球市场不是中国市场的"拷贝"，它对出海的中国企业和企业家提出了新的要求。习近平总书记在 2020 年指出："企业家要立足中国，放眼世界，提高把握国际市场动向和需求特点的能力，提高把握国际规则能力，提高国际市场开拓能力，提高防范国际市场风险能力。"[①] 2022 年习近平总书记又指出，"加快建设一批产品卓越、品牌卓著、创新领先、治理现代的世界一流企业"。[②] 从商学院教授的角度，您如何理解出海对企业以及企业家，有什么和过去不一样的新要求？

许定波：首先，出海对企业和企业家的理念、格局有新的要求。你要关注的是全球市场，而不只是守着眼前看得见的市场。这就需要全球视野，需要掌握各个市场的知识。比如我们一直待在国内的人很难想象，在西方很多国家，宗教对经济的影响有多大。你要在一个国家真正把业务做成功，就要关心它的文化、宗教信仰、政治体系，以及历史，更重要的是对其法律法规有了解。

又如从国别风险识别的角度，发达国家的金融市场开放，货币兑换自由，法治比较健全，人均收入水平高，但对中国企业来说，要经受"走出去"的投资审查。新兴市场的问题则往往是，货币不能自由兑换，汇率波动严重，法律和市场监管规则不健全，合规风险比较大。2023 年我和时任国资委中央企业专职外部董事杨亚先生进行对话，他曾任中国长江三峡集团 CFO，国家电投集团副总经理、CFO，他指出到欧洲投资和到巴西投资是完全不一样的。在欧洲投资，中国企业靠自己，有可能做得很好；但到巴西投资，如果不找一个当地合作伙伴，或者不是跟世界银行等国际组织合作，别国企业很难做好，因为巴西的法律法规很复杂，也不太透明，还经常变。

除了要了解外部的情况，还要了解国内和国外市场的差异。当你走进海外市场时，要意识到按国内的方式管理国外的企业，很可能是行不通的。你发现与工会打交道变得很重要，对国外的员工不能像中国一些

---

① 《习近平在企业家座谈会上的讲话》，《人民日报》，2020 年 7 月 22 日 02 版。
② 《加快建设世界一流企业　加强基础学科人才培养》，《人民日报》，2022 年 3 月 1 日 01 版。

企业里的员工那样搞"996",这在美国或欧洲很多国家完全不可能。你的公司治理、管理都要随之调整。

秦朔:我们最近在做联想出海的案例研究时,感觉到"走出去"除了需要具备冒险创新精神,还要极具韧性。明明知道很难,知道对自己的能力提出了挑战,甚至觉得极不舒服、极不适应,但还得坚持不懈地往前走。比如我们在采访中了解到,杨元庆、乔健等联想高管最初到美国的时候,英语并不太好。和IBM的高管开会时,每个人要带一个同传耳机,如果翻译的水平不行,会导致他们整个过程都听不明白。IBM的高管问,你的看法是什么?联想高管因为听不懂,所以也回答不出来,等会议结束,做了一些决定后,还懵懵懂懂。当时他们的内心是很沮丧的,有一种不胜任感。这种心理煎熬让人特别难受。

许定波:出海需要的企业家精神,不是简单的胆子大、敢冒险,而是在冒险的时候,知道有困难,但愿意付出、投入,把风险分析清楚,然后找出解决办法,这才是真正的创新型企业家的风范。联想集团高管当时在语言方面有压力,但还是坚持把英语作为企业的官方语言,这很了不起。

乔健是我非常佩服的一位管理者。她是我2004年回国后在中欧(北京)教的第一个班的学生,没过多久她就参与了收购IBM PC业务的工作,之后参与了业务的整合。上我的课时,她还听不太懂英语,当时我上课还经常讲些英语。她跟我讲过,最初和IBM PC美国方面的高管开会时感到很痛苦。但正是这种压力,催她奋起,让她克服了这些困难。现在她接替我在一家在中国开展业务的法国企业当独立董事,她跟外国人沟通时说的英语比我还纯正。我觉得这也是新时代企业家精神的一个方面,这种精神就是在压力下奋起,而不是只有胆子大、敢拍板。

对出海企业家来说,你一定要认识到一点:你走到任何一个市场,里面都有很多东西是你不了解的,你需要花精力去学习。我是研究信息经济学的，在信息不对称的时候，会有很多不确定性，带来很多信息租金成本。如何降低这种成本？自己要学习，还要善于发挥中介机构、专业机构的作用。杨亚就反复跟我讲，三峡集团、国家电投集团出海，到英国去，到葡萄牙去，到巴西去，都花了不少钱，请国际最好的律师事务所、最好的会计师事务所，帮助他们做各种风险分析。只是凭一种冒险精神出去，你可能会做成，但失败的概率也非常大。

秦朔：不少中国企业出海，喜欢找熟人问，不愿意在中介机构上花钱，无知无畏，掉进了很多坑。而联想收购IBM PC业务的时候，请了麦肯锡，请了高盛，请了很好的律师事务所。为了增强确定性还引进了TPG这一类私募投资基金，借助他们的经验和资源。他们会给你推荐一些高管人选，告诉你用什么方法可以降成本。看起来花了一些钱，但事实上降低了风险。

许定波：咨询公司等专业服务机构不可能代替你做决策，但可以帮你降低很多不必要的风险，降低"信息租金"，这是"走出去"非常重要的方面。

控制与授权之间如何平衡

秦朔：企业"走出去"后往往会发现，海外的关注点和国内的关注点有很大不同。比如国内企业几乎没有罢工问题，而国外罢工现象就很普遍。

许定波：是的。讲到出海，不少企业会觉得，海外市场是同质的，但其实差异非常大。比如你到欧美国家去，如果不把ESG作为一个重要考虑因素去管理，很快就会陷入麻烦。但如果你到欠发达国家，ESG的重要性就低得多，他们更关注的可能是能不能准时发薪水。还有的地方，比如穆斯林地区，尊重他们的信仰、习俗就非常重要。

法治也很重要。在一个法治体系比较完善的国家投资，和在一个法治体系不完善的国家投资，完全不一样，要做的准备也不一样。比如某家企业到德国投资，项目做得很成功，但到南美国家投资，使用同样的办法，很多时候就会失败。

秦朔：如果要充分了解当地，还是要借助本地人才。前段时间我碰到一个专家，他说一个印度尼西亚的经贸官员跟他讲了一件事，一家在印度尼西亚做得很大的中国企业来拜访他，带了他们企业所有的高管，全部讲英语，没有一个人讲一句印度尼西亚语。这位官员直接问："你们在印度尼西亚这么多年，高管团队难道连一个讲印度尼西亚语的人都没有吗？"

刚才您也谈到风险识别，为了防控风险，企业必须加强控制。但在不同的地方开展经营，又必须本地化，给本地团队充分的授权和赋能。这两者之间如何保持平衡？

许定波：人是决定性的因素。1992年卡普兰和诺顿提出了"平衡计分卡"的概念，把人作为一个最重要的因素放在里面。中国企业出海，不可能从国内带一个完整的团队过去，要求他们既了解当地法律、当地文化，又善于和当地员工打交道。这是不可能的。哪些人需要从国内带过去，哪些人要用当地人，存在不同的模式。有的企业先派较多管理者出海，再逐渐减少。比较极端的案例是海尔并购通用电气家电业务。海尔一个人都没派过去，只是换了一个总经理，而且换上的还是一个美国人。但海尔也不是放任，让他们想怎么管就怎么管。海尔把这些人带到其在青岛的总部，让他们来看海尔是怎么管理的。

结果他们发现"人单合一"很重要，就用这种方式管理通用家电，结果非常成功。南加州大学一位女教授安妮卡·施泰伯写了一本书，叫《从硅谷模式到人单合一——通用电气家电的转型》，说这是一个奇迹。通用家电业务被海尔收购后，销售收入在四年半增加了80%，利润涨了230%。

其实这是一个赋能和控制的平衡。怎样在赋能的同时，还有适当的控制？杨亚说，他们在收购国外的企业，成为第一大股东之后的控制手段是"管住两样"：一是对当地员工的考核，这个制度自己把关，激励机制自己把关；二是企业的信息体系、会计体系，这些数字化的体系自己把关。其他的尽量赋能，能放出去就都放出去。比如当年三峡集团成为葡萄牙电力公司的第一大股东后，并没有派人进入公司的管理层，而是完整保留了原本七人的管理团队，但杨亚作为副董事长，主动提出当薪酬委员会主任，他认为只有抓住考核和薪酬，才能管住这七个人。他先请美世咨询做了欧洲几家能源电力公司高管薪酬和激励机制的对比分析，看到葡萄牙电力公司的高管薪酬是中等偏下水平，就给他们提高了薪酬，相应也增加了考核指标的难度系数，增加了现金流指标。他认为董事会一定要主抓公司高管的薪酬激励，这是抓手。激励做好后，就能发挥人创造价值的能力。联想集团董事会也是这么做的，董事会对于管理团队采取了阶梯形的激励政策，激励团队挑战更高的目标。

秦朔：联想集团对于控制和赋能的平衡确实很有特色。从控制的角度，它有一个叫作LEC的最高管理决策机构，即联想执行委员会，由十余名核心高管组成。现在LEC每年开八次会议，加上董事会固定的四次会议，对于集团的"大政方针"有清晰的指引。联想集团还有几个统一运行的支柱，如全球统一的IT信息系统、全球供应链系统、One Lenovo（同一个联想）的集团品牌等。

除此之外，联想在三大业务群、四个销售大区，权力高度下放。比如一个区域市场具体如何操作，是在本地决策的，高度本地化。以品牌为例。乔健是集团首席市场官，但是业务群、销售大区向她虚线汇报，他们的市场负责人实线汇报给业务群、销售大区的销售负责人。乔健可贵的地方在于，她在虚线范畴里创造了很实在的工作机制，比如总部建立了内容中心、社交媒体中心等，将生产出的内容输出给地方。总部也有一笔预算，做一些品牌活动，这些活动都会在区域举行，和区域合作。对大型的全球化企业来说，矩阵式组织是基本结构，都需要在控制和赋能之间谋求平衡。

许定波：一方面是一致性，一方面是本地化，这是平衡的关键。我做过一个沃尔玛的案例，沃尔玛的高管跟我讲，globalization（全球化）很重要，但他们发现全球化的本质是 globalization through localization，即通过本地化来走全球化之路。

这里有一点，联想集团和沃尔玛都做得很好，就是 IT 系统。我们刚刚讲了，降低信息不对称和信息租金很重要。如果你建立了一个好的 IT 系统，就会大大降低信息不对称。而且 IT 既可以帮你赋能，又是重要的控制手段。所以我觉得所有企业都应该把 IT 系统建设、管理会计建设，作为重中之重。

但这里有一个问题，规模很小的企业，很难在 IT 系统上有大的投入，所以走国际化道路，对企业规模是有一定要求的。如果还没有达到一定的规模就去做全球化，会很难。

出海企业如何才能行稳致远？

秦朔：您曾经提出，出海后，企业只有把资产、业务、人员管理的整合，文化的融合做好，才能成为有生命力、有扩张能力的公司，企业的市场价值才能提高。在今天的出海浪潮中，企业如何才能行稳致远？您能不能给中国企业提供一个基本框架？

许定波：这个问题国内外已经有大量研究，我想从平台企业的角度去谈。因为最近这七八年，大家都意识到，链主企业、平台企业的重要性非常显著。像苹果公司，就是典型的链主企业、平台企业。有研究表明，平台的设计提供方大概可以拿到整个价值创造中 50% 的份额。未来的企业，到底是做平台的设计提供方，还是做平台的参与方，抑或所有平台都参与不了，这将决定企业的命运。

中国企业出海一定要理清楚，你是作为平台设计方走向国际，还是作为资源方参与国际交流，还是作为用户加入别的平台。要成为平台设计方，首先要有一定规模，联想这点做得非常好，联想一直坚持，哪怕影响短期利润，也要把自己变成这个行业的领军企业，用规模赢得上游供应商（如英特尔、微软）更有力度的支持。

熊彼特在提出企业家精神的《经济发展理论》这本书里，也谈到过另一个重要理念，就是说，如果企业只是在一个完全竞争的市场里生存，那么它是没有经济地位的。真正重要的企业，推动社会进步的企业，要打破这种完全竞争的市场格局，造就一种非完全竞争的市场地位，要有一定的"垄断性"，也就是要在一定时间、一定范围内，有一定的市场影响力。只有到了此时，企业才真正可以做一个平台设计方，再吸引其他资源方进来。所以，坚持不断的创新，在技术和效率上保持走在你的竞争对手前头，这是一个关键。

联想作为世界销量第一的PC企业，具备了平台属性，而且是全球性的，这对中国非常重要，因为联想在全球产业领域有很大影响力。根据我的观察，联想平台对于外部最重要的赋能，供应链肯定是其中之一，此外是通过平台，将全球各地差异很大的业务整合起来，逐渐降低交易成本。我们要尊重本地差异化，但地区之间的巨大差异也会增加管理的复杂性，降低企业的整体利润。因此，既要尊重地区的差异性，发挥当地的积极性，又要将战略互补性、战略协同性结合发挥；既要尊重差异化，又能通过整合供应链和管理体系降低交易成本，这才是真正的本事。

信息不对称是企业管理机制设计的一个关键问题。在交易中，具有信息优势的一方可以利用私有信息获取信息租金，而信息租金会导致社会资源配置整体效率的下降。一个平台最重要的赋能功能是其通过获取信息、分享信息，降低生态体系整体信息租金的能力。大型企业具有天然的信息优势，在平台设计和提供方面也应有更大的作为。从一定意义上讲，理念与格局是企业能否行稳致远的第一要素。一家平台企业可以利用其比其他参与方更优的信息，最大限度地获取信息租金，也可以主动限制自己获得的信息租金，追求整个平台生态体系的最大效率提升和长期价值创造的能力。我觉得一家真正行稳致远的企业不应该走第一条路。

为什么说出海企业要做优秀的世界公民？

秦朔：在企业出海中有一个问题，就是现在的地缘政治环境越来越复杂，很多国家的民族主义乃至于民粹主义都在上升。出海企业如何建立身份认同，变成一件需要思量的事情。您在过去的一些研究中提到过，企业在出海过程中要做一个优秀的世界公民，只有做了优秀的世界公民，才能够真正创造价值，对母国也产生更大的价值。在这方面您的看法是怎样的？

许定波：这其实是我最近几年越来越担忧的一个问题。我认为，我们要尽量减少各种狭隘的民族主义情绪对于经济开放、全球化、企业"走出去"的干扰。最重要的是真正把企业做成功，为利益相关方创造价值，为社会创造价值。联想作为一家全球领先的中国企业，在IT、高性能计算、算力基础设施等领域，能够在影响力层面兼顾主动性。

但我们的出海企业，需要充分了解当地文化，并落到实处。中国企业和中国文化的优越性，是需要靠实践做出来的。同时一定要让对方感觉到，你是一个愿意耕耘当地、融入当地，而且为当地做出贡献的好的企业公民。这是一个理念问题，也是一个界面问题。需要摒弃一些舆论噪声困扰，在与其他国家的发展进程中共创价值。

秦朔：如您刚才讲到的，比如海尔的一些管理模式输出去了，但它是从"人单合一"的角度讲，是为了发挥人的积极性、主动性、创造性，让人和用户之间产生更紧密的关系，讲的是普遍的价值。张瑞敏自己讲"人单合一"，往往是从古希腊哲人和文艺复兴讲起，讲人如何从被约束的环境里走出来,彰显主体性。

许定波:我去华为在东莞松山湖的研发基地看过,完全是欧式风格。任正非经常强调,华为是一家全球企业,在全球开展业务。前面还说到海尔的通用家电业务即GEA,对很多美国人来讲,他们压根就不知道GEA是海尔的公司,他们认为还是一家美国企业。GEA做得很成功,利润一直在增长,在目前这样的中美关系氛围下,GEA的发展并没有什么障碍。联想集团在全球各个区域的发展都很均衡,而且中国以外的销售额占了大部分。从市场营销公关上讲,这些都值得好好学习和研究。

秦朔:联想集团和海尔集团,在国际并购中都是掌握了所有权,融入其内,但又不是刻意把"中国特色"彰显于外。这反而发展壮大了自己。

许定波:当你走出去,就不是在自己的国家,而是在别人的国家了。跟法国兴业银行行长交流时,我说我是一个中国的民族主义者,他说他是个法国的民族主义者,像我这样在海外生活了近20年的人,从根本上讲还是一个民族主义者。所有国家的人民大多认为自己是爱国的,从这个意义上讲我们都是民族主义者。但在全球市场上,如何定位自己、传播自己,如何跟当地各种利益相关方打交道,这就不是民族主义能解决的问题了。民族主义要解决的是对内认同的问题,而出海,全球化拓展,要解决的是外部认同的问题,也就是当好本地化的企业公民,在每个市场都当好企业公民。

秦朔:联想收购IBM PC业务已经20年,取得了很大成就,现在有三大业务集团,即智能设备业务集团、基础设施方案业务集团、方案服务业务集团,还有联想创投,做未来创新业务的孵化。您在20年前就和联想有一些近距离的接触,听说当时您也是不太看好这场并购。

许定波:现在这么说,有点不好意思了。我记得联想是1994年在香港上市的,它一上市我就买了股票。我有一个习惯,只要上市公司年报一出来我就会用杜邦利润分析法分析它的业绩。等我回到内地教书时，乔健刚好在我课堂上。由于我长期做联想的财务分析，对联想已经非常了解，所以听说他们要收购 IBM 的 PC，我就跟他们的管理层见面交流，在课堂上也评论了，我说"我真的不看好"。

当时我认为，从产品本身来讲，IBM 一直认为其 PC 业务不挣钱，所以要处理掉；但从管理会计角度看，IBM PC 业务是挣钱的，它不挣钱的原因是 IBM 把集团的很多间接成本（如 IT 服务、管理和营销费用），都用与收入相关的指标摊销给了 PC 业务。PC 业务的特点是量大，如果用销售收入这样的指标分摊成本，肯定会有不合理的高分摊。所以我说 IBM 的 PC 业务是挣钱的，这点你们要放心。但是，联想作为一家中国企业，要接管 IBM 的 PC 业务是不容易的。IBM PC 业务有那么多人，很多员工我原来也接触过，他们是非常骄傲自豪的人，让他们在联想集团下面工作，你们能把他们管好？在 2004 年，中国企业的管理能力跟现在完全不一样。无论在文化方面还是在管理能力方面，你们准备好了吗？尤其是要跟美国的劳工阶层、工会打交道，你们有没有这个能力？

我当时提了很多疑问，结论是我不乐观。但是我很高兴，杨元庆、乔健这些联想集团的管理者用自己的努力证明了我是错的。不过回头来看，前面几年的确也非常不容易。

秦朔：是的，前两任 CEO 任内都没有真正实现整合，而且公司"出血"很厉害，2008 年金融危机时严重亏损。杨元庆 2009 年重新回到 CEO 的位置后，才有了改变。

许定波：我很高兴看到，联想集团在面对困难和风险的时候，没有气馁，找到了解决问题的办法，最后走出来了。这里有一个人的作用至关重要，这个人就是柳传志先生。他很有远见，在关键时候有担当。1999 年我在北大给 MBA（工商管理硕士）上课时就请柳先生给我的班讲了半天课，印象非常深。可惜不是每家企业都有一个柳传志，也不是每家出海的企业都能走出来。

秦朔：我研究过 TCL 对汤姆逊彩电业务和阿尔卡特手机业务的并购，这些并购都没有成功。以汤姆逊彩电业务为例，法国的劳工法非常复杂，某种程度上是保护"弱者"的，要实施员工重组非常艰难。而且汤姆逊彩电的主要专利在显像管方面，而市场正要转向液晶彩电。TCL 最终是依靠自己重整旗鼓，在面板领域实现了突破，并自建全球网络，一个个市场做起来，才成功的。相比而言，联想收购的 IBM PC 业务，尤其是 ThinkPad 品牌及其研发力量，价值是比较高的。联想承接了这些资产，又发挥了供应链优势，还创造了 YOGA 这样的新兴消费品牌，所以取得了业务的成功。

许定波：联想做的是正确的事情，虽然 PC 业务在 IBM 的重要性在下降，但其对全球经济的重要性还在。现在我们还是在用笔记本电脑，台式电脑用得越来越少。联想收购 IBM PC 业务后，还可以继续使用 ThinkPad 商标一段时间，这对联想的品牌影响力也很大。整个收购过程也起到了在全世界市场对联想的宣传作用。

联想把 IBM 认为是非常成熟而不想重点关注的产品和准备放弃的业务拿过来，做出了巨大的市场。联想的成功，还是因为把自己到底要什么想明白了，而很多企业出海的挫折就在于没想明白到底并购是为了什么。

秦朔：我们在做案例研究的时候有一个感觉，就是强弱之间的配称和转化很重要。联想的战略实施中，并购是非常重要的手段，如并购了 IBM PC、IBM 的 x86 服务器、摩托罗拉手机。摩托罗拉手机是从谷歌手里转购的。谷歌当年花了 125 亿美元收购，后来消化不了，就问联想能不能收。

这三个业务，从一般人的认知来讲，都是人家不干了，人家想卖，所以给了联想。事实上，这些业务是在 IBM、谷歌这样很强的国际品牌旗下，经营得不太好的弱业务，但联想能"化腐朽为神奇"。联想需要它们的品牌以及国际认知，也能在收购以后，把一些跟供应链、跟研发有关的环节，挪到中国来，成本一下子就降下来了。这些业务在你那里挣不着钱，在我这里可以挣钱，在你那里不能发挥协同作用，在我这里可以发挥。

许定波：取长补短，联想做得非常好。企业出海选择并购目标时，比较糟糕的就是选一个跟自己同质的对象，除了能扩大市场份额，没有任何战略互补性。但联想不一样，它实际是通过对 IBM PC 的并购，真正走向了国际。联想集团的中国市场和 IBM PC 的国际市场在技术上是高度互补的。更重要的是，它通过并购 IBM PC，改变了自己的基因。原来大家的认知是，联想更擅长销售，但并购 IBM PC 业务后，它花了大量时间和资金把 IBM 原来的产品研发做下去，而且不断进行自己的创新。20 年来，联想在产品创新和技术开发方面有了巨大的进步，如果没有当初的并购这是不可想象的。

秦朔：一个可资证明的案例是，戴尔有很多创新，惠普也有很多创新，但联想在跟它们竞争的这么长时间里，最后胜出了，如果没有技术和产品创新，这是完全不可能的。

许定波：这也是中国市场的价值。因为联想拿到 IBM PC 业务后，可以在中国大市场里发挥 IBM 产品的优势，做得更大。后来的 x86 服务器也是同样的故事。

为什么融合型的公司治理如此重要？

秦朔：联想出海一开始进入的就是全球最主流、最大的市场，是对公司治理要求很高的市场。联想选择将英语作为官方语言，尊重全球合规和治理要求，同时在经营中注入了主人翁意识、企业家精神等新的要素，相当于中西结合。这启示我们，文化整合从来不能靠单方面的"压倒"，而要靠双方的交融，形成一种合金文化。从管理学角度，您如何看待这种文化的融合？

许定波：并购要成功，实际上是两个团队和两种文化融合在一起，一起来管理一个新的企业。现在来看，联想前五年付出的代价很大，经历了反复磨合。但磨合之后，联想建立了一个真正的全球化公司的治理结构，包括充分发挥独立董事的作用，做好激励机制和业绩评价。在收购后最初的五年，到底是中方还是美方主导我觉得并不重要，而且一开始中方也很难主导。我看了几本关于联想的书，尤其是乔健与首席多元化官合作的那本书《东方遇到西方》，我能感觉到最初乔健她们很不容易，无论是开会也好，跟外方打交道也好，心中肯定是压抑的。乔健跟我说过，因为语言问题，有时决策会议开完了，她才想好应该怎样去发言，但人家的决定已经做出了。非常可喜的是，随着中方管理者对企业和市场的了解加深，包括各个方面管理能力的提升，中方开始在战略和管理上发挥越来越重要的作用。

我们中欧国际工商学院，欧盟有一半股份，中国政府有一半股份，在学院创办后的前十年里，从管理到教学、研究，更有主导力的都是外方教授。但最近20年，很多在海外工作的中国人回来了，他们既有在国外工作的经验，知识结构和研究能力也没有问题，对中国又非常了解，所以很自然地，他们的影响力越来越大。我认为不要强调一个静态的单一模式，或者太在意在某一个阶段谁压倒谁，这是一个动态平衡的过程。当然，我希望走向海外的中国企业能早些主动发挥作用，尤其在战略方面早点融入。能够在前期阶段尽早融入，总体代价会小一点。但这笔学费，你躲不过去。

秦朔：一些学者建议说，出海前多做一些准备，对当地多做一些了解，从理论上看都是完全正确的。可是像联想这样，一下子就并购了一个全球业务，也只能边干边学，"在战争中学习战争"。你事先有再多预想，也不如真刀真枪打仗学得快。

许定波：我当时担心他们搞不成的一个很重要的原因，就是他们没有人才储备。我非常佩服他们的学习能力，就是适应当地市场情况的能力。

ESG 对于中国企业出海意味着什么？

秦朔：联想在出海的过程中，有些方面是硬实力的体现，比如供应链、产品品质，以及极高的效率、"说到做到"的约束力；有些方面则依靠软实力，比如 ESG。联想的 ESG 做得特别早，几乎和 2004 年联合国全球契约组织发布《在乎者赢》报告，首次提出 ESG 这个概念同步。您在这方面做了不少研究，您怎么看待 ESG 对于出海企业的作用？

许定波：在 ESG 方面，联想在中国企业乃至全球企业里都是做得非常好的。一方面是他们自己主动去做，还有一个因素是外界的推动。在美国、欧洲市场，企业必须关注可持续发展，体现社会责任。从管理会计的角度来看，企业的 ESG 发展可以分为四个阶段。

第一个阶段就是满足信息披露和监管要求。中国企业走向海外，首先要确保信息披露方面的合规，包括真实性和及时性，否则就是硬伤，可能会被其他利益相关方起诉。这是 ESG 的最低要求。

第二个阶段是评估合规和披露的投入与产出。做 ESG 是需要投入的，企业要考虑投入产出的关系，提高效率。

第三个阶段是在 ESG 实施过程中，开发一些相关的创新产品。比如在水泥制造行业，因为社会鼓励减碳，现在生产一吨水泥的利润可能比在 ESG 方面挣的钱还少。

第四个阶段就是像联想以及其他很多头部企业，把可持续发展、ESG 作为长期核心竞争力的来源之一去推动。

10 年、20 年之后，你会发现全球企业会分化成两种：被动做 ESG 的企业和主动做 ESG 而且把 ESG 作为长期核心竞争力的企业。我们希望更多的中国企业成为第二种，但这需要很多投入，而且投入发生在现在，而企业竞争力的提升是长期的，是在未来。如果一家企业的业绩评价和激励机制是短期的，它就不会愿意花时间和资本投入去主动做ESG。这一点我觉得联想做得很好。联想从一开始就强调长期激励，关键就是股权激励和把行权等待期拉长，使得管理者不只看短期利润的变化，还关注企业长期的发展。

全球化会不会带来"空心化"？

秦朔：我记得 20 世纪"寻根文学"热的时候，有一句话叫"越是本土的，越是世界的"。在做联想这个案例时我们也发现，越是世界的，也越是本土的。就是说，在全世界发展得越好，对本地的带动也越大。联想现在采购的大头、产能最大的生产制造基地、主要的研发力量都在中国。比起没有出海时的情况，出海后对中国的带动作用更大。

许定波：为什么西方经济学家、政策制定者现在经常担心"产业空心化"，而中国企业出海并没有导致中国的"空心化"，"实心化"的程度反而还在加强？因为制造业的供应链、配套、劳动力等，大头还在中国，所以我们不会重复同样的问题。

但是有一点我们也应该关注，如果一大批企业都只强调到海外发展，国内市场的重要性和关注度就会降低，这是有可能发生的。这就是国家强调"双循环"的一个原因。

著名经济学家科斯有一个理论，就是企业的内部边际交易成本和外部边际交易成本相等的时候，确定了企业的边界。企业的规模一开始比较小，后来不断扩大，一直到交易成本大到无法承受，就不再扩张了。过去 20 年互联网和信息技术的一个重要特点，就是大幅度降低了交易成本。所以从理论上讲，更多的企业现在要把国内市场、国外市场全部包含进去，建立一个更大的、整合在一起的贯通市场。从实践上看，这也是可以做到的。

国内市场和国外市场有差异，这不是坏事，恰恰是好事。国内资源的价格和国外资源价格有差异，也不是坏事。差异越大，创造价值的潜力就越大。随着交易成本降低，可以预测企业"走出去"的半径会越来越大。我希望看到的是，企业"走出去"之后，能够成为平台企业，发挥核心竞争力，让全世界的资源为我所用，然后一起创造价值。这样既可以降低对单一市场过度依赖的风险，又可以通过广泛地赋能当地，提高整体资本的回报。

联想出海，有哪些经验值得借鉴？

秦朔：联想出海 20 年，在并购交易中体现出了"强弱结合"，在文化融合中体现出了"中西结合"，在全球化和本土化上体现出了"统分结合"，在硬实力和软实力方面体现出了"软硬结合"，在传承与创新方面体现出了"新老结合"，既有以柳传志为代表的老联想人奠基的文化传统，也有在全球化过程中的创新。从出海看，您觉得联想集团最值得我们借鉴的经验是哪些？

许定波：你刚刚讲的五个结合就是最重要的经验。我觉得联想取得的成绩，是坚持全球化的理念、全球化的治理的结果，也是不断创新和超越自己的结果。

联想从 2004 年到现在，一直坚持走全球化道路，这个理念始终没有改变。第一，他们不是口头说要做成一家全球化企业，而是在董事会建设、公司治理、决策权力分配、业绩评价和激励机制、ESG 等方方面面，真正按照世界一流企业、世界 500 强企业的标准在做，是从理念上和实践操作方面都全心全意地做全球化。

第二，联想在做全球化的过程中，没有忽视中国市场，没有忽视中国的文化，而是发挥中国市场的资源优势，将中国的企业文化融合进去。

第三，联想收购 IBM PC 业务以后，没有躺在 PC 上，仅仅靠卖 PC 挣钱，而是不断创新和研发，在 2013 年成为 PC 市场全球第一之后，又进入了移动、服务、智能化转型、人工智能普惠化等新的阶段。作为一家龙头企业，联想无论是建立品牌、建立平台，还是整合研发资源、投资未来，都有巨大的竞争优势。能坚持这么多年，而且很多年都是牺牲企业短期利润，不是每一家企业都能有这样的勇气和恒心。

第四，联想成为全球化企业后，进行了供应链整合以及平台资源整合，做强了自己，并努力承担企业公民的本地化责任，做得也是比较好的。

秦朔：联想的供应链强了以后，不仅能支持它的全球交付，也在支持中国当地一些中小企业的创新，帮助它们完成中试的环节。很多供应链伙伴能因此加速推进数字化，品控能力也大大提升。

许定波：联想对中国经济的一个很大贡献，是提供了算力基础设施。很多人不知道的是，联想已经连续六年成为全球最大高性能计算机供应商。中国大量的高性能计算，都运行在联想提供的设备上，所以联想得到了从政府到业界和社会的支持。

秦朔：我们看到联想对很多地方的带动极其明显。像安徽合肥，联想集团合肥产业基地是合肥第一个收入超过千亿元的工业企业，也是第一个进出口额超过 100 亿美元的外贸企业。在武汉，联想集团的产业基地也是当地 IT 产业第一个年收入突破 500 亿元的。我们在研究联想集团的全球化价值时，不能忽略联想集团对本地价值的巨大贡献。它越是全球化，对本地的带动作用越大。

许定波：其实我们可以反过来问，如果没有联想，我们会失去什么？这样才能真正体会到像联想这样，还有华为这样的企业，对中国经济的重要性。

从国际贸易理论，如何看待企业的全球化？

秦朔：最后一个问题可能跟您的经济学背景有关。国际贸易里有大卫·李嘉图提出的比较优势理论，萨缪尔森也有很多研究。从国际贸易理论的角度，您对企业全球化有哪些观察？

许定波：我觉得这是一个很重要的问题。现在，在世界很多地方，全球化成了一个糟糕的事情，我们要为全球化辩护，从理论上正本清源。

1986年我到美国匹兹堡大学读经济学博士，同时也在大学做兼职。第一年是做助教，从第二年开始我就给本科生上课。我教的第一门课就是《国际贸易》。那时在主要商学院和经济系的课堂里，如果有谁挑战全球化或者质疑自由贸易的合理性，他会被认为脑子有毛病，不像现在，挑战全球化好像变成了主流观点。

大卫·李嘉图说，只要我们两个之间有相对的竞争优势差异，就可以相互贸易。哪怕是你在生产所有的产品时都很强大，而我在各个方面都更弱，但只要我们的比较优势不一样，就应该交易。先进国家一般在高端产品生产方面有比较优势，落后国家在低端产品生产方面有比较优势。根据当时的理论，哪怕是我生产低端产品的绝对优势不如你，但我有相对优势，所以我就生产衬衣这类低端产品，你去生产飞机、芯片等高端产品，然后通过交易，你们发达国家受益，我们发展中国家也受益。

但是后面发生了什么变化？2001年中国加入WTO之后出口快速增长，给西方企业和经济带来了很大压力，也使得西方的一些学者开始反思大卫·李嘉图的理论，其中最有影响的就是德高望重的诺贝尔经济学奖获得者萨缪尔森。2004年，萨缪尔森89岁时写了一篇非常有影响力的文章，挑战传统的自由贸易理论。他指出，传统的贸易理论认为发达国家生产飞机，发展中国家生产衣服，自由贸易对交易的双方都有好处,但关键问题是,发展中国家的企业不会永远生产衬衣,它以后也要去生产飞机。当这些企业进入发达国家企业擅长的领域时,从理论上可以证明,在一定的假设下,发达国家的企业会变得不是相对更糟糕,而是绝对更糟糕。刚好在这一时期美国出现了所谓"锈带"现象,即老工业区的衰退,这就印证了萨缪尔森的理论。

2004年,我看到萨缪尔森这篇文章时,觉得这个老先生是老糊涂了。没想到后面20年中美关系的发展,世界贸易体系的改变,竟跟萨缪尔森的预测完全一致。

那么西方是不是一定要把自己封闭、保护起来?也不见得。假设我是发达国家的一家企业,我面临着来自中国的竞争,我可以要求本国建一个围墙把自己保护起来,但其他国家的企业还是会发展,这样我只会变得越来越弱。真正伟大的企业应该怎么做?应该勇敢地迎接、应对来自全球的竞争,然后自己调整,加快研发创新,让自己变得更强大。中国进入飞机、芯片领域了,你就要不断地升级,找到更高的新比较优势。

所以,哪怕萨缪尔森的理论是正确的,我觉得美国人也不应该把自己封闭起来,而是要跟中国企业竞争。这样中国企业会进步,美国企业也会进步。在一个竞争的环境里,大家都能发展,这比分裂成几个各自保护的市场,对人类而言有更好的前景。

秦朔:现在来看,大卫·李嘉图的理论可能低估了规模对于自由贸易下的比较优势的冲击。中国的产业规模太大,高端的可以做,中低端的也可以做,是全能型的。这个规模对传统的自由贸易的比较优势就有很大冲击。比较优势的理论就是说,你是乔丹,你就应该打篮球,哪怕你洗衣服也很好,也没必要浪费这个时间。可是如果出现了一个经济体,不仅低端产品做得好,高端产品做得也很好,就会给国际市场带来很大的影响。

这种情况下,我觉得IBM是很有远见的。既然大的趋势改变不了,最好的方法是什么？我卖出去，变现，而且我在新公司里也占有一部分股份，我分享新公司的成功，同时利用以前的专利、标准、IT系统，继续向新公司收费。联想集团在收购的前几年，每年都向IBM交很高的服务费用。从这个意义上讲，联想证明了自己的成功，IBM也是一个赢家。而且到今天为止，在美国，大家依然对IBM PC有印象，它的文化价值并没有消失。

许定波：其实，从总体来看，过去20年发达国家从全球贸易中也收益巨大，这从苹果这些公司的利润和美国股市的市值就可以看到。当然，美国有一个严重的国内利益再分配的问题。

中国确实太大，而且发展速度太快，几十年前你很难想象中国生产的产品，十几天以后就能在欧洲销售。这对那里的本地企业会造成冲击，它们必须从一个均衡状态调整到一个新的均衡状态。这个过程确实是痛苦的，有很多人受益，也会有很多人受苦，但是调整过程总是要经历的。而且我们中国人民工作这么努力，教育抓得这么认真，储蓄率还这么高，如果跟美国人、欧洲人的收入差距永远保持那么大，也是"天理不容"。你不可能说，要让中国人永远保持在一个贫困状态，这本身就是不厚道的想法。

秦朔：回过头看，如果摩托罗拉移动业务不是联想接盘，而是继续放在谷歌那里，估计就没了，真的没了。这个行业的竞争极为激烈，苹果、三星、华为等都是强手。反而给了联想以后，摩托罗拉移动业务延续了下去。还有IBM x86服务器，如果不是给了联想，也不知道会发展成什么样。所以当你不再具备优势的时候，如果能找到一个好的买家，同时又能保持很多原有价值，我觉得这不失为一个好的选择。

俗话说，"买的不如卖的精"。如果看联想三次最重大的交易，卖的都是很精的，不仅把业务卖掉了，而且其文化价值、品牌也延续了。但是联想作为买家也不笨，通过整合消化，不仅走向了全球，同时很多能力包括研发能力也发展起来了。全球化背景下的双赢，其实是可以做到的。

许定波：但是双赢很不容易。当时并购 IBM PC 肯定赢了，而联想要做赢、变赢，真不容易。杨元庆和乔健等联想团队的学习能力、调整能力、心胸和格局，还有韧性，真的值得很多企业家学习。